主编 徐海

副主编 钱兴奇

袁华 著

江苏出版史

A
HISTORY
OF
JIANGSU
PUBLISHING

民国卷

江苏人民出版社

图书在版编目(CIP)数据

江苏出版史.民国卷/袁华著.—南京:江苏人
民出版社,2023.5

ISBN 978-7-214-28032-9

Ⅰ.①江… Ⅱ.①袁… Ⅲ.①出版事业-文化史-江
苏-民国 Ⅳ.①G239.275.3

中国版本图书馆 CIP 数据核字(2023)第 011400 号

书 名	江苏出版史·民国卷	
著 者	袁 华	
封面题签	徐 海	
策划编辑	卞清波	
责任编辑	史雪莲 陈 欣	
装帧设计	周伟伟	
责任监制	王 娟	
出版发行	江苏人民出版社	
地 址	南京市湖南路 1 号 A 楼,邮编:210009	
照 排	江苏凤凰制版有限公司	
印 刷	江苏凤凰新华印务集团有限公司	
开 本	652 毫米×960 毫米 1/16	
印 张	26 插页 4	
字 数	370 千字	
版 次	2023 年 5 月第 1 版	
印 次	2023 年 5 月第 1 次印刷	
标 准 书 号	ISBN 978-7-214-28032-9	
定 价	118.00 元	

(江苏人民出版社图书凡印装错误可向承印厂调换)

前　言

　　出版是人类文明传承的重要载体之一,出版史因此也是人类文明历史的重要组成部分。在中国文明历史研究的版图之中,出版史占有相当之地位。近年来,出版史研究领域的确涌现一大批新的成果,尤其出现一些颇有分量的著作。其中,由中国出版科学研究所组织编写的9卷本《中国出版通史》堪称集大成式的力作。该书全面梳理和揭示了中国出版事业的源流、变迁和发展脉络,深刻总结了中国出版事业发生、发展和演变的规律,充分展示了中华民族对世界文明所作出的伟大贡献。此外,万安伦《中外出版史》在充分吸收和继承前人已有成果的基础上,大量使用新材料、新观点,将中外出版史分为开启文明的硬质出版、以柔克刚的软质出版、有容乃大的虚拟出版三个出版阶段,并引入硬质出版、软质出版、虚拟出版等概念,既具有开阔视野,也体现出较强的学术创新性。

　　江苏自古就是全国出版的一块高地。在古代,江苏出版业在全国居于极其重要的地位,产生过非常重大的影响。尤其在明清时期,文化底蕴深厚、城市经济繁荣的江苏地区出现了极为发达的刻书业。这既是江苏古代文明发展的成果,也对江苏文明的进一步发展提供了文化基础。现代出版事业兴起于民国,江苏作为民国时期政治、文化活动非常活跃的地区,在出版方面也发生了很多重大事件和重大变化。1949年,随着中华人民共和国的成立,出版业的发展迎来全新发展时期。当然,其后也历经坎坷、曲折、折腾甚至倒退;1978年改革开放后,我国出版业的发展进入了一个高速发展的新阶段。在这过程中,江苏出版成绩斐然,表现突出,为我们社会主义出版强国建设持续作出非同寻常的积极贡献,受到中央有关领导、国家有关部门和省委省政府的高度肯定,我本人也见证并参与了这段时间大部分的重要活动。

令人遗憾的是,迄今为止,系统介绍江苏出版历史的著作还付之阙如。以严谨的学术态度和科学的研究方法,全面系统地阐述先秦至今江苏地区出版活动的发展全貌,填补迄今没有一部著作集中反映江苏地区出版活动历史的空白,不但具有较高的学术创新价值,更对今日江苏出版战线干部职工增进文化自信,从而为未来全国出版作出更多更好贡献,具有极强的现实意义和深远的历史意义。

本书的写作与编辑出版,正是出于这样的问题意识。2013年,时任江苏省新闻出版局局长周琪同志向我提出这一选题构想,正戳中我的"痒"处,我热切予以响应。当时,我正在江苏人民出版社担任总经理。很快,由我牵头,江苏人民出版社组成《江苏出版史》项目小组,时任社领导府建明、编辑卞清波等人共同参与。我们一起起草了选题立项书及写作大纲,在得到周琪局长认可后,又专门向高斯、蒋迪安、王於良、李景端、缪咏禾等老领导、老社长、老专家,以及黄海宁、张辉冠、钱兴奇、何民胜等一批资深的出版专家请教,形成了具有可操作性的《江苏出版史》工作方案。

《江苏出版史》在编写之初的想法是,以严谨的学术态度和科学的研究方法,全面系统地阐述先秦以来江苏地区出版活动的发展全貌,包括发生在江苏地区的出版大事、诞生于江苏地区的精品著作,也包括活跃在江苏地区的一代又一代出版人;最初想要实现的目的是,这套书既会为我们展示江苏这片土地上文化的多彩和出版的魅力,也会推动全国出版史及相关领域的研究进一步走向深化。

在多方协助下,我们找到了对江苏地区编辑出版历史素有研究的几位专家,召开多次选题会、立项会以及统稿会,最终组成由苏州大学文学院教授黄镇伟、江苏省方志办研究室原主任缪小咏、常熟理工学院教授曹培根、南京师范大学图书馆研究员袁华、江苏省出版工作者协会编审钱兴奇,以及凤凰出版传媒股份有限公司出版部副编审陈欣组成的创作团队。国内知名的出版史专家缪咏禾先生欣然担任本书学术顾问。其中钱兴奇编审不但自始至终地与我和府建明参与整体构想、全部会议和文稿统筹等工作,在选择作者、确定风格和提供资料方面也作出了重要贡献。陈欣副编审是我后来邀请参与当代卷撰写的。他曾长期在原省新闻出版局工作,对相当一段时期我省出版的宏观状况和政策变化十分熟悉,除撰写了当代卷第五章外,还与我一起承担了该卷的统稿工作。他不顾新冠肺炎感染,坚持不辍地写作,让我为之感动。卞清波、史雪莲耐心细心,无怨无悔,坚定坚守,可赞可敬。

根据我们对江苏地区出版历史的整体认知,《江苏出版史》共分先秦至宋元卷、明代卷、清代卷、民国卷及当代卷(1949—2008)五卷,其创作分工情况如下:

《江苏出版史·先秦至宋元卷》,作者黄镇伟

《江苏出版史·明代卷》,作者缪小咏

《江苏出版史·清代卷》,作者曹培根

《江苏出版史·民国卷》,作者袁华

《江苏出版史·当代卷(1949—2008)》,作者钱兴奇、陈欣

各位作者的一大共识,是在历史叙事的同时,力求学术创新、力求有所发明。学术思想方面,在继承前人研究成果的基础上,全面把握中国出版史特点,以江苏地区出版典型案例的文化样本来进行剖析研究,以此展示中国出版文化的丰富多样性,挖掘江苏地区出版文化特点及其当代价值。研究方法方面,注重广泛搜集各类相关文献,包括研究专著、论文和史料,并注意搜集没有公布过的第一手材料;注重运用历史学、社会学、目录学、版本学、考据学、校勘学、谱牒学等专业理论及方法,结合政治史、思想史、文化史等专门史研究,综合开展有关专题研究。

作为第一部以江苏地区出版活动为记录和研究对象的通史性著作,我们深度聚焦古代以来江苏地区的出版活动,试图描述其主要历程,评述其中重大事件,总结其规律,分析出版活动与江苏地区文化、经济社会发展之间的关系,努力体现江苏出版史的全貌,凸显江苏出版史的脉络,形成体系化、学理性的认知,以对今后全国的出版及思想文化活动提供镜鉴与参考。但在创作过程中,我们也感到困难与挑战多多,颇有"筚路

蓝缕,以启山林"之慨。因此,在实际推进过程中,我们也本着做"务实的理想主义者"精神,不断完善写作策略、优化实施路径,既要求全书具有相对统一的规模体例、前后接续的叙事线索,也允许各自提出富有特色的问题,论有所据,成一家之言。

"千淘万漉虽辛苦,吹尽狂沙始到金。"经过长达近 10 年的"联合攻关",《江苏出版史》从豪迈的愿景,变为坚韧的携手前行,如今终于成为沉甸甸的心智结晶。本套书见证了时光的有情与无情:说有情,是因为只要我们不放弃,只要我们无休止地付出,她总会给我们回报;说无情,是因为她无法等待、不容拖沓,时光流逝绝不回头,为本著作作出很大贡献的几位恩师、前辈和领导,包括近十年前辞世的高斯老局长、五年前去世的王於良老局长以及刚刚过去的疫情峰值时期辞世的缪咏禾总顾问都无法见到她的问世。

《江苏出版史》并不完美,而且我们知道其不完美之处,但囿于能力和精力,一时也无法使之变得更完美。纵观出版史,出版本身,或许就是"遗憾"的艺术吧。我们诚恳接受读者的批评,并期待在今后适当的时机,将她不断完善。

徐　海

2023 年 3 月 1 日

目　录

绪　言

　　19 世纪后叶,江苏出版业凭借自身的地理位置、历史因缘和深厚的文化积淀,一直处于全国出版业发展水平的前列。江苏近现代以来的出版史,基本上就是一部出版业不断趋向现代化的历史。从新式印刷机器的逐步引入,到编辑和印刷工艺的渐次提升,再到出版管理体制的日益完善,以及其他相关配套设施和措施的采用与施行,江苏出版印证了中国出版从传统机制转变为现代体制的整个过程,可以说,江苏近代出版的发展历程就是中国出版现代化转型并最终完成的一个最典型的代表。江苏民国时期的出版业,虽然年代跨度不长,但在江苏出版史上却是一个重要时期。它延续和发展了晚清时期萌生的近代意义上的新式出版,确立了资本主义经济背景下的民营出版业在江苏的主体地位,更是新中国江苏出版业成长的源头之一。民国时期江苏民营出版业积累下的出版生产力,以及市场主导的规模化经营方式,也为江苏社会主义出版业的发展奠定了重要的人力物力基础。

　　出版作为产业具有文化和经济上的双重属性,更是当时社会制度嬗变的重要表征。民国时期是一个风云激荡的时代,经历了南京临时政府、北洋政府和南京国民政府三个阶段统治政权的更替,其间发生了辛亥革命、洪宪帝制、五四新文化运动、中国共产党成立、北伐战争、南京国民政府建立、第二次国内革命战争、抗日战争、第三次国内革命战争等一系列重要的政治和思想文化事件。江苏民国出版业的演变,与这些重大历史事件密不可分,并以其特有的方式反映了社会的变化,并深深烙上时代的印记。在这些历史事件中,五四新文化运动、南京国民政府建立和抗日战争,对江苏出版业影响最大。以"科学""民主"为追求的五四新文化运动,虽然受惠于出版业并借助出版这一阵地展开,但同时也促进了出版业的迅猛发展:江苏境内出版物数量的激增、内容的革新、形式的变化,以及出版机构的崛起和整合、传统知识分子的职业化转型,都是五四新文化运动影响下的结果。南京国民政府建立以后,随着国家政治的相对稳定、经济建设的稳步增长、文化教育事业的发展,江苏的出版业进入了一个兴盛繁荣的黄金年代:国民党官办出版机构的成立和政府机关出版物的源源发行,中小型民营出版机构在竞争中的不断更替,书刊出版的数量和质量更是逐年提升,并在抗战前夕达到民国出版史上最高峰。抗日战争全面爆发后,江苏大部分地区沦于敌手,战前一度有较大发展的出版业遭到严重摧残,战争直接导致了民国江苏出版业的由盛而衰。故而,本卷以这三个重要历史事件为节点,分三个时期,梳理出江苏民国出版史的基本脉络,努力勾勒出江苏出版走向现代化历程之大概。

以商务印书馆、中华书局为代表的江苏民营出版业的崛起,以及资本主义制度下管理体制和经营理念的革新,使得民国江苏出版成为规模化行业,并出现了出版行业内部社会化的具体分工,民国江苏出版业由此实现了产业发展的巨大飞跃,从而迈出了现代化进程的步伐。民国江苏出版业以民营为主,民营出版机构、出版群体的生存法是以盈利为前提的,但作为从事编辑出版活动的近代职业知识分子,这一出版群体却肩负着文化积累和文化传承的基本使命。由于出版业这种经济和文化上的双重属性,因此对江苏民国时期出版史的研究,还要从法律法规、企业制度、经营管理、社会文化、学术思潮、出版形式等方面加以深入的考量,才能真正揭示民国江苏出版业的特点与内涵。此外,民国江苏的出版有多种性质和形态,除去官办和民营出版业之外,还有中国共产党领导的出版事业和教会团体在江苏的出版活动等,都应该进行历史与科学的分析和评判。故而,本卷还以专题内容为主轴,探讨了出版法律与管理、出版经营活动、出版与社会文化、出版与现代教育、中国共产党领导的出版事业、宗教团体的出版活动等相关出版内容。

民国时期江苏行政区划比较复杂,最突出的就是上海的归属问题。北京政府时期,上海属于江苏省行政区,归沪海道管辖。淞沪护军使名义上也隶属江苏督军。然而,当时上海由于其政治、经济、文化在全国居于举足轻重的地位,往往又独立于江苏省。民国成立以来,尤其在北洋政府时期,上海不仅是全国的出版中心,也是江苏的出版中心。对此,本卷在编撰时采取了尊重客观史实,坚持时空统一的原则。1924年年底以前,上海完全属于江苏省,因此,这一时期上海的出版业完全纳入江苏民国时期出版史的范畴。由此,这一时期江苏出版史研究的重心便以上海为主,兼及南京、苏州、无锡等其他地区。1925年至1927年,尽管上海仍属江苏省,但考虑到时空的因素,则淡化了仍以上海作为江苏出版中心这一概念,加强了对江苏其他地区出版业的叙述。而对上海的出版业则有重点、有选择地加以叙述,作为江苏民国时期出版史研究的过渡。1928年以后,上海作为特别市,独立于江苏省之外。同样,南京是国民政府的首都,是特别市建制,也不属于江苏省。但考虑到历史与现实的关系,这一时期江苏出版史便以南京为中心。此外,中共江苏省委设在上海市,许多宣传出版物也在上海印刷出版,故而其在上海出版的刊物均加以叙述。由于历史因素,这一时期,上海同江苏出版界之间的联系依旧十分密切,尤其以邻近上海的地区为甚,故而对此也略有涉及。

江苏民国时期的出版史,虽然只有近40个年头,但涉及面广,头绪纷繁,如何确定重点实属不易。就本卷编撰的内涵和外延来说,应充分体现民国时期多元的特色。首先,它既不是一部革命的出版史,也不是一部中国共产党的出版史,更不是一部统治阶级和集团的出版史,其内容应力求广泛,尽可能包罗万象。不论政府的、党派团体的、民间的,还是外国人的出版活动,均应有客观的叙述,并予以恰如其分的评价。但对南京国民政府占主导性的出版机构和刊物,以及占市场份额巨大的民营出版机构和刊物,应有所偏重。其次,虽然出版和新闻之间是有区别的,新闻主要以报纸为媒体,出版则是以图书期刊为内容,但是民国初期,报纸和期刊没有严格的区别,许多期刊不仅以"报"冠名,甚至采取报纸八开四版的形式。20世纪20年代以后,期刊与报纸的界限才逐渐明晰,分工也渐趋严密。所以,江苏民国初期出版史研究的内容,应以图书期刊为主、报纸为辅,如此才能体现这个时期所固有的特色。最后,出版作为一种产业,有其特殊的业务范围,除出版内容、书刊装帧、版式设计、印刷发行之外,还涉及许多出版技术问题。因此,本卷对现代印刷技术的演进、图书发行渠道的完善等,也作了一些粗略的探讨。

在本卷的内容和结构上还须作几点说明:一是以出版机构、政府重要出版法规与文件、重要的图书刊物、著名出版人物、重要出版事件以及印刷技术的演进为重点,并根据章节编撰的需要融入与之相关的内容。如著名出版人物,包括出版家、出版商、发行人和知名编辑。这些出版人物中既有江苏籍也有外省籍,既有政府官员也有教授学者,他们中的许多人对江苏乃至全国的出版业都起到了重要作用,但本卷中主要以叙述江苏籍的为主,外省籍的则简约之。二是中共领导的出版事业分段叙述,中共创建期在江苏的出版活动安排在第二章专节讲述,抗战爆发以后中共在江苏领导的出版事业则安排在第十章专题叙述。1927年至1937年,由于中共在江苏地区的活动转入地下,故在该章中设专节讲述。三是江苏历来是中国宗教出版活动最活跃的地区之一。本土的道教和本土化的佛教,以及基督教、天主教、伊斯兰教在近代江苏出版业中占有重要的地位,具有极其重要的社会影响。民国时期也延续了这一态势。故本卷最后设专章叙述,以彰显民国时期江苏出版业的多元性。

民国时期的江苏出版业,是构建在西方现代出版业和中国传统出版业冲突、并存、渗透、融合,具有中国特色的近现代新式出版业基础之上的。无论是传统出版,还是新式出版,或是总体出版,虽说年代跨度不长,但在江苏的出版史上却是很重要、很有特色的历史时期。治史者,当在史料的挖掘与整理中发现历史、还原历史并力图找寻规律。成功的经验和失败的教训都可成为今日江苏出版业发展的历史借鉴。

第一章 晚清江苏出版业的嬗变历程

第一节 传统出版业的延续和衰落

鸦片战争后,江苏传统出版业中官书局与民间书坊及私人刻书三足鼎立的格局逐渐被打破,以木板刻印为出版技术特征、线装竖排为装帧排版形式、经史子集为主要内容的雕版印刷也走入困境。但是,由于自然经济和文化底蕴的强厚,在官府提倡与私家坚守之下,雕版印刷在江苏境内也一度呈现生机盎然的局面。

1864 年湘军攻陷南京后,曾国藩为了从根本上消除太平天国运动及其出版活动的影响,重振儒家道统,恢复清廷威信,将随军的安庆书局更名为金陵官书局,开创了兴盛二三十年之久的晚清官书局之先。金陵官书局初设在南京的铁作坊,后移至江宁府学内的飞霞阁,聘请洪汝奎、莫友芝督理创办书局事宜。1868 年更名为金陵书局。所刻书籍除"前四史"《史记》、前后《汉书》、《三国志》外,还有魏晋六朝南北史以及《昭明文选》等,都是重刻毛氏汲古阁本,其特点是字扁行密,不太清晰,但校勘堪称一流,以致京中大官向该书局索书不断。光绪年间更名为江南书局(亦称江宁书局),继续刻书,直至宣统期间逐渐萎缩。江南书局刻书较多,据江澄波统计,该书局刻书共 56 种,2 776 卷,690 册。[①] 1914 年,江南书局经批准,划归江苏省立第一图书馆接收。金陵官书局所刊书籍基

---

① 江澄波:《晚清江苏的三大官书局》,《江苏出版史志》1989 年第 2 期。

本上在 1904 年之前。

1865 年,江苏巡抚李鸿章在苏州燕家巷杨家园,创办了以刊刻经史读本为主的江苏官书局。继任巡抚丁日昌对此加以扩充,并奏刊《牧令书》。刘履芬、诸可宝先后主持该书局,俞樾为总校官。江苏官书局所刻书籍,字大悦目,校刊严谨,印刷也好,后来又收入苏州学古堂、存古学堂的刻版,规模扩大,成为同时期全国各大官书局中刻书时间最长、品种最多的官书局。该书局曾一度置备铅字印刷机,排印铅字本。该书局刻书共 206 种,5 047 卷,1 632 册。① 1914 年,江苏官书局经批准,由江苏省立第二图书馆接收,改名为"官书印行所"继续刷印出售,直到抗战时才停止。1867 年,李鸿章在署两江总督任上,仿金陵官书局之制创办了江宁聚珍书局。聚珍书局成立后,曾用砌字本排印过《两汉刊误补遗》《史姓韵编》《同官录》等书,字体清秀悦目,字迹印刷清晰。尤其是砌字本《三国志》,享有盛誉,被推为佳品。同时,该书局还用雕版刊印过《宋名臣言行录》《历代纪元编》《历代地理沿革图》《呻吟语》等书。据徐苏统计,聚珍书局先后共刊书 25 种,达 713 卷。② 该书局于 1879 年裁撤,是江苏各官书局中裁并最早的书局。

淮南官书局,1869 年由两淮盐运使方濬颐创设,地址在扬州琼花观街。该书局以整理旧有《盐法志》及各种官书残版,刊布江淮间耆旧著述为宗旨,并续修了《扬州府志》。1870 年,分刻金陵官书局的《隋书》。所刻书还有《十三经注疏》《毛诗注疏》《三国志》《白虎通疏证》等。1903年,淮南书局裁撤并于金陵书局,其间共刻书 60 种,1 701 卷,479 册。③晚清江苏官书局雕版刊印的书籍,多以"御纂""钦定"本作底本,经史为主,诗文次之,而且印刷精美,校勘谨严,在保存传统文化方面,作用不可小视。同时,各种普及读物定价低廉,适应了一般读者的需求,流布广远。

光绪末年,为适应时代发展,江苏各官书局的出版方向也做过调整,开始注重编译新书以开风气。其中最引人瞩目的是江楚编译官书局。

① 江澄波:《晚清江苏的三大官书局》,《江苏出版史志》1989 年第 2 期。
② 徐苏:《聚珍书局——江宁第二官书局》,《江苏出版史志》1990 年第 4 期。
③ 江澄波:《晚清江苏的三大官书局》,《江苏出版史志》1989 年第 2 期。

该书局创办于 1901 年,由两江总督刘坤一、湖广总督张之洞共创,局址设在江宁钟山书院,初名江鄂译书局,后更名江楚编译官书局。刘世珩充任书局总办,缪荃孙为总纂,陈作霖、柳诒徵等为分纂。它与上述江苏各官书局不同,以编译教科书推动革新为目的,所刊新学书籍大致可分四类:一是为适应新兴教育,供学校使用的各类课本及教学参考书,如樊炳清译的《伦理学教科书》等。二是为培养国民的思想道德品质,提倡爱乡土、爱国家内容的书籍,如《上元、江宁乡土教科书》等。三是介绍各国现状及历史沿革的书籍,如《日本历史》等。四是各种科学技术方面的图书,如《中等矿务学》等。① 该局也刊印了诸如《说文通训定声》《续碑传集》《江宁金石记》等经史典籍。1910 年更名为江苏通志局,辛亥革命后划归江苏省立第一图书馆。该书局共出版书籍 70 多种,其中译刻的新书 60 多种。

随着洋务运动的失败和戊戌变法的兴起,以"中学"为主要出版内容的江苏各官书局日渐凋零,繁荣不再。而作为传统出版业中另外两大支柱的民间坊刻和私人刻书,在江苏境内则继续顽强地生存下来,但也显示出一种平缓式衰落的迹象。在坊刻方面,江苏境内一些著名的书坊,如苏州的扫叶山房,南京的奎璧斋、李光明庄,常熟的小石山房等,甚至一直延续到民国的大部分年间。创办于明万历年间的席氏扫叶山房,清初曾购得毛氏汲古阁大量木刻书版,遂扩大翻刻规模,出版了《二十三史》等大量典籍。其石印书籍在清末民初有相当重要的地位。19 世纪80 年代,扫叶山房(图 1-1)在上海城内彩衣街设立分号,后改称南号,又在上海棋盘街设立北号,在松江设立淞号,苏州老店则称为苏号。五四运动以后,因墨守成规,营业不振,日趋衰落。顾氏小石山房,清道光、同治年间刻有《三国演义》《篆学琐志》《印人传》《古文观止》《小石山房丛书》等,1921 年左右停业,由戴氏漱石山房继续经营。"奎

图 1-1 扫叶山房徽标

① 徐苏:《试论江苏晚清官书局的特点》,《江苏出版史志》1992 年第 1 期。

璧斋主人郑元美，莆阳人，肆事金陵状元境巷内。乾隆间刻有陈振纲、丁庚辑著的《四体字法》，内容分为楷书字法、正字千文、汉隶源流略歌、隶书字法。其书板历藏百年有余，到光绪时散售易主。奎璧斋还刻过《易经》，到光绪时书板亦转售富文堂。光绪十二年刷印时，封面已经改头换面，镌称'光绪十二年新镌，富文堂藏板'。显然到光绪时，奎璧斋已走向衰败。"①李光明庄在南京三山街大功坊秦状元巷中，从事刻书业时间在清同治、光绪年间，据统计，共刻印 167 种书籍（经部 41 种，史部 6 种，子部 3 种，集部 52 种，启蒙读物 24 种，闺范 4 种，医算杂学 24 种，善书 13 种）。所刻书多用宋体方字，少数如《益幼杂字》用欧体楷书写刻。纸墨刊印较为精美，在当时坊刻中享有盛誉。② 而上海的古书流通处、忠厚书庄、博古斋、修文堂、中国书店，南京的芥子园、世德堂，苏州的来青阁、文学山房、吴门书林，扬州的二酉堂、陈恒和书林等古旧书店，或创办于清末民初，或成名于民国时期，在从事古籍旧书贩卖之余，也兼事雕版刊印国学典籍，在民国江苏的出版界均有一定的影响。

清代常熟人张海鹏曾说："藏书不如读书，读书不如刻书。读书只以为己，刻书可以泽人，以上寿作者之精神，以下惠后来之沾溉，其道不更广耶？"③在这样一种价值观的追求之下，晚清江苏境内传统的私家刻书活动十分活跃。南京的邓廷桢、陈作霖、程廷祚，苏州的江标、潘祖荫、叶昌炽、章钰，常熟的翁同龢、蒋廷锡，无锡的顾栋高、薛福成，常州的盛宣怀、董康，江阴的缪荃孙等，这些家资殷实的仕宦文人、藏书家兼作刻书家的，不乏其人。潘祖荫于同治、光绪年间刊刻了《滂喜斋丛书》50 种，《功顺堂丛书》18 种，并聘请《藏书纪事诗》的作者叶昌炽校勘各书。被柳诒徵誉为"以一生系金陵文献者数十年"的陈作霖，毕生从事南京乡邦文献的编刊工作。缪荃孙（图 1-2）"一生与刻书为缘，孤稿秘籍，多赖流布，广人见闻，裨益文化之功，可谓至巨"。他不仅编刻了《云自在龛丛书》《对雨楼丛书》《藕香拾零》等，还帮助刘承干、徐乃昌、金武祥等人校刻典籍，而盛宣怀所刻《常州先哲遗书》更是由他一手操办。诵芬室主人

---

① 李致忠：《历代刻书考述》，成都：巴蜀书社，1990 年，第 360 页。
②《江苏省志·出版志》，南京：江苏人民出版社，1996 年，第 43 页。
③ 叶昌炽：《藏书纪事诗》卷六，上海：上海古籍出版社，1999 年。

董康刻书之举起于光绪末年,然而使他一"刻"惊人的,是他在 1907 年为日本汉学家岛田翰刊印的《皕宋楼藏书源流考》。① 清末江苏的私家刻书大致分两类:一类是文人学者所刻自己的著作或前贤诗文,一类是藏书家和校勘学家辑刻的丛书、逸书或影摹付印的旧版书。这些私家刻书既不仰仗官府又少依赖市场,所以表现出较强的稳定性。值得一提的是,由于传统文化的影响、读书风气的浓厚,江苏各阶层人士都竞相聚书,所以晚清江苏各地藏书楼也很多,著名的如南京的甘氏津逮楼,苏州的潘氏滂喜斋、章氏四当斋,常

图 1-2 缪荃孙

熟的瞿氏铁琴铜剑楼、丁氏素香楼,上海的盛氏愚斋图书馆、商务印书馆涵芬楼,扬州的马氏藏书楼等。这些私家藏书楼有的也从事传统的刻书业,集藏书、编书、刻书和售书于一身。

介于官刻、坊刻和私人刻书之间的佛经刊刻,也是晚清江苏传统出版业中的新生力量。有感于晚清经咸丰战火后所传佛经的消亡殆尽,佛经文化趋于衰微,杨仁山、郑学川等人于 1866 年在南京北极阁发起创办了刻经处。不久,刻经处一分为二:郑学川在江都县砖桥设立江北刻经处,南京部分仍由杨仁山所管,名为金陵刻经处。郑学川自号刻经生,一生以刻经为己任,除了在南京发起成立刻经处和创办江北刻经处,还在苏州创立刻经处多所,前后 15 年刊印佛经 3 000 多卷。杨仁山是晚清杰出的佛经刊刻家,1897 年将在南京的 71 间房屋及院落全部捐献给金陵刻经处,1910 年还创办了佛学研究会,提倡居士到场,刻经讲学。他从历代刻经藏经、日本缩刷藏经等 15 629 卷佛经中,选辑了 460 种加以汇编,至辛亥革命前就刊印了 2 000 多卷,其中《中论疏》《百论疏》《唯识述经》《因明论疏》等都是比较有名的佛典。金陵刻经处以校勘精审著称,一

① 以上所列人物,参见俞洪帆、穆伟铭主编:《江苏出版人物志》,南京:江苏人民出版社,1995 年。

般以欧阳竟无、吕秋逸校勘所刻新本为定本。其印刷以木刻雕版为主,版式大小不一,版面安排都有一定规格。除刊刻佛经外,金陵刻经处还刊印佛学中的图像。金陵刻经处的影响很大,详见本卷专章叙述。

"正如雕版印刷取代手工抄写,经历了上百年的历史时间一样,从西方引进的以铅活字排版为主要技术特征的现代出版业,替换中国古老的以雕版刻印为主要技术的传统出版业,也同样经历了一个较为漫长的历史过程。"①晚清乃至民国时期的江苏,官刻、坊刻和私刻三大系统构成的传统出版业,随着西方近代印刷技术的传入,以及洋务运动、维新运动的开展,虽然逐渐淡出了历史舞台,但依然一息尚存、不绝如缕。

第二节　新式出版业的出现与发展

鸦片战争后,涌进中国大门的西方传教士带来了与中国文化截然不同的异国文明。传教士们为其殖民统治的需要,也为进一步宣传其教义,不约而同地采用了出版的手段。因此,江苏新式出版业是从传教士们在江苏境内的出版活动开始的,他们建立的最早的出版机构主要有墨海书馆、美华书馆和土山湾印书馆。墨海书馆创办于 1843 年的上海,主持人先后有麦都思、艾约瑟、伟烈亚力、韦廉臣。从 1852 年至 1859 年间,该书馆出版的图书涉及数学、天文学、光学、物理学和植物学。1857年出版的《六合丛谈》,内容有宗教、科学、文学和时事报道等,是晚清江苏境内最早的杂志。1860 年,美华书馆从宁波迁至上海后,墨海书馆即停止了业务。美华书馆开始主要印刷《圣经》,后来接受广学会及其他教会的出版业务,如美国监理公会传教士林乐知主编的《万国公报》(图 1-3)即由其印刷。在商务印书馆崛起之前的 50 年,美华书馆几乎垄断了上海地区的新式图书出版。土山湾印书馆是天主教教会于 1864 年在上海徐家汇设立的出版机构。该印书馆开始是采用中国传统的雕版印刷,据《江南传教史》记载,及至 1869 年,其出版的木版中文宗教著作超过了

---

① 王余光、吴永贵:《中国出版通史·民国卷》,北京:中国书籍出版社,2008 年,第 10 页。

20 种,"其中大部分是十七、十八世纪由利玛窦、柏应理、李玛诺、南怀仁、艾儒略、潘国光、庞迪我等旧耶稣教神父的优秀作品的再版"①。1874 年土山湾印书馆开始用铅活字排印,其后印刷事业迅速发展,规模也不断扩大,印刷的西文书目达 221 种。从 1893 年开始,土山湾印书馆先后出版了《中国学丛书》《汉学丛书》等,并出版印行了晚清具有较大影响的天主教刊物《益闻录》。土山湾印书馆的出版物中,既有书籍、报刊,也有插图、画片;既有宗教、科学,也有语言、文学;既有中文本书籍,也有拉丁文、法文本书籍。

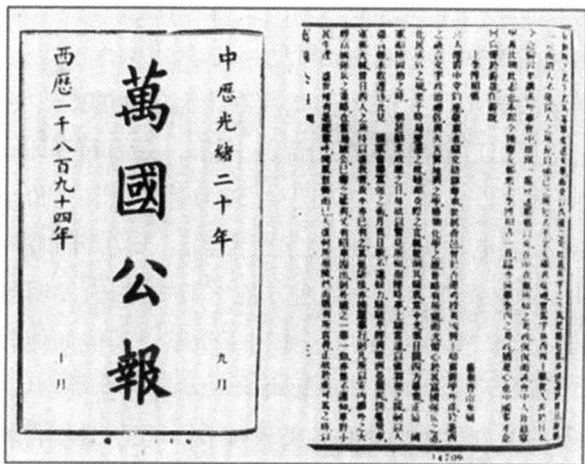

图 1-3 《万国公报》

1887 年由同文书会改组而来的广学会,是集传教士、外国领事、商人三位一体的出版机构,也是晚清江苏境内影响重大的外国人创办的出版机构。广学会先后由韦廉臣、李提摩太和林乐知主持。李、林二人长期居住在中国,是当时著名的中国通,他们把一生的主要精力投入江苏的出版事业。李提摩太担任广学会"督办"长达 25 年(1891—1916 年),并能根据时代需要扩大广学会的出版活动,自己也在这段时间里译著了70 种书籍,其中以《泰西新史揽要》最为著名。林乐知在中国居住 47 年直至在上海去世,其间前 17 年为上海广方言馆、江南制造局翻译馆译书

---

① 转引自张宪文、穆伟铭:《江苏民国时期出版史》,南京:江苏人民出版社,1993 年,第 12 页。

达 47 部,在广学会成立后的 20 年中著译达 44 种。他于 1868 年主编出版的广学会机关刊物《万国公报》,以"为推广与泰西有关的地理、历史、文明、政治、宗教、科学、艺术、工业及一般进步知识"为宗旨,①发行量最高时曾达 4 000 份,是外国人在中国所办刊物中影响最广泛的一种。广学会在近 40 年中先后翻译出版图书 2 000 多种,而且前期出版图书的内容并不注重宗教文化的传播。据 1912 年《同文书会年报》称:以往 25 年所出版的主要书籍,属于宗教性的只有 48 种,而非宗教性的却有 120 种。② 维新运动时期,光绪皇帝曾采购书籍 129 种,其中 89 种是广学会出版的,李提摩太的《泰西新史揽要》《列国变通兴衰记》及林乐知的《列国岁纪政要》等书均在其中,其影响由此可见一斑。

此外,英国传教士傅兰雅于 1875 年在上海创办的格致书院,除贩卖外文教科书和帮助江南制造局推销部分书籍外,还自行译印了通俗科学图书 40 多种,其中以各种"须知""图说"较为著名,如《三角须知》《天文须知》《矿学须知》《电学图说》《植物学图说》等。1876 年创办的《格致汇编》(图 1 - 4),其主要内容为介绍西方科学新知、国人发明创造及新闻等,为传播科学知识、交流技术工艺作出了贡献。其他如传教士在上海创办的清心书院(后更名为中国圣教书会)、益智书会等出版机构,也译介出版了大量的西方科学书籍和各类教科书。可见,外国传教士无意中充当了江苏出版业近代化的媒介。

19 世纪中叶,王韬在麦都思等人创办的墨海书馆工作,所见印刷技术是"以活字版机器印书""车床以牛曳之"③,并引用孙次公的诗表达其惊羡之情:"车翻墨海转轮圆,百种奇编宇内传。忙杀老牛浑未解,不耕禾陇种书田。"④1856 年,郭嵩焘在目睹墨海书馆印刷情形后,慨叹道"西人举动,务为巧妙如此"⑤。印刷技术的革新关系着出版业发展的进程

---

① 江文汉:《广学会是怎样一个机构》,《文史资料选辑》第 43 辑,北京文史资料 1964 年版,第 9 页。

② 江文汉:《广学会是怎样一个机构》,《文史资料选辑》第 43 辑,北京文史资料 1964 年版,第 21 页。

③ 王韬:《弢园文新编》,北京:生活·读书·新知三联书店,1998 年,第 354 页。

④ 王韬:《瀛濡杂志》,长沙:岳麓书社,1988 年,第 197 页。

⑤ 郭嵩焘:《郭嵩焘日记》第 1 册,长沙:湖南人民出版社,1980 年,第 53 页。

图 1－4 《格致汇编》

和文明传播的程度,诚如 1902 年上海出版的《大陆报》中一则广告所言:
"自欧洲印刷机器之学兴,世界文明生一大变革。由是观之,机器印刷之
关系其重大可知也。中国近时渐有用机器印刷者,然简陋者多,精美者
少,未足以为组织文明之具也。夫印刷之巧拙即代表其国文明程度之阶
级。泰西诸国注意于印刷之改良,倍加郑重,故所成之图画书籍精工无
匹,而出版愈多,文明之程度愈增,国势亦因之以强。"[1]伴随着西学东渐
和西方传教士的东来,西方先进印刷技术的传入,晚清江苏的出版业也
逐渐结束了沿用千年的传统雕版技术和简单的手工印刷,印刷技术得到
进一步革新,出现了凸版印刷术、平版印刷术、凹版印刷术,以及铅活字
排版法、石印技术、新式转筒机等,大大改进和提升了印刷生产力。据商
务印书馆的创业者回忆,"自与日人合股后,于印刷技术方面确实得到不
少的帮助。铜版雕刻、黄杨木雕刻、五色彩印,日本都有技师派来传
授"[2]。西方先进印刷技术的传入,促进了晚清江苏出版业的繁荣,也扩
大了对输入洋纸和制造洋纸的技术需求。中国传统线装书一般是单面
印刷,纸质粗糙,难以适应近代出版业发展形势的需要,而西洋纸比中国
传统纸更具优点。近代较早的报纸之一《上海新报》便采用瑞典纸两面

---

① 宋原放、李坚白:《中国出版史》,北京:中国书籍出版社,1991 年,第 184 页。
② 王建辉:《出版与近代文明》,郑州:河南大学出版社,2006 年,第 85 页。

印刷。"各国纸输于我国乃成一竞争之业","几供全国之用,故其数甚巨"。① 总之,新式机器印刷文明和造纸技术为江苏出版业的近代化奠定了物质技术基础。

19世纪60年代以后,洋务运动渐兴,开设学堂,训练科技人才,学习西方科技知识,翻译出版西方图书报刊,成了洋务派办"洋务"的主要内容。江苏境内由洋务派组建的出版翻译机构先后有广方言馆、江南制造局翻译馆、金陵机器局翻译馆、南洋公学译书院、江楚编译书局等。广方言馆设立最早,但规模较小,不久即并入江南制造局翻译馆。金陵机器局翻译馆受时代与地区性影响,翻译出版活动较少,影响也不大。江南制造局翻译馆、南洋公学译书院和江楚编译书局,在晚清江苏出版业中占有一定地位。

1865年,曾国藩等人在上海成立江南制造局,附设翻译馆,聘请中外学人专事翻译(图1-5)。局内又设刊版印书之处,该处"原为小屋,然刊书一事渐大,故其屋亦增广。内有三十余人,或刊版,或刷印,或装订,而一人董理,又一人董理售书之事,另有三四人抄写各书"②。1871年,翻译馆开始出版图书。据傅兰雅统计,1871—1880年,翻译

图1-5 江南制造局翻译馆

---

① 张静庐辑注:《中国近现代出版史料》(补编),上海:上海书店出版社,2003年,第572—574页。
② 张静庐辑注:《中国出版史料》(补编),北京:中华书局,1957年,第12页。

馆出版图书 98 种,计 235 本;另译出尚未刊行者有 45 部,计 124 本;尚未译全之书 13 部,内略有 34 本已译成。从 1871 年到 1879 年 6 月,共销售图书 31 111 部,计 83 454 本。又已刻成地图与海道图共 27 张,共销售出 4 774 张。① 其出版和发行规模可见一斑。同时,在江南制造总局翻译馆,出现了江苏乃至中国最早的翻译出版群体,该馆先后聘请做翻译的外国学者有英国人伟烈亚力、傅兰雅、秀耀春等,美国人玛高雅、林乐知、金楷理等,日本人藤田秀八等,以及中国学者徐寿、华蘅芳、李善兰、贾步伟、赵元益等,这个群体主要以中外合作的方式从事科学著作的翻译出版活动。② 江南制造局的翻译出版代表了早期的官方译书活动,虽然质量不高、内容陈旧、主题思想不明确,但它无疑拉开了晚清国人从事新式出版的序幕,大量翻译出版西方科技方面的书籍也填补了这个时期江苏出版业的空白,并推动了近代自然科学在中国的传播。

1896 年盛宣怀在上海创办的南洋公学,附设译书院,并聘请张元济任院长。据 1901 年盛宣怀向清廷奏报称,该书院已译印了政教、财法、兵学书籍 28 种,到 1903 年达 54 种。译书院还出版教科书,最初出版的教科书为该院师范生编写的《蒙学课本》三编,1903 年又出版了朱树人编的《蒙学课本》三册,不久又翻译出版《格致汇编》,并最先出版了严复译的亚当·斯密所著的《原富》。③ 由于南洋公学译书院出版新式教科书时间较早,所以具有一定的开创性。而创办于 1901 年的江楚编译官书局,则是以编译教科书来推动革新的官书局,前文已有叙述,兹不赘言。

甲午战败之后,维新运动把启蒙的触角伸向了各个领域,民众开始意识到民族的危机,意识到学习西方势在必行。社会的需要刺激了晚清江苏出版业的发展。维新时期,康有为曾至南京劝说两江总督张之洞刊印《孔子改制考》,并在上海组织强学会,他在《上海强学会章程》中明确地将译印图书、刊布报纸、开大书藏、开博物馆列为"最要者四事"。1897

① 张静庐辑注:《中国出版史料》(补编),北京:中华书局,1957 年,第 23—24 页。
② 王建辉:《出版与近代文明》,郑州:河南大学出版社,2006 年,第 85—86 页。
③ 张宪文、穆伟铭:《江苏民国时期出版史》,南京:江苏人民出版社,1993 年,第 16 页。

年秋冬间,梁启超等在上海创办大同译书局,规定首译各国变法之书,以备取法;译学堂各种功课,以便诵读;译宪法书,以明立国之本;译章程书,以资办事之用;译商务书,以兴中国商学,挽回利权。该译书局曾刊印《大彼得变政考》《经世文新编》《日本书目志》《孔子改制考》《春秋董氏学》等。在康、梁等维新派的带动和影响下,江苏境内的出版物蔚然成风。据上海图书馆查考,有《强学报》《农学报》《集成报》《富强报》《萃报》《实学报》《新学报》《译书会会报》《无锡白话报》《女报》,等等,①而以1897年11月梁启超创办的《时务报》最具影响。这些出版物或具后来同类刊物之雏形,或开某领域研究之风气,但在戊戌政变后,大多荡然无存。不仅刊物的出版如此,以标榜开新的出版机构也纷纷成立。以上海为例,维新的三四年间,先后创办的出版机构就有10多家。这些出版机构中确实不乏为应景而创立的机构,如1898年创办的经济书局,在其《招股启》中还说要以"惩空疏之陋习,振维新之人心"为宗旨,但它编辑的《经济通考》选辑体例,却"是书凡三始、六罪、民主、教权、改服色、易正朔,伪经新学诸书,有乖圣教者,均不采录,庶薄海人士,共憬宗圣尊王之义"②。这类出版机构多以"揣摩风气"为务,见风使舵,根本谈不上有助开新。

维新期间,江苏境内的官书局为适应时代需要也作了些改革,"译刻各国书籍,举凡律例、公法、商务、农务、制造、测算之学,及武备、工程诸书,凡有益于国计民生与交涉事件者,皆译成中国文字,广为流布"③。原先的金陵官书局、淮南书局等并入江楚编译局,开始出版西学书籍,但这种革新已有些力不从心。洋务派的出版机构也在变化,江楚编译官书局、南洋公学译书院等,也翻译出版了不少新书。传教士的出版机构也继续活跃,而且营业利润甚至呈上升趋势。如广学会,到1908年还发展了自己的会所,产值从1891年的1 000元增加

---

① 参见上海图书馆编:《中国近代期刊篇目汇录》第1卷,上海:上海人民出版社,1980年。
② 史春风、李中华:《晚清出版业的近代化历程》,《滨州教育学院学报》2001年第2期。
③ 《官书局奏开办章程》,张静庐辑注:《中国近代出版史料(初编)》,上海:上杂出版社,1953年,第48页。

到 1911 年的 225 579.84 元,20 年中增加了 200 倍。① 这些出版机构都以趋新相标榜,但出版物却是形形色色、目的各异,与当时社会新旧思想的冲突日益激烈互为表里。与此同时,民营出版业也趁着维新之风勃然兴起,在江苏出版界中逐渐取得突出地位。这些出版机构中,有些由旧式书坊、书肆转型而来,但绝大部分是维新运动中建立起来的。

晚清后期,新式民营出版逐渐成长为江苏出版业的生力军,引领出版潮流。与教会出版、洋务派出版和官书局不同,近代江苏民营出版家们为了生存和发展,首先以营利为目的。为赚取更多利润,江苏民营出版机构在出书的内容上便更接近时代思潮,在技术上则采用最新式印刷技术和装订手段,使出版物从内容到物质形态都发生了根本性的变革。西方铅印和石印技术传入后,率先在上海土山湾印书馆中得到使用。英国人美查于 1872 年在上海创立申报馆,除办《申报》和出版图书外,还办印刷厂和发行部,搞多种经营。《申报》获利后,美查于 1879 年开办了点石斋石印书局,购置石印设备,印刷《康熙字典》、中英文合璧的《四书》等,创办了《点石斋画报》(图 1-6)。于是,江苏其他的民营资本也纷纷

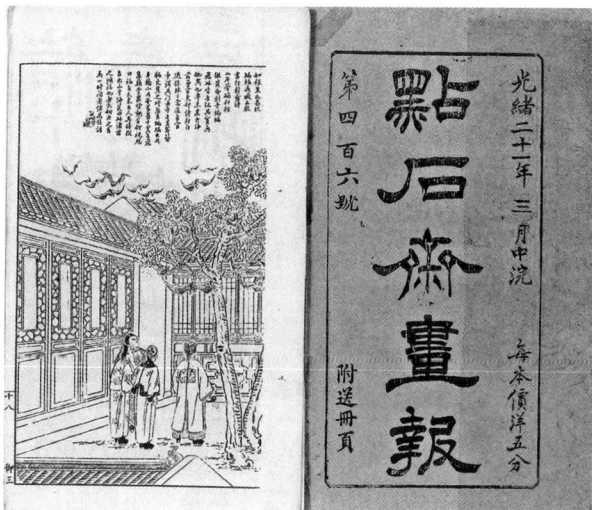

图 1-6 《点石斋画报》

---

① 江文汉:《广学会是怎样一个机构》,《文史资料选辑》第 43 辑,北京文史资料 1964 年版,第 5 页。

效仿开办石印出版。1881年至1882年间,上海先后成立了拜石山房、同文书局、中西五彩书局、鸿文书局等。这些民营出版机构的创业资本与当时其他行业相比并不算少,规模也不小。例如,徐润兄弟于1882年设立的同文书局,创办资本3万两,开创初期有石印机12架,雇工500人,专事翻印《康熙字典》《子史精华》《二十四史》等古籍。1890年,清政府让同文书局影印100部古代最大的类书《古今图书集成》,1894年告成,并新增《考证》24册。据民国《上海县志》载,徐氏兄弟"以欧西石印法于文化事业裨益颇多,创同文书局,影《图书集成》,及广百宋斋铅印书局,印刷书籍,艺林诧为创举。凡所规划,皆为中国所未见,而事事足与欧美竞争"①。李盛铎创办的蜚英馆石印书局,1887年就有火轮机10多架,内部分工很细,设有总账房及总校、抄书、裱书、画格、描写、绘图、磨石、积书、装订等处和照相房、印机房、校书房,印刷设备实现了机械化,并大量印行古籍和科举用书。而商务印书馆在上海的诞生,才是江苏出版业走向近代化的一座里程碑。

图1-7　同文书局石印本《史记》

　　1897年2月,夏瑞芳(图1-8)、鲍咸恩、鲍咸昌和高凤池等出资3750元,合股创办了商务印书馆。商务本是个小印刷厂,主要靠承印商业账册、广告等起家,因翻印英文课本《华英初阶》《华英进阶》等出

---

① 熊月之、张敏:《上海通史·第6卷·晚清文化》,上海:上海人民出版社,1999年,第163页。

名。后来,由于张元济担任商务编译所所长,
并聘请高梦旦、杜亚泉、邝富灼、孙毓修、夏曾佑
等人担任编辑,采用日人资金与先进的设备、管
理方法等,因而在晚清江苏出版界脱颖而出。
在民元前的 1911 年,商务出版图书 141 种 583
册,[①]营业额达到 1 676 052 元。[②] 商务的兴起
原因主要有:一是维新思潮与文化革新的时代
大背景使其应运而生;二是上海民营出版业的
兴盛和资本主义出版经营方式为其提供"地利"
之便;三是一批具有出版理想和文化责任的知
识分子群体的加盟,使其有了腾飞的翅膀。商

图 1-8　夏瑞芳

务创始人夏瑞芳和早期骨干编辑杜亚泉曾说:"维新同志,皆以编译书报
为开发中国急务,而海上各印刷业皆滥恶相沿,无可与谋者,于是咸躇于
商务印书馆。"[③]出版救国,作为知识分子的文化理想,在当时愈加明显。
近代商务出版领袖多精于用人之道,夏瑞芳曾被人称赞为"头脑灵敏,性
情恳挚,能识人,能用人,实为一不可多得的人才"[④]。张元济办出版的
主要人才思想则是仰仗群才和推陈出新的动态人才观,这种重视人才的
思想使商务印书馆聚集了近代出版业中最多的一批出版人才。

　　商务印书馆创办之后,江苏境内兴起的民族资本的私营出版机构,
或以出版教科书为主,或以出版小说为主,大多沿着商务崛起的模式向
前发展。如上海文明书局是由无锡三等公学堂创办者俞复、丁宝书等,
因印行自编的国文教材《蒙学读本》而创办起来的。南通翰墨林印书局
由张謇创办于 1903 年,是"因兴师范学校,乃兴印书局"[⑤]。1949 年以
前,南通地区学生用的教科书大多由翰墨林印书局编印。上海集成图书
公司,由集成图书局、点石斋、申昌书局、开明书店等合并组建于 1907

① 张静庐辑注:《中国现代出版史料》(丁编)下,北京:中华书局,1959 年,第 319 页。
② 商务印书馆:《商务印书馆九十五年》,北京:商务印书馆,1992 年,第 752 页。
③ 商务印书馆:《商务印书馆九十年》,北京:商务印书馆,1987 年,第 9—10 页。
④ 王建辉:《出版与近代文明》,郑州:河南大学出版社,2006 年,第 4 页。
⑤ 《翰墨林印书局约》,转引自张宪文、穆伟铭:《江苏民国时期出版史》,南京:江苏人民出版社,
　 1993 年,第 21 页。

年,也以出版教科书为主。而小说的出版主要有广智书局、小说林书社、群学社、有正书局等,这些出版机构大多集中在上海。冯镜如、何澄一创办于1898年的广智书局,出版发行《新小说》杂志及小说单行本。小说林书社成立于1904年,由常熟人丁之孙、徐念慈、曾朴等创办,以出版《小说林》杂志而著名。1905年,沈季山创办了群学社,次年就出版了由吴沃尧等主编的《月月小说》。《新小说》《月月小说》《小说林》与商务印书馆出版的《绣像小说》,并称为"晚清小说四大杂志"。

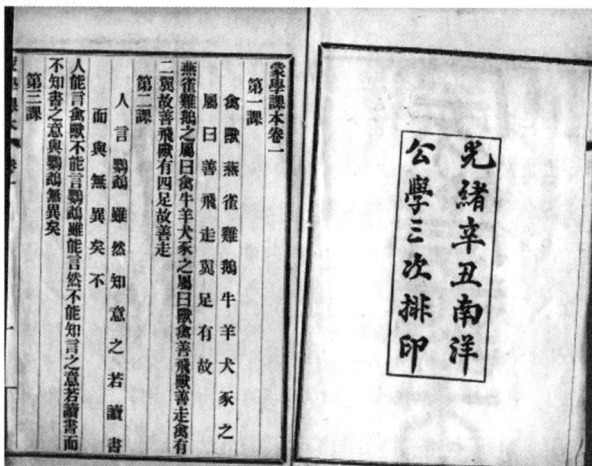

图 1-9　蒙学课本

图 1-10　清季石印工厂实景

"19世纪上半叶由西方传教士导入中土的新式出版,是在国内传统出版已发展成熟的情况下登陆的。新式出版与传统出版在百余年的相处过程中,彼此之间有挤压,有交叉,也有融合,表现得相当的错综复杂。"[1]但是,这种"错综复杂"丰富和充实了清末民初的江苏出版业,形成了这个时期传统出版与新式出版共存共荣的局面,并为民国时期江苏新式出版的迅猛发展奠定了基础。

第三节　上海：中国近代出版业的中心

　　上海是中国近代工业的发祥地之一。1843年11月开埠前,上海不过是江苏省松江府下属的一个县城,开埠后则凭借优越的地理位置很快成为世界瞩目的贸易港口。在较为宽松的政治环境、良好的经济和社会环境下,上海逐渐发展成为中国的金融、经济和文化中心。由于西方文化的输入,伴随着都市化进程而崛起的新式文化事业,上海的出版业呈现与国内其他地方不尽相同的情形。加之近代上海的工业、商业、金融业等公用事业体系先于其他城市迅速形成,也为上海出版业的发展奠定了物质基础。

　　近代上海出版业的成长,与西方传教士大量传教活动密不可分。1843年,英国传教士麦都思在上海创办了第一家外国出版机构——墨海书馆,是上海最早使用铅印机器的出版机构,也是传教士在中国大陆地区最早设立的出版机构。它的成立,开启了一个全新的出版方式和出版理念,是传统出版业与近代出版业的分野,也是上海近代出版业的开端。此后,随着上海都市的发展,港口优势的突出,1860年以后,传教士在上海创办的或外地迁来的出版机构不断增加,19世纪60年代有5家,如从宁波迁来的美华书馆。1870年之后,由于商业利润的驱使,外国商人也开始在上海经营出版业,较大的有申报馆及其附设的点石斋石印局、图书集成局、申昌书室和申昌书画室。此后,西方传教士和商人创

---

① 王余光、吴永贵:《中国出版通史·民国卷》,北京:中国书籍出版社,2008年,第20页。

办的出版机构越来越多,到甲午战争前,外国人在上海创办的出版机构达到22家。1895年前,外国人在上海的出版机构主要从事石印翻印中国的古籍,较大的出版机构每年新出书不过10多种,教会出版机构大多出版宗教类图书以及少量的自然科学类图书。

随着上海都市化进程向前推进,都市的集聚效应进一步增强,民族出版事业得到快速发展。上海的都市化进程既有自身的地理优势,又有外力的推动。太平天国运动,就是其中最为重要的一次。太平天国使大量的人口和资金向上海集聚,大规模的人口迁移使得上海人口激增。至太平天国运动结束后的1865年,上海人口总数达到691 919人,其中不乏因战争迁来的官僚、富商等有文化、有财力的人,从而改变了上海的人口结构,给上海出版业的发展提供了大量的受众。同时,在晚清的上海也崛起了一个"新型文化人群体"。这些新型文化人与中国传统士人相比,有较新的知识结构,主要是具有西学修养;有比较相近的价值观,不再把传统的重义轻利视为不可动摇的准则;有比较相近的人生观,不以读书做官为实现人生价值的唯一取向,往往凭借新知识服务于新式文化机构。① 这种新型文化人的形象,也常在晚清社会小说中出现,如在李伯元的《文明小史》、欧阳淦的《负曝闲谈》等作品中。"小说家借这些人的经历来描写上海各种离奇荒谬的社会现象,但同时也显现出这个时期五光十色的上海,对外地趋新人士、没有出路人士的吸引力。小说中同时出现的还有归国留日学生,以负面形象出现,或开书局,或筹学堂,或译书,或演说。无论是内地人士、留日学生或学堂学生,这些人抛弃了原有地方社会的社会关系离乡背井,聚集于上海,从事各种新形态的文化事业(其中一个主要方面是出版行业)。"②尤其是维新失败之后,维新派从北方纷纷南下,上海便成为新型知识分子再次聚集之地。维新派原本在全国创办的近40种刊物,竟有27种在上海出版发行。商务印书馆创

---

① 熊月之:《略论晚清上海新型文化人的产生与汇聚》,《近代史研究》1997年第4期。
② 章宏伟:《上海开埠与中国出版格局的变化》,周奇编《传播视野与中国研究》,上海:上海人民出版社,2014年,第457页。

办之后,夏瑞芳更是推动了出版业与知识分子的一种结合。① 而张元济进入商务主持编译所,则标志着传统知识分子开始自觉地进入出版业的一种转型。

清末民初,民族资本之所以能在上海这一弹丸之地,取得较之国内其他地区更为迅速的发展,除了其襟江通海、地处富庶的长江三角洲的地理优势,还有个因素就是租界。随着西方列强逐步扩大对华的侵略势力,西方殖民者凭借强大的国家实力,借机扩大了在上海租界的势力范围。租界工部局成立后,为了商业利益,殖民者开始接受华人入界居住。1864年5月,上海租界会审公廨成立后,西人权利逐渐扩大,并致司法权几乎为西人所掌管。至此,上海租界基本脱离了清政府的行政、司法体系,成为"国中之国"。因而,民族资本在上海得到较大的发展空间。对此,劳福德在《海关十年报告之五》中有过仔细的分析:一个重要原因,就是中国其他地方经常处于动乱不安的状态,工厂发展遭到骚扰,而上海则不然,"这就形成了工业集中于上海的趋势。许多本应迁出或开设在原料产地的工厂也都在沪设厂。虽然运费成本有所增加,但在上海特别是在租界内,可在一定程度上免受干扰"②。稳定的环境给民族资本的发展提供了保障。加之,西方资本主义言论出版自由的理念,与清政府对言论出版的严厉管控截然不同,使得许多进步书刊借助租界这个"国中之国"得以出版印刷,无形当中也促进了上海近代出版业的发展。

上海开埠以后,西方传教士和商人在上海开办了近代出版业,带来了西方先进的印刷技术。1843年麦都思建立了出版机构墨海书馆。太平天国运动一度引起上海传教类书刊出版量增大,并使当时上海不多的机器印刷设备得以增加。1859年,美国人姜别利创制了电镀汉字字模,方便了汉字铅活字的印刷。1860年美华书馆迁来上海,带来了先进的汉字字模、字盘和滚筒式印刷机等。到20世纪初,西方传教士和商人在华建立的印刷机构有70余家,规模较大的都集中在上海一地。上海成

---

① 参见胡愈之:《回忆商务印书馆》,《胡愈之文集》第6集,北京:生活·读书·新知三联书店,1996年。
② 上海社会科学院:《上海近代社会经济发展概况:1882—1931》,上海:上海社会科学院出版社,1985年,第277—278页。

为当时中国最大的新式印刷中心。中国传统图书出版与印刷分界不明，出版者通常就拥有印刷设备。但此时印刷设备多从国外进口，且印刷规模日渐扩大，印刷机构和出版机构逐渐有了分化的倾向。教会和外商的印刷机构除带来先进印刷技术，培养出刻字、排版、印刷工人之外，还为上海近代出版业奠定了新的出版形式和销售管道，进一步拓展了上海商业化的出版市场。在商务印书馆创立之前，由于印刷所和书坊的聚集，上海已成为中国书刊销售的集散中心。"因为上海有印刷所，有铅印，有石印，那些开书坊店的老板（以绍兴人居多），虽然文学知识有限，而长袖善舞，看风使帆，每有他们的特识（那时商务印书馆、中华书局都未开张）。他们的大宗生意，就是出书了，销行到内地各处去。不仅是新书，即使是那种木板书，不是在上海出版的，也能集拢到上海来。或者有些别地方出版者，请他们搜求，也可以搜求的到。"①以经营为主的印刷机构、出版机构及书坊，只要利之所趋，便会大量生产，以求拓展市场。1882年申报馆主人美查创办的点石斋以石印法开印《康熙字典》，因为体积小字迹清楚，方便赴试举子携带，"第一批印4万部，不数月而售罄。第2批印6万部，适逢北京举行会试，参试举子道经上海，见书美价廉，每人购置五六部，以作自用或赠人之需，因此数月又告售罄"②。其他商人见其获利之巨且易，立刻从国外购买机器跟进，创办了拜石山房、同文书局，遂与点石斋鼎足三立。之后，上海各印刷机构大量出版石印缩本科场书、挟带本，诸如《大题文府》《试帖诗集腋》等③，靠着清末读书人的功名心获利不少。

近代上海民族机器印刷出版，是在外资企业的诱导和示范作用下产生的。外资企业冲破清政府专制统治对私人资本自行设厂的限制，为私人投资机器印刷出版业创造了较为有利的环境。19世纪后期，上海民族机器印刷出版机构的投资规模，诸如点石斋、拜石山房、同文书局、蜚英馆石印书局等，本章前文已经多处涉及。据徐新吾《上海近代经济史》中估计，到1894年民族印刷业的投资为10万两，以同文书局、蜚英馆、

---

① 包天笑：《钏影楼回忆录》，香港：大华出版社，1971年，第176页。

② 熊月之、张敏：《上海通史·第6卷·晚清文化》，上海：上海人民出版社，1999年，第92页。

③ 参见包天笑：《钏影楼回忆录》，香港：大华出版社，1971年，第50—51页。

图 1-11　上海福州路文化街

鸿文书局为 2 万元计,以其余为 1 万元计,根据是同文书局 1893 年失火时损失 1.5 万元而得出。[1]　当时,新式机器印刷在中国内地尚未普及,一些书刊常需到上海代为印刷。据包天笑回忆,至 1901 年,杭州已有铅印所,而苏州仍无,苏州的出版品都编排好后送至上海印刷。[2]　甚至远在山西的杨之培出版的算学书籍,也要请上海时务报馆代为印刷。[3]　可以说,上海迅速发展的先进印刷技术,在近代中国出版印刷业中具有不可撼动的地位。

　　1895 年之后,倡导西学的改良之风渐起,伴随着上海都市化商业中心的北移,各种贩售、经销、出版新学书籍的书店纷纷从南市北迁,集聚在棋盘街、四马路和望平街一带,成为上海出版文化新的交流集散地。该区域出版产业的集中与早期墨海书馆(麦都思)、申报馆的设址有关。[4]　胡根喜曾说,报馆街当时是望平街(今山东路)。自 1872 年在望

① 章宏伟:《上海开埠与中国出版格局的变化》,周奇编《传播视野与中国研究》,上海:上海人民出版社,2014 年,第 460 页。
② 包天笑:《钏影楼回忆录》,香港:大华出版社,1971 年,第 197 页。
③《杨之培致汪康年书》,上海图书馆:《汪康年师友书札》(三),上海:上海古籍出版社,1986年,第 2361—2363 页。
④ 参见上海黄浦区档案局:《福州路文化街》,上海:文汇出版社,2001 年。

平街创办了《申报》后,这条北起大马路(今南京路),南到四马路(今福州路),全长不过 200 米的马路上便有了《新闻报》(1893 年创办)、《时务报》(1896 年创办)、《时报》(1904 年创办)。① 当时的《国民日日报》曾载文称道:"数年来,上海书局之设立较粪厕尤多,林立于棋盘街、四马路之两旁,莫不借输入文明之美名,而造出总总新名目、新样式、新装订、新纸张之书。呜呼,是社会之进步乎,仰退步乎? 举全国之旧读书人,一至书肆眼花心迷,莫知孰优孰劣、孰可读孰不可读。而无道德心之中国书贾,从中大得获利之方法,或张大其告白,或修饰其门面,获利弥多而出版之书日众,出版日重而其足附输入文明之美名者几希。"② 此言虽失之偏颇,但反映出当时上海图书流通业的兴盛。

这个时期创立的新的民营出版机构,规模较大的除了商务印书馆外,尚有与维新派有关系的广智书局、文明书局、开明书店,出版或赞助革命书刊的镜今书局、东大陆图书译印局和大同书局,与留日学生相关的作新社、民权社、新中国图书社,以及席裕福 1904 年创办的中国图书公司、1907 年创办的图书集成公司,狄葆贤 1904 年创办的有正书局,邓实 1908 年创办的神州国光社,等等。此外,许多报馆也出版刊印了大量的书籍。据张仲明《晚清上海书局名录》统计,包括外地、外人书局在上海所设的分支机构,共有 400 多家。③

上海的文化底蕴并不深厚,但它却有得天独厚之处:既依托江浙传统文化之基,又得近代东西方文化交汇之利。上海是近代中国西学东渐得风气之先的地方,西方文化经上海而辐射全国。上海在当时简直成了西学在中国传播的"批发站"和"中转站",求西学、奔上海成为当时知识界的普遍心理。④ 如前所述,几乎是在上海开埠的同时,传教士们就将西方先进的出版实践和印刷技术带到了上海。中国近代著名的《六合丛谈》《万国公报》也是由传教士出版机构编辑出版的。这些教会出版活动

① 胡根喜:《老上海》,成都:四川人民出版社,1998 年,第 184 页。
②《新书评骘》,《国民日日报》1903 年 8 月 15 日。
③ 张仲明:《出版与文化政治:晚清的"卫生"书籍研究》附录三,上海:上海书店出版社,2009 年,第 321—324 页。
④ 吴士英:《论租界对中国近代社会的复杂影响》,《文史哲》1998 年第 3 期。

成为中国近代民族出版业成长的土壤。有"中国出版第一人"之誉的王韬曾是墨海书馆的员工，而商务印书馆最早的一些创办人如夏瑞芳、鲍咸恩、鲍咸昌、高凤池等原本是美华书馆的排字工人。在中外文化的不断熔炼中，晚清的上海才不断有新的文化样式出现。清末民初的上海，政治思想上发源过自强运动、维新变法、义勇拒俄、反清自治等；文化思潮上发源过时务文章、谴责小说、南社诗盟、鸳鸯蝴蝶派等。尤其是近代上海文化乃以商业为主导，它的文化式样多多少少地带有商业性质，把文化和商业裹在一起的出版业就更能在这样的文化氛围中生存发展。如在清末废科举、兴学校的教育改革潮流中适时而起的商务印书馆，靠的就是翻印英文和编辑中文教科书。而当中华书局从商务的母体中分蘖出来时，其实就象征着文化与商业的结合已使中国近代出版业走向成熟。

随着近代出版业市场化的不断推进，上海出版界也吸纳了西方商业社会的等价交换理念。《申报》1884 年 6 月曾刊登一则《招请各处名手画新闻》的启事，明确提出"如果惟妙惟肖，足以列入画报者，每幅酬笔资两元"，首开书画稿酬制度。而文字稿酬的价格，则是在商务 1901 年《小说月报》创刊号卷首《征文通告》第四款中首次明确的。该通告说："中选者当分四等酬谢，甲等每千字酬银五元，乙等每千字酬银四元，丙等每千字酬银三元，丁等每千字酬银二元。"后又在《小说月报》第 5 期《本社通告》第四款对原稿酬等级略做修改，改为"五等酬谢"，增加了"戊等每千字酬银一元"。① 稿酬制度的明确，为出版机构获得优质稿源提供了制度保障。1902 年，张元济主持商务编译所期间，严复曾建议他学习国外版税制度，认为"外国最恶垄断，而独于著书之版权，成器之专利，持之甚谨；非不知其私也，不如是，则无以奖励能者，而其国之所失必滋多"②。严复译亚当·斯密的《原富》，最初是由张元济主持的上海南洋公学译书院在 1902 年出版的，张到商务后此书多次再版，严复也多次提到版税问题。张元济答应了严复的要求，同意给两成版税。中国最早的版税合同

---

① 参见冉斌：《西学东渐与上海现代出版业的兴起》，《出版发行研究》2012 年第 1 期。
② 严复：《与张元济书之八》，《严复集》第 3 册，北京：中华书局，1986 年，第 538 页。

也始于商务印书馆。1903年,严复译《社会通诠》时与商务印书馆订立合同,内容共10条,版税率为40％,合同甲乙双方分别为商务印书馆和严复本人,这是中国第一份版税合同。此后,作者抽版税的做法逐渐在中国实行。商务印书馆首创的版税制度也凸显了晚清上海出版业转型时期的西学烙印。

上海1843年开埠不久就取代了广州的地位,逐渐成为全国的经济、贸易、文化中心。伴随着上海都市化进程的快速推进,上海出版业大致在晚清形成了一种文化产业体系。据统计,在1896—1911年,上海新创办的出版机构至少有116家,1896年前已创办,此时仍在经营的出版机构还不包括在内。仅1906年加入上海书业商会的就有商务印书馆、启文社、开明书店、新智社、点石斋书局、会文学社、有正书局、文明书局、通社、小说林、广智书局、群学会、普及书局、中国教育器械馆、东亚公司新书店、鸿文书局、新世界小说社等22家。未加入书业商会的出版机构则更多。① 至1911年5月,上海有书店116家。其中石印出版机构90家左右,铅印出版机构20多家,其中辛亥革命后歇业20家,增加了34家。② 这些新型的民族资本出版机构先后兴起,正式确立了上海在近代中国出版业中的中心地位,并随着时间的推移,它的中心地位在民国时期不断地得到强化。

第四节　江苏出版业的近代化转型

鸦片战争以后,江苏出版业在技术、形式、内容、类型和发行领域都经历了异常激烈的变革。面对新式出版业的挑战,江苏传统出版业也经历了冲突、共存和融合这一过程,最后形成具有中国特色的、以民族资本为主导的新型出版业。

早期冲突阶段(19世纪四五十年代)。江苏出版业开始出现了一些

---

① 吴燕:《论近代出版业在上海的形成及其特征》,《中国编辑》2012年第3期。
② 原放:《记上海市书业公会》,《出版史料》(上海)1987年第4期。

新的变化,诸如教会出版机构的设立、西方印刷技术的输入、报刊和新式工具书的出版,等等,但大体上仍然沿袭了传统的出版格局,雕版印刷和铅字印刷并存,仍以线装、竖排、双页单面印刷为主。传统的雕版印刷技术虽难与西方印刷技术相比,但具有一定的优势,传统出版物在当时也大有市场。教会出版机构出版的、企图以西方宗教思想来统化中国人的出版物,曾遭到国人的抵制,同时也遭到江苏传统出版业的抵制。尤其是太平天国时期出版的删改传统儒家经典、渗进基督教的宣传品,更是遭到以曾国藩、李鸿章等为首的传统士人的抵制,先后建立书局、刊印儒家经典,以消除太平天国出版活动的影响。

共存阶段(1860—1894 年)。第二次鸦片战争后,江苏出版业向近代化转型开始加速,洋务派等官僚的介入,对于近代出版业的发展起到很大的促进作用。一方面传统出版中注入了新的形式,如铅印出版方志、石印出版古籍;另一方面新式出版中也包含了传统形式,如译书和刊物的木刻形式、译书的古文形式。这个时期大兴石印技术,出现了平版印刷、凸版印刷、凹版印刷并行的局面,平装、精装也已出现,开始运用"洋纸"实行单页两面印刷,但保留或沿用了传统的线装形式。近代出版业的发展,客观上也促进了近代江苏文化、经济、社会的变革和发展。

融合阶段(1894 年以后)。甲午战争以后,面对报刊、教科书、工具书的兴盛,传统雕版技术逐渐衰退,石印技术也退居次要地位。随着先进印刷技术的不断推出,横版中文图书的出现,西式装订普遍得到运用,江苏出版业已经显现出资本主义的萌芽,出版业整体表现出更进步、更成熟的近代化特征。

江苏出版业的近代化不仅表现在使用先进的技术和设备上,还表现在思想、理念层面的近代意识上。前两个阶段,江苏出版业对新式技术的引进和使用,除实用和营利的目的外,其他均表现出一种无奈和茫然,处处受制于他人,没有自己的话语权。1898 年以后,废除科举、倡新教育、广译西书、奖励科学发明等一系列政府新措施的推行,对于近代江苏出版业的发展,无论在技术和设备层面上,还是在思想和理念层面上,都起到极大的推动作用。至此,江苏传统出版业在经历了长达半个多世纪的艰难曲折后,最终实现了向近代化的转型。

维新运动之后,中国知识界在江苏出版业中逐渐占据了主要地位,西方传教士已无法像维新前那样对江苏出版业实行控制了。就译书而言,19世纪末20世纪初,虽然教会出版机构在江苏译书出版业中仍是重要角色,但随着商务印书馆等民营出版机构的成长,以及国人对外部世界认识的逐渐清晰,译书出版已是近代江苏出版界的"第一要义"。商务印书馆虽是靠翻印《华英初阶》《华英进阶》等英文读本起家,但其出版的严复译著、说部丛书等,也无不属于译书的范畴。据梁启超《西学书目表》的统计,洋务运动时期出版的350部西书中,外国人翻译了139部,中外学者合作翻译了123部,而国人翻译的只有38部。而维新运动以后,情况大不相同,据顾燮光《译书经眼录》统计,1902年到1904年间出版的西书译著共533部,其中国人翻译著述415部,外国人翻译35部,中外学者合作翻译33部。① 而且译书的内容也有了发展,从宗教、科技到思想、制度,再到教育、文学,不断深入。国人译书,洋务运动时期主要是工艺制造和自然科学方面的内容,维新运动时期则以变法书、教科书、宪法书、章程书、商务书等为主。到了清末,翻译东西洋书籍特别是小说成为江苏出版界一时之风气。梁启超曾提出:"国家欲自强,以多译西书为本。"②维新人士从译书出版活动中,认识到开启民智的重要性。而出版者则从译书出版中认识到自己的文化使命,面向民众,唤起民众的主体意识。故而张元济说:"出版之事可以提携多数国民,似比教育少数英才为要。"③所以这个时期,江苏出版业开始由国人占主导地位,并掌握自己的话语权了,出版业由外人把持的时代已经结束了。

时代潮流的变化也带来了江苏出版业出版结构的调整。洋务运动带来江苏出版界翻印西方教科书的热潮。但是,随着洋务运动的发展,中国的知识界开始认识到普及教育的重要性,并为之大声疾呼,欲建立自己的教育体系,编写出版适合国人的教材。1897年,南洋公学译书院率先出版自编教科书《蒙学课本》三册,随后其他学堂纷纷仿效,从而开启了江苏教科书近代化编辑出版的新时代。上海学堂创办人钟天纬编

---

① 潘玉田、陈永刚:《中西文献交流史》,北京:北京图书馆出版社,1999年,第90页。
② 梁启超:《中西书目表序列》,《梁启超全集》,北京:北京出版社,1999年,第82页。
③ 汪家熔:《大变动时代的建设者》,成都:四川人民出版社,1985年,第54页。

辑的《字义教科书》、文明书局出版无锡三等公学堂编写的《蒙学读本》七编、上海澄衷蒙学堂石印刘树屏编写的《字课图说》八册等，汲取了外国教材编写的长处，是近代江苏对新式教材编辑出版的最初尝试，在当时颇具典型性和代表性。戊戌变法后，除旧布新的思潮与日俱增，旧式私塾教育不再行时，社会迫切需要适应新式学校的教科书。于是，商务印书馆出版的教科书便应运而生。商务首先出版了由杜亚泉主编的蒙学课本《文学初阶》六册，供初小学生三年之用，并附简单的教授法，为近代教科书的编写提供了新颖的范例。1903年，张元济接任商务编译所所长后，立意创新，按照学制，编辑修身、国文、算术、历史、地理、格致等教科书各分册，每学期一册。全套书定名为《最新教科书》，其中《最新国文教科书》分册，是该馆在清末出版的最具代表性的一套。此后，商务又编写了高小国文教科书八册，由浅及深，至1908年全部杀青。"教科书之形式内容，渐臻完备者，当推商务印书馆之《最新教科书》。""一、此书既出，其他书局之儿童读本，即渐渐不复流行。二、在白话教科书未提倡之前，凡各书局所编之教科书及学部国定之教科书，大率皆模仿此书之体裁。故在彼一时期，能完成教科书之使命者，舍《最新》之外，固罔有能当之无愧者也。"①据《教科书之发刊概况》介绍，商务同期推出的最新教科书共有26种，其中面向初小的6种，适合于高小的8种，中学程度的12种。此外，还有习字画帖、英文课本及世界地图，而以后的几年内连续出版了各类教科书多达69种。②

文明书局虽然成立晚于商务印书馆，但出版教科书却领先一步，其《蒙学读本》一炮走红后，迅速占领了全国教科书市场，三年中印行达10多版，各地翻印冒售者更是不计其数。然而，创办者并不满足于此，接着又推出一套《蒙学科学全书》，共计20多种，内容广泛，颇具声势，因而产生较大影响，书局也因此名声大振。以至清学部1906年设立图书局时，所颁教科书的编辑条款，大半是仿效文明书局和商务印书馆的编辑体例。清末其他的自编教材，也大多以这两家教科书编写

---

① 蒋维乔：《编辑小学教科书回忆》，张静庐辑注：《中国近代出版史料》（补编），北京：中华书局，1957年，第139页。

② 韩文宁：《清末民初教科书出版论述》，《江苏图书馆学报》2000年第2期。

模式为蓝本。创立于 1906 年的中国图书公司,虽然教科书的出版起步较晚,但后来居上。据《教科书之发刊概况》介绍,成立当年,它就出版了自编教科书 19 种,其门类囊括了小学教育的各门课程。其后又相继出版了一批颇具新意的教科书,如《心理学》《教育史》《最新化学理论解说》《小学体操范本》《卫生新论》等,很有特色,填补了清末自编教科书的某些空白和不足,使我国教科书的编印又向前迈进了一步。① 其他如上海藻文局、上海蒙学书报局、上海会文学社等,都出版了不少教材。辛亥革命前,商务印书馆一直是出版教科书的代表,民元以后,由于商务印书馆经营人对当时革命的看法,表现出保守的思想,而中华书局却领先一步,首先推出了适合共和政体的教科书——"中华新教科书",自此打破商务印书馆占尽天下的格局。

晚清江苏文学作品的出版,尤其是小说出版内容的变革,对江苏出版业的近代化也产生了巨大影响。谴责小说、侦探小说、言情小说等这些小说新类名的出现,正是此类出版物众多而进行文学和出版上划分的结果。而且,由报载小说脱胎而来的单行本小说,在出版近代化的时代大潮下,借鉴传统通俗小说的同时又力图挣脱传统坊刻小说的形制,逐渐发展成为具有现代书籍形式的小说的重要过渡状态。晚清小说是一个巨大的坩埚,传统叙事手段和试验性的革新手段在此融为一体,新趋势与旧传统在动态的张力之中进行斗争。报刊传媒对晚清小说的新变形成实质性影响,是在 19 世纪 90 年代以后,即文艺性副刊的出现。"自报章兴,吾国之文体,为之一变。"②韩子云于 1892 年创办的《海上奇书》,主要发表自己的长、短篇小说,配上一些前人的笔记、小说,对日后的文学革新产生了重大影响。1897 年,上海《字林沪报》设副刊《消闲报》,日出一张,随报分送;1900 年《中国日报》增辟副刊《鼓吹录》。此后,大部分报刊都腾出固定的版面刊载文艺作品,"副刊"之于"文学史",方才构成重要的关系。③ 清末民初,随着副刊性文学与文艺副刊由萌芽渐趋发展,专门性文艺刊物作为独立的杂志形态出现于出版界,晚清江

① 韩文宁:《清末民初教科书出版论述》,《江苏图书馆学报》2000 年第 2 期。
② 《中国各报存佚表》,《清议报》1901 第 12 期。
③ 陈平原:《文学的周边》,北京:新世界出版社,2004 年,第 121 页。

苏四大小说杂志的出版开创了出版史,尤其是文学出版史的新纪元。由于报刊的定期性与版面限制,小说连载往往历时数月甚至数年,有些作品甚至半路夭折、有头无尾,影响了读者的阅读兴趣。江苏各报馆于是寻求新的途径调整发表方式以缓解这种矛盾,于是小说连载后再以单行本的形式大量出版发行盛行起来。晚清江苏出版的小说,《老残游记》《官场现形记》《二十年目睹之怪现状》《孽海花》等堪称谴责小说的代表,侦探小说因其与传统的公案小说、历史小说相通以及迎合末世人民铲奸除恶的心理而风靡一时。侦探小说与谴责小说结合起来,带动民初黑幕小说的行世;言情

图 1-12 《小说林》

小说的代表刊物是 1909 年出版的《小说时报》,其大部分作者在民初异化为鸳鸯蝴蝶派的代表。所有这些都为民国时期江苏文艺书刊业的兴盛种下了因子。①

20 世纪初,由于清政府甘于听命洋人,反清的革命思想一时获得国人广泛的响应,并渗透到江苏出版业的各个领域。"推倒'满清',固赖军人之力,而人心一致,则由于各报馆鼓吹之功。"②1902 年《苏报》增设《学界风潮》栏目,开始鼓吹革命。1903 年《苏报》连续刊登章炳麟、章士钊等宣扬《革命军》的激烈反清文章,一时闻名海内外。"苏报案"激起了江苏进步知识分子的愤慨,江苏早期宣扬革命的刊物纷纷出版。1903 年10 月,章士钊、陈去病等发起创办了《国民日日报》,被称为"苏报第二"。1904 年冬,蔡元培、刘光汉等创办了《俄事警闻》(后更名《警钟日报》),专录俄人侵占中国东北的消息,以唤起国人的注意。《中国白话报》《二

① 张宪文、穆纬铭主编:《江苏民国时期出版史》,南京:江苏人民出版社,1993 年,第 26—27 页。
② 孙中山语,转引自张宪文、穆纬铭主编:《江苏民国时期出版史》,南京:江苏人民出版社,1993年,第 18 页。

图 1-13 "南社"题字

十世纪大舞台》《女子世界》《政艺通报》《国粹学报》等刊物随即也纷纷出版,但大多在 1904 年年底被迫停刊。自此沉默一二年后,江苏进步刊物的出版再度活跃,而且来势更猛。著名的有胡适、傅君剑创办的《竞业旬报》,秋瑾创办的《中国女报》,陈其美创办的《民声丛报》,戴季陶等创办的《天铎报》,于右任创办的《神州日报》《民呼日报》《民吁日报》等。1909 年 11 月,文学革命团体南社(图 1-13)的成立,标志着江苏进步出版活动由各自走向联合。"南社"是"对北而言,寓不向'满清'之意"。其创立者 17 人中有 15 人是同盟会会员。南社从 1910 年起开始陆续出版《南社丛刻》。

广州黄花岗起义失败后,许多革命党人加入南社,其声名大振,成为革命的"宣传部"。① 此外,当时江苏境内的镜今书局、东大陆图书译印局、国学社、作新社等,还出版了诸如《革命军》《猛回头》《警世钟》《自由血》《孙逸仙》《黄帝魂》等具有时代影响的小册子。当然,晚清江苏革命出版物中也存在许多消极的思想,如对国粹的过分张扬,无疑助长了复古主义的逆流,同时在宣传反清革命时,把"排满"与民族主义混为一谈。如《革命军》出版时,末页附刊明朝刘基《烧饼歌》:"手执大刀九十九,杀尽鞑子方罢手。"张继在编辑《黄帝魂》时,所收论著则以种族革命的激烈程度为标准。②

晚清江苏出版的从业者中,有相当一部分是近代社会才涌现出的新型文化人。他们拥有社会良知和人文素养,意识到自己的文化责任,是关心社会、政治、文化、国家与民族前途的商人和文化人合一的新一代企业家,他们固然注重自己的经营利益,但也明白出版者所担负的社会责

---

① 张宪文、穆纬铭主编:《江苏民国时期出版史》,南京:江苏人民出版社,1993 年,第 19—20 页。

② 张於英:《辛亥革命书征》,张静庐辑注:《中国近代出版史料》(初编),上海:上杂出版社,1953 年,第 141、159 页。

任。① 陆费逵曾说："我们书业虽然是较小的行业,但是与国家社会的关系,却比任何行业为大。"②他们创办刊物,开办书局,广印书籍,以开启民智,普及教育,传播思想。晚清江苏出版人除具有社会责任感与使命感外,他们也从西方借鉴了新的出版理念,主要是版权保护的意识。中国传统的版权思想在宋朝已经萌芽,但由于统治者长期奉行"重农抑商"的传统政策,严重摧残和阻碍了商品经济的发展,以致著作权保护长期停留在原始、简陋的保护水平上,最终未能孕育出近代无形产权的观念,也无法转化为近代著作权保护制度。晚清由于江苏出版业的迅速发展,出版物大量增长,版权问题日益突出,版权官司笔墨之争时有出现于报端,版权纠纷日益增多,如文明书局与北洋官报局版权纠纷案。1903年,商务印书馆首次使用版权所有的"稿主印花",作为著作权的一种凭证。江苏出版界中的版权保护实践,要比中国第一部著作权法——《大清著作权律》,早了七八年。从《大清著作权律》的编纂体例和内容来看,该权律也是中西合璧的产物,具有明显的时代烙印和历史的局限性。

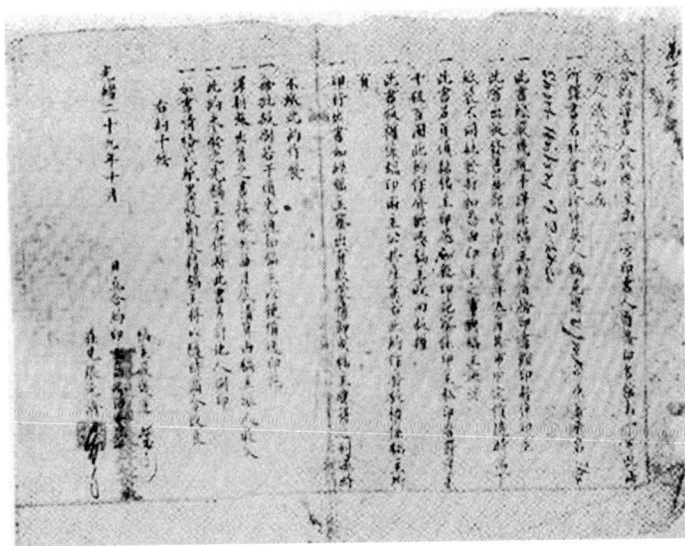

图 1-14　中国第一份出版合同

---

① 王建辉:《出版与近代文明》,郑州:河南大学出版社,2006 年,第 31 页。
② 转引自吴永贵:《陆费逵:坐言于教育,起行于书业》,《中华读书报》2011 年 11 月 9 日 07 版。

近代出版与传统出版的一个根本性区别，就是近代出版的命运是由读者决定的。晚清的江苏，由于都市化生活的兴起，阅读书刊成为百姓的一种新消费方式。1877年初，《申报》发专文总结其发行量从每天不满千份，到"近来已每日将近万份"①，阅读报刊日益成为市民生活的重要内容。报刊书籍的需求量激增，成为一种近代江苏都市文化现象。城市的发展和一个文化消费阶层的兴起，是近代出版业发展的前提，读者的选择成为新式出版业的文化选择和市场选择的标尺。② 如晚清江苏的小说出版中，作者由古代"唯上""尊圣"意识转变为以读者为先的意识。作者不再是"抱才不遇，无所表见，借小说以自娱"，也不可能如曹雪芹写《红楼梦》"批阅十载，增删五次"。由于小说的需稿量增大，多是随写随刊，不能"俟全书卒业，始公诸市"，而是"朝脱稿而夕印行"。作者为了赢得读者，不得不考虑他们的审美习惯来调整自己的笔墨。再从小说的发展历程来看，晚清小说几个热潮的兴起大多与读者的审美心理趋向有关。从早期的武侠小说热到中期的政治小说热、社会谴责小说热，再到言情小说热、黑幕小说热等，不难窥见读者审美趣味的流变。③ 而出版者也从读者角度出发，考虑到小说的定价对读者的影响，如《小说林》的编者曾说"定价太昂，取利太厚，以致阅者裹足"，故建议"大贬其价值，以诱起社会之欲望，姑一试之，法果效也"④。有趣的是，自梁启超发起"小说界革命"以后，士人阶层从原先的抵制报刊、小说转变为接受报刊、小说，成为报刊、小说的读者，并加入小说作者的队伍，从而造成小说市场的急剧膨胀。⑤ 据徐念慈在1908年的估计，"今之购小说者，其百分之九十，出于旧学界而输入新学说者，其百分之九，出于普通之人物，其真受学校教育，而有思想、有才力、欢迎新小说者，未知满百分之一否也？"⑥文化消费主体的变化，新的文化消费主体的兴起，是近代江苏出

---

① 申报馆：《论本报销数》，《申报》1877年2月10日。

② 王建辉：《出版与近代文明》，郑州：河南大学出版社，2006年，第13页。

③ 于淑敏：《论中国近代出版文化对近代小说的影响》，《河南大学学报（哲学社会科学版）》1990年第2期。

④ 觉我：《余之小说观》，《小说林》1908年第9期。

⑤ 袁进：《试论晚清小说读者的变化》，《明清小说研究》2001年第1期。

⑥ 徐念慈：《丁未年小说界发行书目调查表》，《小说林》1908年第9期。

版业至关重要的发展前提。

　　民国时期江苏较为发达的出版业，不是与新政权的诞生俱来的，而是建立在晚清江苏出版业近代化发展成就之上的。晚清江苏的出版业，经历了一场由传统出版向新式出版的嬗变。到了民国时期，通过传统出版与新式出版的进一步融合，铅印出版占据了江苏出版业的主导地位。随着中华书局等一批大型民营出版机构在江苏的崛起，江苏的出版业逐渐形成了上海、南京两大中心，同时也奠定了民国初期江苏在中国出版业的中心地位。

第二章 江苏近代出版业的形成与发展（1912—1927年）

第一节 北洋政府时期的江苏出版业

辛亥革命结束了中国长达2000多年的封建君主专制统治,建立起资产阶级的共和政体,沉重打击了帝国主义的侵略,在阶级关系、政治制度、社会风气上实现了巨大变革,为实现中国资本主义工业化创造了有利条件。中华民国南京临时政府成立伊始,不仅在《中华民国临时约法》第六条第四款中作出了"人民有言论、著作、刊行及集会、结社之自由"[1]的保证,而且倡导以自由、平等、亲爱为宗旨的公民道德观,禁止刊登凡有"尊崇'满清'朝廷及旧时官制、军制等课"及一切"不合共和宗旨"的学校课程,[2]在当时的思想、教育、文化领域产生了重大影响。同时,大力倡导民生,提倡振兴实业,积极发展中国的民族工业。孙中山在《临时大总统宣言书》中宣称:"此后国家,取之于民,必期合于理财学理,而尤在改良社会组织,使人民知有生之乐。"并认为"今共和初成,兴实业为救贫之药剂,为当今最重要之政策"[3]。1912年12月,南京临时政府颁布了

---

[1] 中国第二历史档案馆:《中华民国史档案资料汇编》第2辑,南京:江苏人民出版社,1981年。

[2]《教育部关于普通教育暂行办法及课程标准致副总统呈各省都督咨》,《中华民国史档案资料汇编》第2辑,南京:江苏人民出版社,1981年。

[3]《在上海中华实业联合会欢迎会的演说》,《孙中山全集》第2卷,北京:中华书局,1986年,第341页。

《暂行工艺品奖励章程》。1914年1月,北洋政府颁布了《公司条例》《公司保息条例》。1915年公布了《农商部奖章规则》等。这一系列政令法规的颁布,为民国政府发展民族资本工业提供了法律依据和保障。加之1914年欧战的刺激,1912年至1919年间,中国的民族资本主义工业得到较大的发展。

　　江苏,中国近代工业的发祥地之一。民国初期,新的民族资本企业如雨后春笋般涌现,在南京至上海的长江两岸地带聚集了江苏乃至全国最为发达的棉纺织业、缫丝业、粮食加工业和机器制造业。如上海的机器工业,民元前总共只有65家民族资本企业,每年创设的厂数不足2家;而民国建立后,仅1912年的一年中,新创设的民族机器工厂即达15家,次年创设了11家,到1914年又有17家问世,大大超过了晚清时期。[①] 欧战期间,江苏的民族工业中轻工业的发展较为迅速,尤其以纺织业、粮食加工业最为突出。如南通张謇创办的大生纱厂,1913年的资本为190多万两,1921年增至360多万两;1915年纱锭增加1.4万枚、增置布机400台,1918年又增加纱锭2万多枚、增置布机300台。[②] 另据《荣家企业史料》记载,有中国"面粉大王"之称的无锡荣家,其经营的茂新、福新面粉工厂系统,欧战前仅有4家面粉厂,1919年增至8家,另外还在无锡租办了两家以两年为期的面粉厂;荣家经营的面粉加工业在五年之内生产能力增加了2.2倍,仅1916年至1917年在无锡租办的两家工厂,每昼夜生产的面粉合计可达2 800袋。[③] 其他如武进刘国钧经营的常州大成纺织染公司,苏州刘鸿生创办的苏州鸿生火柴厂和大中华火柴公司等,都是当时著名的民族资本企业。尽管北洋军阀执政时期战乱连年,政治上相互排斥,但为了维持庞大的军费开支、增加财政收入,经济上仍然鼓励扶植工商实业,并不排斥资本主义在中国的发展。因此,民初江苏的经济发展仍然达到了相当高的水平,在全国占有举足轻重的地

① 上海民族机器工业史料组编:《上海民族机器工业》,北京:中华书局,1979年,第197页。
② 李宜群:《从一份息摺看大生纱厂1922年前的经营状况》,《江苏工程职业技术学院学报(综合版)》2015年第3期。
③ 上海社会科学院经济研究所经济史组:《荣家企业史料》,上海:上海人民出版社,1962年,第49—50页。

位。经济基础决定上层建筑,江苏近代民族资本主义的发展,促进了江苏近代出版业的发展,也促进了新思潮、新文化在江苏境内的广泛传播。

民国成立之前,上海、南京一带就是资产阶级革命派进行活动的重要地区,因而各种宣传资产阶级革命的出版物大量涌现。1896年创办于上海的《苏报》,1902年冬就开始倾向革命,支持中国教育会和爱国学社的活动。除《苏报》外,在上海还有1902年12月创办的《大陆》月刊,1903年4月出版的《童子世界》、8月创办的《国民日报》、12月出版的《俄事警闻》《中国白话报》,1904年1月创办的《女子世界》、11月出版的《二十世纪大舞台》月刊,1905年2月出版的《国粹学报》,1907年1月创办的《中国女报》月刊,1910年宋教仁主编的《民立报》等。此外还有,1903年11月高天放在松江创办的《觉民》杂志,1905年柳亚子在吴江主编的《复报》月刊等。1911年辛亥革命后的半年内,仅上海一地即出版各种刊物40多种。南京临时政府成立后,内务部公布了《民国暂行报律》,对新闻出版做了一些规定,但因遭到社会各界的谴责和反对而被政府废止。袁世凯窃取辛亥革命的胜利果实后,先后颁布了《报纸条例》《出版法》等一系列出版相关的法律法规,对新闻出版业进行严厉的管控和压制,但是,由于政治形势的需要,民国初年江苏各地军政当局往往对于言论和出版自由采取宽容、支持的态度。仅就上海地区而言,如由同盟会会员陈其美担任都督的沪军都督府就鼓励办报,他本人也在有关呈文的批示中多次表示支持报纸的出版;在他任职期间,沪军都督府也曾多次约请上海各报编辑、记者召开"谈话会","共相讨论,商榷政策之进行"①。由于地方军政的支持,江苏民国初期的报刊出版业得到了蓬勃的发展。

据戴国林《江苏地区期刊与方志综录》《辛亥革命时期期刊介绍》和《全国中文期刊联合目录》等资料统计,从辛亥革命到五四运动这段时期,江苏境内掀起了一个前所未有的办刊高潮,出版的期刊近400种,约占全国出版期刊总数的三分之一。② 而且刊物的内容千姿百态,丰富多彩。政治方面有康有为1913年3月创办的保守刊物《不忍》,国民党

---

① 张宪文、穆纬铭主编:《江苏民国时期出版史》,南京:江苏人民出版社,1993年,第32页。
② 魏玉山:《简述五四时期期刊的几个特点》,《江苏出版史(民国时期)学术讨论会文集》,南京:江苏人民出版社,1991年,第154页。

1913 年 5 月创刊的《国民》,1914 年创办的反袁刊物《甲寅》《正谊》,1915 年出版的《青年杂志》(1916 年迁至北京,更名为《新青年》)等;学术方面有 1915 年 1 月创刊的《科学》,1917 年 10 月创办于上海的《农学杂志》,1918 年出版于南京的《河海月刊》等;教育方面的有 1912 年 4 月江苏第二师范学校校友会主办的《教育界》,1913 年创刊于上海的《中华教育界》,1915 年 7 月创办于吴江的《教育月刊》等;文艺方面有上海商务印书馆出版的《小说月报》、有正书局出版的《小说时报》、中华图书馆出版的《礼拜六》、上海图画美术学校创办的《美术》;等等。这个时期江苏境内创办的有影响的代表性刊物有以下这些。

《临时政府公报》 1912 年 1 月 29 日在南京创刊,由南京临时政府公报局编辑发行。日刊,至 1912 年 4 月 5 日止,共出版 58 期。该刊以宣传政府法令、发表中央及各地政事为主旨,分为令示、电报、法制、纪事、抄译外报、杂报六类,内有如临时大总统誓词、宣言书、中华民国临时政府组织大纲、教育总长蔡元培对于新教育之意见等许多民国临时政府重要文献。

《江苏省政府公报》 原名《江苏省公报》,1912 年 6 月创刊于镇江,由江苏省政府秘书处编辑发行。该报为江苏省法令公布之机关,凡江苏省法制及通行全省的令示均由其公布,实施日期除特别规定外,均以该报到达日为准。1925 年更名为《江苏公报》,到 1927 年出至 4 723 期;9 月即改名为《江苏省政府公报》,刊期另起,至 1937 年 10 月出至 2 675 期;抗战期间停刊,1946 年 1 月复刊,1949 年 1 月出至 4 卷 3 期停刊。

《中华教育界》 1913 年 1 月创刊于上海,月刊,由中华教育界社编辑发行,是中华书局民国初年发行的八大杂志之一。(图 2－1)该刊以"研究教育、促进文化"为宗旨,围绕教育制度的改革介绍新兴学术思想,对国内外教育领域的各种创制、试验进行宣传报道,同时广泛开展了对教育内容、方法等方面

图 2－1 《中华教育界》

的研究和探讨。1937年8月出至第25卷第2期停刊,1947年复刊,1950年复停刊。它是民国时期教育期刊中创刊较早、发行时间较长的刊物之一。

《不忍》 1913年2月创办于上海,月刊,广智书局印刷发行。康有为1913年回国,出任孔教会会长,尊孔教为国教,宣扬尊孔读经,复辟清室,实行君主立宪。并与弟子陈逊宜、麦鼎华、康思贯、潘其璇编辑出版该刊。康有为认为,民国成立以后,"睹民生之多艰,吾不能忍也;哀国土之沦丧,吾不能忍也;痛人心之堕落,吾不能忍也;嗟纪纲之亡绝,吾不能忍也;视政治之窳败,吾不能忍也;伤教化之陵夷,吾不能忍也;见法律之蹂躏,吾不能忍也;睹政党之争乱,吾不能忍也;慨国粹之丧失,吾不能忍也;惧国命之亡,吾不能忍也"①。所以创办刊物以为鼓吹。该刊出至八期后停刊;1917年12月又复刊,出九、十期合刊为1册。

《中华实业丛报》 1913年5月1日创办于上海,月刊。该刊由吴稚晖、庄泽定、李经宜等发起,汪文溥主编,辟有社论、纪事两大栏目,并附有世界大事月表和小说等。首期刊行5 000册,供不应求,第二期印至8 000册,以后各期发行量为千余册。该刊是民国初年大型实业杂志之一。

《国民》 1913年5月创刊于上海,月刊,为国民党方面主办的一份

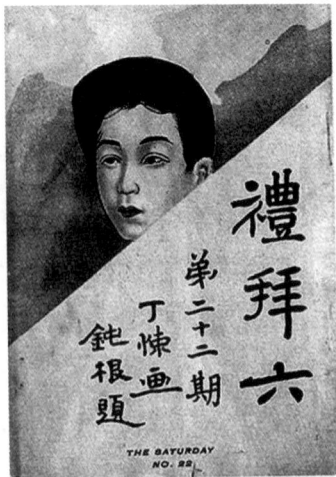

图2-2 《礼拜六》

时事性杂志。孙中山为该刊题写了刊头,并和黄兴一起为该刊撰写了《出世辞》,勉励会员"以进步思想,乐观精神,准公理,据政纲。以达巩固中华民国图谋民生幸福之目的"。"二次革命"失败后,国民党被袁世凯政权强行解散,孙中山等国民党革命派流亡日本,该刊出版至第2期后旋即停刊。

《礼拜六》 1914年6月6日创刊,32开本,上海中华图书馆印刷发行,是20世纪初中国文坛上鸳鸯蝴蝶派的代表性刊物(图2-2),由王钝根和周瘦鹃编辑。

①《不忍杂志序》,《不忍》1913年2月第1期。

王钝根在创刊号《赘言》中说:"一周 5 天大家都在忙于职业,惟礼拜六与礼拜日乃得休暇,而读小说也然","一编在手,万虑都忘,劳瘁一周,安闲此日,不亦快哉!"①该刊所刊登的作品体裁形式多样,内容以哀情及社会性质者居多数,且以长篇和中篇为主。主要作者有张恨水、周瘦鹃、李常觉、姜杏痴、陈小蝶、李涵秋等。该刊 1916 年 4 月 29 日停刊,1921 年复刊,1923 年 2 月 10 日终刊,前后共出 200 期。可以说,中国都市通俗文学由此滥觞。

《妇女杂志》 1915 年 1 月创办于上海,月刊,王蕴章主编,商务印书馆总发行。该刊主要栏目有论说、学艺、家政、名著、小说、译海、文苑、杂俎、传记、女学商榷等。每年 1 卷、每卷 12 期,16 开本,彩色图画封面,印刷精良,前后共出版了 17 卷 204 期。该刊是中国妇女报刊史上第一份且历史最久的大型刊物,极具辛亥革命至五四运动这一历史时期的时代特色。

《美术》 1918 年 11 月 25 日创办,上海图画美术学校主办,是我国第一份美术专业杂志。该刊始为半年刊,2 期为 1 卷;从第 2 卷起改为双月刊,但第 2 卷实出 4 期,刊期不定;1922 年 5 月,出至 3 卷 2 号停刊。栏目有插画、学术、记载、杂俎、美术思潮,内容丰富,印刷精美,插画图版多为铜版或为三色版印刷。"《美术》的创刊,打开了中国人眺望艺术世界的窗户,促进了科学民主思想在美术阵地上的传播,增进了东西方美术思想的交流。"②

《新教育》 1919 年 2 月创刊于南京,月刊。1919 年初,江苏省教育会、北京大学、南京高等师范学校、暨南大学、中华职业教育社等五大教育机关,联合组成新教育共进社,编辑出版了《新教育》杂志。创刊时主编为蒋梦麟。1922 年起由中华教育改进社接办,1925 年起中华教育改进社又联合中国中等教育协进社、初等教育季刊社、体育季刊社共同主编。1925 年起,杂志改为每半年 5 期为一卷,7、8 月休刊。刊物旨在传导教育思想和教育制度,改革中国的教育,通过教育的改革来改良中国

---

① 《礼拜六》1914 年 6 月 6 日第 1 期。
② 费毓龄:《刘海粟艺术观的主体思想略论》,转引自张宪文、穆纬铭《江苏民国时期出版史》,南京:江苏人民出版社,1993 年。

社会。编辑栏目有专论、实验报告、介绍书报、参考资料、通信、讨论、要闻、评论、社务纪要等。该刊大力提倡改造中国教育,在传播资产阶级教育思想和教育制度方面起了较大的作用。终刊时间不详。

除上述在当时江苏出版的有影响的刊物外,需要强调的是《青年杂志》在中国近现代思想文化领域内所起的历史作用和深远影响。袁世凯上台后,反动军阀势力继续利用封建思想禁锢人们的头脑,维护自己的统治。当时的思想文化界出现了一股尊孔读经、复古倒退的逆流。社会上,孔教会、尊孔会之类组织纷纷出笼,他们利用民众对辛亥革命后局势的失望情绪,诋毁共和制度,诽谤民主思想,要求定孔教为国教。同时,粗俗鄙陋、格调低下的文艺作品大肆泛滥,鬼神迷信之说广为流行。这些东西严重束缚着人们的思想,扼杀着中华民族的生机。1915年9月,陈独秀在上海创办了《青年杂志》(图2-3),并在创刊号上发表了《敬告

图2-3 《青年杂志》

青年》一文,历数当时中国社会的黑暗,认为中国旧有的文化和社会制度落后欧洲近千年,号召"国人而欲脱蒙昧时代","当以科学与人权并重"。[①] 从而,在思想文化领域掀起了一场以民主和科学为旗帜,向传统的封建思想、道德、文化宣战的新文化运动。加之俄国十月革命的胜利,给当时中国的革命知识分子以极大的鼓舞,也促进了江苏进步出版物对马列主义在境内的广泛传播,给新文化运动注入了新的内涵。

随着新思潮与新文化运动在中国的广泛兴起,以及现代印刷技术进一步的流传和推广,江苏社会各界都将自己的理想、抱负、愿望寄托于书刊,于是民国初期江苏境内的出版业很快就走出近代、迈进现代,得到了迅速的发展。原有的雕版印刷术及传统的官私坊刻书业也渐渐淡出,新式的出版发行机构应运而生,尤其是江苏地区的民营出版业逐步发展壮

---

① 《青年杂志》1915年9月15日第1卷第1号。

大。据统计,截至 1911 年 5 月,上海(包括刻印发售古旧书的店堂)共有民营出版机构 116 家,其中辛亥革命后歇业 20 家,新增加了 34 家,共计 130 家。[1] 可以说,民营出版业从此时起已发展成为江苏乃至全国出版业界的主体。

"清末以来,中国文化传统之所以危而未倾,中华书局在以往百年中之努力与有功焉。"[2]辛亥革命诞生了一个新的国家政权,在江苏境内也诞生了民国时期第二大民营出版机构——中华书局。中华书局成立于 1912 年元旦,陆费逵(图 2-4)等创办,以资本 2.5 万元创基,以编印新式中小学教科书为主要业务。1913 年改组为股份有限公司,下设编辑、事务、营业、印刷四所,陆续编辑出版了《中华教育界》《中华小说界》《中华童子界》等杂志和《中华大字典》。随着书局规模的不断扩大和新厂房不断重建,总公司地址也不断变更,1913 年从河南路迁至东百老汇路,1916 年又迁至静安寺路,后移至澳门路。到 1916 年年底,中华书局的资本增至 160 万元,职工达千余人,继商务印书馆之后成为国内第二家集编辑、印刷、发行为一体的民营出版机构。创始人陆费逵,可以说是中国近现代出版史与文化史上不可替代的智者,早在辛亥革命前便从时局的变化中预感到一个崭新的时代即将到来,于是提出"教科书革命"的理念,为未来适合中华民国政体事先量身定制了"新中华教科书"。由此,第一套适合共和政体的教科书伴随着书局的诞生而问世,立即风行全国,迅速赢得了民国初年教科书的市场,从此奠定了中华书局在近代中国出版界的地位。同时,书局从成立之日起就自觉承担了时代使命,是时代主题重要的角色担当者,"我们希望国家社会进步,不能不希望教育进步;我们希望教育进步,不能不希望书业进步。

图 2-4 陆费逵

---

[1] 原放:《记上海市书业公会》,《出版史料》(上海)1988 年第 4 期。
[2] 余英时语,转引自王洪波:《百年中华,几度风雨》,《中华读书报》2012 年 3 月 21 日 06 版。

我们书业虽然是较小的行业,但是与国家社会的关系,却比任何行业大些"①。这一点也可从该书局出版的适应社会思潮的《民约论》、"新文化丛书"、"少年中国学会丛书"等,及新国语运动兴起时成立国语部,得到事实证明。中华书局通过出版活动参与文化创造并影响社会。对于民国期间中华书局对我国的学术文化建设所作的贡献,《中国出版通史·民国卷》就教科书及教育类图书出版、学术图书出版、工具书出版、古籍出版、杂志出版等五个方面作了高度概括。"中华书局的崛起,打破了商务印书馆在清末出版物市场,尤其是教科书出版上渐成垄断的势头。出版领域从一家的一枝独秀,发展到两家的分庭抗礼,意味着近代出版业激烈竞争机制的正式形成。中国的出版格局为之一变。"②由此,江苏乃至中国近代的出版史才显得更加异彩纷呈。

成立于1897年的商务印书馆,经过10多年的苦心经营,民元前已称雄于中国的出版界,至1914年已成为相当规模的出版印刷机构,远至新疆、甘肃、蒙古等地需要印刷的公私文件,都派专人来上海与之接洽。商务印书馆以编辑出版教科书起家并以此见长,从1904年涉足教科书领域到1911年年底,它最早编辑出版的《最新教科书》的发行量占全国课本份额的80%,而1912年编辑的《共和国教科书》在出版后十几年间发行达到七八千万册,被称为中国乃至世界教科书史版次最多的一套教材。③ 商务印书馆编印的教科书包括小学、中学、师范学校和职业学校等各级各类学校用教科书,还有教授法、讲解等与教科书配套的教学参考书。后由于中华书局的成立及其教科书的出版,商务印书馆经营主体教科书业务大受打击,独霸教科书市场的局面不复存在,故商务印书馆的决策者调整了出版方向,在保持其教科书出版方向不变的前提下,开始谋求工具书、古籍的出版业务。继1915年商务印书馆编辑出版的中国第一部综合性辞书——《辞海》问世后,又先后编辑出版了《植物大字典》《中国人名大辞典》《中国医学大辞典》等。1919年至1922年间,张元济主持影印了《四部丛刊》初编。商务印书馆除出版印刷图书外,五四

---

① 陆费逵:《书业商会二十周年纪念册》序,《青年思想杂谈》,北京:中华书局,1926年。
② 王余光、吴永贵:《中国出版通史·民国卷》,北京:中国书籍出版社,2008年,第27页。
③ 金源云等:《新中国成立前商务印书馆成功之道》,《编辑之友》2012年第6期。

运动前还先后编辑出版了《东方杂志》《绣像小说》《教育杂志》《小说月报》《学生杂志》《妇女杂志》《英语周刊》等刊物,在当时极具影响。在出版印刷等主业之外,商务印书馆还制造文具、玩具、教育影片、幻灯片,开设函授学社(1915 年),设立活动影戏部(1918 年,后改组为国光影片公司)等。及至 1919 年年底,商务印书馆在江苏、在中国乃至整个东亚地区,已经首屈一指了。

诚如李伯嘉所言,"民营的出版业,在革新运动初期,虽然敌不过教会和官书局,但进步很快,不久便凌驾于教会和官书局之上"[①]。民元之后,随着全国第二大出版机构——中华书局的诞生,当时被出版界公认的第三、第四、第五等可数的民营出版机构,也都在江苏境内纷纷创办起来。1912 年至五四运动爆发前,江苏境内创立的有影响的出版机构很多,本书选择在业界有代表性的几家机构,扼要叙述如下。

亚东图书馆　安徽人汪孟邹创建于 1913 年,地址在上海福州路(原四马路)惠福里。汪孟邹早年在芜湖开办了安徽第一家新式书店"科学图书社"。辛亥革命以后,他在时任安徽都督府秘书长陈独秀的鼓励与促成之下,至上海创办了以"聚海内耆宿、欧学巨子,综辑群艺百家之言,移译欧美命世之作"为宗旨的亚东图书馆。[②] 1919 年前的亚东,六年时间才编印了《中华民国四大交通图》《中华民国自然地理图》《新编中华民国地理讲义》等六本书,亚东图书馆初创阶段的困难就可想而知了。1915 年《甲寅》杂志(图 2-5)自第 5 期起从日本移至上海,交由亚东图书馆印行。《甲寅》在当时中国知识界中享有相当高的声

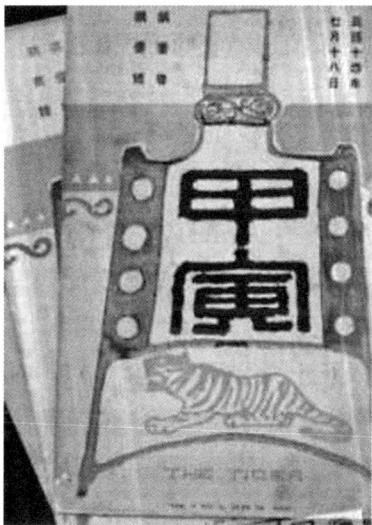

图 2-5　《甲寅》

---

① 李伯嘉:《十年来之中国出版事业》,《大厦》1934 年第 1 卷第 5 号。
② 汪原放:《亚东图书馆与陈独秀》,上海:学林出版社,2006 年,第 24 页。

望,亚东图书馆也因此在江苏的出版发行界中崭露头角。1917 年陈独秀出任北京大学文科学长后,得益于他的推荐,亚东图书馆获得了北京大学出版部书籍在江苏等地的经理权,由此亚东图书馆的经营出现了转机。1919 年冬,亚东图书馆迁至广东路(五马路)棋盘街西首 84、85 号,同时也进入它书刊经营的黄金 10 年。据汪原放《回忆亚东图书馆》一书所载,从 1919 年起,亚东图书馆每年出版图书的品种数量逐渐多了起来,1920 年 4 种,1921 年 7 种,1922 年 8 种,1923 年 7 种,营业额也随之逐年攀升,到 1928 年达到了亚东图书馆历史上的最高值,为 79 690 余元。[①] 在这 10 年里,亚东图书馆率先出版了胡适、康白情、汪静之、俞平伯等的新诗集,胡适、陈独秀等的《文存》,标点分段整理出版了中国古典四大名著等,在竞争激烈的江苏出版界中赢得了重要的一席之地。

泰东图书局　1914 年创办于上海,是一家股份制出版机构,股东大部分是政学系的一些人。泰东图书局创立之初出版的书籍大多是政治方面的。"护国运动"以后,泰东图书局的股东们大多进京为官了,该书局转由赵南公主持。由于泰东图书局当时出版具有进步社会思想和论述中国社会问题的书籍,在江苏乃至全国也是不多见的,使它一下子就在出版界赢得了良好声誉。后赵南公为了盈利调整了出版思路,有意识地向时尚出版靠拢,先后出版了如《芙蓉泪》《胆汁录》等多种鸳鸯蝴蝶派的小说。1916 年因推出百回"洪宪演义"——《新华春梦记》,泰东图书局"赚了一笔钱"[②]。但对于一家出版社来说,单靠一种书的盈利是难以长久支撑经营的,更何况时代思潮的变迁带来了社会阅读需求的变化,赵南公"决定放弃过去的一切,重建理想的新泰东"[③]。但在当时的发行体制下,泰东图书局要"放弃过去的一切",就意味着失掉自己原有的发行网络,甘愿承担"账底"的损失。赵南公经过短期筹备,从 1920 年至1921 年初创办了两种新杂志——《新的小说》和《新人》,承担了《民铎》《评论之评论》《国民》等杂志的发行,出版了邵飘萍的《失业者问题》、胡怀琛的《〈尝试集〉批评与讨论》、杜威的《教育哲学》演讲集等单本图书,

---

① 王余光、吴永贵:《中国出版通史·民国卷》,北京:中国书籍出版社,2008 年,第 63 页。
②③ 张静庐:《在出版界二十年》,上海:上海杂志公司,1938 年,上海书店 1984 年影印,第92 页。

这在新文化运动大潮中着实领先一步,体现了赵南公不凡的胆识和勇气。五四时期著名新文学社团之一的创造社,从酝酿到成立后的前几年里,与泰东图书局紧紧联系在一起,该社编辑的《创造》季刊(共 6 期)、《创造周报》(共 52 期)、《创造社丛书》(共 9 种)、《世界名家小说》(共 6 种)、《世界少年文学选集》(共 6 种)、《辛夷小丛书》(共 4 种),均由泰东图书局出版发行。因此,泰东图书局被郭沫若称为"创造社的摇篮"。刘纳在所著《创造社与泰东图书局》一书中说,在 1921 年 4 月 3 日至 5 月 27 日一个半月的时间里,郭沫若为泰东图书局编定了自己的新诗集《女神》(图 2 - 6),改译了德国小说《茵梦湖》,标点了元代著名杂剧《西厢记》。这三本书都称得上是出手非凡。仅一年时间里,《女神》便印了 3 版,《茵梦湖》印了 6 版,《西厢记》也印了 3 版。① 出版与文学、出版与社团,如此紧密地联系在一起,在中国近现代文学史和出版史上,堪称"文学因出版而兴衰,出版借文学

图 2 - 6 《女神》

而繁荣"的典型案例。② 上海沦陷后,随着赵南公的去世,泰东图书局也结束了它 24 年的历史。

大东书局 1916 年成立于上海,早期由吕子泉、王幼堂、沈骏声和王均卿 4 人合资经营,经理为沈骏声。1924 年改为股份公司,成立董事会,设监察人。发行所初设在福州路昼锦里,1921 年迁至福州路 110 号,后又迁至福州路山东路转角 310 号有正书局原址。大东书局主要出版中小学教科书、法律、国学、中医、文艺、社会科学丛书和儿童读物等,还出版了一批具有学术、史料和文献价值的图书。据《申报》1931 年的

---

① 刘纳:《创造社与泰东图书局》,南宁:广西教育出版社,1999 年,第 97 页。
② 王余光、吴永贵:《中国出版通史·民国卷》,北京:中国书籍出版社,2008 年,第 68 页。

统计,从大东书局创立到 1930 年,共出版图书 1 245 种。① 著名的如郭沫若的《甲骨文字研究》《殷周青铜器铭文研究》,江恒源的《中国文字学大意》,于右任的《右任诗存》,以及《四库全书总目》《中国医学大成总目提要》等工具书。大东书局素来重视杂志的编辑发行,早期出版了《紫罗兰》(周瘦鹃主编,图 2 - 7)、《游戏世界》(周瘦鹃、赵苕狂编)、《星期》(包天笑主编)等鸳鸯蝴蝶派的期刊。此外,在当时的民营出版机构中,出版发行教科书最多的有五大家,大东书局仅次于商务印书馆、中华书局、世界书局,位列第四(第五为开明书店,国民党官办的正中书局除外)。抗战前的大东书局发展较为顺利,营业额逐年上升,如 1921 年为 10 余万元,1924 年为 26 万元,1925 年为 36 万元,1927 年虽受罢工风潮的影响,经营状况仍有所进展,营业额突破 50 万元大关。② 这个时期的大东书局,俨然以大书局自居。

图 2 - 7 《紫罗兰》

---

① 《申报》1931 年 4 月 27 日《大东书局特刊》,转引自王余光、吴永贵:《中国出版通史·民国卷》,北京:中国书籍出版社,2008 年,第 37 页。
② 储品良:《1916—1931 年的大东书局》,《出版史料》1990 年第 4 期。

世界书局　1917 年由沈知方在上海创办。1921 年,从独资企业改组为股份有限公司,下设编辑所、发行所和印刷厂,局址在福州路山东路西首怀远里。为了吸引读者的注意,书局把发行所的建筑油漆成红色,对外以"红屋"称名。"红屋"以后的世界书局,果然经营得红红火火:1921 年出版物的品种为 200 余种,营业额为 13 万余元;1922 年出版约 300 种,营业额为 28 万余元;1924 年出版 600 余种,营业额为 74 万余元;1925 年出版 800 余种,营业额为 99 万余元;1927 年出版 1 100 余种,营业额为 68 万余元。[①] 世界书局很快跃居当时江苏乃至全国第三大民营出版机构。成立初期,世界书局以出版小说为主。从 1924 年起,编辑出版中小学教科书,与商务印书馆、中华书局在出版教科书方面形成三足鼎立。1934 年,因资金周转不灵,沈知方被迫退职,由陆高谊任总经理。抗战胜利后,李石曾接掌总经理之职,1950 年 2 月停业结束。据朱联保统计,陆高谊时期的世界书局共出图书 2 096 多种;李石曾任总经理的四年间,世界书局出版图书 292 种。加之沈知方时期的 2 000 多种,世界书局在 29 年的时间里一共出版图书 5 580 种。[②]

脱离中华书局后的沈知方,在其自行创办的世界书局里大张旗鼓地筹措中小学教科书的出版。(图 2-8)如临大敌的商务印书馆、中华书局联袂合资创办了国民书局,以低至成本以下的价格倾销教科书,试图挤掉世界书局。沈知方则以走"农村包围城市"的道路,把销售教科书的网络终端延伸到商务印书馆、中华书局鞭长莫及的乡村,在各县城设立特约经销处,在经销世界书局版教科书的同时,也可享受某一特定区域内该局所有图书的营业独占,出奇制胜地获得了成功。不仅如此,沈知方更是个出版畅销书的高手。20 世纪 20 年代初中期,正是鸳鸯蝴蝶派作品大行其道的当口,他或是将旧小说加以整理,用新式标点排印后廉价发售;或是许以高额稿酬,将张恨水、不肖生(向恺然)等受读者欢迎的作家作品"买断",出版了一批影响面大、行销范围广的通俗性畅销书。另外,沈知方还采用书刊互动的出版策略,在出书的同时又出版相关杂

① 王余光、吴永贵:《中国出版通史·民国卷》,北京:中国书籍出版社,2008 年,第 58 页。
② 朱联保:《关于世界书局的回忆》,《出版史料》1987 年第 2 期。

志，如《快活》（李涵秋、张云石主编）、《红杂志》（严独鹤、施济群主编）、《红玫瑰》（严独鹤、赵苕狂主编，图2－9）、《侦探世界》（施济群、程小青主编）等，均在当时风行海内外。五四运动之后，世界书局迎合时代潮流，出版了许多文白对照的作文、尺牍等书，供人学习模仿，受到学生的极大欢迎。1924年至1927年期间，沈知方揣摩时局走势，搜集了一批诸如《全民政治问答》《农民协会问答》等革命宣传小册子，在上海编辑加工，然后以"广州世界书局""广州共和书局"等名义出版发行，在北伐时期的南方各省影响极大。20世纪20年代末，经过新文化运动洗礼的国人，已深感科学知识对于现实人生的重要性。沈知方瞅准时机，特约徐渭南主编了一套共150多种的"ABC丛书"，并于1928年6月陆续出版。这套丛书早于商务印书馆编印的《万有文库》一年时间出版，以其学科范围综合、内容通俗浅显、作者阵容强大、适合读者需要，获得了巨大商业成功。同时，也借由它的出版一改过去世界书局在读者心目中，专出鸳鸯蝴蝶派书刊的低级书局形象。① 沈知方执掌世界书局的10多年

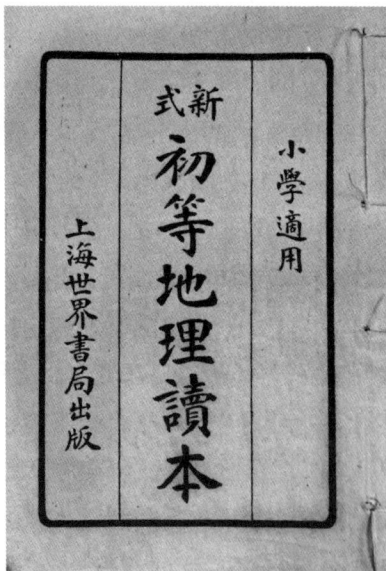

图2－8　世界书局出版的教科书　　　图2－9　《红玫瑰》杂志

① 王余光、吴永贵：《中国出版通史·民国卷》，北京：中国书籍出版社，2008年，第61页。

间,世界书局以其锐意进取的姿态,大胆有为的作风和极具商业化的运作,把更加激烈的市场竞争带入了出版界,对提高当时江苏境内整个书业的经营水平产生了不容忽视的影响,也在中国近现代出版史上留下了色彩斑斓的重重一笔。

当然,外国教会所办印书馆,被整顿保留下来的前清官书局,以及高等学校、图书馆等机构的出版活动,在民国初期江苏的出版业中也占有相当的地位,在科学知识的翻译出版、古籍的编修刊布、文教书刊的编印等方面,对江苏出版事业的发展也起到了促进作用。

第二节　五四运动对江苏出版业的影响

五四运动前后,中国知识界异常活跃,学人提倡"兼容并蓄",各种新的思想、新的思潮、新的文化在中国得到广泛传播。同时,各种新的学派也纷纷出现,并各立山头,各树旗帜,建立起自己的社团、出版自己的宣传品,在知识分子中形成了一股思想解放的潮流。这股潮流刺激了当时报刊和图书出版业的发展。同时,各种出版物也成了当时传播各种新思想、新思潮、新文化的重要宣传工具,起到了不可估量的作用。对此,孙中山在 1920 年 1 月《致海外国民党同志函》中说:"此种新文化运动,在我国今日,诚思想界空前之大变动。推其原始,不过由于出版界之一二觉悟者从事提倡,遂致舆论大放异彩,学潮弥漫全国,人皆激发天良,誓死为爱国之运动。"①这种文化与出版相互推动、共同发展的文明社会特征,在五四时期江苏出版业中表现得最为淋漓尽致。尤其是杂志界的风头最劲,各种宣传新思想、新学术、新文学的刊物如雨后春笋般大量涌现。

据魏玉山统计,1919 年至 1924 年这六年间,江苏地区出版的期刊数:1919 年为 42 种,其中上海 31 种;1920 年 46 种,上海 34 种;1921 年 54 种,上海 40 种;1922 年 46 种,上海 40 种;1923 年 63 种,上海 44 种;

---

①《孙中山选集》,北京:人民出版社,1981 年,第 482 页。

1924 年 65 种，上海 52 种，共计 316 种。[①] 在这 300 多种杂志中，有宣传革命的，也有鼓吹反革命的；有宣扬进步思想的，也有鼓吹保守观念的；有传授科技知识的，也有传教布道的，形形色色，千姿百态。而那些顺应时代潮流，宣传科学与民主，宣传社会改良主义、无政府主义和马克思主义的刊物，最具代表性。尤其在十月革命以后，中国共产党成立的前后几年间里，宣传马克思主义的刊物在江苏境内掀起了第一次出版高潮。当时，李大钊主持编辑的《新青年》第 6 卷第 5 号出版了"马克思主义研究专号"，引起胡适等人的不满，1919 年 10 月 5 日召开了编辑部会议，决定停止轮流编辑改由陈独秀一人编辑。1920 年 5 月《新青年》第 7 卷 6 号出版了"劳动节纪念号"，更加明显地表现出社会主义倾向。同年 5 月，陈独秀在上海成立"马克思主义研究会"，《新青年》也于 9 月迁至上海出版，自第 8 卷第 1 期起便成为中国共产党上海发起组的机关刊物。由此，《共产党》《先驱》《劳动界》《向导》《伙友》等一批中共创办的早期刊物在江苏境内也随之纷纷出现，虽然这些杂志大多"忽生忽灭，不知上年出版的，今年是否继续出版"[②]，但影响也很广泛，是当时江苏境内宣传马克思主义的主要阵地。关于中共在江苏境内的早期出版物，本书有专章叙述，兹不赘言。以下扼要介绍五四时期江苏境内创办的，具有鲜明时代特色的、存在时间较长的几种刊物。

《建设》 月刊，1919 年 8 月 1 日创刊于上海，孙中山领导下的中华革命党(后改组为中国国民党)主办的理论刊物。由朱执信、廖仲恺、胡汉民等人主编，亚东图书馆出版。孙中山在《发刊词》中阐明了创办该刊的原因及目的：中华民国成立以来，"国际地位犹未能与列强并驾，而国内则犹是官僚舞弊，武人专横，政客捣乱，人民流离"，这是由于"革命破坏之后，而不能建设也，所以不能者，以不知其道也"。所以要创办这份杂志来"鼓吹建设之思潮，展明建设之原理，冀广传吾党建设之主义，成为国民之常识，使人人知道建设为今日之需要，使人人知建设为易行之

---

① 魏玉山：《简述五四时期期刊的几个特点》，《江苏出版史(民国时期)学术讨论会文集》，南京：江苏人民出版社，1991 年，第 156 页。

② 罗家伦：《今日中国之杂志界》，张静庐辑注《中国现代出版史料》(甲编)，北京：中华书局，1954 年。

事功,由是万众一心以赴之,而建设一世界最富强最快乐之国家,为民所有,为民所治,为民所享"。刊物设有论说、记事、通信、杂录等栏目,以论说为主,所刊文章多采用白话文。曾刊有孙中山《实业计划》、李大钊《"五一"May Day 运动史》、戴季陶译的考茨基《马克思资本论解说》等文章。该刊坚持的理论是三民主义,但未公开打出三民主义的旗帜。1920年 12 月 1 日,出至第 3 卷第 1 号后停刊。

《解放与改造》 半月刊,1919 年 9 月创刊于上海,以北平新学会名义出版,研究系的政论刊物。32 开本,第 1 卷共出 8 期,第 2 卷出 16 期,主编张东荪、俞颂华。刊物设有社论、评坛、论说、读书录、思潮、世界观、社会实况、译述、文艺、杂载、附录等栏目。在创刊号上,张东荪亲自撰写创刊"宣言",发表题为《第三种文明》的社论,并写了长篇读书杂录《罗塞尔的政治头脑》,一语道破地评释研究系的趋向及其所信奉的学说和主义,即要致力于社会的解放与改造,造就"第三种文明"。1920 年 9 月第3 卷开始更名为《改造》(月刊),16 开本,梁启超主编,设有社会主义讨论、政治·法律·军事、哲学、文化·教育、文学·艺术、历史、科学等栏目,中华书局出版发行。刊物发表了大量宣传西方各种社会主义思潮的文章,提出要"从唯物主义转到精神主义","去马克思而返于康德",反对马克思主义的社会革命论,反对科学社会主义,反对俄国十月革命,强调中国的当务之急是发展资本主义,企图把革命高潮拉到改良主义道路上去。他们的言论受到了《新青年》《共产党》等刊物的批评,引起了关于社会主义问题的论战。1922 年 9 月,出至第 4 卷第 46 期停刊。

《文学旬刊》 1921 年 5 月 10 日创刊于上海,文学研究会机关刊物。先后由郑振铎、谢六逸、叶绍钧、赵景深等编辑。1923 年 7 月第 81期起更名为《文学》(周刊),均附在上海《时事新报》发行。1925 年 5 月第 172 期起定名为《文学周报》,脱离《时事新报》,开始按期分卷独立发行;从第 4 卷起由上海开明书店出版;第 8 卷时改由远东图书公司印行。1929 年 12 月出至第 9 卷第 5 期休刊,前后共出版了 380 期。该刊在创刊号的《宣言》声明:"为中国文学的再生而奋斗,一面努力介绍世界文学到中国,一面努力创造中国的文学,以贡献于世界的文学界中。"独立发行前,所刊文章内容多是主张为人生的艺术,提倡现实主义,传播进步文学思想,批判封建复古思想和唯美主义文学思想,在对鸳鸯蝴蝶派、"学衡"派的斗争中起过较大作用;曾与创造社就文学的性质和作用等问题展开论争。同时也刊登少量的诗歌、散文、小说等创作。独立发行后,刊物扩充篇幅,创作和评论的分量有所增加,并涉及一般社会问题。在"五卅"运动及其后"三·一八"惨案时,刊载大量反帝爱国文章,产生过广泛的社会影响。此外,曾编印《托尔斯泰百年纪念专号》《世界民间故事专号》《苏俄小说专号》和《茅盾三部曲批评号》等,是有影响的新文学期刊之一。

《生活》周刊 1925年10月创刊于上海,由中华职业教育社主办,

图2-10 《生活》周刊

王志莘主编。(图2-10)刊物以进行职业指导,宣传职业教育为宗旨。1926年10月,邹韬奋接任主编。邹韬奋没有任何党派背景,自称"以公正独立的精神,独往独来的态度,不受任何个人团体的牵掣,尽心竭力"①地去办《生活》周刊。周刊站在"正义"和"大众"的立场上,不为任何党派"培植势力",靠自力更生发展起来。他主张该刊要成为读者的"好朋友",选材要注重"有趣味有价值",文风要"明显畅快",先后开辟了《读者信箱》和《小言论》等专栏。同时,他重视处理读者来信,征求读者意见,开展为读者服务的工作。因刊物基本内容仍为对青年进行"事业修养"教育,故成为抗战前较有影响的时事和青年修养刊物。邹韬奋接办《生活》三四年后,该刊发行量就由初期2 000多份增至1931年的12万份,1932年又增至15.5万份,打破了当时全国期刊发行的最高纪录。"九·一八事变"后因积极宣传抗日、揭露国民党政府的腐败,

---

① 邹韬奋:《我们的立场》,《韬奋新闻出版文选》,上海:学林出版社,2000年,第296页。

逐渐转变成以讨论社会政治时事问题为主要内容的舆论阵地。邹韬奋被迫出国后,由胡愈之、艾寒松负责编辑。1932 年 12 月被国民党当局查封。

　　随着新文化运动的深入和发展,江苏境内刊物出版的内容也发生了很大的变革。一方面,一些如上所述的面貌崭新的杂志不断创刊;另一方面,一些老牌书局出版的刊物,在新市场需求和外界舆论压力下也革新了内容。以商务印书馆为例,五四运动爆发后,该馆出版的多种杂志首先遭到社会舆论的责难。1918 年 9 月 15 日,陈独秀在《新青年》上发表《质问〈东方杂志〉记者》一文,稍后又发表了《再质问〈东方杂志〉记者》,抨击商务印书馆出版的《东方杂志》因循守旧,阻碍西方文明的传播。接着《新潮》杂志上刊登了罗家伦《今日中国之杂志界》,把商务印书馆办的杂志骂得体无完肤。商务印书馆在受到各方猛烈攻击后,被迫改变了编辑方向和出版内容。1920 年,杜亚泉迫于压力辞去《东方杂志》主编之职,改由陶惺存主编,则专以迎合新潮流为宗旨,虽然没有一个明确的方向,但在内容上已经有了很大的改进。而当时受到社会指责最多的是商务印书馆的《教育杂志》和《学生杂志》,其次是《妇女杂志》等。《东方杂志》主编易人之后,陆费逵主编的《教育杂志》改由李石岑主编,《学生杂志》改由共产党人杨贤江主编,《妇女杂志》改由章锡琛主编,《小说月报》改由沈雁冰主编。章锡琛接编后的《妇女杂志》,改变了过去提倡三从四德、专讲烹饪缝纫的旧面孔,刊登了许多提倡妇女解放和恋爱自由的文章,并大胆地探讨了性道德这个封建文化的“禁区”问题。沈雁冰主编《小说月报》后,大量发表文学研究会的作品,并刊载了抨击鸳鸯蝴蝶派的文章,旨在顺应潮流、革新文学,对新文学运动产生了积极的推动作用。可以说,商务印书馆各杂志主编易人、改变出版方向之后,缓和了社会尤其是新文化界对商务印书馆的责难和随之产生的矛盾,同时也显示出时代潮流对出版者的影响和出版者对之的自觉追随与适应。

　　黎锦熙对出版界曾有“是真能得风气之先”[①]的赞语。五四新文化

① 《改学校国文科为国语科》,《黎锦熙语文教育论著选》,北京:人民教育出版社,1996 年,第 32 页。

运动也给江苏的图书出版业带来新的发展机遇,原有的出版机构纷纷进行了改革以适应社会潮流,新的出版机构也应运而生不断涌现,以及图书内容与版式的革新、印刷技术的进步,使江苏的图书出版业步入了一个新的时期。

五四时期的商务印书馆,在先后调整《东方杂志》等主编人员和编辑内容之后,为了从根本上改变商务印书馆的编辑出版方向,更好地适应社会的时代潮流,张元济、高梦旦曾数次北上求贤,有意邀请新文化运动领袖之一的胡适执掌商务印书馆的编译所。1921 年夏秋间,胡适至上海对商务印书馆作了为期一个半月的考察,对商务印书馆的工作提出了许多改进意见,并推荐王云五担任编译所所长。1921 年 9 月,王云五继高梦旦之后出任商务印书馆编译所所长。王云五(1888—1979 年),名鸿桢,号岫庐,广东香山(今中山)人,曾任上海闸北留美预备学堂教务长、北京英文《民主报》主编及北京大学、国民大学、中国公学大学部等英语教授。五四期间曾编印《岫庐丛书》,1921 年初曾创办公民书局,但生意清淡,加入商务印书馆后便将书局变卖给了商务印书馆。(图 2-11)

图 2-11 王云五

王云五加盟商务印书馆任编译所所长后,大胆地改组了编译所,新辟了百科全书委员会等部门,新聘专家主持编译所各部,增加了许多编辑人员。到 1924 年,章锡琛依据该年《编译所职员录》统计,当时“除兼职人员外,达 240 人之多,勤务员还不在内。其中 1921 年 9 月后新进的共 196 人,许多资格最老的编辑被淘汰”,完成了新旧知识分子的交替。① 由此,商务印书馆步入了一个繁荣发展的时期,其股份、资产、人员也大大增加。1920 年,其股份已有 300 万元,1922 年则达到 500 万元;及至 1926 年上半年,已拥有各种机器 1 200 余架,其中多为该馆自行

---

① 李辉:《激动文化潮流:新文化运动中商务印书馆的改革》,《中国出版》1998 年第 4 期。

制造;上海本部职员约 1 000 人,工人约 3 500 人,各省分支机构职员约千人。① 为了推动文化事业的发展,1924 年还成立了东方图书馆,由王云五兼任馆长。

中华书局这个时期也大力引进新人,加强编辑力量。在 1920 年以后的两三年间,中华书局的编辑所新增人员名单中有陆依言、黎锦晖、李达、黎明、王人路、吴汉云、金兆祥、朱文叔、田汉等人。这些人后来都成为中华书局的主要编辑骨干,在新式教科书、儿童读物、学术著作的出版中发挥了重要作用。1921 年中华书局出版了李达翻译的《唯物史观解说》《社会问题总揽》等一些介绍马克思主义的书籍。1923 年出版了当时最优秀的游记文学作品——《南洋旅行漫记》。据中国第二历史档案馆所藏北洋政府内务部档案载,随着新式教育的推行,仅 1925 年 9 月28 日这一天,中华书局在北洋政府内务部登记注册准予发行的教科书即达 26 种 43 册之多。规模仅次于商务印书馆、中华书局的世界书局,1921 年兼并了广文书局,改组为股份有限公司;1923 年兼并了广智书局和俄国西比利来图书馆,资本总额增为 3.6 万元;1924 年兼并了东亚书局,资本额再增加为 13.6 万元;1925 年又兼并了古书流通处和进化书局。1925 年,"经股东会议议决改增资本为 100 万元,范围扩大,营业当更望发达",到 1926 年,世界书局出版的图书共达 980 种之多。②

如前文所述,泰东和大东两家书局在五四运动时期也得到了一定的发展。"五四"以后,泰东书局转变了出版方向,致力于新文化书籍的出版,曹靖华、张静庐、王靖、王新命等人在其编辑所工作。1920 年后,泰东书局又和创造社的郭沫若、郁达夫、张资平、成仿吾等人建立了合作关系,出版了创造社、狂飙社、白露社等文学社团成员创作的一大批新文学书籍。1926 年,赵南公接受武汉国民政府的任命,出任上海市政府委员会委员。期间大量出版印刷了宣传三民主义和共产主义的书籍,如《中山全集》《共产主义 ABC》等。大东书局 1924 年也进行了资本扩充,改组为股份有限公司,资本达 10 万元。1925 年又增资 20 万元。这个时

① 《民国日报》1926 年 7 月 22 日,转引自张宪文、穆纬铭:《江苏民国时期出版史》,南京:江苏人民出版社,1993 年,第 111 页。
② 张宪文、穆纬铭:《江苏民国时期出版史》,南京:江苏人民出版社,1993 年,第 112—113 页。

期,该书局出版了诸如《归鸿》《再见,冷荇》《戎马意》《月上柳梢头》等一批新文学书籍。借助五四新文化运动兴起的东风,江苏境内的商务印书馆、中华书局、世界书局等一些大书局乘机得到了空前的发展,同时一批新的出版机构也脱颖而出。

民智书局　林业明于1921年创办,1922年秋正式营业,地址位于上海河南中路,是民国时期极有影响的一家官办出版机构。黄泳台为经理,1925年由郑树南接任。民智书局以出版发行革命党人书刊为主,同时也出版一些社会科学和教科书等。1925年开办了新的印刷厂,成立编辑部,由刘庐隐、杨幼炯等人负责。民智出版的第一本书为陈望道的《作文法讲义》,接着出版了孙中山的《建国方略》、蒋介石的《孙大总统广州蒙难记》等。1924年第一次国共合作后,书局出版了蔡和森的《社会进化论》,这是中国第一部系统讲述社会发展史的书籍。1926年,为了纪念孙中山逝世,民智书局出版了黄昌毂编的《孙中山先生遗教》;以及《汪精卫文存》《汪精卫讲演录》,戴季陶的《孙文主义哲学之基础》,周佛海的《中山先生思想概观》;创办了《文科学院》季刊,《法政学院》季刊,《音乐界》汇刊等刊物;并出版了《世界语讲义》《世界语汉文新辞典》《世界语论文集》等,是当时中国出版较早的有关世界语书籍。民智书局还兼销外埠出版的进步书刊,如中共党刊《向导》《中国青年》,北京出版的《语丝》《呐喊》《现代评论》,并经销人民出版社出版的马列主义著作小册子等。民智书局在南京、杭州、广州、汉口、南昌等地设置分支机构,经销上海总店出版的书刊,对传播孙中山革命思想起到了积极的推动作用。

光华书局　1925年由沈松泉、张静庐等人创办。其中,沈松泉是一个核心人物,他的文学趣味和经营眼光影响了书局的风格和命运。"光华"之名出自于《尚书大传·虞夏传》:"日月光华,旦复旦兮"这句古辞。同时恰逢光华大学的创办,也取"光华"这个名字,是"恰逢其会"。初创之时租用了四马路上"光华堂"药房的柜台,用以陈列和出售书刊,并最终把店面都顶下来。① 光华书局努力于新思想的介绍与新文化的宣扬,出版、发行了不少新兴文艺及社会科学书刊,或一度风行,或流传至今,

---

① 沈松泉:《关于光华书局的回忆》,《古旧书讯》1981年第5期。

在中国新文学史和现代出版史上产生了一定的影响。郭沫若曾把"泰东"比作创造社的摇篮,又把"光华"比作创造社的托儿所。[1] 光华书局的出版物以装帧精良堪称当时。如叶灵凤曾为周全平的《梦里的微笑》(1925年)画过比亚兹莱风格的插图;绘封的有郭沫若的《文艺论集》(1925年)、叶灵凤的《白叶杂记》(1927年)等,以及《洪水》半月刊、《幻洲》半月刊等。钱君陶绘封的则有:戴望舒译的《良夜幽情曲》、胡也频的《三个不统一的人物》等。

　　良友图书印刷公司　由伍联德创办于上海。1925年,伍联德先在北四川路鸿庆坊办印刷厂,后向海外侨胞及港粤商人集资,成立良友图书印刷公司。除编辑部外,自设中型规模的印刷厂和门市部,为中国第一家以图像出版为主的民营出版机构。1926年2月首创中国第一本大型综合性新闻画报——《良友》(图2-12),先后由周瘦鹃、梁得所、马国亮、张沅恒等主编,连续出至1945年,最高印数达4万份,半数订户为旅居海外各地的侨胞。还出版多种画报、画册,并编辑出版了《中国新文学大系》《良友文学丛书》《良友文库》,以及《中篇创作新集》《一角丛书》《万有画库》等进步的文学书刊,作者有鲁迅、茅盾、老舍、巴金、丁玲等。上海沦陷后,公司遭日寇查封,先迁桂林,后迁重庆复业。1946年抗战胜利后返沪,因股东间对出书方针意见不统一,遂告停业。

图2-12　《良友》画报

　　开明书店　章锡琛、章锡珊兄弟创办于上海。章锡琛因与商务印书馆意见不一致,辞去《妇女杂志》主编职务后,在胡愈之、郑振铎等人的支持下,另编《新女性》月刊,并以新女性杂志社名义发行。在新女性杂志

① 参见郭沫若:《学生时代》,《创造十年》,北京:人民文学出版社,1979年。

社的基础上,章锡琛请胞弟章锡珊合伙经营,于 1926 年 8 月 1 日正式开办开明书店,地址在宝山路宝山里 60 号。1929 年改组为股份有限公司,杜海生、章锡琛先后任经理。随着业务的扩大,发行所从宝山路迁往望平街(今山东中路)165 号,后又迁至福州路中华书局对面,总店(经理室、编译所、总务处、货栈)先后设址宝山路、兆丰路(今高阳路)和梧州路。夏丏尊、叶圣陶、赵景深、丰子恺、王伯祥、宋云彬、金仲华、贾祖璋、郭绍虞、王统照、陈乃乾等人先后担任过开明书店的编辑,形成一支知名的编辑队伍。开明书店所编辑出版的教科书切合实际,如林语堂《开明英文读本》等教科书很受社会欢迎。开明书店的出版物注重质量,其内容、编校、纸张、印刷、装订、装帧设计都十分讲究,如茅盾的《子夜》,巴金的《家》《春》《秋》等书籍,都为读书界所赞誉。淞沪会战中,梧州路总店毁于战火;1941 年在广西桂林设立总办事处,后迁重庆,1946 年回迁上海。开明书店创建之初只有四五人,资本约 5 000 元,改组为股份有限公司后资本为 5 万元;经过几次增资后,1936 年资金为 30 万元;先后兼并了朴社、未名社、大江书铺等出版机构,在南京、北平、沈阳、汉口、长沙、广州、杭州、福州等地设立分支机构,成为当时在江苏境内创办的最后一家全国著名的民营出版机构。

此外,广艺书局(1919 年)、广记书局(1920 年)、人民出版社、东亚书局(1921 年)、中西书局、新文化书社、上海书店(1923 年)、人文社、群众图书公司、国民书局、泰兴书局等中小型出版机构也在五四时期纷纷建立,形成了 1927 年以前江苏出版业以上海为中心的格局,江苏其他地区的出版发行业仍以发行销售上海版书刊为主。但在上海出版业迅速发展的影响下,南京、苏州、无锡等地的新式民营出版机构也开始出版了一些图书期刊等,而民国时期江苏出版业进入发展的黄金期是在 1927 年南京国民政府成立之后的十年里。

第三节　中共创建时期在江苏的出版活动

以《新青年》的出版为标志兴起的新文化运动,让 20 世纪初的中国经历了一场深刻的思想革命;而五四运动以后,马克思主义在中国逐渐得到广泛的传播,为中国无产阶级政党的创建奠定了思想基础。1920年5月,在江苏境内成立了中国第一个无产阶级政党的早期组织——上海共产主义小组。同年9月,上海共产主义小组决定以陈独秀主编的《新青年》杂志为机关刊物,从第8卷第1号起脱离群益书社独立出版,并在编辑部的基础上成立了新青年社。由此,新青年杂志社成为上海共产主义小组的出版发行机构。新青年社由陈独秀负责,沈雁冰、李达、陈望道等人担任编辑工作;在上海法租界法大马路设总发行所,由苏新甫负责。新青年社除出版《新青年》杂志外,还出版发行了"新青年丛书",其中包括李达译的《社会主义史》,黄冷霜译的《哲学问题》,陶孟和、沈性仁译的《欧洲和议后之经济》,陈独秀、李达、施存统编著的《社会主义讨论集》等,以及销售《新青年》《共产党》《劳动者》等杂志。1921年2月,新青年社遭法租界巡捕房查封,遂迁往广州继续从事该项工作。在上海不到半年的时间里,新青年社用批发、邮购、代销、代派等多种方式,并和长沙文化书社等其他进步书店建立交换代发业务,大量发行了马克思主义经典著作及其他进步报刊,并以中共第一个公开的出版发行机构而载入史册。

1921年7月,中国共产党成立。中共一大曾作出决定,恢复秘密刊物《共产党》月刊的出版,继续编印《新青年》作为公开的宣传刊物;为了向民众开展革命宣传,有系统地编译马克思主义著作,"新青年丛书"将继续出版,并成立党的出版机构。同年9月1日,人民出版社在上海正式成立。人民出版社由李达负责,社址设在南成都路辅德里625号(今成都北路7弄30号)。李达(1890—1966年),湖南零陵(今永州市)人,1920年夏成为上海共产主义小组成员,并主编《共产党》月刊,参与《新青年》编辑工作。(图2-13)在中共"一大"上,被选为中央局宣传主任。人民出版社主要出版发行马列主义的理论著作和其他理论书籍。《新青年》曾登载了一则《通告》,阐明了人民出版

图 2-13 李达

社的宗旨和任务："近年来新主义新学说盛行,研究的人渐渐多了,本社同仁为供给此项要求起见,特刊行各种重要书籍,以资同志诸君之研究。本社出版品底性质,在指示新潮底趋向,测定潮势底迟速,一面为信仰不坚者祛除根本上的疑惑,一面和海内外同志图谋精神上的团结。各书或编或译,都经严加选择,内容务求确实,文章务求畅达,这一点同仁相信必能满足读者底要求。"[1]1921 年 11 月《中国共产党中央局通告》中对出版工作有明确要求："中央局宣传部在明年 7 月以前,必须出书(关于纯粹的共产主义者)20 种以上。"据此,人民出版社拟订了一套完整的出版计划,准备推出"马克思全书"15 种、"列宁全书"14 种、"康民尼斯特(共产主义的音译)丛书"11 种和其他读物 9 种。由于受多种条件限制,这些书籍未能全部出齐。据查考,人民出版社实际出版书籍近 20 种,其中包括《共产党宣言》(图 2-14)、《资本论入门》、《工钱劳动与资本》(即《雇佣劳动与资本》)、《列宁传》、《劳农会之建设》(即《苏维埃政权当前的任务》)、《讨论进行计划书》、《共产党礼拜六》(即《伟大的创举》)、《劳农政府之成功与困难》(即《苏维埃政权的成就与困难》)、《共产党底计划》等书籍,以及《劳动运动史》《俄国革命纪念》《两个工人谈话》《李卜克内西纪

图 2-14 《共产党宣言》

念》四种小册子。[2] 此外,为纪念马克思诞辰 105 周年和声援各地工人群众的革命斗争,还先后印制了大量宣传品和传单。1922 年 11 月,李达应毛泽东之邀前往长沙,参加湖南自修大学工作。翌年夏秋间,人民出版社归到广州的新青年社。人民出版社存在的时间虽然不长,但"为我党言论机关,出版了很多书籍,对思想上有很大的影响"[3]。

---

① 李达:《人民出版社通告》,《新青年》第 9 卷第 5 号。
② 参见夏雨:《中国共产党第一个出版社》,《人民政协报》2014 年 1 月 13 日。
③ 蔡和森:《中国共产党史的发展(纲要)》,《中共党史报告选编》,北京:中共中央党校出版社,1982 年。

1923 年 10 月,人民出版社与广州的新青年社合并不久即告结束,中共中央同年 11 月 1 日在上海又创办了上海书店。上海书店设在南市小北门民国路(今人民路)振业里 11 号,新青年社的所有库存、服务及善后工作均由其负责。最初的负责人为中共中央出版部书记洪鸿(张伯简),后由毛泽民接管,具体工作由徐白民负责。上海书店成立时,在《前锋》《新青年》《新建设》等刊物上登载了"开幕启事":"我们要想在中国文化运动史上尽一份责任,所以开设这一个小小的书铺子。我们不愿吹牛,我们也不敢自薄,我们只有竭我们的力,设法搜求全国出版界关于这个运动的各种出版物,以最廉价格贡献于读者之前,这是我们所愿负而能负的责任。"①其实,早在上海书店正式营业之前,其就开始了实际的编辑出版工作。1923 年 10 月 27 日出版的第 44 期《向导》周报上即刊有"分销处:上海书店的字样",《中国青年》杂志创刊号也在 10 月 20 日就由其出版了。上海书店公开的是代售上海各出版机构的书刊,暗中出版发行的是中共对外的宣传刊物。

　　上海书店 1923 年只重印了陈望道译的《共产党宣言》,1924 年 1 月后陆续出版了《社会科学讲义》(内收瞿秋白的《现代社会学》《社会哲学概论》和施存统的《社会思想史》《社会问题》《社会运动史》等),《国外游记汇刊》,《中国青年社丛书》六种,《向导丛书》四种,等等。1925 年 6 月,建立了中共第一个印刷机构——崇文堂印务局,主要印刷《向导》《中国青年》和上海总工会的宣传册子、传单等。"上海书店自成立到结束的三年时间里,共出书 30 多种。其中自行编写的有 22 种,改变了以往翻译为主的出版状况。所出图书,有许多是配合当前运动的宣传品和一些以马克思主义观点编写的教材和讲义,反映了一个政党出版物的政治诉求。"②1926 年初,"从中国整个的政局上看来,民族革命运动不但不停止,并且仍在继续增长"。因此中共上海区委决定,"最近在可能的范围

① 转引自张宪文、穆纬铭:《江苏民国时期出版史》,南京:江苏人民出版社,1993 年,第133 页。
② 王余光、吴永贵:《中国出版通史·民国卷》,北京:中国书籍出版社,2008 年,第496 页。

内应编具若干关于共产主义的小册子,以便于工人群众中的宣传"。①但由于上海书店在当时影响巨大,引起反动军阀的恐慌,1926 年 2 月 4 日,进驻上海不久的孙传芳以"印刷过激书报,词句不正,煽动工团,妨害治安"的罪名,②查封了上海书店。中共早期在江苏地区的出版发行工作也随之转入地下进行。

中共在创建时期十分重视宣传工作,而进行宣传的最好、最有力的舆论武器就是编辑发行刊物。1920 年 9 月,《新青年》杂志成为上海共产主义小组机关刊物以后,各种研究和宣传马克思主义及指导工人运动的刊物在江苏纷纷问世。

《劳动界》 1920 年 8 月 15 日创刊于上海,上海共产主义小组创办的一份面向工人的通俗读物。周刊,32 开本,每期 16 页,陈独秀主编,李汉俊负责编辑,内容设有演说、国内劳动界、国外劳动界、诗歌、小说、读者投稿等专栏。该刊以"教我们中国工人晓得他们应该晓得的事情"为目的,③文章生动活泼,短小精悍,以生动的事例揭露了资产阶级压榨工人的罪行,启发工人的阶级觉悟,号召工人"组织劳动者的团体""干同盟罢工""实行社会革命,把资产阶级完全铲除"。后被军阀政府以"煽惑劳工,主张过激"罪名查禁,1921 年 1 月停刊,共出版了 24 册,1921 年 1 月终刊。"据统计,从第 2 期至第 19 期,共刊登工人来稿 30 篇。为此,工人们称它为自己的喉舌"④,是中国最早的宣传马克思主义的工人刊物。

《共产党》 1920 年 11 月 7 日创刊于上海,上海共产主义小组秘密发行的大型理论刊物。月刊,16 开本,每期约 50 页,最高发行量 5 000份。李达主编,陈独秀、李达、施存统、沈雁冰等为该刊的主要撰稿人。作为中共早期创办的第一份党刊,缘于"当时党的上海小组的工作分两部分:一是宣传工作,一是工运工作。宣传工作方面,决定把《新青年》作为公开宣传的机关刊物,从 8 卷 1 号开始;另行出版《共产党》月刊作为

---

① 江苏省档案馆藏:《中共上海区委宣传部工作计划》,转引自张宪文、穆纬铭:《江苏民国时期出版史》,南京:江苏人民出版社,1993 年,第 134 页。
② 曹予庭:《党在早期建立的出版发行机构》,《出版史料》(上海)第 1 辑。
③ 李汉俊:《为什么要印这个报》,转引自钱承军:《建国前中国共产党报刊研究》,北京:中国文联出版社,2009 年,第 23 页。
④ 张宪文、穆纬铭:《江苏民国时期出版史》,南京:江苏人民出版社,1993 年,第 136 页。

秘密宣传刊物"[1]。陈独秀在创刊号的《短言》中明确提出"跟着俄国共产党","经济的改造自然占人类改造之主要地位。吾人生产方法除资本主义及社会主义外,别无他途",宣布"中国要走十月革命的道路,建设社会主义和共产主义",指出"既要反对第二国际式的议会道路,又要反对无政府主义"。同年 12 月,该刊第 2 号出版后,因经费困难中断三个月。1921 年 4 月复刊。同年 5 月至 6 月,该刊第 4、5 号相继出版,并改为半公开性的刊物。刊物内容较之前期也产生了变化:由初期介绍国外经验转为论述国内革命问题,批判修正主义和无政府主义思潮,统一建党思想,探讨党的纲领和策略。中共一大后,在共产国际代表马林的建议下,该刊和《新青年》合并,代之以一份新的周报——《向导》。1921 年 7 月 7 日出至第 6 号后停刊。

《妇女声》 1921 年 12 月 13 日创刊于上海,中共以上海中华女界联合会名义主办的第一份妇女刊物。半月刊,4 开 4 版,李达任主编,陈独秀、沈雁冰、邵力子等为该刊撰稿。该刊"专以宣传被压迫阶级的解放,促醒女子加入劳动运动为主旨",辟有言论、讲演、国内消息、译述、小说、诗歌、通信、杂感等栏目。文章以白话为主,并用新式标点符号,大量报道国内外妇女运动的情况和国内各地女工的罢工斗争,着重讨论有关妇女解放的问题,在提高妇女觉悟和推动妇女解放运动方面起到了重要作用。1922 年 6 月 20 日出至第 10 期后停刊。

《向导》 1922 年 9 月 13 日在上海出版,是中共创办的第一个公开发行的中央机关刊物。(图 2 - 15)周刊,

图 2 - 15 《向导》周刊

---

① 李达:《中国共产党的发起和第一、第二次代表大会经过的回忆》,见《一大回忆录》,北京:知识出版社,1980 年。

16 开本,初为每期 8 页,后增加到 16 页,亚东图书馆印行。蔡和森、彭述之、瞿秋白先后任主编,设有中国一周、世界一周、通信、读者之声、什么话等专栏。主要发表时事政治评论文章,以宣传党的纲领、路线、方针、政策、指导群众斗争为主要任务。创刊号《本报宣言》中鲜明地提出了中国共产党的奋斗目标:"反抗国际帝国主义","推倒军阀",建立"统一、和平、自由、独立"的中国。国民党"一大"召开以前,刊物集中精力宣传中国共产党的反帝反封建的革命纲领,积极帮助孙中山进行国民党的改组,推动革命统一战线的建立。国共合作形成后,除了继续宣传党的统一战线政策,还对孙中山先生提出的联俄、联共、扶助农工三大政策作了重点宣传。同时,还热情宣传和支持工农革命运动,促进了工农革命运动和国民革命的迅速发展。主要撰稿人有陈独秀、蔡和森、瞿秋白、高君宇、李达、彭述之、张国焘等,尤其以陈独秀发表的文章最多,共计 270 多篇,几乎每期都有他的作品。蔡和森除用"和森"署名发表了 130 多篇文章外,还用"本报同人""记者"等名字发表了不少文章。瞿秋白也为刊物写过 60 多篇社论和述评。刊物所刊载的关于工农运动的文章共 205 篇,著名的有赵世炎(笔名施英)的一至七论《上海的罢工潮》(第 159—172 期)、毛泽东的《湖南农民运动考察报告》(第 191 期)、瞿秋白的《农民政权与土地革命》(第 195 期)、彭湃的《关于海丰农民运动的一封信》(第 70 期)等。《向导》从创刊至 1927 年 7 月 18 日停刊,共出版 201 期,先后迁至北京、广州、武汉等地出版发行,在中国内地许多大中城市及香港、巴黎、东京等地设有 30 多个分销处,发行量由开始的 3 000 份激增至 4 万份,最多时近 10 万份,广受读者欢迎,被誉为"黑暗的中国社会的一盏明灯",成为我国第一次国内革命战争时期影响最大的一份刊物。

《前锋》 1923 年 7 月 1 日创刊于上海,中共中央政治性机关刊物。月刊,名义上在广州,实际在上海出版。瞿秋白主编,陈独秀、张太雷、向警予经常在刊物上撰文。陈独秀在创刊号发表了《中国农民问题》一文,将农村居民分为十等五个阶级:一、大地主,二、中地主,三、小地主,统称之为"自己不耕作之地主";四、自耕农兼地主,五、自耕农兼雇主,统称之为"中产阶级";六、自耕农民,七、自耕农兼佃农,统称之为"小有产阶级";八、佃农兼雇工,九、佃农,统称之为"半无产阶级";十、雇工,

"农业的无产阶级"。他认为,一般农民受痛苦的原因有三:一是外货输入致使农业破产;二是政治不良,军阀战争及水旱灾荒;三是农民文化过低,又无组织,受地主豪绅的盘剥。并指出引导他们加入国民运动的方法:(1)教育和宣传。农暇时授以文字及世界大势,宣传"排斥外力""打倒军阀""限田""限租""推翻官僚劣绅"。(2)组织和实际运动。组织:① 农会。联合自耕农、佃农、雇工为一组织,反对大地主、官吏、劣绅,并以组织消费协作社、农民借货机关、谷价公议机关等为实际运动。② 乡自治公所。③ 佃农协会。以向政府要求"限田""限租"为佃农特有之运动。④ 雇农协会,以协议工资及介绍工作为主要任务。1924 年 2 月出至第 3 期后停刊。

《中国青年》 1923 年 10 月 20 日在上海创刊,中国社会主义青年团中央委员会机关刊物。(图 2 - 16)周刊,16 开本,半公开发行,恽代英主编。办刊宗旨是给青年以"以忠实的友谊的刊物","要引导一般青年到活动的路上"。这个"路"就是革命的道路。指出我们的热情"应该寄托到反抗压迫的事业上去",不要做"纯粹读书,不问世事"的"自私自利的书呆子",设有通论、杂评、革命问题、青年问题、民间调查、青年界消息、文艺、寸铁等栏目。[①] 该刊积极配合《向导》等刊物,宣传、普及马克思列宁主义的基础知识,十分重视帮助广大青年正确认识当时国内外形势,指导青年进行革命斗争。《中国青年》曾先后迁广州、汉口出版。1927 年 10 月 10 日出至第 8 卷第 3 期、总第 167 期后停刊。1927 年 11 月至 1932 年 5 月间,曾先后改名为《无产青年》《列宁青年》在上海秘密出版。

此外,这个时期中共领导下的各

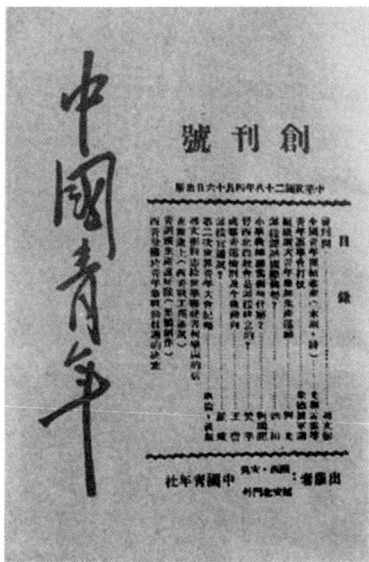

图 2 - 16 《中国青年》

[①] 钱承军:《建国前中国共产党报刊研究》,北京:中国文联出版社,2009 年,第 50 页。

级组织在江苏也积极创办刊物,进行革命宣传。1921年8月,中国劳动组合书记部在上海出版了《劳动周刊》;1924年10月创办了《中国工人》月刊。1923年2月,中共江浙区委在无锡创办了《青城导报》。1923年10月,共青团中央在上海创办了《青年工人》。1924年4月,共青团南京地方委员会等出版了《南京评论》。1926年10月5日,中共上海区委和江苏省委宣传部创办了《教育杂志》。这些刊物的出版,为宣传马克思主义和中共的主张,为指导工人、青年和妇女运动,为唤起民众投入到反帝反封建的革命斗争中去,都起到了巨大的导向作用。因此,中共创建时期及第一次国共合作时期,中国共产党领导的期刊出版业在江苏各地有了长足的发展。

第四节　现代印刷业的兴起与发展

辛亥革命后,随着江苏民族资本主义经济的发展,各种社会新思潮的广泛传播,江苏的印刷业顺应了社会转型的需要,获得了巨大的发展。单滚筒印刷机、平台双轮转机、双滚筒印刷机等新式大型印刷设备的引进,珂罗版、胶版、影写版等新式印刷方法的输入,正楷铅字、古宋铅字、仿宋聚珍字等印刷字体的应用,也给江苏的出版技术带来了应有的变革。但自古以来,我国对印刷业和出版业没有明确的界定,即使有了新式出版业以后,规模较大的出版家没有不自办印刷所的,并且印刷业在中国简直是出版业的附属品。在江苏境内,就当时"两个大的出版印刷业说:商务印书馆谁都知道它是我国唯一的出版家,它的营业,出版占十分之六,印刷占十分之三;但是它最初是专办印刷的,所以它的牌号到现在还有印书馆三字。中华书局在印刷业也占着全国第二的位置,彩印且占着第一的位置,但是它最初只营出版业,不从事印刷,所以到现在仍以书局为名"。"还有许多招牌用某某书局,实际上或专营出版,或专营印刷,或兼营出版与印刷。"[①]所以,

---

① 陆费逵:《六十年来中国之出版业与印刷业》,张静庐辑注:《中国出版史料》(补编),北京:中华书局,1957年。

这个时期江苏所见独立的印刷机构并不多。

据史料所载,当时江苏境内知名的印刷机构主要集中在上海,如土山湾印书馆、美华书馆、商务印书馆印刷厂、中西书局(中西五彩书局)、徐胜记石印局、永祥印书馆、集成图书公司、中华书局印刷厂、生生美术公司、美泰印刷公司等。另据《中国印刷史资料汇编》统计,仅1919年至1927年在上海新建的印刷机构有大东书局印刷部、新业印刷所、元益印刷所、竟美印刷公司、四达印刷所、元丽印刷公司等近30家。而江苏其他地区的印刷机构则相对较少,如南通翰墨林印书局,苏州文新印刷公司,无锡的锡成印刷公司、五大印务局、振新印书局,常熟联益印刷所,高邮美术石印社等。①

点石斋石印书局　最早用石印印书的出版机构,由英国商人美查1879年创办于上海。首先以照相缩印技术翻印木刻古籍,如用殿版《康熙字典》缩印,获利甚巨。还印《佩文韵府》《渊鉴类函》,中、英文合璧的《四书》等大部头书及中外舆图、西文书籍、碑帖画谱等。1884年出版的用连史纸印刷的《点石斋画报》,内容为各国风俗景物、火车轮船、著名建筑及声、光、化、电等新事物,执笔者有吴友如、金蟾香等画家,既开画报出版的先声,又以画新事物影响当时的画风。1909年与图书集成铅印局、申昌书局、开明书店合并为集成图书公司后,成为当时江苏地区铅、石印全备的最大出版印刷机构。

商务印书馆印刷厂　初建时仅有手摇架3台,脚踏架3台及少量中、西铅字和器材。1900年收购日商在上海开的修文印书局后,在中国首先使用纸型浇铅版技术,逐步成为上海最有规模的印刷机构。1914年将日股全部回购,进一步采用雕刻铜版、珂罗版、电镀铜版和自动浇字机,以及凸、凹、平印等当时极为先进的工艺技术,此后规模不断扩大。与此同时,还自建铁工厂,设计或仿制多种制版和印刷机械。1919年研制成功的中文打字机曾上市发售。(图2-17)

---

① 张宪文、穆纬铭:《江苏民国时期出版史》,南京:江苏人民出版社,1993年,第87—88页、162—164页。

图 2－17　商务印书馆

永祥印书馆　1899 年由陈永泰独资在上海创办。初创时仅有圆盘机 3 台,徒工三四人,主要承印书刊及表格零件,民国后业务重点转向铅字书刊印刷,并增添了凹凸彩印设备,在同业内名盛一时。

徐胜记石印局　1909 年由徐胜来在上海开设。初期仅 1 台石印机及 5 名职工,两年后发展到石印机 3 台、职工达 20 多人。1925 年又添置对开胶印机 3 台,后增至 7 台。因聘请沪上制版高手楼荣逊、张宇澄专门制作年画、月份牌而在印刷界享有较高声誉。

中华书局印刷厂　1912 年秋初建时仅有几台小型印刷机。1915 年前后,因出版业务的扩大,在南京西路常德路口建立印刷总厂,并购进口胶印机为主要生产设备。成为当时仅次于商务印书馆,全国第二家民营印刷机构。

三一印刷公司　1927 年创办于上海,初创时有对开双色机、全张及对开单色胶印机等共 7 台,配置当时最新式的照相机、晒版机等多台,以印制画片、股票及书刊封面和插页为主,还出版风景画、仕女画,创办了《美术生活》月刊。

但总的来看,这个时期江苏境内的印刷机构虽然数量较多,但大多资本很少,规模较小,设备简陋。仍以 1919 年至 1927 年上海新办的印刷机构为例,近 30 家印刷机构中,资本在 10 万元、人数超百人的仅大东书局印刷部 1 家;资本在 1 万元以上的,有元丽印刷公司 5 万元、竟美印刷公司 3 万元、元益印刷所 1.9 万元等 7 家,而且人数较少;一般都在 0.5 万元以下,最少的张春记印务局仅为 0.005 万元。在无锡地区也是这种状况。1921 年林守铭创办的振新印书局,资本为 500 元,有人力印刷机 3 架,雇工 5 人,以石印为主。1924 年许伯荣创办的西园林印刷所,资本也为 500 元,人力印刷机 3 架,雇工 6 人,主要从事木刻水印、石印和铅印等业务。而 1923 年钱振民创办的五大印务局,规模相对较大些,资本也仅为 1.5 万元,电动印刷机 14 架,雇工 80 多人,主要从事铅印和石印业务。[1](图 2-18)大大小小的印刷机构有数百家,除了诸如商务印书馆、中华书局等屈指可数的几家规模比较全备外,其余的都堪称简陋。

图 2-18 过版机

自铅字排版印刷术传入我国并逐渐推广后,传统的雕版印刷术逐渐衰落。为了适应现代出版业迅速发展的需要,江苏境内的印刷机构也纷纷通过引进设备、改进技术来谋求自身的发展。

① 张宪文、穆纬铭:《江苏民国时期出版史》,南京:江苏人民出版社,1993 年,第 162—164 页。

凸版印刷术在江苏使用得比较早,民国以后这种技术得到了进一步的发展。1912年,上海申报馆引进了"双轮转机",印数每小时增至2 000多张;1916年,重新购买日本制造、法国式的"滚筒印刷机",每小时印数达8 000张;1925年,又从德国引进了"冯曼格"彩色滚筒印刷机,能同时印刷数种颜色,在当时的亚洲尚属首家。1913年,商务印书馆引进了"汤姆生自动铸字炉",取代了原有的脚踏铸字炉,每架字炉每天可铸字1.5万余枚,与旧式炉的铲边、磨身、铇底等工序相比,不可同日而语。1919年,商务印书馆引进了"米利印刷机",即"双回轮转机",取代原有的"大英机",大大提高了印刷速度;1922年,又自德国购置了爱尔白脱公司的滚筒印刷机,每小时双面印数8 000张,速度比米利机快10倍;郁厚培1920年赴美考察印刷业,发现美国已采用圆盘网目版彩印技术,回国后即淘汰了商务原有的三色照相网目版铜版技术,提高了彩印的质量和印数。1921年,商务印书馆购买了国外新式纸型机。这种纸型机省去了旧式纸型机覆纸、涂浆、刷击、热压等工序,用强力高压纸型,一次成型,提高了印刷速度。此后,其他印刷机构也纷纷采用这种先进的印刷设备。

清末民初,江苏业界所用的汉字排字架为美国传教士姜别利所创的"元宝式",即将中文铅字分为常用、备用、罕用三大类,造成"元宝"型字架排列(俗称三脚架或开斗架)。1909年,商务印书馆对姜氏排字架进行了改革,复者去之、缺者补之,用之繁者列于前,字之癖者移诸后;并将所有铅字改为正体,凡破体、俗体铅字都作为添盘字单独列开。自此,江苏境内各印刷机构大多采用了商务华文排字架。1920年,申报馆仿制了日本"统长式"字架。这种字架占地少、光线足,可供两人排字,很快在江苏印刷业中流行。1927年,张元济鉴于"统长式"排字架排字工人终日站立,劳动强度很大,又创制了"圆盘式"排字架。这种排字架将全副铅字按使用频率分为两类,使用频繁的置于塔行圆盘中,而冷门的则置于方盘中。排字者只需转动圆盘即可排字,不需来回走动,从而减轻了排字者的劳动强度,提高了排字速度。而对于凸版字体的改革,商务印书馆在1915年聘请了湖北著名刻书家陶子麟,以《玉篇》的字体,用照相的方法,直刻铅坯,刻成1号、3号两副"古体活字";1919年,商务印书馆聘请了韩佑之创制了一套"仿古活字",用该活字"排印善本,古色古香,妍妙无比"①。北洋政府教育部颁布了"注音字母音类次序"后,商务印书馆又创制了"注音连积字",将注音字母与汉字同制一模,大大便利了排版工作。

平版印刷术,也称"化学的印刷"或"石印",是奥地利人亚罗斯·逊纳费发明的,我国最先采用这一技术的是上海徐家汇土山湾印刷所。此后,商务印书馆及江苏境内一些较大的印刷机构开始引进、采用了"照相石印术"。在相当长的时间里,这种印刷技术在江苏印刷界中占有较高的地位。1915年,商务印书馆引进采用了美国人罗培尔发明的"橡皮印刷机"。这种胶版印刷技术,采用的是间接印法,即把亚铅版先印于橡皮版上,然后再由橡皮版转印于承印物上,其印刷速度数倍于铅版印刷机。由于这种胶印设备刚传入中国,国人对它性能、使用方法都不熟悉,于是商务印书馆聘请美国技师前来指导。1918年,中华书局引进使用了全张胶印设备。1920年,商务印书馆又引进采用了直接照相石印技术。这种平版技术不用胶纸,以阴文直接落样于亚铅版,所印书籍"既精而速"。1921年,商务印书馆从美国引进了"彩色照相石印版"(又称影印版)印刷技术,只需将亚铅版制成平面版,用胶印机印刷,无须光纸,能以少量印版印成多种色彩的图案,其印刷质量和数量均优于彩色石印法。1922年,商务印书馆又引进了英国"乔治门"双色胶版机,能同时印二色,进一步提高了印刷速度。其他如珂罗版、马口铁印刷等平版印刷术,这个时期在江苏印刷业中也广为使用。

林纾曾说:"晚年卖文译书外,肆力书画,自珂罗版书画盛行,虽家乏收藏,不难见古名人真迹。""纾用得饱临四王、墨井、南田,上及宋元诸大家杰作,骎骎上擅能品。"②书法绘画历来为中国传统知识分子所器重,但真迹难求且价格昂贵,因此购买影印碑帖书画成为国人学习的必备之选。但是用石印技术影印的作品清晰度不高,所以影印效果更佳、更忠于作品原貌的,用珂罗版影印的出版物受到国人的青睐。因此,得益于

---

① 贺圣鼐:《三十五年来中国之印刷术》,张静庐:《中国近代出版史料初编》,上海:上杂出版社,1953年,第267页。
② 钱基博:《中国现代文学史》,上海:上海书店出版社,2003年,第137页。

民国初期社会需求之旺盛,珂罗版印刷术在江苏的印刷界广为推行。上海的商务印书馆、文明书局、有正书局、求古斋书帖局、中华书局、神州国光社、泰东书局等,以及南京的襄社、苏州的振兴书局,在当时均以珂罗版印刷而著名。其中,以狄葆贤创办的有正书局最具影响。狄葆贤(1872—1941年),字楚青、号平子,江苏溧阳人。清末从事维新运动,与康有为、梁启超关系甚密,戊戌变法失败后避居日本。1904年回国从事出版业,在上海创办《时报》,后又建立有正书局。据统计,有正书局存世期间共影印古今画家对联、字轴、画轴、画屏不下600种,而画册方面,仅《中国名画集》就印了38辑,其他各种名人画册约300种,珍本碑帖约200种。狄氏为使所印碑帖书画精致逼真,不惜花费重金引进当时最为先进的珂罗版印刷技术,成为中国最先使用该技术的民营出版机构之一,并聘请日本技师龙田专司其事。有正书局用珂罗版印刷的字画作品"神采清朗","试与原本比较累黍不爽",深受时人好评。而且漂洋过海,在国外也广泛使用,备受赞誉,曾在比利时布鲁塞尔万国博览会上获得奖牌。① 尽管当时江苏影印出版业的市场竞争日趋激烈,即使与商务印书馆、中华书局等大型出版印刷机构相较量,有正书局以珂罗版为主的影印业务依然表现不俗。"商务出过一套小学用的习字帖,前几册是当'影格'用。""由于《时报》老板狄平子的有正书局的崛起,出版许多石印的唐宋名家法帖,与佳本不差毫厘,价廉物美,受到全国教育界的广泛欢迎,遂使商务出版的各种字帖黯然失色。后来商务也曾出版了一些法帖,但不是价格昂贵,便是质量不高,因此这方面的生意终敌不过有正书局。"②

凹版印刷术在国外已有多年的历史,但是江苏的印刷界,直到民国以后才在国内率先引进并采用此术。(图2-19)雕刻铜版印刷术,清光绪年间由日本传入江苏。1912年,商务印书馆派沈逢吉赴日本学习雕刻铜版技术,六年之后学成回国,将这一技术运用到印刷图片和画册等方面。如《小说月报》第12卷第1号刊有法国印象派画家德加的两幅油画《浴妇》《洗衣人》,用雕刻铜版印刷,非常精美,将原作的神韵传达得惟

---

① 参见向敏:《中国近代珂罗版印刷业之兴衰》,《编辑之友》2013年第3期。
② 谢菊曾:《十里洋场的侧影》,广州:花城出版社,1983年,第57页。

妙惟肖。[1] 1923年,商务印书馆聘请美国技师福劳司特担任技术指导,对雕刻铜版印刷术的工艺进行了改革,采用了新式雕刻铜版复制术,不仅简化了工序,又使刻版经久耐用。此外,商务印书馆还引进了环转凹印机,可以一边上墨一边印刷,相继不断,每小时可印500张,较旧式平版凹印机快5倍。1926年,商务印书馆运用这种技术印刷的《天籁阁旧藏宋人画册》,生动感人,"形神兼备"。[2] 至此,民国前风行一时的石印图画在江苏日趋衰落,逐渐被雕刻铜版图画代替。

图2-19　手扳凹印机

凹版印刷术中,发明最新、印刷最精美的莫过于1894年捷克人克利奇创制的影写版技术。这种照相凹版印刷术,层次细腻丰富、耐印率高,适合大量印刷画报、画片和包装材料。影写版出版物流入江苏境内,始于1916年欧战之后。当时,英国人在上海出版发行专为协约国宣传之用的《诚报》,附有在欧洲用影写版印刷的欧洲战事画报,印刷甚是精美,引起江苏印刷界引进这项印刷技术的兴趣。1923年,日本大地震之后,东京一家影写版印刷公司被迫倒闭,受聘该公司的德国技师海尼格准备

① 纪晓平:《近代中国的铜版印刷术》,《大学图书馆学报》2002年第3期。
② 赵志强:《商务印书馆与现代印刷技术》,《商务印书馆一百年》,北京:商务印书馆,1998年,第381页。

图 2-20 《东方杂志》

回国。商务印书馆得知消息后,立即拍电报给海尼格,表示有意聘请他来华进行技术指导。如此,影写版印刷技术随海尼格传入中国。商务印书馆采用这一技术后,主要印刷杂志插图、风景名画,其品质"精美无与伦比"。《东方杂志》(图 2-20)卷首的插图即是用这一技术印刷的。① 江苏境内的一些大的印刷机构也仿效商务印书馆的做法,陆续进口了成套影写版制版印刷设备。

钱存训曾以雕版印刷为例指出:"由于中国传统知识分子对印刷术的轻视,有关雕版的技术、工具、印刷程序和印刷数量等等的记录,在中国文献中几乎连片言只语都没有留存,一直到本世纪 40 年代才稍有透露,倒是在一些西方国家的著述可见一二。这和文人所重视的纸、墨、笔、砚等文房用具相比,其记载的丰瘠和详简,真有天渊之别。"② 可以说,在这种轻技术的传统文化背景下,这个时期的江苏印刷界,在传播技术方面发挥了巨大的作用,促进了江苏乃至中国现代印刷业的迅速发展。同时,也刺激了与之关联的民族工业的发展。20 世纪 20 年代,上海天章、龙章两家造纸厂开始仿制进口印刷纸。而当时中国"道林纸、书面纸、图画纸等只有龙章、天章等三数家制造,产量尚不及进口之 1/3"。尽管如此,龙章、天章两家造纸厂仍是中国最早生产近代印刷用纸的厂家,虽然品质不如舶来品,产量也有限,但与中国传统的书写纸相比,仍不失为一大进步。③ 与创办于 1906 年上海龙华的龙章造纸厂、1919 年在上海浦东成立的天章造纸厂相比,创立于 20 世纪 20 年代苏州枫桥的华盛造纸

---

① 张宪文、穆纬铭:《江苏民国时期出版史》,南京:江苏人民出版社,1993 年,第 161 页。
② 钱存训:《中国的纸和印刷文化史》,桂林:广西师范大学出版社,2004 年。
③ 张宪文、穆纬铭:《江苏民国时期出版史》,南京:江苏人民出版社,1993 年,第 158 页。

厂，虽然建立的时间较晚，但它是中国第一家生产黄纸板的企业，当时日产黄纸板约 30 吨。同造纸业一样，江苏印刷机器的生产也是从简单仿制开始的。1922 年，上海明精机器厂仿制了五彩石印机、全张铅印机、铜版印刷机等，其产品不仅销于国内市场，还部分出口国外。

随着江苏现代出版业的兴盛和发展，以及西方先进印刷技术的不断引进和运用，江苏境内的印刷机构也随之大大增加，使得印刷界同业间的竞争日趋激烈。为了协调同业间的生产和经营，减少矛盾和不当竞争，上海首先在江苏印刷界成立了纯属印刷业的同业公会。1925 年成立了华商印刷业公会，该组织根据业界各业主雇员的人数，依次分为四个等级，由各等级推派代表组成执行委员会，处理一般性事务和纠纷。1927 年又成立了上海"彩印协会"，该会以"矫正营业上的利害和消弭同业界的纷争"为宗旨，采取委员制，由执行委员会和监察委员会两部分组成，并由执行委会推举三个常务委员和一个轮值主席，负责处理有关事务。[1] 此后，南京、镇江、无锡等地也相继成立了印刷业同业公会。

① 张宪文、穆纬铭：《江苏民国时期出版史》，南京：江苏人民出版社，1991 年，第 164 页。

第三章　民国江苏出版业的兴盛
（1927—1937 年）

第一节　南京国民政府新闻出版体系的建立

　　1927 年南京国民政府的成立使国民政府在组织形式上归复统一，中国的社会也趋于相对稳定，而且在工业、农业、教育、交通运输等方面都有了不同程度的发展。这都为这个时期出版业的兴盛提供了良好的外部条件。当时江苏的经济发展水平在全国名列前茅，机器工业在全国占有重要地位，轻纺工业尤为发达。据 1933 年统计，江苏的棉纺织业产值占全国的 22.5%，缫丝业占全国的 39.18%，面粉业占全国的 14.35%，机器工业总产值在全国位居第二，仅次于上海。[①] 抗战前江苏经济的初步繁荣，为江苏出版业的发展提供了比较雄厚的物质技术基础和前提条件。再加上政治、文化、教育等的有利条件，使江苏出版业获得了空前的发展，并进入了一个较为兴盛繁荣的时代。

　　南京国民政府成立以后，建立和发展了维护自身统治的新闻宣传机构，这就是以《中央日报》、中央通讯社、中央广播电台为主干的"三位一体"的新闻宣传体系。

　　《中央日报》是国民党中央的机关报，也是国民党报刊的网络中心。

[①] 南京图书馆特藏部等：《江苏省工业调查统计资料》（1927—1937），南京工学院 1987 年版，第 597、601 页。

该报 1926 年冬创刊于广州,1927 年移至汉口发行,不久又移至上海。1928 年国民党颁布《设置党报办法》,规定首都设《中央日报》,遂于同年 5 月在南京创办《中央日报》。首任社长由国民党中央宣传部部长叶楚伧兼任。叶楚伧(1887—1946 年,图 3 - 1),原名宗源,字卓书,号小凤,江苏吴县人。早年加入同盟会,南社骨干分子。中华民国成立后,先后在上海创办《太平洋日报》《生活日报》,并一度入《民立报》操笔政。1916 年,与邵力子合办

图 3 - 1　叶楚伧

《民国日报》,任总编辑,抨击袁世凯称帝。1924 年 1 月,被选为国民党第一届中央执行委员,并任国民党上海执行部常务委员兼青年妇女部长。1925 年参加反对孙中山联俄联共政策的西山会议,被选为西山会议派的国民党中央执行委员会常务委员,其所主持的《民国日报》也为西山会议派所控制。北伐战争开始后,任职于蒋介石总司令部。1927 年参加清共的"四·一二"事变。南京国民政府成立后,任国民政府委员、国民党第二届中央特别委员会候补委员。1929 年后,曾被选为国民党第三、四、五届中央执行委员、常务委员和政治委员会委员,并先后任江苏省政府主席,国民党中央党部宣传部长、秘书长,中央政治会议秘书长。1935 年任国民政府立法院副院长。公余兼职文教,创办《文艺月刊》,编印《文艺丛书》《读书杂志》等。抗战胜利后,奉派为江苏宣抚使。由于《中央日报》是执政党的中央机关刊物,人力物力均较雄厚,业务发展得很快。报纸由最初日出一大张发展到日出三大张,销量也由当初的几千份增至 1935 年的 3 万多份,跻身全国大型报行列。同时《中央日报》还印行庐山版、重庆版、长沙版、昆明版,并在贵州、成都、福建、安徽、广西、沈阳、长春等地设立地方版。这个时期的《中央日报》除宣传国民政府的内外政策、报道国内外新闻外,还刊发了大量的反共文章。"九·一八"事变后,《中央日报》一再撰文为"攘外必先安内"的政策进行辩护,

并为蒋介石"围剿"中共革命根据地摇旗呐喊。1935年"一二·九"运动中,因为该报歪曲报道军警弹压南下请愿学生的事实,愤怒的学生曾捣毁了《中央日报》社。数十年后,台湾出版的《中国新闻史》也不得不承认:"中报是国民党党报,它为政府发言,即使意见很正确,影响力却很有限。尤其是对抗日政策,得不到一般人的谅解。"①抗战爆发后,《中央日报》因西迁在1937年12月一度停刊,1938年9月在重庆复刊,抗战胜利后迁回南京。

中央通讯社1924年4月1日创办于广州,是国民党通讯网络的中枢机构,直属国民党中央党部,1927年6月在南京发稿。中央通讯社初期规模很小,"以主持者未得其人,殊无成绩可言","所发稿件,处无特异之处,亦与普通之通讯社等耳"②。所以一般报刊很少采用中央通讯社的新闻。1932年中央通讯社改组,实行行政上的"独立",由原国民党中央宣传部秘书萧同兹担任。改组后的中央通讯社除南京的总部外,还在上海、汉口、北平、天津、西安、香港等地开设分社,并在其他省会及重要城市派驻了30多名通讯员,形成了一个全国的通讯网络。至1937年,中央通讯社向全国250多家报刊提供新闻稿,每天发出中文电讯8000至1.2万字,南京总社及上海、天津等分社还播发英文新闻稿,成为世界五大通讯社之一。

国民党继《中央日报》、中央通讯社之后,1928年8月在南京丁家桥国民党中央党部后院又创办了中国国民党中央执行委员会广播电台,简称"中央广播电台",英文呼号为"XKM"。电台发射功率为500瓦,每天播音近4小时,内容包括新闻、政府决议案、施政报告、演讲、通告、气象预报等。1932年11月中央广播电台新建成一座75千瓦的强功率发射台,呼号改为"XGOA",当时号称"东亚第一,世界第三"。此后,国民党又逐步发展地方广播电台,形成了以中央广播电台为中心的广播宣传网。

在《中央日报》、中央通讯社和中央广播电台"三位一体"的新闻体系形成同时,国民党政府又通过自办出版机构、自办刊物和发行刊物,企图

①② 曾虚白:《中国新闻史》,台北:台湾三民书局,1984年,第422页。

垄断宣传出版工具为自己的政权服务。在江苏,当时国民党官办的出版机构,有 1931 年由陈立夫创办并自兼总经理的正中书局,有成立于 1932 年 6 月隶属于教育部的国立编译馆,有成立于 1932 年由国民党复兴社控制的拔提书店,以及成立于 1928 年地址设在南京国府路大狮子巷的军用图书供应社等,先后成立了 10 多家官办出版机构。

　　正中书局,1931 年 10 月 10 日由陈立夫在南京创办。1933 年,陈立夫将书局全部资产捐献给国民党,国民党中央在此基础上进行了扩充,并指派叶楚伧、陈立夫等为董事,吴敬恒等为监事,公推陈立夫为董事长,叶楚伧为出版委员长,指派吴秉常为总经理,从此正中书局隶属国民党中央,成为国民党党营的出版事业。扩大调整后的正中书局总局设在杨公井,下设营业所、编辑所和印务所,并在上海、北平、天津、汉口、杭州等地设有分局、发行所。1937 年进行了机构调整,撤销了出版委员会,改设经理室、编审处和业务处。由于受到官方政治和经济上的大力扶持,正中书局的出版业务发展迅速,很快在出版界站稳了脚跟,并挣得一席之地。该书局成立初期即自设印刷厂,1936 年又接收上海新民印刷厂所有资产筹设上海印刷厂,1937 年将南京三民印务局并入改称第一印刷厂,而将上海印刷厂改为第二印刷厂。抗战后,正中书局将第一、第二印刷厂分别疏散、停工,1938 年随书局西迁重庆。

　　正中书局建立初期,凭借官书局的优势参加教科书出版市场的竞争,以编辑出版中学教科书及课外读物为主。“正中书局在中国出版界中虽然是一个没有多少年历史的后辈,但是自成立以来,就以突击作战的方式向读书界、向出版界都表现了急起直追的精神。”[1]“后起”的正中书局逐渐改变了当时商务印书馆、中华书局两家长期垄断教科书出版市场的局面,形成商务印书馆、中华书局、世界书局、开明书店、大东书局和正中书局六家出版机构资源共享的新格局。随着业务的发展,正中书局编辑出版的范围逐渐扩大,学术著作、民众读物、儿童读物、工具书等相继出版,不少有关社会科学、教育与新生活等方面的丛书也先后问世。

---

[1] 中国第二历史档案馆馆藏正中书局档案,转引自张宪文、穆纬铭:《江苏民国时期出版史》,南京:江苏人民出版社,1993 年,第 195 页。

在抗战前的三四年间,正中书局编辑出版的主要丛书有:叶楚伧、陈立夫主编的"当代名人传记丛书",陈立夫、薛元龙主编的"童子军丛书""师范丛书",陈果夫、胡定安主编的"卫生教育丛书""正中科学知识丛书",中国文艺社编译的"中国文艺社丛书",南京外交评论社编辑的"外交丛书",以及"国学丛书""时代丛书""国防教育丛书",等等。(图 3-2)正中书局出版的丛书在当时较有影响。如"时代丛书"包括《日本产业合作与农村经济》《日本产业概论》《世界集团经济》《中国盐政问题》《苏俄之国民经济建设》《弱小民族与国际》等 24 种,是"有关现代问题,就国内及世界当前的各重要问题,以客观的资料及各家的意见,提要钩玄","使研究某一问题者于短时间得一鸟瞰的印象,并可借其导引渐进于本问题的全领域","可供研究现代问题参考"的一套丛书。①

图 3-2 正中书局出版的教科书

据王云五《十年来的中国出版事业(1927—1936 年)》一文统计,正中书局 1935 年出版物为 139 种,到 1936 年即剧增为 392 种。② 足见正中书局出版物的增长速度是相当惊人的。

国立编译馆前身为教育部图书编审处和教育部编译馆,成立于1932 年 6 月,隶属教育部,是南京国民政府的最高编译机构。成立初期,国立编译馆主要从事教科书的审查,"全馆经费用于审查教科图书者十分之七"。③ 南京国民政府成立后,教科书的审查由大学院图书审查委员会负责,1929 年大学院制度废止后,改由教育部编审处办理,后划归国立编译馆负责。当时中小学校、师范学校、职业学校及民众学校等

① 张静庐辑注:《中国现代出版史料》(乙编),北京:中华书局,1955 年,第 345 页。
② 宋元放:《中国出版史料·现代部分》第一卷下册,武汉:湖北教育出版社,2011 年,第 426 页。
③ 杨家骆:《图书年鉴》,中国辞典馆 1933 年版,第 1130 页。

的教科书科目多达 60 多种,每科又有若干类别。由于教科书出版市场历来竞争激烈,商务印书馆、中华书局、正中书局等各大书局竞相编纂,每科出版图书常有数种甚至十多种,每月送审的教科书往往不下六七十部,因此,仅有 30 多人的国立编译馆常常处于应接不暇的窘境。据杨家骆《图书年鉴》1933 年的统计,国立编译馆自 1932 年成立至次年 6 月的一年间,"准予审定之教科用书:中学用书 17 种,小学用书 21 种;不予审定之教科用书:中学用书 11 种,小学用书 10 种;修正后准予发行之教科用书:中学用书 20 种,小学用书 48 种;修正后再送审之教科用书:中学用书 38 种,小学用书 19 种,共计 184 种。此外,国立编译馆还审查商务印书馆等 20 余家出版社出版的儿童读物 2 000 余册,就中选定 700 册制成教育部选定儿童读物目录,于 1933 年 3 月由教育部公布;审查商务印书馆出版的《万有文库》全部 665 种,就中选定 405 种制成教育部选定中学读物目录第一辑,于 1933 年 2 月由教育部公布"[①]。足窥国立编译馆教科书审查工作之一斑。

南京国民政府对学校教科用书的审查,教育部曾先后颁布了《教科图书审查条例》和《审查教科图书共同标准》等。国立编译馆根据这些条例和标准,对教科图书进行极为烦琐复杂的审查,"往往每书付审须经复审及终审之手续,自初审以至审定,送审次数平均在三次以上"。[②] 由此出现送审教科书准予审定的少,修正送审再修正送审、不断修正的现象。如在 1935 年度,各书局送审的教科图书约计五六百种,其中准予审定的 61 种(包括小学用书 11 种、中学用书 32 种、师范用书 18 种),不予审定的 44 种,准予发行的 11 种,修正后准予审定的 18 种,修正改编后再送审的 138 种,修正后准予发行的 10 种,继续在审查中的 155 种。[③] 当时,教科书出版市场被商务印书馆、中华书局两家长期垄断,所以国立编译馆所审查教科书中的绝大部分都是它们的,直到抗战前夕因为正中书局等其他出版机构的介入才改变了这种局面。鉴于一些私家出版机构所出教科书粗制滥造、误人子弟的现象,国民政府教育部在 1932 年设立

---

① 杨家骆:《图书年鉴》,中国辞典馆 1933 年版,第 1130 页。
②③ 中国第二历史档案馆藏国立编译馆档案,转引自张宪文、穆纬铭:《江苏民国时期出版史》,南京:江苏人民出版社,1993 年,第 205 页。

图 3-3　国立编译馆馆刊

了教科书编辑委员会,后划归国立编译馆管理。由此,国立编译馆在审查教科书的同时,也从事教科书的编辑工作,包括中小学校、师范学校、职业学校的教科书、教学法、补充教材、课外读物等,几年之间编辑出版了数十种,并被教育部选定为国定本教材。(图 3-3)

编订科学名词和编译图书也是国立编译馆的重要工作,并在组织条例中对编译方针作出了明确规定。而且分工明确:自然组的编译工作侧重于科学名词的统一,人文组则着力于外国图书的编译。

科学名词的编订,一般先由国立编译馆工作人员搜集英、法、德、日、美等国有关科学名词,参酌旧有译名,拟定初稿,然后提交教育部,由教育部聘请有关专家组织审查委员会加以严格审查,再经国立编译馆整理后公布。据 1936 年度《国立编译馆工作计划》统计,截至 1936 年,国立编译馆的科学名词"其已公布者,计有天文学名词 1 324 则,物理学名词 3 255 则,化学命名原则 8 025 则,矿物学名词 6 155 则等共 15 种;编订完成在审查中者计有社会学名词 1 579 则,哲学名词 2 517 则,经济学名词 3 942 则等共 32 种;在编订中者计有体育、生理学、历史名词等 33 种,共 80 种"①。科学名词的编订和规范化,在当时对科技类图书的翻译和阅读是十分必要的。国立编译馆编译的图书有《莫里哀全集》《近代欧洲政治社会史》《经济学原理》《英国当代小说家》《美国政府与政治》等近 50 种,大多由商务印书馆出版发行。在抗战前的五年多时间里,国立

---

① 中国第二历史档案馆藏国立编译馆档案,转引自张宪文、穆纬铭:《江苏民国时期出版史》,南京:江苏人民出版社,1993 年,第 206 页。

编译馆共"收入审查教科图书 3 200 余部,完成各种名词十余万则"①,同时还编译出版了大批图书,整理了众多的文献资料,它的作用和影响在当时教育界、出版界都是巨大的。

国立编译馆还在 1932 年 8 月创办了《图书评论》杂志。该刊为月刊,刘英士任主编。刊物以"从事批评、介绍大中小学校所用教科书、参考书、地图、表解等,以期提高国内出版物之标准"②为宗旨,设有书评、新书鸟瞰、杂志论文分类摘要、出版界等栏目,并约请罗家伦、胡焕庸、宗白华、千家驹等知名学者撰写书评评价新出版的图书。1934 年 8 月,《图书评论》因经费停刊,共出版了 2 卷 24 期,该刊在当时曾风行一时。

成立于 1932 年的拔提书店,是国民党复兴社控制的出版机构。拔提书店总社设在南京国府路,主要出版军事类图书。20 世纪 30 年代初期,该书店曾编译出版了诸如《墨索里尼与希特勒言论集》《法西斯主义研究》《法西斯意大利政治制度》《希特勒生活思想和事业》《我之奋斗》《墨索里尼传》等大量有关墨索里尼、希特勒的言论、传记以及宣传法西斯的图书。据《生活全国总书目》统计,1935 年拔提书店出版的军事类图书有 29 种,内容涉及军事战略、战术、军事参谋、军事测量等多个方面。其中《最新基本战术教程》《满蒙作战必携》《现代战争讲授录》等为日本军事译作。③ 此外,该书店还出版了"西北丛书""边疆丛书""中国先哲传记丛书""文化丛书",以及《苏联之真相》《印度之研究》《朝鲜之现状》等一些有关国际和外交方面的图书。

与正中书局、国立编译馆、拔提书店等出版机构相比,社址设在南京国府路大狮子巷的军用图书社成立较早,创办于 1928 年,是专门出版发行军用图书的出版机构。该社成立初期,与商务印书馆、中华书局设在南京的分局相比,注册资本的额度相差无几,但营业额却是天壤之别。据 1929 年《南京特别市书店业调查统计表》,商务印书馆南京分局每日

---

① 中国第二历史档案馆藏国立编译馆档案,转引自张宪文、穆纬铭:《江苏民国时期出版史》,南京:江苏人民出版社,1993 年,第 204 页。
②《图书评论》1932 年第 1 卷第 1 期。
③ 参见平心:《生活全国总书目》,上海:生活书店,1935 年。

营业额高达 200 元,中华书局南京分局日营业额也有百元,而军用图书社每日营业额仅区区 10 元之数,足见成立初期军用图书社业务的软弱不振。① 另据《生活全国总书目》1935 年度的统计,该社共出版军事类图书 289 种,其中军事学通论有《国民军事必读》等 5 种,练军类有《军事教育要论》(日本军事译著)等 4 种,作战类有《近代战略战术之关系》等 58 种,兵器类有《战争与兵器之新知识》等 22 种,陆军类有《应用军事训练学》等 66 种,骑兵类有《骑兵改革之研究》等 17 种,工兵交通类有《通信概说》等 29 种,等等。所出军事类图书种类齐全,数量较多,几乎涉及军事学的所有领域,约占当年全国所出军事类图书的 45% 以上,与上海武学书局相比还要多出 40 多种(武学书局 1935 年出版军事类图书 249 种,约占当年全国所出军事类图书的 39%)。② 军用图书社与武学书局几乎垄断了当时全国军事类图书的出版。

在南京国民政府《中央日报》、中央通讯社、中央广播电台"三位一体"的新闻宣传体系的形成,以及正中书局、国立编译馆、拔提书店、军用图书社等官办出版发行系统建立的同时,国民党为了宣传教化,维护统治,南京国民政府的中央党政机关也编辑出版了大量的资料汇编、调查统计、部门公报以及杂志刊物等,这些从事出版活动的官方机构也是南京国民政府宣传出版体系中的重要组成部分。

抗战之前,国民党中央宣传部先后编辑出版了《中宣部编审科定刊物目录》《全国报纸通讯社概览》《中国报界交通录》《中国主要杂志新闻索引》等,并创办了《期刊索引》月刊、《日报索引》月刊、《中东路》周刊、《海外宣传通讯》周刊等定期刊物,编辑出版了《训练丛书》《民众丛书》等。国民政府文官处 1927 年 5 月主编出版了国民政府机关刊物《国民政府公报》,1928 年至 1935 年编印了《政府法规汇编》。

国民政府行政院下属机构从事编辑出版活动则更为活跃。其内政部主办有《内政消息》半月刊、《内政部工作报告》月刊、《内政统计》季刊等,1935 年还编辑了《内政法规汇编》,出版了《内政年鉴》;财政部 1928

---

① 江苏省档案馆馆藏档案,转引自张宪文、穆纬铭:《江苏民国时期出版史》,南京:江苏人民出版社,1993 年,第 198 页。
② 参见平心:《生活全国总书目》,上海:生活书店,1935 年。

年编辑出版了《财政部法规》《财政部赋税司章制》，1930年编辑出版了《财政部法规汇编续编》《盐务年鉴》等，而1935年编纂的《财政年鉴》则系统介绍了北洋政府和南京国民政府初期的财政税务状况；实业部主办了《工业中心》月刊、《合作行政》月刊、《农报》月刊、《中国国际贸易统计》月刊、《中国贸易情报》月刊、《实业统计》双月刊等多种刊物，并于1934至1935年间编纂了《中国经济年鉴》六大册，此外编辑出版了《中国矿业纪要》(1921—1935年)、《实业法规》、《中国劳动年鉴》等；铁道部主办有《铁道》月刊、《铁道生活》半月刊、《铁道公报》月刊、《铁道卫生季刊》等，编辑出版了《铁道法规类编》《铁道法规汇编》《中华铁道便览》等图书；外交部除定期发行《外交部公报》《外交部工作报告》《国外情报选编》等月刊外，还编辑出版了《外交部法规汇编》《国际条约大全》《外交辞典》《外交年鉴》，以及各种外交白皮书等。

南京国民政府其他院部会也都有各自的出版物，包括定期公报、定期刊物、资料汇编等。各官方机构所从事的出版活动，从不同的角度和侧面反映了南京国民政府在各个领域的统治政策和活动状况，同时国民党也将各种宣传触角伸入出版领域，使各政府部门拥有了自己的出版阵地，从而扩大、完善了南京国民政府的宣传出版体系。当然，南京国民政府为了加强对新闻出版业的控制和垄断，保障自己宣传出版体系的有效实施，还相继颁布了《著作权法》(1928年)、《出版法》(1930年)、《宣传品审查标准》(1932年)、《图书杂志审查办法》(1934年)、《修正出版法》(1937年)等法规条令。对南京国民政府出版法规的内容和影响，本书第五章有专述。

第二节　南京：民国江苏出版业兴盛的中心

1927年以前，南京的出版业极不发达，除了为数不多的报纸杂志社，以及江苏省立国学图书馆、国学书局等出版印行数量有限的古籍和"国学"旧书外，现代出版业几乎为零。南京市内各大书局、书店所经营的书刊主要源于上海，也完全依赖于上海。国民政府建都南京后，以此为契机的南京现代出版业在抗战前的 10 年间里,从无到有、从有到大,迅速发展起来,官办、民营和其他性质的出版机构共同撑起这一时期南京出版业的繁荣。

"北伐以前,南京报业甚为寥落","自民国 16 年国民政府定都南京,报业中心自北南移"①。这个时期的南京,虽然"以报业为发达,定期刊物亦风起云涌"②。尤其在 1931 年"九·一八"事变后至 1937 年"七七"事变期间,南京出版的刊物更是异彩纷呈。据国民政府内政部的调查统计,1931 年南京新出版的杂志期刊 24 种,1934 年南京的杂志社为 106 家,当年全国杂志社 830 家,南京一市即占八分之一强。及至 1936 年 4 月,南京的杂志社已达 219 家,在全国仅次于上海位居第二。③ 这些刊物中,有国民党官方主办的,有共产党等其他党派创办的,更多的是一些社会团体和民营出版机构创办的。刊物的内容涉及教育文化、政治经济、民族建设、军事交通、外交及国际研究、法律、警政、农工商、边疆及边省、文艺、社会科学、自然科学、史地、时事评论等各个方面。

其中,有关政治、时事、外交、国际方面的影响较大的刊物有《夹攻》周刊(1928 年)、《中外评论》半月刊(1929 年)、《时事月报》(1931 年)、《政治评论》周刊(1931 年)、《外交评论》半月刊(1932 年)、《每周评论》(1932 年)、《时代公论》周刊(1932 年)、《政论周刊》(1934 年)、《时代批判》半月刊(1934 年)、《半月评论》(1935 年)、《时论》半月刊(1935 年)、《青年公论》月刊(1936 年)、《独立公论》月刊(1936 年)等数十种。这类刊物中以杨公达、张其昀、楼桐孙等人创办的《时代公论》周刊最为著名。刊物的宗旨是供国人以发表自由思想之机会,俾于国事稍有贡献,内容涉及政治、经济、法律、社会、教育、艺术、科学、文学各方面。该刊一开始就站在国民党体制内的立场,从批评国民党与政府的角度立论,一时颇吸引了大众的注意,短短两个多月的时间,发行量就突破一万份。《时代公论》表面上是从对政府的批评入手,但其用意却是"小骂大帮忙"。由

---

① 曾虚白:《中国新闻史》,台北:台湾三民书局,1984 年版,第 351 页。

② 叶楚伧、柳诒徵:《首都志》,转引自张宪文、穆纬铭:《江苏民国时期出版史》,南京:江苏人民出版社,1993 年,第 216 页。

③ 王余光、吴永贵:《中国出版通史·民国卷》,北京:中国书籍出版社,2008 年,第 87—88 页。

于当时国家内忧外患,时局不稳,一批报道中国边情、研究边疆问题的刊物也纷纷创办,较有影响的有《蒙古旬刊》(1930年)、《西陲杂志》月刊(1932年)、《西北问题》半月刊(1932年)、《新青海》月刊(1932年)、《新西南》半月刊(1933年)、《东北半月刊》(1934年)、《西北周刊》(1934年)、《边事研究》月刊(1934年)、《西北刍议》月刊(1935年)、《西北导报》月刊(1936年)、《边疆》半月刊(1936年)等20多种。其中,由南京边事研究会主办的《边事研究》月刊,是20世纪30年代中国边疆研究的代表性刊物,所载文章很大程度上反映了这一时期中国边疆研究的内容取向,即重视对边疆地区的自然环境、社会、政治、经济、文化、军事、边疆国际关系等的探索,充分体现了近代中国边疆研究的发展大势,同时也是诸多因素作用的结果。

这一时期刊物的政治倾向各有不同,中共地下组织创办或影响的刊物政治倾向鲜明,坚决持反蒋反国民党政权的立场。民办或社团创办的刊物一般取中间立场,对敏感的政治问题持"超然"态度,侧重于文艺、学理之类的探讨。即使是国民党内部刊物,它们的政治倾向也不尽相同。1928年冬至1930年年底,以汪精卫为首,包括官僚政客、失意军人及一些有民主意识的资产阶级代表人物等组成了"中国国民党改组同志会",即国民党改组派。为了宣传改组派的理论,扩大其影响,该派在成立前后曾创办了许多刊物,宣传其主张。改组派所办刊物中影响较大的有1928年5月陈公博创办的《革命评论》周刊,1928年6月顾孟余创办的《前进》半月刊,以及《民意》周刊、《护党》周刊等。南京改组派负责人赵惠谟1928年夏创办了《夹攻》周刊,社址设在南京城佐营7号。该刊标榜"恢复"1924年国民党改组精神,恢复民众组织,反对南京国民政府的腐化堕落,积极宣传改组派的政治主张。后因改组派刊物反蒋倾向日益明显,《夹攻》也随《革命评论》《暖流》《疾风》《双十》等在1928年7月遭到南京国民政府的查禁。据国民党《中央宣传工作概况》记载,1929年国民党政府宣布查禁的改组派刊物达66种之多,占当年所有被查禁刊物总数的24%。[①] 20世纪30年代初,为了顺应国民党中宣部发起的

---

① 王余光、吴永贵:《中国出版通史·民国卷》,北京:中国书籍出版社,2008年,第87—88页。

"三民主义文艺"和"民族主义文学"运动,南京的中国文艺社、开展社、流露社等文化社团,先后出版发行了《中国文艺》月刊、《开展》月刊、《流露》月刊、《橄榄》半月刊、《长风》半月刊等十多种刊物。这些刊物提倡以"民族主义文学"为办刊宗旨,创作主题相似,立场看似公允,其实是反对无产阶级革命文学的右翼刊物。

国民政府定都南京后,由于国民党官办出版机构的建立、政府机关出版物的大量发行,以及民营出版机构的陆续成立,1931 年以后,南京的图书出版业也日渐兴盛起来。据杨家骆《图书年鉴》统计,1933 年以前,南京已有天一书局、京华书局、花牌楼书店、青白书店、新亚洲书局、新京书局、群众图书公司、钟山书局等 10 多家。① 它们当中影响较大、较有特色的是钟山书局。该书局创办于 1931 年,地址在南京四牌楼国立中央大学门前,以出版学术性著作及中学教科书和大学用书闻名。书局的发起人都是中央大学的教授,如倪尚达、张江树、缪凤林、罗廷光等。五六年间,陆续出版的中学教科书、大学用书、专著、丛书和期刊的发行量不断增加,社会影响也日益扩大,在当时出版界独树一帜。在钟山书局所出版的大学用书中,缪凤林的《中国通史纲要》(图 3-4)、柳诒徵的《中国文化史》、倪尚达的《无线电学》等尤为著名。《中国通史纲要》被时人称为"很与众不同,能成一家之言",在史学界与顾颉刚的《古史辩》、郭沫若的《中国古代社会研究》"鼎足而三"②。《中国文化史》,1932 年出版以后风行海内外,引起学术界的重视和好评。《无线电学》堪称我国 20 世纪 30 年代至 50

图 3-4 《中国通史纲要》

① 张宪文、穆纬铭:《江苏民国时期出版史》,南京:江苏人民出版社,1993 年,第 219 页。

② 杨家骆:《图书年鉴》,转引自《江苏民国时期出版史》,南京:江苏人民出版社,1993 年,第 220 页。

年代间最有影响的无线电学方面的专著之一。此外,该书局在地理学科、文化方面也出版了不少名著,如张其昀的《人地学论丛》、胡焕庸的《世界地志》、向达翻译的《世界各国最近形势》等。钟山书局出版发行的定期刊物有《国风半月刊》《方志月刊》《地理学报》《科学世界》四种。1937年南京沦陷前,钟山书局西迁重庆,1945年抗战胜利时结束。

1927年至1937年间,除政府官办、民营及其他性质的出版机构外,助推南京出版业繁荣的又一股力量即是学术科研机构和高等院校。南京是国民政府的首都,不仅集中了众多全国性的学会、研究会等学术团体,而且还拥有全国最高学术科研机构国立中央研究院和中央大学等著名学府。这为学术和科技书刊的大量出版创造了有利条件。

1928年1月,以"实行科学研究,及指导联络奖励学术之研究"为宗旨的国立中央研究院成立,蔡元培为首任院长。抗战前该院先后设有物理、化学、工程、天文等10个研究所,其中尤以地质、天文、气象、历史四个研究所最为著名。地质所成立于1928年1月,李四光任所长,曾创办发行了《中央研究院地质研究所专刊》《中央研究院地质研究所丛刊》等刊物。天文所是国内天文学的研究中心,抗战前创办了《中央研究院天文所专刊》《中央研究院天文所年度总报告》等刊物。气象所先后出版了《东南季风与全国之雨量》《长江流域之雨量及雨灾》《华北干旱问题》等专集,并创办了《气象月刊》《气象季刊》《气象年报》等定期刊物。历史所1936年出版了《田野考古学报》,心理所出版有《心理研究丛刊》,物理所创办了《中央研究院物理所集刊》,社科所出版了《中央研究院社科所专刊》等。

1927年7月,柳诒徵接任江苏省立国学图书馆馆长后,即提出了《改良第一图书馆计划书》,其中说:"又有一事亟宜举办,即印行是也。馆中善本不啻鸿宝,任人阅览,既易损失;(宋元旧本藏庋多年,一有损失,无以另求。)世袭珍藏,则等窖币。兵火之劫,盗易之弊,虫蠹之患,在在堪虞。他如传抄孤本有关学术者,仅持手抄,事难功勘,故欲恢张国故,便利学人,宜取善本、孤本影印发行,则如一人化身千亿,恒干之外,子孙繁多,一面可以嘉惠艺林,一面可以获取重值。""往者商务印行《四部丛刊》,虽借馆书印行多种,惟书贾牟利,不善鉴别,所印者,或改易原式,或不适实用。若馆中自行印布,善本则依原书尺寸,抄本则排印精校,聚之则为丛书,分之亦可单售,较之假手书贾,必有良楉之别。""馆中现储岑刻《旧唐书》版及石印机关,即淮南书局、江楚编译局所存也。现在各项书版片皆须修补整理,将来如印行各书,即可发江南官书局代售。"①因此,国学图书馆在原来访购、编辑、阅览、保管、传抄五部的基础上,设立了印行部,并制定了《印行部规程》9 条。从 1928 年上半年开始,至 1937 年抗战爆发前,该馆共出版印行了近 200 种图书,著名的如缪荃孙所辑《藕香零拾》39 种、《云自在龛丛书》19 种,清周颐所辑《惠风丛书》12 种,以及《元明杂剧》27 种,等等。国学图书馆印行部除印书发售外,还经营印刷卡片、证券、表格、簿册等业务。1930 年曾选取所印制的精印本参加比利时独立百年纪念国际博览会,获得金质奖章。(图3-5)

图 3-5　江苏省立国学图书馆

1933 年筹备、1941 年开馆的国立中央图书馆,筹备处成立之后即受国民政府教育部委托,从存放于上海的北平文渊阁本《四库全书》中选辑《四库全书珍本初集》,共计 232 种,②1934 年至 1935 年间由商务印书馆

---

① 转引自王玲:《江苏省立国学图书馆的出版活动》,《江苏出版史志》1989 年第 1 期。
② 参见上海图书馆编:《中国丛书综录》第 1 册总目录,上海:上海古籍出版社,1982 年,第125—128 页。

影印出版。1936年2月,该筹备处还创办了学术性刊物《学觚》月刊,1937年上半年停刊。南京沦陷之前,还编印了《战时国民知识书目》,向读者提供读物和参考资料。

国立中央大学(图3-6)在20世纪30年代,是国内系科最全、学生最多的一所综合性大学,不仅创办了当时出版界影响较大的钟山书局,还先后出版发行了《新闻前锋》月刊(1929年)、《政治评论》周刊(1931年)、《时代公论》月刊(1932年)、《生路》半月刊(1936年)等时政评论性刊物,及《中央大学半月刊》《中大月刊》等校内刊物。学校专门设立了出版组,策划组织学校的学术著作的出版。该校农学院在1928年至1936年间,先后出版了《中大农学院旬刊》《中大农学院周刊》《农学杂志》等,并出版了《中大农学院丛刊》。教育学院主办了《中大教育行政周报》《中大教育学院季刊》《现代教育》月刊,文学院出版了《文艺丛刊》《史学》杂志等,其他院系也办了大量的学术性刊物。这个时期,中央大学出版的学术性著作大多交由商务印书馆印行,如《中国交易所论》《中国国际贸易概论》《曲学》《庄子诠诂》《阳离子分析法》等等。

图3-6 国立中央大学

南京国民政府初期10年,伴随着出版业的兴盛,南京的印刷业也得到了较快的发展。据1934年《中国工厂检查年报》统计,南京地区各类工厂(符合工厂法者)有 25 家,而印刷及造纸厂约占一半,有 12 家之多,而且规模也较大。据 1934 年出版的《中国经济年鉴》介绍,截至 1933 年,南京印刷所资本在 5 万至 16 万元之间的已有中央党部印刷所、京华印书馆、中央日报印刷所、大陆印书馆 4 家,1 万至 3 万元之间的有南京印刷公司、美丰祥印书馆、华东印务局、仁德印刷所和南京汉文正楷印书局 5 家。① 同时,印刷业的技术水平也在提高。如南京三民印书局置有柴油引擎 5 台、马达 7 台、铅印机 63 具。南京汉文正楷印书局则将上海人郑昶发明的汉文正楷活字加以运用,对打破外国厂商对汉文正楷印刷的垄断起到一定的作用。② 当然,与当时上海的印刷业相比,南京印刷业的发展还是有一定的差距。

这个时期南京的书刊发行业,由于国民党官办的正中书局、拔提书店、军用图书社等的建立,加之南京本地书店的纷纷成立,以及上海各大书局南京分店的强势介入,给南京出版业的繁荣注入了活力。民国政府定都南京之前,南京的书店只有 39 家,而且以古旧书店居多,约占书店总数的一半,其中以国光书局、李光明庄、李光明三家最为有名,到了 1929 年就发展到 64 家,发展之快在全国名列前茅。当时南京的书店大多集中在太平街、杨公井、夫子庙一带,杨公井集中了商务印书馆、中华书局、世界书局、中央书局等大型新式书店,夫子庙则多为经营古旧书刊的老字号。南京本地的书店虽然数量占有优势,但是规模较小、资本较少,而且贩卖的也主要是上海版的书刊,很难与上海各大书局在南京的分店相抗衡。

1927 年至 1937 年间,南京出版业的发展和兴盛,也奠定了南京在江苏出版业的中心地位,但"就全国范围而言,南京建都以后出版业的繁荣程度,大概仅次于上海,但依然不能摆脱为影随者的身份角色。南京是如此,大城市如北平、天津、广州、武汉等,亦概莫能外"③。

---

① 徐苏:《民国时期江苏印刷业概述》,《江苏出版史(民国时期)学术讨论会文集》,南京:江苏人民出版社,1991 年,第 237 页。
② 张宪文、穆纬铭:《江苏民国时期出版史》,南京:江苏人民出版社,1993 年,第 238 页。
③ 王余光、吴永贵:《中国出版通史·民国卷》,北京:中国书籍出版社,2008 年,第 89 页。

第三节　江苏其他地区出版业的发展

抗战前的十年间,与新闻报刊业相比,江苏地区的出版业较为逊色。据 1935 年 8 月国民党中央宣传部的统计,江浙地区的报纸总数为 414 家,其中江苏 237 家、浙江 98 家、上海 41 家、南京 38 家,占同期全国报纸总量的 40% 以上(全国报纸总数约为 1 000 家),而江苏一省更是独领风骚,约占全国报纸总数的四分之一。[①] 而且江苏省属国民党党报在抗战前居全国之首。江苏的出版业与除上海、南京等大城市之外的其他地区相比,还是有了长足的发展。当时江苏的许多市县均有出版活动,尤其以省会镇江及苏州、无锡、南通等经济、文化较为发达的城市最为集中。

作为国民政府江苏省党政中心所在地的镇江,由于省级党政机关均设在此,文化学术机构和社会团体也相对集中于此,故刊物的出版量比较多,种类也颇为可观。国民党党政机关所办刊物比较专门化,大多为政府公报、统计调查、资料汇编等,通常与本系统工作相关。如创刊于 1927 年 9 月的《江苏省政府公报》,由省政府秘书处编辑出版,每月 3 期,内容包括委任令、训令、布告、法规、公牍、决议等。创办于 1930 年的《江苏省行政公报》,每月出版 1 期,内容包括法规、议事录、民政、财政、教育、建设等,并向全国各地发行。此外还有《江苏农政厅公报》《江苏省司法厅公报》《江苏财政汇报》等各省级机关出版的刊物。而文化学术机构和社会团体等创办的刊物种类较多,如 1929 年出版的《地方教育》月刊,1932 年出版的《自觉》月刊,1933 年出版的《江苏月报》《江山月刊》《农村经济》月刊,1934 年出版的《江苏评论》半月刊、《国货旬刊》,1935 年出版的《江苏研究》月刊、《生力月刊》,以及《江苏旬刊》、《江苏时事月刊》、《医事公论》半月刊、《新苏政》月刊、《新镇江》周刊、《文艺青年》,等等。其中,创办于 1935 年 5 月的《江苏研究》较有特色。该刊"专事研究江苏省县各种事业文化之沿革与兴替,各地人物风土情形",并以"研究致用"相标榜,比较注重对

---

① 曾虚白:《中国新闻史》,台北:台湾三民书局,1984 年,第 353 页。

江苏实际问题的探讨。①

江苏实际问题的探讨。①

在苏南地区,苏州这个时期出版的刊物有 1927 年创办的《苏州妇女》半月刊、《苏州教育》月刊、《苏州艺术》周刊,1929 年创办的《白华》旬刊,1930 年创办的《木渎》不定期刊,1931 年创办的《斗报周刊》,1932 年创办的《白雪》、《珊瑚》、《文艺之友》半月刊,1933 年创办的《努力》、《雏》月刊,1934 年创办的《苏州国医杂志》、《文艺捃华》季刊、《虞社》月刊,1935 年创办的《制言》半月刊,以及东吴大学出版的《文社月刊》、《东吴》半月刊、《东吴校刊》等约 30 多种。其中以《苏州国医杂志》《制言》最具特色。前者由王慎轩、唐慎坊创办,苏州国医学社编辑,以弘扬中医学术、服务于中医教育为办刊理念,设有讲话、言论、讲义、杂俎等专栏,刊登了一批在当时中医界有影响的学术文章,1936 年 12 月停刊。在民国时期江苏中医界刊物中以该刊最具影响。② 后者是章太炎在苏州开办第三次国学讲习会时创办的,并自任主编,于 1935 年 9 月 16 日正式发行。章太炎在《制言发刊宣言》中称:讲习会"言有不尽,更与同志作杂志以宣之,命曰《制言》,窃取曾子制言之义。先是,集国学会时,余未尝别作文字;今为《制言》,稍以翼讲学之缺"③。该刊以复兴国学,研究国故为主,设有论著、札记、文艺、前贤遗著等栏目,并每期刊载章太炎的撰述及札记。(图 3 - 7)苏州沦陷后迁至上海,1939 年复刊。无锡这个时期则先后创办了《开辟》(不定期,1928 年)、《教育与民众》(月刊,1929 年)、《无锡市政》(月刊,

图 3 - 7 《制言》

① 参见张宪文、穆纬铭:《江苏民国时期出版史》,南京:江苏人民出版社,1993 年,第 224 页。
② 鲍良红:《从〈苏州国医杂志〉看民国江苏中医药期刊的办刊特色》,《江苏中医药》2014 年第 11 期。
③《制言》1935 年 9 月第 1 期。

1929 年)、《新民众》(半月刊,1930 年)、《无锡农民》(月刊,1931 年)、《人钟》(月刊,1931 年)、《学生抗日救国会旬刊》(1931 年)、《气象季刊》(1932 年)、《无锡教育》(月刊,1935 年),无锡国学专修学校编辑出版的《论学》月刊、《国专月刊》、《国专季刊》等。此外,常熟等地也出版了诸如《常熟社会》《中医月刊》《国光季刊》《常熟画报》《尚友周刊》《公余》等刊物。

在苏北地区,南通这个时期先后创办的刊物有,1929 年出版了《心潮》,1931 出版了《青光》,1932 年出版了《枫叶》,1934 年出版了《爝火》,以及《南通文学》双月刊、《濠上半月刊》,等等。其中,梁腾、梁至人等创办的《枫叶》旬刊,因刊载具有革命现实主义和革命浪漫主义相结合的文学作品,积极宣传抗日,并号召民众武装起来,实行自救,反对帝国主义的侵略,打破依赖外国的幻想,备受当地民众的喜爱。此外,1932 年淮安创办了《民众》周刊,1933 年盐城创办《海霞》,1934 年海州(连云港)出版了《飞轮》,1937 年如皋创办了《民族解放》、《救亡》十日刊,等等。当然,比之于省会镇江、苏南文化经济发达地区(南京除外),苏北地区这个时期的期刊出版业还是滞后的。

在 1927 年至 1937 年间,江苏各地图书出版业的发展也极不平衡,镇江、苏州、无锡等地出版发行机构相对集中。据贾子彝《江苏省会辑要》统计,当时省会镇江除了商务印书馆、开明书店、中央书局、中国文化服务社等分支机构,还有镇江书店、大同书局、启润书社、中和书局、东华书局、开通书局、建新书局、新五洲书店、大成书店、新明书局、新江苏书店、润德堂书局、协和书店等近 20 家。其中启润书社、润德堂书局历史较为悠久,主要从事国学典籍的翻印。在苏州,有文怡书局、交通图书店(抗战后迁至上海)、振兴书社、东吴书店、小说林、平江书店、立达书局、苏州书店等。其中,文怡书局曾开设利苏印刷厂,印刷发行过 10 多种图书,也是商务印书馆、中华书局、开明书店的特约经销处。振兴书社除经营图书销售外,也曾出版发行过 20 多种图书。[1] 另据杨家骆《图书年鉴》所载,无锡这一时期有千钟书局、新新书局、文华书局、乐群书局、学

① 《苏州市民国至解放初期经营图书业一览表》,《江苏出版史志》1989 年第 2 期。

海堂、日升山房、文元书局、无锡书店等 10 多家。常州有日新书局、新群书局、文化书局、新新书局、宛委山庄等。南通有翰墨林印书局,扬州有梅枝书店,徐州有中华书局等。

翰墨林印书局由张謇、褚贞壮等人创办于 1902 年,初创目的是为通州师范刊印教科书,地址在通州西园。书局常邀请学者名流进行学术探讨和编辑出版的研究,并聘请朝鲜学者金泽荣编译校勘。书局刊印的教科书有《日本统计学五百例》《英国国史》《物理学计算解释》《初等水产学》《化学计算解说》等,数理化、生物、史地诸学科无所不包。南通 1903 年至 1949 年间的学生教科书几乎均为该书局编印出版。刻印的学术书刊更是不下百种,著名的有《桂之华轩诗集》《原刻金石索》《音韵四种》《淮盐纪略》《龚定庵诗集》等,其印刷装帧精美,学术价值深远,赢得海内学者的盛誉。抗战前书局还承揽了南通市报刊的印刷业务。抗战爆发后书局的业务日益萎缩。"翰墨林印书局之创办,先于中华书局八年,迟于商务印书馆六年,其时职工 124 人,是中国近代印刷工业之先驱。"[1]

这个时期,无锡国学专修学校的出版活动非常活跃。该校原名无锡国学专修馆,于 1920 年冬创建于惠山之麓,1928 年改名无锡国学专门学院,1929 年定名为无锡国学专修学校,著名教育家唐文治任校长,是我国 20 世纪上半叶培养国学精英的摇篮。其办学宗旨为研究本国历史文化,明体达用,发扬光大,期于世界文化有所贡献。该校虽然作为新式专科学校,却继承了古代书院刻书这一传统,在办学经费支绌情况下,截至抗战军兴,陆续刊刻了陈衍的《通鉴纪事本末书后》《石遗室论文》《续石遗室诗话》,唐文治的《十三经提纲》《尚书大义》《理性学大义》,钱基博的《名家五种校读记》《文心雕龙校读记》,冯振心的《老子通证》,以及《庄子新议》《孟子概述》《礼记大义》《周易消息》《文史通义》等 20 多种,冠名为"无锡国专丛书"。其实,无锡国学专修学校从办学开始就很注重出版刊物,以促进教学和学术研究水平的提高。还在国学专修馆的时候,就按照书院选取学生课业,编刊日记、札记、文

---

① 王诚等:《通州翰墨林印书局纪略》,《江苏出版史志》1992 年第 1 期。

集或丛书之制,先后编辑刊印了《无锡国学专修馆文集》初编和二编(1923—1926年)、《无锡国学专修馆讲演集》初编和二编(1923—1926年),将平时课业中作文前三名的收入其中。(图3-8)学校改制以后,出版发行的刊物更多,主要有诗歌专刊《国光》(1929年1月创办)、《国专学生自治会季刊》(1930年12月创办)、《国专校友会集刊》第一集(1931年6月出版)、《私立无锡国学专修学校学生丛刊》(1931年出版)、《国专年刊》(1931年创刊)、《国专季刊》(1933年创刊)、《国专月刊》

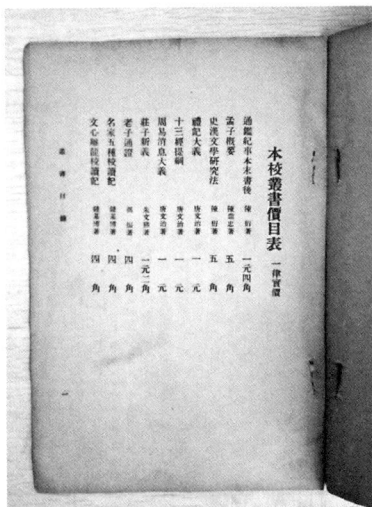

图3-8 无锡国语专修科丛书

(1935年创刊),等等。抗战期间,无锡国学专修学校迁至长沙、桂林、上海等地。

　　江苏各地出版业的兴盛也带来了印刷和发行业的发展。1928年江苏省政府迁至镇江以后,镇江的出版业跃居全省之前列,印刷业也以数量多、分布广、工艺新而优先于其他地区。据1934年5月出版的《中国经济年鉴》等有关资料记载,当时镇江规模较大的印刷机构有三处:一是江苏省政府印书局,规模仅次于无锡锡城印刷公司,位居全省第二,主要刊印国民政府江苏省政府及其厅局的文件或资料汇编等,如刊有省政府秘书处编《江苏省公报》、省党部编的《中国法规汇编》、省教育厅编的《江苏教育概览》等。该局机械设备比较齐全,拥有铅印机、浇铅版机、铸铅字机等,多为进口货。二是江南印书馆,为当时镇江最大的民营印刷机构,采用电机印刷,印有张锡璜编的《新龙文鞭影》、贾子彝编的《江苏省会辑要》、李邦权著的《民国二十年之民众教育》等,并为省立民众教育馆印过十几种资料汇编,《江苏警察》《苏农通讯》等也由其负责印刷。三是新苏印书馆,主要从事铅印、石印业务,如代印商标、广告、股票、信封、簿记、发票等。其余尚有东南印书馆、新民印书馆、明星印书馆、益成印书馆、启明印书馆等近30家。1930年8月,镇江城区印刷行业还联合成

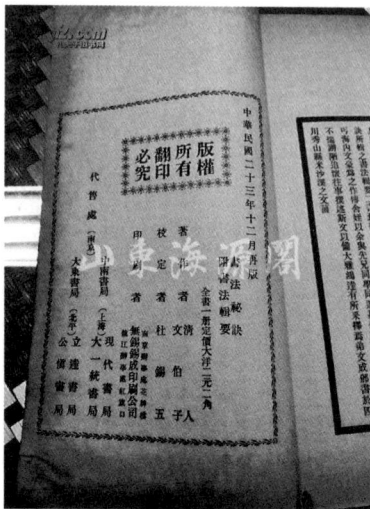

图 3-9　无锡锡成印刷公司印刷品

立了印刷同业公会,会址设在新民印刷所。①

除省会镇江外,苏州有利苏印刷厂、小说林,无锡有锡成印刷公司(图3-9)、协成印刷所、中华印刷所、民生印刷所,吴县有文新印刷公司、大苏印刷公司、中新印刷公司,武进有振群印刷所,铜山有新中华印刷公司、新徐印刷公司、元章印刷所,宿迁有会文斋等。虽然这个时期江苏印刷业的现代工艺设备较以前有所改观,但也只有少数的官办大印刷机构有条件从国外引进先进的技术,广大的民营中小型印刷机构使用的仍是陈旧的设备和技术,所以当时江苏很多地区尤其是经济不发达地区的印刷物质量较差。即使同一地区也有很大的差距。

从1930年4月《无锡年鉴》(第一回)统计资料(表3-1)可以看出:(1)当时无锡14家印刷机构中,只有4家资本达1万元以上,其中两家是公司,且只有一家采取股份制;(2)14家中,有12家的主体人和经理是一致的,即投资人和经营人是一致的,这种管理方法属于传统的个体经营;(3)14家中,工人超过30人的只有4家,使用马达作动力的只有3家,绝大部分还是依靠人力,换言之,它们的生产方式基本上还是作坊性的。经济较为发达的无锡尚且如此,江苏其他地区的印刷业就可想而知了。当然,江苏各地这一时期的印刷业还是呈上升趋势的,特别是那些领取津贴、有大额资本的政府官办或国民党党营的印刷机构,它们的发展还是迅速的。但是,江苏地区民营印刷业的发展总体来说还是乏力的,只能在困境中艰难前进。

---

① 张爱发等:《民国时期的镇江新闻出版业》,《江苏出版史志》1990年第4期。

表 3-1　无锡印刷所一览① 1929 年 5 月

名　称	性质	印刷种类	机件	引力	主体人	经理人	工人数目	资本金额	营业数目
锡成印刷公司	公司	石铅印	12	马达	股东	吴襄卿	100 余人	3 万元	10 万元
五大印书局	独资	石铅印	14	马达	钱振民	钱振民	80 余人	1.5 万元	2 万元
中华印刷公司	独资	石铅印	12	马达	凤锡良	凤锡良	70 余人	1 万元	3 万元
理工印刷局	独资	石印玻璃版	3	人力	黄子俊	黄子俊	3 人	0.1 万元	0.1 万元
振新印刷局	独资	石印	3	人力	林守铭	林守铭	5 人	0.05 万元	0.1 万元
协成印刷局	独资	石铅印	6	人力	唐鸣凤	唐鸣凤	27 人	0.4 万元	0.6 万元
游艺斋	独资	石铅印	4	人力	杨氏	杨氏	7 人	0.15 万元	0.2 万元
文渊阁	独资	木印		人力	华兆云	华兆云	8 人	0.1 万元	0.2 万元
大文斋	独资	木石印	5	人力	杨寿伯	杨寿伯	15 人	0.15 万元	0.2 万元
西园村	独资	木石印	3	人力	许伯荣	许伯荣	6 人	0.05 万元	0.1 万元
潘锦丰	独资	木石印	5	人力	陶文彬	陶文彬	16 人	0.2 万元	0.3 万元
华东印务局	公司	铅石印	8	马达	华亚辰	华亚辰	30 余人	1 万元	初办不详
缪恒茂	独资	石印	2	人力	缪培南	缪培南	3 人	0.03 万元	0.05 万元
新文华	独资	石印	2	人力	杭宝	杭宝	2 人	0.05 万元	/

除国民政府首都南京外,1927 年至抗战全面爆发,江苏各地的书店业也有了较快的发展,初步形成了书刊发行的基本网络。就上文所举江苏各地的出版发行机构来看,尽管其数量众多,但是规模小、资本少,多数只在当地营业,难与上海的商务印书馆、中华书局、世界书局、中央书局、开明书店等在江苏的分店相抗衡。如商务印书馆这个时期,"在江苏各地开办了 111 家发行书店和兼营书店。其中,在著名的历史文化名城南京有 6 家,即商务印书馆南京分馆、新民图书馆、共和书局、聚珍书局、李光明书庄、渊海书局;在江苏的另一个历史文化名城和商业经济发达地苏州有 5 家,即振新书局、文怡福记书局、小说林、交通图书馆、中东书社;在江苏的工业中心无锡有 7 家,即日新山房、学海堂、和记、经纶堂、

---

① 无锡年鉴编纂委员会:《无锡年鉴》(第一回),1930 年 4 月,转引自张宪文、穆纬铭:《民国时期江苏出版史》,南京:江苏人民出版社,1993 年,第 240 页。

文华瑞记书庄、乐群书局、无锡书局。在邻近上海的海门有 6 家,即世春号、许正义、同新茂、云程阁、恒孚泰、祥茂号。甚至在较为偏僻的涟水、沭阳、宿迁、阜宁、洪泽、睢宁等地,也设立了商务印书馆的发行机构"[1],足窥一斑。

1934 年以前,江苏各地的书刊发行方式虽然较多,但主要是通过各地的书店、各大书局的分店或分销处、代销店进行发行工作。各出版机构一般都是自己办理预订发行业务,并通过函购、邮购等直接发行。1934 年 4 月 1 日,国民政府交通部采取新措施,饬令邮局创办代购书籍及代订刊物业务,规定民众凡须用书籍刊物,可托邮局代办。并于当年 4 月和 9 月分别颁布了《邮局代订刊物简章》和《邮局代购书籍章程》及各自办事细则,规定由邮政总局汇总全国书目编成代购书目按期刊行,分发各地邮局,供人阅览选订。这些规定和办法的实施,有助于改善当时书刊发行网络不全、发行能力低下的局面,对促进书刊发行和流通起到了积极的作用。从此,江苏各地邮局的代订代购便成为江苏书刊发行渠道中的一个重要环节。邮局代订代购书刊的做法逐步固定下来,一直延续至今。

第四节　上海出版业对江苏地区的影响

从传教士开办的出版机构开始陆续兴起的上海出版业,使传统的小规模的刻书活动渐渐成为过去式,开创了全新的出版理念和印刷方式。翻译西方的文化思想、宗教类书籍和先进的科学著作成为主要的出版内容,先进的印刷机器使得图书大规模印刷和传播成为可能,也带来新的图书装帧理念、出版形式、资本主义萌芽的商业经营理念,从而成为中国近现代出版事业的开端。新式出版业是开放式的活动,广泛吸纳社会资金,进行商业化的经营管理和运作,图书的出版、印刷和发行都逐步规范化,有专门的编辑、印刷工人、发行人员从事专业化的

---

[1] 张学恕:《论民国时期江苏的出版与经济》,《江苏出版史(民国时期)学术讨论会文集》,南京:江苏人民出版社,1991 年,第 130 页。

岗位工作。在上海政治宽松、文化氛围浓厚、社会开放的环境下,上海出版业的发展如日中天。图书出版的种类日渐丰富,教科书、词典、小说的陆续出版,契合了当时社会对文化产品的强烈需求。图书的印制质量精良、装帧精美,图书的传播面越来越广,普通人也能成为图书的读者。这一定程度上促进了整个社会对文化的吸收,提高了国民的文化素质,对社会的向前发展起到不可估量的推动作用。

　　到20世纪二三十年代,上海形成了教育、出版、印刷、大众媒介等繁荣的文化市场,达到了发展的顶峰,出版印刷能力号称远东第一。据上海市档案馆所藏的相关档案记载,1920—1935年上海市书业同业公会登录的出版机构有81家,其中资本在100万元以上的有2家(商务与中华),资本在50万—100万元的有1家(世界书局),资本在10万—50万元的有6家。[①] 上海出版机构如此之多、出版资本如此雄厚,加之从业人员的数量之众,是当时国内其他任何城市无法超越的。尤其是商务印书馆、中华书局和世界书局三大书局,堪称民国时期中国出版界中的巨无霸。据王云五《十年来的中国出版事业》调查统计,1934年全国出版物总册数的61%,1935年全国出版物总册数的62%,1936年全国出版物总册数的71%,均出自这三家,[②]足窥上海在当时中国出版业中所占的分量。中国传统对于出版业和印刷业,向来界限不分,习惯上统称为"书业"。当时上海的书业,主要集中在上海的四马路(即福州路)文化街一带,书店书局鳞次栉比,享有书店街的美名。这些书店书局为了拓展销售业务,凡是有点规模的都在全国各重要城市设立分支机构或经销处,形成了以上海为中心的庞大的发行网络。所以,书业鼎盛时期的上海,是全国书刊出版、印刷和发行的中心。

　　南京国民政府建立后,上海作为特别市从江苏省分离出去,江苏的出版业进入了相对独立的发展时期。但是,由于地缘和历史的关系,加之上海在全国出版业中的"统治"地位,江苏的出版界总是追随上海出版界的发展方向、风格和模式。

① 王余光、吴永贵:《中国出版通史·民国卷》,北京:中国书籍出版社,2008年,第25页。
② 宋原放:《中国出版史料(现代部分)》(第一卷,下册),济南、武汉:山东教育出版社、湖北教育出版社,2004年,第427页。

就出版而言,据王云五《十年来之中国出版事业》统计,1934年至1936年的三年间,上海的商务印书馆、中华书局和世界书局三家的出版量平均占全国的65%。这一时期虽然以南京为中心的江苏出版机构数量大幅度增加,国民党官办的正中书局、提拔书店、军用图书社,以及民办钟山书局等出版机构也陆续崛起,但在出版的内容和质量上却难以和上海各大书局相抗衡。以教科书的出版为例,据《民国时期总书目·中小学教材卷》统计,在民国38年的时间里,共有90多家出版机构曾参与了各类型教科书的出版。究其原因,诚如章锡琛所言:"商务、中华、世界所以能出版界的翘楚,唯一的基本条件是印数最多的教科书","其他各小出版家,如果没有教科书或其他销数较大的出版物,往往都倏起倏灭,不能维持到十年二十年之久,更谈不上什么发展。"①可见,出不出版教科书,对出版机构来说至关重要。据1932年的统计,商务印书馆供应全国教科书的份额为6/10、中华书局的份额为3/10。正中书局成立以后,即挟其官方背景进入了教科书供应市场,但在当时六大教科书供应商中排名末尾,前五家分别是商务印书馆、中华书局、世界书局、开明书店和大东书局,都是上海的书局。这和它们历史悠久、资本雄厚、编辑精审等诸多因素是分不开的。再"比如翻印古小说、搞大折扣压价倾销就是上海中央书店首先大规模推行的,在它的推动下,南京各书店也群起效尤,并以更大的折扣相应战"②。翻印古小说,不付稿酬,成本极低,而且销路极佳,因此,中央书店开展了"一折八扣"的削价倾销活动,即1元的书打一折为1角,再八扣为8分,而当时每1 000克图书的邮费为4分至7.5分。这种压价倾销直接影响到其他经营同样生意的同行,诸如益智书会、广益书局等一些中等书店只好搞"一折七扣"与之竞争,损失惨重。

就发行而言,上海对江苏出版业的影响更大。据前文所述江苏各地的出版发行机构中,上海各大出版机构在江苏均设有分支机构或代销处。如商务印书馆、中华书局、世界书局、开明书店、北新书局、中央书店、神州国光社、共和书局等在南京均设有分店。当时在南京太平街这

---

① 章锡琛:《漫谈商务印书馆》,见《文史资料选辑》第42辑,北京:文史资料出版社,1964年,第98页。

② 参见张宪文、穆纬铭:《江苏民国时期出版史》,南京:江苏人民出版社,1993年,第255页。

条历史有名的"书店街"上,商务印书馆南京分馆是公认的"老大",注册资本 5 000 元,仅次于中华书局南京分局、军用图书社、正中书局等,与世界书局南京分局一样多,但它的日营业额却是中华书局的 2 倍、军用图书社的 10 倍。商务印书馆长期以来形成了严谨的出版作风,尤其以出版学术著作著称于世,很受南京知识界的欢迎。"当然,它的书价也是'名牌'价格,在一般书局的书一本只要几角甚至几分时,它的几本古诗集要价达 2 元以上。当然,这和它的稿费较高有关,当年李四光写了不长的一本书,预支稿费竟达七八千元之巨。"①中华书局南京分局的旧址就是现在位于杨公井的南京古旧书店,独栋洋楼在当时的"书店街"上显得鹤立鸡群,引人注目。(图 3 - 10)世界书局出版的"ABC 丛书"在当时影响很大,深受大中学生的欢迎。该书局出版的武侠、言情小说和连环画,如《春明外史》《金粉世家》《江湖奇侠传》《西游记》《岳传》等,也颇受社会一般民众的喜爱。其他如开明书店,以经营自由著称,《开明英文读本》《开明青年小丛书》、"开明活页文选"等备受南京大中学生的青睐。北新书局在南京以发行新文学作品为主,诗歌、散文、小说等都以活页文选形式发行,也深受部分知识分子的欢迎。

图 3 - 10　中华书局南京分局

① 张宪文、穆纬铭:《江苏民国时期出版史》,南京:江苏人民出版社,1993 年,第 248 页。

在江苏各地,不仅遍布上海各大书局的分支机构,即使是江苏本地的书刊发行机构也多以售卖上海版的书刊为主。如前所述,据 1929 年《南京特别市书店调查表》,在南京 64 家书店中,除上海各大书局的分支机构外,有 31 家明确售卖上海版的书刊,整个南京本地书店只有 6 家售卖自己的出版物。而在 1927 年至 1937 年苏州存在的 7 家书店中,只有 6 家印刷过少量的图书,它们主要的经营活动是替商务印书馆、中华书局、世界书局、开明书店等上海书局代销书刊。即使同样经营上海版书刊的发行机构,也是那些上海籍的分支机构占绝对优势。如南京的新民书局,虽也经营上海版书刊,但营业额每天只有 10 元,只合商务印书馆的 1/20、中华的 1/10。实际上,这个时期在江苏书刊发行渠道占主导地位的仍然是上海的各大出版发行机构。

此外,当时江苏地区的印刷业与发达国家相比仍比较落后,即使与上海相比也有相当的差距。据 1934 年《中国经济年鉴》介绍,南京印刷所资本在 5 万元至 16 万元之间的只有国民党中央党部印刷所、《中央日报》印刷所、京华印书馆等 4 家,资本在 1 万元至 5 万元的有 5 家;无锡印刷所资本在 2 万元至 5 万元的有锡成印刷公司等 4 家;苏州印刷所资本在 1 万元至 2.5 万元之间的有文新印刷公司等 4 家;其他地区印刷所资本在 1 万元以上也不过六七家。[①] 但是符合国民政府《工厂法》的只有 4 家,大量的仍然是规模较小、资本较少的手工印刷作坊。而上海作为中国近代工业的发祥地,它的印刷业也领先于中国的其他地区。上海的印刷界在吸引国外先进技术的基础上,对印刷技术作了许多改进和创造。据《三十年代各种进口和国产印刷机械》等文章记载,当时上海印刷界先后发明了华文打字机、鲁林印刷机、铸铅条机、铸字机等。[②] 张元济和贺圣鼐相继改进了排字机,大幅度地减轻了排字工的劳动强度。王云五根据杜威十进位分类法,改进了中国传统的经史子集分类法,极大地便利了排检字。这些印刷业中的新设备、新技术流传到江苏地区,也促进了江苏印刷业向前发展。但是,江苏印刷业的总体水平不高,为数不

① 徐苏:《民国时期江苏印刷行业概述》,《江苏出版史(民国时期)讨论会文集》,南京:江苏人民出版社,1991 年,第 237 页。

② 参见《中国印刷史资料汇编》第 1 辑,上海新四军历史研究会印钞组 1986 年编印。

多的大型印刷机构满足不了日益发展的出版业,故而出现了许多在江苏编辑的书刊要送至上海去印刷的现象。如南京国立编译馆从成立到1934年两年多时间里,先后编辑出版的《经济学原理》《约翰逊》《英国当代小说家》《中国财政问题》《美国政府与政治》《天文学名词》《天文学论丛》等有影响的图书,都是委托商务印书馆出版并在上海印刷。南京国民政府各部会院编辑的年鉴、公报、资料汇编也多在上海印刷出版。

上海处于长江三角洲的龙头位置,是中国出版界接触西方出版文明的最前沿,也是中西文化交流融合的中心,其开风气之先的辐射引导作用不言而喻。中国近代出版业是经西方传教士、商人之手移植嫁接后在本土成长起来的。通过上海的辐射和传播,先进的出版理念与经营方式给江苏地区的出版事业带来了勃勃生机。总之,1927年至1937年间的江苏出版业,仍然未能完全摆脱上海出版业的影响而走上独立发展之路。

第四章　民国江苏出版业的艰难历程（1937—1949 年）

第一节　抗战初期的江苏出版业

1937 年"七七"卢沟桥事变后，随着日本帝国主义侵略的不断扩大，中国大部分地区成为日寇的沦陷区，战前形成的以上海为中心，以北平、南京、天津为次中心的我国现代出版业，遭到前所未有的严重摧残。这个时期江苏的出版业，图书出版大幅度萎缩，印刷业一蹶不振，发行业萧条冷落，一度有较大发展的出版业彻底被遏制下来，几乎陷入绝境。

抗战爆发后，江苏的出版界立即投入抗日救亡的时代大潮中去。1937 年 7 月 13 日，南京的"女子文化月刊社"与工人福利会、商会、农会、妇女会等社会团体联合致电前方士兵，赞扬他们"浴血抗战"，并表示"首都民众，誓为后盾"。南京的新闻出版界还发起"首都报人慰劳抗敌将士公演会"，支持政府抗战。[①] 同时，江苏各地的爱国知识分子，以爱国救亡为己任，积极投身到抗战的出版事业中来，在各地创办刊物，宣传抗战。故而抗战刊物的数量激增，风行一时。1937 年 8 月，无锡的李惕平创办了《达报》周刊，初为四开一张，自第六期改为十六开的书本式，对外仅售一分，销量达四五千份。南通的进步青年袁明、陈自求创办了《战时新闻》周刊，刊物属救亡文摘性质，稿源大多来自上海等地出版的救亡

---

① 张宪文、穆纬铭：《江苏民国时期出版史》，南京：江苏人民出版社，1993 年，第 264 页。

报刊。邹韬奋主编的《抵抗》三日刊，在上海沦陷前迁至南京出版，先后于1937年10月、11月两次刊载八路军驻南京办事处写的公开信，吸引了大批爱国青年奔赴陕甘宁参加革命工作。南京"中山文化教育馆"发行的《时事类编特刊》，由著名法官梅汝璈主编，该刊的办刊宗旨是，"使它成为一个有力的对内宣传抗战的读物"。(图4-1)毛泽东在《反对日本进攻的方针、办法和前途》一文中指出，坚决抗战的办法之一，就是实行国防教育，"新闻纸、出版事业……一切使合于国

图4-1 《时事类编》

防的利益"①。抗战初期江苏的出版活动，在一切合于"国防利益"的前提下，出版物在形式和内容上形成了趋于小型化和通俗化，讲究时效性和鼓动性，以适应战争需要的时代特点。

国民政府教育部在抗战爆发以后，立即要求各地书局或出版单位检寄有关御侮抗敌的各种体裁的文稿。教育部认为"现值全国抗战时期，关于御侮抗敌之民众读物，收效甚大，需要甚切"，此类读物对于"激发民众爱国之精神，唤起抗敌救国之情绪，编古今先烈抗敌之故事，宣传敌人侵略之暴行，指导关于战时国民之任务，灌输关于国防之常识"等都具有积极的意义。因此，要求"将此项文稿，无论故事、小说、鼓辞、剧辞、诗歌、小曲、小调、叙述体和其他体裁，更无论旧稿或新编，凡有合于上开性质者，统希各检一册，汇齐寄回"，以便在编辑民众读物时加以参考。在民众读物的发行上，教育部指示各地邮局予以优先考虑。教育部在致上海市邮政总局的信函中强调："现在长期抗战期间，训练民众刻不容缓，所有民校课本亟需寄发，以应各校急需。"1937年度江苏各地需用民校课本共2 344 000部，数量巨大，但发行渠道不畅，对此教育部立即指示，

①《毛泽东选集》第二卷，北京：人民出版社，1991年，第347页。

上海附近的江苏各县市所需民校课本,应就近由上海付邮寄发,"以期简捷",满足各地的急需。① 足见当时政府对编写发行抗战读物的重视程度。

江苏各地的出版机构,这个时期也大量编辑出版通俗的民众读物。日机空袭南京期间,世界书局连夜编印"战时小丛书",其中的《防毒常识》《急救常识》等小册子,每本只售 3 分钱,深受民众的欢迎。官方的正中书局,与教育部社会教育司商定,编印"非常时期民众丛书"。南京沦陷前该丛书出版了如张敦讷编辑的《戚将军平倭》等数种,后在武汉、重庆等地又陆续出版发行。

南京沦陷后,1938 年 3 月 28 日伪中华民国维新政府在南京粉墨登场。伪维新政府成立之初,为了配合日本侵略军对沦陷区人民思想意识的控制,伪行政院在 1938 年 5 月设立了伪宣传局,作为伪维新政府的最高出版统制机构。其主要职权是:"图书新闻杂志的管理;国内一切刊行物的指导统制;国外情报的收集等。"1939 年 3 月,伪维新政府对《行政院组织法》做了修正,扩大了伪宣传局的权限,使其不仅有权对国内刊物进行指导统制,对国外刊物的输入也有权实行指导统制。地方一级,则设立各级伪宣传委员会或类似机构。其中,在江苏就设立县伪宣传委员会 29 个,区乡伪宣传委员会 97 个,占到全部总数的一半。② 同时颁布了一系列有关出版的法令,如 1938 年 9 月 5 日颁布的《维新政府出版法》《维新政府著作权法》。两法都贯彻了奴化卖国和出版统制的精神,"譬如,《著作权法》规定:著作物的注册由维新政府内政部掌管。出版品不得登载破坏东亚和平、破坏'公共秩序'、颠覆'政府'或损害'维新'政府利益的内容。又规定:'在战时或遇有变乱及其他特殊必要性,得依维新政府命令之所定,禁止或限制出版品关于军事或外交事项之登载。'对违反规定者,将给予罚金、拘役、处以徒刑等惩罚"③。足见当时江苏地

① 中国第二历史档案馆藏《编审民众图书读物的来往文书》,转引自张宪文、穆纬铭:《江苏民国时期出版史》,南京:江苏人民出版社,1993 年,第 267 页。

② 伪维新政府编:《中华民国维新政府概况》(日文),转引自张宪文、穆纬铭:《江苏民国时期出版史》,南京:江苏人民出版社,1993 年,第 270 页。

③ 张宪文、穆纬铭:《江苏民国时期出版史》,南京:江苏人民出版社,1993 年,第 270 页。

区的出版统制是相当严酷的。

战争爆发后,由于江苏及周边地区的出版机构大多内迁,大量的印刷设备毁于战火,熟练的技术工人也流散各地,伪维新政府为了维护沦陷区的统治秩序,在不需要大量资本的情况下,采取了一些如对印刷业采用较低税率等恢复措施,并在日本占领军的帮助下,利用残存的印刷设备首先恢复编辑发行了一批报刊,如《南京新报》《扬州新报》《江南日报》《新镇报》等,使得报刊业较之图书出版业略有低度的恢复。而民间的出版机构由于缺乏资金、设备和纸张,又缺乏政治保障,大批关门停业,整个图书出版业陷入停滞倒退的境地。这个时期的出版活动主要以官方的出版活动为主。伪维新政府仰仗日本人在纸张、设备等印刷原材料方面的帮助,在日本派遣军报道部的指导下,从事一些非营利性的政治宣传品的出版活动。一些伪维新政府的要员,如温宗尧、胡兰成等人的著作或言论集以及《中华民国维新政府概史》等图书,都是送到日本,用日文印刷出版,再在国内作为非卖品进行发行。此外,伪维新政府在恢复发行报纸的同时,也创办了一批刊物。代表性的如伪宣传局主办,1939年6月17日创办的《新东亚》旬刊(图4-2);伪行政院印铸局编辑发行,1938年4月11日创刊的《政府公报》周刊;伪督办南京市政公署秘书处编辑发行,1938年6月15日创刊的《市政公报》半月刊;伪督办南京市政公署主办,向南京市民灌输奴化思想的《民众教育画报》;"中国文艺协会"主办,1940年1月发刊的《国艺》月刊。以及"中国文化服务社"主办的《中国月刊》《小朋友》《国际通讯》,"南京市商会"主办的《商业月刊》,"中华联合通讯社"发行的英文版《扬子江》月刊,等等。

图4-2 《新东亚》旬刊

伪维新政府为了达到推行其奴化教育的目的,十分重视教科书的编辑出版。1938年6月,伪维新政府设立了伪教科书编审委员会,直辖伪教育部,负责对战前商务印书馆、中华书局、世界书局、开明书店、正中书局等书局出版的教科书进行增删,删去书中不利于其统治的部分,加入"反共反蒋中日亲善"的内容,仓促翻印以应付秋季各校开学之需。1938年10月,伪维新政府改组了该编审委员会,并从各地聘请了一些"专家学者",重新编写教科书,以进一步满足奴化教育的需要。改组后编审委员会的主要职责包括:"国定"教科图书的编纂,民间出版教科图书的审定、各国教科书及参考图书的选择。从1938年到1939年12月,该委员会共编审小学教科书52种,音乐教本4种,日语教科书4卷。这些教科书印刷质量较好,发行量很大,不仅为沦陷区的学校所使用,甚至流入国民党统治区,对抗战初期的我国中小学教育危害不浅。① 可以说,教科书的编辑出版是这个时期江苏出版业停滞倒退中的一个例外。

国民政府西迁重庆后,国民党江苏省政府也由镇江迁至兴化,在苏北建立游击战区坚持领导抗战。在"国家至上、民族至上""军事第一、胜利第一"和"意志集中、力量集中"三个目标之下,国民党江苏省政府克服战时财力物力的极度匮乏,对不断扩大的抗战宣传出版业提供有利的条件保障。首先从省到县建立了一个完整的宣传出版系统:由省党部、三民主义青年团苏北区团部筹备处、省动员委员会、国民军训处总部、政训处等单位,联合组成宣传委员会,统一领导全省的宣传出版工作;各县则由各相关宣传文化出版团体代表组成的委员会,专门负责筹划各县宣传出版工作的宣传会议。其次在各年度省政府施政计划中,对宣传出版工作均有明确的要求和部署。如《江苏省二十九年度施政纲要》中提出了编辑抗战教材,以适应战时需要的任务。《江苏省三十年度行政计划》中再次提出编印抗战读物。省政府认为,江苏省四面都为敌人包围,抗战报刊书籍的输入渠道因此被日伪封锁掐断,特别严重的是中小学教材极度匮乏,使得一些地区的学校不得不采用伪政权编写的奴化教材进行教学。这种状况对江苏省的文化发展和坚持抗战极为不利。省政府为弥补这方面的缺陷,加强对青少年和一般民众抗日爱国意识的教育,着手

---

① 张宪文、穆纬铭:《江苏民国时期出版史》,南京:江苏人民出版社,1993年,第275页。

组织有关人员重点编写以教科书为主的书籍报刊。从 1940 年开始,省政府着手准备扩大原有的宣传出版组织,成立编辑委员会,编印了 6 种中小学补充教材、10 种民众小丛书、10 种青友丛刊、4 种文化专刊等出版物,强化民族意识和爱国精神以抵御日伪的奴化宣传。

当时国民党在江苏的统治区被沦陷区分隔为苏北、苏南两部分,省政府在苏北的兴化,省党部则在苏南的溧阳,并在溧阳建立了江南行署,代行省政府之权,统一领导苏南地区国民党的抗战。在苏北、苏南,国民党都出版了一些报纸杂志。据台湾程其恒《战时中国报业》所载,主要有 1938 年 3 月,国民党南通地区行政专员葛覃在栟茶接办的《东南晨报》;1938 年年底,国民党江苏省保安第一旅旅长薛承宗在如东创办的《大声报》;1939 年春,保安第四旅旅长何克谦在黄桥创办的《民声报》;以及在溧阳编印的国民党省党部的《江苏日报》,江南行署的机关报《江南日报》,包明叔私人创办的《新江苏报》;等等。

江南行署在代行省政府之权时,对出版工作管理得较细,专门制定了编辑工作计划,就该工作的目的、组织、内容、经费等都有通盘考虑,并设立了编审委员会,负责设计和审稿工作。同时,在行署教育组中设立编辑室,设专任编辑 4 至 6 人及特约编辑若干人,负责编辑稿件及出版发行业务。对于稿件内容特别强调应注重六个方面:一是宣扬三民主义、领袖言论、抗战建国纲领;二是阐述本府江南施政纲要与民众应尽之责任;三是暴露敌人之残暴与罪恶及揭穿敌人的阴谋;四是解释亡国的惨痛以及国家至上、民族至上的意义;五是说明我国抗战必胜的理由以及各地英勇抗战的史实;六是介绍战时任务、工作技术与经验。据此,行署决定编辑七个方面的出版物:一是民众训练教材,包括民众训练课本、民众训练教学法、讲演资料等;二是抗战认识丛书,包括委员长蒋介石抗战言论、抗战建国纲领、持久抗战必胜论、日本的泥脚、国际形势、日本侵略之阴谋等;三是辅导丛书,包括游击战区民众怎样组织、怎样训练、怎样宣传,怎样做游击战区内乡镇保甲长,怎样做游击战区内的小学教师,战区小学教师手册、民众训练手册等;四是民众战区服务丛书,包括侦查、警备、工事、运输、交通、通信联络、游击等;五是民众读物,包括民众英勇抗战故事、抗战歌曲、抗战戏剧、敌人暴行等;六是小学补充教材,包括国语科、社会科、自然科、音乐科等;七是宣传绘画,包括抗战连环画、标语绘画等。行署要求编辑出版的各种书刊的取材应力求适合游击战区地方情形与特殊需要,文字力求通俗浅显生动流利。编辑出版的经费从省政府补助江南各县的教育文化事业费项下支出,并明文规定,编辑出版的书刊均以"江苏省政府江南行署"的名义发行,一律作为秘本,不向外公开寄售。丛书统一用六十四开的新闻纸印刷,便于携带或收藏。向行署所属各机关人员、地方干部及小学教员赠送的刊物,均不收费,但是,各县应向上呈报名册,凡属重要的机要刊物都应编具密号分发,遇有交替则专案移交,不得随意散失泄露。① 由此,也可见江南行署对所出书刊的重视程度。

国民党江苏省党部也有自己的宣传出版计划。1938 年 12 月,国民党江苏省执行委员会执行委员兼江南办事处主任周绍成在上海租界开始筹办现代文化出版社,计划编辑发行《现代中国》周刊。该刊遵循五项编辑宗旨:一是定价低廉,以期销售普遍;二是刊期须缩短,以资与读者保持经常的密切联系;三是内容须深入浅出,广博而充实,以引起读者注意,建立读者信仰;四是文字须通俗而富于感情,以资激发读者情绪;五是形式须新颖而美观,以引起读者的兴趣。《现代中国》为 16 开本,每期20 页,每面 1 000 字,用新五号字印刷,每次印刷 1 万份,在封底正反两页刊登有关抗战建国的时事照片以激发读者的爱国情绪。除编辑《现代中国》周刊外,还计划编印抗战建国、现代国际问题、现代社会科学、现代青年自学、现代文艺等五套小丛书,每周刊行一种,每册约二三万字,32开本,一次印刷 3 000 册。另印若干 64 开本,便于在沦陷区域秘密携带、散发。国民党中央宣传部对整个计划十分支持,特发给补助费 1 000元。江苏省政府也从 1939 年 1 月起,按月拨助经费 1 000 元。经过紧张的筹备,借美国人哈华特招牌,现代文化出版社于 1939 年 3 月在上海法租界霞飞路 1412 弄 6 号开业,由江苏省党部执行委员王良仲具体负责该社业务,并聘请知名学者何炳松、周宪文、郑振铎、夏丏尊等人为编审指导委员。同年 4 月 9 日,《现代中国》创刊号正式发行,同时编印了

---

① 张宪文、穆纬铭:《江苏民国时期出版史》,南京:江苏人民出版社,1993 年,第 284 页。

《领袖言论集》。后因时局恶化，尤其受到汪伪76号特工组织的残害，该社于1939年10月迁至溧阳，改办《现代江南》周刊。

国民党江苏省政府在抗战财政极度困难的情况下，仍能保证不断扩大的宣传出版工作的经费要求，一是为国民党蒋介石的独裁统治服务，二是为与中国共产党、日伪争夺舆论宣传阵地。但从反抗日本帝国主义侵略这个角度来看，他们的工作对捍卫中华民族最高利益是有利的。

上海沦陷后，重建的中共江苏省委利用租界"孤岛"的特殊条件以及英美与日本的矛盾，组织领导进步的文化人士出版各种进步书刊，如《每日译报》《译报周刊》《民众公论》《西行漫记》《鲁迅全集》等。这些出版活动大多冠以英美洋商的招牌，表面上以介绍学术、研究国际问题的中立面目出现，实质是在中国共产党的领导下宣传抗战到底及抗日民族统一战线，激发沦陷区处于彷徨之中的广大爱国青年和民众，扩大自己的影响。正如国民党江苏省执行委员会执行委员兼江南办事处主任周绍成，在向国民党中央宣传部报告上海文化界情况时所说的那样，"目前上海文化界共党极为活跃，马列主义鼓吹至力，八路军、新四军宣传尤甚"[1]，要求加强国民党在"孤岛"的出版活动，与共产党相抗衡。后由于"孤岛"处于日伪的四面包围之中，没有更大的发展空间，根据中共中央的指示，江苏省委决定开辟京（宁）沪沿线地区及江北敌后国民党统治区的工作，并于1938年先后成立京沪线工委（后改为中共江南特区委员会）、中共江北特区委员会，作为江苏省委的派出机构直接领导苏南、苏北的抗日斗争。两个特委对抗日宣传出版工作十分重视，分别创办了《江南》半月刊和《大众周刊》，并以毛泽东倡导的"民族的、科学的、大众的文化，就是人民大众的反帝反封建的文化"为己任，积极发展自己的宣传出版事业。

抗战初期在江苏的沦陷区，一批爱国知识分子为了打破日伪的奴化宣传，在极端困难的条件下，高扬爱国、民族的旗帜，创办了一批抗日进步刊物，向民众宣传民族大义，坚定民众抗战到底的信心和勇气。南京沦陷不久，一种小型铅印的《抗敌导报》就出现在浦镇街上，日军十分恐

① 国民党中央宣传部档案，中国第二历史档案馆藏，转引自张宪文、穆纬铭：《民国时期江苏出版史》，南京：江苏人民出版社，1993年，第276页。

慌,严密侦查,结果铅印的《抗敌导报》改成油印的继续出版,不幸的是,两个读者因收藏不密而遭日军杀害。[1] 1938 年,当时隶属江苏的浦东地区失守后,第一张出现的报刊便是曾被英方《大美晚报》称为可与当时欧洲德国占领区出现的著名的《自由比利时报》相媲美的《汇报》。该报创刊于 7 月,初为三日刊,后改为日刊,为蓝色油印刊物。不久,又出现了第二张油印刊物《大浦东》,第三张蓝色油印刊物《浦东导报》。无锡沦陷后,当地一些爱国知识青年和抗日游击队合办了油印刊物《星火》及其副刊《呐喊》。《星火》是用薄土纸装订而成的书本式刊物,便于携带和传播,半夜印刷完毕后,即由做买卖的农民、贩夫在白天暗中传递出去,散布各处,发行方式敏捷、机警,日伪无法侦悉。南通地区的掘港镇,沦陷后曾流传过 20 多册 24 开的手抄本《寒星》,是用薄拷贝纸、蝇头小楷抄写的,轻便小巧,便于传播。在伪江苏省政府所在地苏州,1941 年 10 月,关押在苏州第三监狱第三分狱的部分中共党员联络爱国人士,还秘密出版了一期手抄刊物《劳动战线》。1941 年夏,南京进步社团"团结救国社"秘密出版了油印刊物《荧光》半月刊,宣传抗日,介绍中共领导的抗日民主根据地的情况。

抗战初期的江苏出版业,在遭日寇劫掠和破坏之后,又被伪维新政府接管和控制,异化为一段扭曲和畸变的区域出版史。

第二节　汪伪政权的出版体系与出版统制

日本帝国主义为了实现长期占领中国的卑鄙目的,将军事侵略和文化奴役双管齐下,控制出版是日寇进行思想统制的重要手段之一。日寇一方面严禁任何民族意识的书刊的出版与传播,尤其是对那些明显抗日、排日的出版物更是予以彻底肃清;另一方面则大肆鼓吹宣扬"建设新东亚""中日亲善""中日提携""共存共荣""神圣防共战"等言论,欺骗世界和中国人民。日寇除了直接参与控制活动,随着战争形势朝着有利于

---

[1] 曾虚白:《中国新闻史》,台北:台湾三民书局,1984 年,第 444 页。

中国方面的转化,还改变了它的侵略策略,利用傀儡政府做"代理人",推行其丑恶的出版文化政策。一群寡廉鲜耻、丧失民族气节的无行文人和政客,自甘堕落,粉墨登场,下水充当敌寇的爪牙。这些汉奸群丑比日寇更懂国人心理,更善于应用出版策略,改变了过去日寇非常拙笨的宣传方法,为其主子忠实地推行殖民奴化统治。

1940年3月,日本帝国主义一手扶持的汉奸傀儡政府——汪精卫伪国民政府在南京成立。汪伪集团核心人物汪精卫、陈公博、周佛海等,熟悉中国的出版业,深谙出版对政治统治的作用。汪伪集团顺从主子的旨意,用种种卑劣的手段对沦陷区民众进行奴化宣传和出版控制,并狡猾地把自己装扮成孙中山的"忠实信徒",歪曲和篡改孙中山15年前提出的"大亚洲主义"口号,作为自己奴化宣传出版思想的理论基础,实现自己"和平、反共、建国"的反动国策。在奴化宣传出版思想的指导下,汪伪集团对出版活动从以下五个方面实行严密的统制。

一、颁布宣传要点:"对于临时突发之重要事项拟订宣传要点,颁送各地宣传机构,指出和运方向之正确,及时代之趋向,供作宣传之参照,议论之准据。"

二、订立宣传大纲:"关于和平运动之宣传,应以一贯之理论,贡献于从事宣传之工作人员及宣传机构,庶几临时发生事故,即可以准据此项根本宣传原理,以为批判之基础,而收迅速之效果。"

三、报纸的指导:"对于一切报纸,普遍予以某种注意,如禁止某项消息之披露,纠正新闻上新发现之普遍错误,以特种稿件供给各报普遍刊载,以及各种问题之连络事宜,有时对于新闻消息之有特别宣传价值者,亦以书面予以指导。"

四、设立"中央宣讲传习所",培养"和平反共建国之宣传人才",开设"和平运动之理论实际、大亚洲主义研究、日本现势、宣传概论、群众心理"等课程。

五、严厉审查各类图书报刊。汪伪政府对书刊的检查,称之为"纠正错误,改进工作",实际是对新闻出版事业实行法西斯高压统制。他们把沦陷区的报刊分为"和平"和"反动"两类。对于所谓的"和平"报刊,主要考核其对伪宣传部所颁发的宣传大纲和宣传要点,"是否切实遵办",凡"努力宣传和运者,由宣传部发给补助费",但"和平"如果违反了所谓"国策""宣传宗旨",也逃脱不了被查禁被惩罚的命运。对于坚持进步立场的报刊则要给予处分。

而对于图书的审查则有三种方式:(1)"审查各书整个文字之思想是否犯有重大错误,以便促其改进,或令禁售";(2)"审查各书内容文句有无欠妥之处,以便促其增删或改进";(3)"审查各书有无发行之价值,以便准予出售,或令其暂勿贩卖"。①

据《中华民国重要史料初编》所载,汪伪政府对中央发行所等单位送交的《现代民主政体》等259种图书进行审查后,有5本属于删改后方可出售,有8本被禁止发售:

书名	删改原因
《中国形势一览图》	该图关于东四省的概述颇详,"边防提要"一节有诋毁日方处宜改删去。
《文章例话》	该书中"整理好的箱子""分头努力"等文均有欠妥处宜删去。
《衡哲散文集》	该书中之"所谓日本和平""国难所奠定的复兴基础"等文有妨害中日和平之处应删去。
《世界三百名人图志》	内"戚继光""蒋介石"两篇应删去。
《民国续财政史(第六册)》	该书不妥之处甚多应删去。
《外交大辞典》	妨碍中日邦交。
《国际经济政治学原理》	诽谤日本,宣传共产。
《国际政治讲话》	对日本恶意攻击。
《书报阅读法》	反和平思想甚多。
《集团活动方法》	为共党宣传。
《德国间谍》	妨碍中德邦交。

---

① 参见张宪文、穆纬铭:《民国江苏时期出版史》,南京:江苏人民出版社,1993年,第293—295页。

书名	删改原因
《英文时论选注》	文字侧重抗日。
《戚继光》	用字不妥处甚多。[①]

汪伪政府对中小学教科书也进行了严厉的改编和审查以模糊青少年的民族意识,达到实施奴化教育的目的。如初小国语第六册《我们的小朋友》等课文,竭力说明中日同文同种,并赞誉日本人的美德,以培养孩子们对日本的钦慕之情。对地理教科书则竭力避免学生旧土意识的萌发,如叙述海南岛不提琉球、台湾,叙述威海卫不提旅顺大连,对东北四省更是一字不提。足见,汪伪集团对沦陷区民众进行奴化宣传和出版控制的卑劣伎俩与丑恶嘴脸。

在出版体系上,汪伪政府从上到下设立了一系列出版统制机构,构筑了一整套出版体系,对沦陷区的出版业实行严格的控制和检查。汪伪政府成立后即向伪维新政府时期的宣传局充实了大批人员。1940年4月伪宣传部成立,由林柏生任伪部长。伪宣传部管理"国际国内宣传事宜",主要职责包括:对报刊通讯及有关宣传出版的出版物进行指导审查;对外国文字的报刊重要稿件论文的译述进行审查;报刊社通讯社及其他新闻事业组织的调查登记;宣传文告宣传刊物及通俗宣传读物的编撰;丛书年鉴及其他出版物的编纂;印刷及发行事业的管理;等等。又设立直属伪宣传部的伪国际宣传局,掌管对外的宣传出版事务,主要职责是:外国人报刊通讯社出版机构及新闻记者的登记与执照的发放;中国人在国内外所办外国文字报刊通讯社及出版机构的登记指导;外国文字报刊发往国外或国内发出的新闻电讯消息及进口外国书刊的检查;外国文字撰写的中国年鉴及其他参考图书的编纂;对外宣传刊物及其他出版物的编纂;[②]等等。

汪伪政府对地方的宣传机构也进行了调整和充实。伪维新政府时期设立的各地的伪宣传委员会,虽然形式上隶属伪宣传部管辖,但因各

---

① 参见《中华民国重要史料初编》编辑委员会:《中华民国重要史料初编:对日抗战时期》,台北:"中央"文物供应社,1981年,第595—597页。

② 《中华民国重要史料初编》编辑委员会:《中华民国重要史料初编:对日抗战时期》,台北:"中央"文物供应社,1981年,第462页。

伪宣传机关“新老人事分歧，组织散漫，系统紊乱”①，对汪伪政权的宣传工作推进不力，故汪伪政府于1941年3月8日，拟订了《地方宣传机构调整法》《省市（直辖市）宣传处组织规程》《省市（直辖市）宣传会议组织通则》等法案，并经伪行政院第50次会议修正通过实施。根据上述法案，伪南京特别市政府和伪江苏省政府先后撤销了伪宣传委员会，设立了伪宣传处，作为地方出版统制的权力机构。伪宣传处受伪宣传部的指导监督，主要职责为：指导及考核所属宣传机关的工作；指导及审查地方宣传刊物；编核有关宣传刊物等。同时设立伪宣传会议，协助省市伪宣传处推进宣传工作。伪宣传会议由伪政府机关、伪党部、报社、学校、电讯社等及团体代表组成。

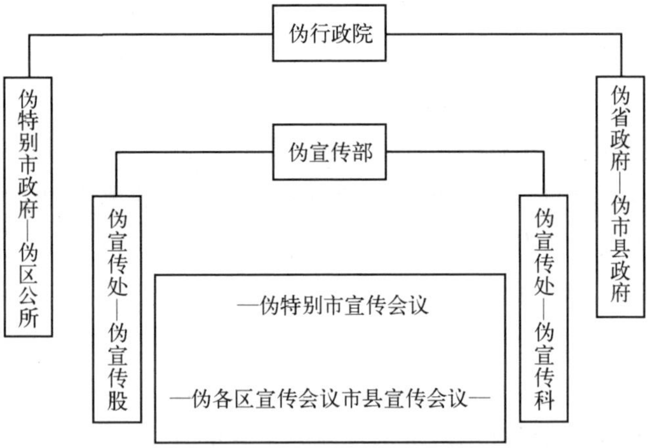

图4-2 汪伪出版统制机构行政系统②

汪伪政府在建立从中央到地方出版统制权力机构的同时，在出版行业内也先后建立了如“中央报业经理处”“中央书报发行所”“中国文化总会”等一些专门的统制机构，统管印刷设备、纸张的采购分配，以及对各分区出版宣传业务和书刊的发行业务进行指导。

汪伪政府成立后，伪宣传部即把伪维新政府时期负责纸张供应的“报业联络室”与“中华联合通讯社”的广告部合并，改组成立“中央报业经理

① 《中华民国重要史料初编》编辑委员会：《中华民国重要史料初编：对日抗战时期》，台北：“中央”文物供应社，1981年，第566页。

② 张宪文、穆纬铭主编：《江苏民国时期出版史》，南京：江苏人民出版社，1993年，第298页。

处",并将直属各报社分地区、类别加以组织,统由该机构负责管理。"中央报业经理处"主要有四方面的职能:一是负责伪宣传部直属各报的发行。伪宣传部直属各报分甲乙丙三级:甲级为伪中央机关报刊和伪省直机关报刊;乙级为伪县市主办的地方性报刊;丙级则为一般性普通报刊。该经理处根据各家报刊的编辑目标、读者对象,由它直接交予"中央书报发行所"统一发行,以加强对各家报刊的控制。二是负责各家报刊所需印刷设备的采购分配,确立集中经营体制,"务使一点一滴统纳于和平宣传之领域",并借口"避免同一种类的重复""减少资材浪费"①,禁止民间报刊的出版。三是对伪宣传部直属报社实行分区管理。该经理处派出专员常驻各区的中心报社,各分区则设立"改进委员会",从上到下严密统制。经理处在南京、上海、苏州、杭州、蚌埠分别派驻专员,在华中地区以京(宁)、沪、苏(州)、杭为中心划分四个管区,以南京"新报社"和苏州"新报社"作为京、苏管区的指导社,分别担当两区各报社的业务指导,由各常驻专员负责联络,并通过经理处总部与伪宣传部发生联系。四是负责各报社所用纸张的采购和分配。除供应直属报社的纸张外,对所有"和平阵营"内的报刊以及与汪伪政府有关系的各种刊物也一并供应廉价用纸。

"中央书报发行所"建立于 1940 年 8 月,由伪维新政府时期"中华联合通讯社"的书报贩卖部改组而来,负责整个华中沦陷区的书报发行任务。该发行所在伪宣传部直接指导下,办理三个方面业务:一是发行伪中央政府各院部会的公报刊物;二是发行伪宣传部主办,获许可出版的各种书刊、宣传品及各级学校教科书;三是贩卖各国出版的书刊及其他出版物,但以其内容不违反汪伪政府的法律制度且合于下列条件:"甲、赞助我国和平反共建国运动者;乙、提倡中日平等合作,复兴东亚者;丙、与我国立场相同,宣扬世界和平运动者;丁、各种科学著述,裨益我国文化者"②。汪伪政府之下的书刊发行机构当时只有该发行所一个,凡不是由该所发行的书刊,各地的汪伪军警宪兵均可一律检扣。足见该发行

---

① 《中华民国重要史料初编》编辑委员会:《中华民国重要史料初编·对日抗战时期》,台北:"中央"文物供应社,1981 年,第 754 页。
② 《中华民国重要史料初编》编辑委员会:《中华民国重要史料初编·对日抗战时期》,台北:"中央"文物供应社,1981 年,第 714 页。

所的建立,在汪伪沦陷区对出版控制所起到的重大作用。

1943 年 6 月,汪伪政府在对英美宣战之后,制定了《战时文化宣传政策基本纲要》,建立了战时文化宣传体制,全面强化新闻出版等文化艺术部门的各种统制机构,并分别组成各种专业协会,实行统一管理,这些协会均隶属于"中国文化总会",由该会对整个汪伪沦陷区的文化事业进行高度的专制统治。如此,各级宣传出版的行政统制机构和行业统制机构的建立,构成了汪伪政府纵横结合的出版统制体系,使得汪伪统治区的出版业几乎陷入绝境。

在法律法规上,汪伪政府为了钳制舆论宣传,巩固对沦陷区的出版统制,1940 年 10 月 17 日,在伪中央政治委员会第 24 次会议上原则通过了伪行政院第 29 次会议提交的"修正出版法"一案,交伪立法院审议。12 月 17 日,伪立法院第 30 次会议修正通过了《出版法》。次年 1 月 24 日,由伪国民政府主席(代)汪精卫和伪立法院院长陈公博联合签署,伪《出版法》正式生效。伪《出版法》共有 7 章 55 条,对书刊的出版、登记、发行、审查及处分等,均作了严格的规定。如该出版法的第四章第 21 条中明令禁止出版有以下内容的出版物:"1. 意图破坏三民主义或违反国策者;2. 意图颠覆国民政府或损害中华民国利益者;3. 意图破坏公共秩序者;4. 经宣传部明令禁止登载者。"①在这里,凡与"和平反共建国"的反动国策及其假三民主义不合的出版物均在严禁之列;凡是触动其统治利益、动摇其统治秩序的出版物都被宣布为违禁品。由此可窥汪伪政府对出版业的严密统制。当然,在实际执行中,伪宣传部还有权借口各种需要,随时可对出版物的内容发布禁令。

汪伪政府的《出版法》与 1934 年 6 月南京国民政府公布的《图书杂志审查办法》相比,有两个很大的不同。一是将出版物的审查权力下放到地方一级,并规定负责审查出版物的机构除了伪宣传部、伪警政部(后改为伪内政部),还有地方主管官署,即各地的伪警察机关,从而加强了对出版文化领域的法西斯统治。二是不经伪政府核准登记的新闻杂志

---

①《中华民国重要史料初编》编辑委员会:《中华民国重要史料初编:对日抗战时期》,台北:"中央"文物供应社,1981 年,第 476 页。

不得发行,违者依"法"处罚,还详细规定了对违"法"的发行人、编辑人、著作人、印刷人的种种处罚。如第 43 条至第 45 条,第 49 条至第 53 条,都规定对违反相关条款的要处以有期徒刑或拘役。其中第 45 条规定:"违反第 24 条所定之禁止或限制者,处发行人、编辑人、著作人及印刷人一年以下有期徒刑、拘役或 1 000 元以下罚金。"对知情者也给予相当严厉的处罚。1940 年 10 月 1 日,伪行政院训令颁布了《全国重要城市新闻检查暂行办法》21 条,在各重要城市设立新闻检查所,建立了更加严密的新闻审查制度。1942 年 6 月,伪宣传部在原《出版法》的基础上,进一步强化对出版物、出版机构、出版经营的审查制度,公布实施了《修正战时出版法》54 条。作为伪《出版法》的配套措施,汪伪政府还制定了《中央书报发行所章程》《中央报业经理处章程》和《著作权法》等一系列反动检查法规,竭尽舆论钳制和奴化教育之能事。

汪伪政府宣布对英美参战后,将社会生活的各个方面都纳入战时轨道,普遍实施战时体制,并于 1943 年 6 月通过了《战时文化宣传政策基本纲要》,调整充实和加强各种检查机构,实施对各种文化宣传品的严格审查,严厉取缔"敌性"出版物,并采取一地一报、一事一刊政策等,由此汪伪集团对沦陷区出版业的统制达到了顶峰。1944 年 9 月以后,由于日寇在太平洋和中国战场上处境极为不利,汪伪宣传部颁布了《订定新闻检查改进要点》,虚伪表示要尊重言论、接受人民意见与舆论批评等,但整个宣传出版政策并没有实质性的改变。汪伪政府对出版业的严密统制,窒息了统治区出版业的发展活力,使得江苏等广大沦陷区的出版业显得苍白无力。

第三节　汪伪时期江苏出版业的衰落

1938 年 10 月以后,抗战进入相持阶段,战线相对稳定,沦陷区出现暂时"和平"景象,经济也有所恢复,这给中国出版业的局部复苏和发展提供了一些条件。作为汪伪政府的核心地区,江苏沦陷区的出版业也有了一定程度的恢复和发展,总的状况是,地位重要但统制严密,图书出版及发行萎缩,报刊业表面"繁荣",印刷业苦苦挣扎,民间出版物更是罕见,整个出版业还是处在凋零衰败的困境之中。

　　江苏自古就是文化发达地区,虽然遭到战火的严重破坏,但仍有一定的实力基础。汪伪政府在日寇的扶持下,为了宣传"和平反共建国"的反动国策,对民众进行奴化教育,首先恢复了新闻报刊的出版,加之各伪部院所设的出版机构也出版了不少刊物,如1938年9月创刊的《南京新报》和1940年3月创刊的《中报》,以及《中央导报》《中华法令旬刊》等,沦陷区江苏的报刊业出现了表面上的"繁荣"。据1941年伪宣传部的统计,当时沦陷区出版的报纸总数是99种,其中在江苏地区出版的就有55种,占了总数的56%,南京也有15种;当时沦陷区出版的杂志总数为115种,其中在江苏地区出版的就有63种,占了总数的55%。而在这

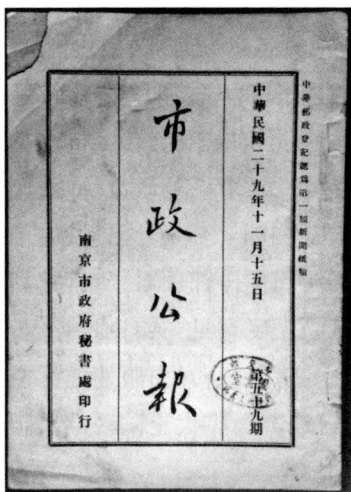

图4-4 《市政公报》

63种杂志中,南京出版的就有55种。①（图4-4）另据《申报年鉴》1944年度的统计,至1943年年底,除已统计之外,江苏地区还有《政论半月刊》《大亚洲主义与东亚联盟》《建设杂志》《中华文化月刊》《苏州文献》《秦世医刊》等20多种杂志。加之1943年以后出版的《女青年》《"干"字月刊》等未能统计的刊物,估计汪伪时期江苏出版的刊物可达百种,足窥江苏出版业在沦陷区之重要地位。本书根据《中华民国重要史料初编》及其他出版文献所载,这个时期有影响的刊物略述如下。

　　《中国经济评论》 初为月刊,后改为双月刊。1939年11月创刊于上海,后迁至南京发行,由中华经济学会负责编辑。该刊以刊载有关金融、财政、经济理论与研讨实际经济问题的译著为主,存有不少经济文献。

---

① 参见张宪文、穆纬铭:《民国时期江苏出版史》,南京:江苏人民出版社,1993年,第313页—317页。

《新东方》月刊 1940年3月出版,大型综合性刊物,由汪伪特务苏成德主持。该刊以所谓"复兴文化"为主题,内容则以"和平反共建国"的反动国策为准则,主要介绍国内外政治、经济、文化等各方面情况。

《侨务季刊》 1940年6月15日创刊。该刊以"促醒海外侨胞,了解和平真谛,共谋反共建国之实现"为出版目的,内容主要刊载宣扬汪伪"和平运动"的文字以及有关侨务问题的论著、译述、调查统计、文艺作品等。它曾短暂出版过周刊及英文版的《侨务月刊》。

《中央导报》周刊 1940年8月出版,是伪宣传部机关刊物,由伪宣传部部长林柏生兼任社长,华汉光任总编辑。该刊以宣传汪伪的反动国策,"促进学术,完达政情"为宗旨,内容有时事述评、现代史料、大事日志、法规汇辑、专载和照片等,16开本32页,周日出版,每10期为1辑,每50期为1卷。同时将各期同类文字汇编成书,如《中心势力论》《1940年世界政治经济年鉴》等。

《大亚洲主义》月刊 1940年8月15日创刊,文化汉奸周作人负责。该刊内容以阐明大亚洲主义,"发扬东方王道精神"为主旨,发行范围遍及整个沦陷区,但以汪伪政权的各级党部"为本科销售最多之主顾"。

《时事文萃》 1940年9月1日创办,不定期刊物,伪宣传部主办。该刊以传播"和平理论",普及民众宣传为宗旨,并用"刺激性"的通俗浅显的文章来吸引读者,每期印刷销售1万册。

《教育建设》月刊 1940年10月10日出版。该刊以"阐扬和运理论,推进教育建设为宗旨"。每期15万字,16开本,每6期为1卷,装订成合订本出售,行销华中、华北及华南沦陷区各城市,是沦陷区最有影响的敌伪教育刊物。

《日本评论》月刊 初期在上海出版,后迁至南京,由汪伪外交部次长周隆庠主持。刊物以介绍日本政情、经济状况、外交方针、文化动向及历史、地理、教育等各方面为主,主要在华北沦陷区行销。

《政治月刊》 伪江苏省教育厅主办,主要以刊登政治、经济、军事、外交等方面的文稿为主,学术及理论研究也多有介绍。该刊还辑录了一些汪伪政府的法规条令,是研究汪伪政权的重要资料。

《小主人》 初为周刊,后改为月刊,小主人社编辑出版。该刊内容主要是针对青少年进行奴化教育,灌输"和平反共"思想。

值得一提的是,一些爱国团体特别是中共各级组织根据中共中央的指示,有计划地派遣一批得力干部打入南京汪伪政府内部,利用敌人的舆论阵地和组织机构,采用巧妙灵活、隐蔽多样的方法迂回曲折地宣传革命思想,取得很好的效果。在伪都南京,受中国共产党领导或影响的公开出版刊物主要有以下一些。

《学生》月刊 名义上是汪伪东亚联盟"学生互助会"主办的综合性刊物,实际上由中共地下党员掌握,主要负责人是中共南京工委的方焜、张杰。他们于1942年8月打入汪伪南京市长周学昌主持的东亚联盟"学生互助会",主持并利用该刊广泛宣传爱国进步思想,团结广大青年学生开展抗日斗争。

《女青年》 1943年年底创刊,中共地下党员周兰、芮琴和等人负责,借此作为对广大女青年和女学生进行宣传教育的阵地。该刊主要登载有关妇女解放和女学生的生活等方面的文章。

《"干"字月刊》和《青年旬刊》 1944年初,中共地下党员何广鑫向汪伪中国青年模范团建议,成立了"干字运动实践会",并以"干运会"的名义出版了《"干"字月刊》,后改名为《青年旬刊》。该刊名义上以增强学术性、知识性和文艺性为宗旨,内容含义深刻,寓教于文,对广大青年学生进行爱国主义教育,以激发青年的民族意识和正义感。"干运会"和该刊实际上已成为在日伪统治下的南京地区进行抗日活动的重要阵地。

但是,汪伪时期江苏沦陷区报刊业这种表面"繁荣"完全是一种假象,因为这些报刊大多千篇一律,都是以宣传汪伪"和平反共建国"的反动国策为主的,没有什么特色。文艺刊物大多追求低级趣味,登载的短文小品也无聊至极。而所谓的"学术研究"刊物,或为汪伪制造卖国理论,或逃避现实钻故纸堆。虽然刊物的数量很多,印刷的质量较好,发行量也不少,但这些刊物多为敌伪强迫订阅,或义务赠阅用以宣传宣抚,更有趣的是不少读者是"买纸而非看报",并不受到读者真正的欢迎,影响也很有限。正如南京特别市印刷业同业会的一次调查中所说,"在每一书肆之中,对于代售的刊物,能每种销去十册以上者已属不易,即或一般较为著名的杂志,其销路亦极呆滞"①。当然,这种"繁荣"的基础相当脆弱。太平洋战争爆发以后,主要依靠从日本输入的纸张供应大大减少,造成江苏沦陷区报刊业的连锁反应:大型刊物缩版,地方刊物合并,晚报等限制发行,有的甚至停刊歇业。伪宣传部直接控制的甲、乙级报刊也缩小了版面,规定甲级报刊缩为一张半,乙级报刊每周一停刊一天。在汪伪政府《战时文化宣传政策基本纲要》确定的"一地一报,一事一刊"政策实施以后,江苏沦陷区的报刊出版活动更是停滞沉寂了。

战前江苏地区的图书出版活动十分活跃,上海、南京沦陷之后,图书出版业跌入低谷,一蹶不振。这一方面是因为诸如商务印书馆、中华书局、世界书局、正中书局、拔提书店、钟山书局等大批出版机构西迁或南迁,另一方面是因为江苏沦陷区的资源匮乏,物价飞涨,书价昂贵,广大读者缺乏购买力。江苏沦陷区图书出版业不景气的程度是相当惊人的,如伪国立编译馆出版的 13 种图书,总印数只有 1 400 册,最少的一种仅仅印了15 册。② 其根本原因还是汪伪政府对图书出版的统制抑制了它的发展,尤其是伪《出版法》等一系列法规条令颁布实施以后,所有具有抗战色彩的出版物都被勒令停止出版,所有"敌性"出版物一律查禁,伪书刊出版的审查机构更是严厉细致,因此各出版机构很少出版新书,而以出版、印刷工具书和教科书为主,惨淡经营。

汪伪时期江苏地区的民间或纯商业性的出版机构几乎为零,图书出版机构主要是伪宣传部及伪政府其他各部院会,以及兼营图书出版的报馆杂志社,图书的内容多为汉奸头目的言论集、伪政府的法规汇编、宣传汪伪反动"国策"的各种著述、中小学教科书和庸俗的文艺作品等。如伪宣传部所属的编审室和出版科,编辑了《汪主席和平建国言论集》《陈公博先生言论集》《国民政府公报》等 30 多种宣传汪伪反动"国策"的书稿,强制各出版机构印行。此外,还编辑出版了一些宣传反动"国策"和奴化思想的丛书专辑。如"大众丛书":包括《和平建国要义》《国民政府还都

---

① 《印刷月刊》1942 年 5 月第 6 期,转引自张宪文、穆纬铭:《江苏民国时期出版史》,南京:江苏人民出版社,1993 年,第 309 页。
② 伪国立编译馆档案,转引自张宪文、穆纬铭:《江苏民国时期出版史》,南京:江苏人民出版社,1993 年,第 310 页。

以后的使命》《国民政府政纲略释》《和平运动与建国原理》等 19 种图书；"和平救国问答"：包括《和平问答》《反共问答》《东亚新秩序问答》《东亚联盟问答》4 种图书，主要以工农商士兵及一般市民为阅读对象，是简明通俗的宣传汪伪和平理论的问答体读物；《和平反共建国文献》：分"中国之部"和"日本之部"，主要纂辑汪伪"和平运动"以来，中日两国朝野人士所发表的、散见于各报纸杂志中的"和平言论"。"中国之部"包括汪精卫言论 30 多篇及汪伪集团重要头目言论的"和平言论"30 多篇；《世界新动态图解》：分政治、经济、军事、文化 4 个专辑，有图、说和统计，主要宣扬日德法西斯鼓吹的"建设东亚新秩序"和"建设欧洲新秩序"；等等。伪宣传部其他司室编辑出版的图书还有"宣传小丛书"（指导司）,《中国与日本》（中英文对照）、《南京指南》（英文）（国际宣传局）等。汪伪政府的社会部、中央通讯社、中日文化协会、国立编译馆等机构也编辑出版了一些图书。如中央通讯社编辑出版了包括《国府战时体制》《中国文教建设问题》《战时文学选集》等在内的"时事丛书"，中日文化协会编辑出版了"日本文化小丛刊""青年丛书""学术丛书"等，社会部也出版了"社会丛书"。

由于战前江苏地区的各大书局基本内迁，一般书局无力承担大量的出版业务，所以一些报馆杂志社等文化机构也兼营起出版业务，来支撑汪伪政府出版业的门面。它们出版的图书可分为两类：一是宣传"和运"的政治类图书，一是纯文艺读物及趣味性读物。如"大亚洲主义月刊社"编辑出版了《大亚洲主义论》《亚洲主义纲要》《亚洲各国现状》等，"教育建设月刊社"出版了《儿童教育问题讨论集》、"戴英夫教育论丛"、《东亚解放与教育》等，"中央导报社"出版了《中心势力论》，"新东方杂志社"编辑出版了文艺丛书《虹之梦》，"教育协会"出版了《文化教育概论》《日本综合二千六百年史》，"省立苏州图书馆"也编辑出版了"吴中文献小丛书"，等等。

江苏沦陷区的印刷业如同它的出版业，随着沦陷区局势的暂时稳定，印刷业也有了一定的恢复，但始终走不出低谷。究其原因大致有四：一是当时出版业不景气，使得印刷业不得不另谋出路维持生计。如南京的中文仿宋印书馆在广告中表示，既可以承印中西书籍、报章杂志，也可以承印表册文凭、股票簿记，同时还发售文具、纸张、铅字、铜模、印刷机器及印刷材料等,实行多种经营。① 二是物价飞涨,生活费用日高,导致印刷成本也水涨船高。以南京为例,如果 1937 年的日用必需品零售平均物价指数为 100,那么到了 1943 年 5 月,几种日用必需品的零售物价指数分别是:粮食 7 876.6,蔬菜 3 034.5,肉类 4 793.8。② 在这种情况下,从事书刊印刷业务的业者,非万不得已,是绝不印刷书刊的,而是以盈利为目的转行经营纸张生意。三是印刷成本大幅上涨。比较 1941 年 10 月和 1944 年 10 月南京特别市印刷业同业公会所定的标准价目表,印刷成本三年内平均上涨了 100 倍。原料价格上涨,成本上涨,而整个出版业又不景气,这个时期的印刷业也只能处于进退维谷的窘境之中了。四是汪伪政府对印刷业的剥夺。伪政府向沦陷区印刷行业无理征收消费特税,使得本已困难万分的印刷业苦不堪言。1944 年 2 月,"武进县印刷业同业公会"曾联络南京、镇江、无锡、吴县等地的印刷业同业公会,共赴上海,向伪财政部税务署请愿,要求免征印刷业的消费特税。后经反复交涉,方得汪伪政府批准。③

为了维护江苏沦陷区印刷业的生存环境,各地的印刷业者纷纷组织了"印刷业同业公会"。1941 年 7 月 31 日,"南京特别市印刷业同业公会"成立,选举南京印书馆经理汤吾为理事长,初有南京印书馆、新中印刷公司、中文印书馆、新明印书馆、共和新印务局、国华印书馆、奇异印刷厂等 40 家会员,后发展到 51 家会员。吴县、镇江、武进、无锡、盐城等地也先后成立了印刷业同业公会。成立同业公会的目的,是为了维护同业利益,防止不正当竞争,但是,各印刷单位为了自己的利益往往明争暗斗,相互倾轧,同业纠纷不断。南京出版产业界的工人为了联络同业人员之间的感情,增进知识技能,维持并改善劳动条件和生活水平,1941 年 4 月 20 日成立了"南京特别市出版产业工会",来自南京 39 家印刷单位的 450 人入会。该工会成立了职业介绍所、书报社和工余俱乐部等,领导了几次工潮但影响不大。

---

① 《印刷月刊》1941 年 12 月第 1 期,转引自张宪文、穆纬铭:《江苏民国时期出版史》,南京:江苏人民出版社,1993 年,第 321 页。
② 《南京特别市政公报》1943 年 5 月,转引自张宪文、穆纬铭:《江苏民国时期出版史》,南京:江苏人民出版社,1993 年,第 321 页。
③ 参见张宪文、穆纬铭:《江苏民国时期出版史》,南京:江苏人民出版社,1993 年,第 321—322 页。

抗战时期,江苏沦陷区的书刊发行业,在伪中央书报发行所成立之前都是产销合一,成立之后产销分离,书刊发行业独立出来自成系统。伪中央书报发行所成立于1940年8月2日,是汪伪政府负责书刊发行的专门机构,主要职责是发行伪中央政府及各院部会编辑出版的公报刊物,以及伪宣传部主办或许可出版的各种书刊和其他出版物,实行分级垂直管理体制,由颜加保任总经理。一年之后,该所共设立9个分所、11个支所、135个分销处、65个代理处、11个车站书摊、28个日文零售店。该机构管理系统构成如图4-5所示。

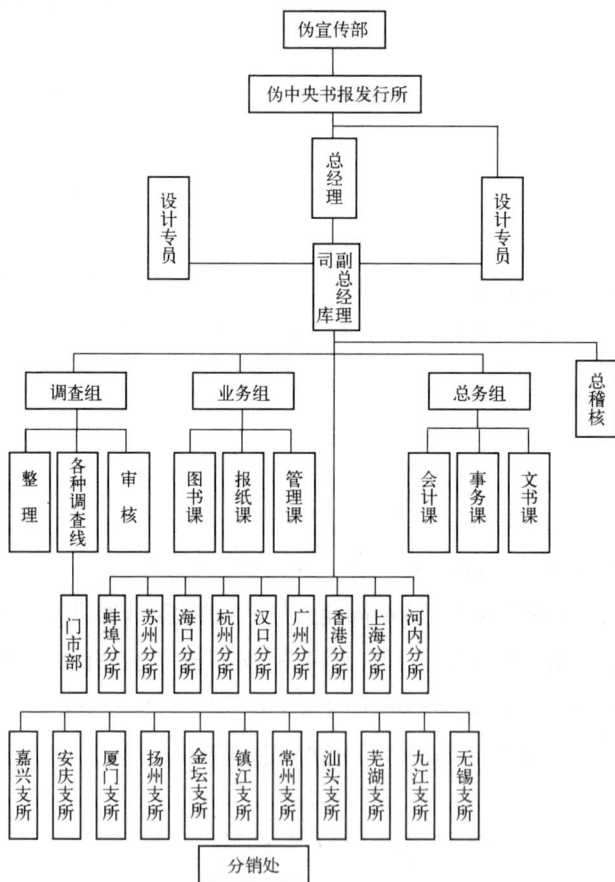

图4-5 汪伪中央书报发行所组织系统①

① 张宪文、穆纬铭主编:《江苏民国时期出版史》,南京:江苏人民出版社,1993年,第330页。

伪中央书报发行所主要业务如下：1. 发行汪伪政府公报，除《国民政府公报》8 折结算外，各伪院部会公报均以 6 折结算，并在各公报的版权页标注"中央书报发行所"为总经销或总发行的字样；2. 发行教科书，除小学教科书三通书局总经销外，其余中等以上学校的教学用书及参考书均由该所总经销；3. 发行各伪部院会以及各文化机关编辑出版的小丛书；4. 接洽发行由伪最高法院编刊的《法规大全续编》，该续编与战前商务印书馆出版发行的《法规大全》相衔接；5. 为伪政府各部院会头目代定代送上海出版的报刊；6. 垄断各种刊物的发行权；7. 向沦陷区各地发送汪伪的各种政治宣传刊物；8. 独占外文书刊的贩卖以及完善沦陷区的发行网络，扩大发行范围。该发行所在沦陷区有着一般发行机构所没有的政治特权，以及铁路、公路、邮政等各种便利，但由于整个沦陷区出版业的萧条衰落，它所能发行的图书杂志的数量仍然是寥寥无几。以其业务"鼎盛"时期的 1941 年 4 月的发行量来看，全月仅发行图书 30 129 册，[①]与战前商务印书馆、中华书局、世界书局、正中书局等大书局的发行量相比实是天壤之别。

在伪中央书报发行所所谓"主渠道"的垄断下，江苏沦陷区的民营发行业生存环境极为恶劣，数量寥寥，而且规模小、资本少，大多实行多种经营以勉强维持生计。以南京为例，当时南京集中了江苏沦陷区绝大多数的书店，1941 年"南京特别市书业同业公会"成立后共有 64 家会员。通观这 64 家书店，大多集中在太平路、夫子庙、朱雀路、状元境等地，很多书店只有 1 人经营，人数最多的三通书局也只有 16 人。经营资金在 1 000 元以下的有 40 家，最少的仅 50 元，1 000 元至 6 000 元之间的有 21 家，超过万元的只有 3 家，即使是资本最多的、合资的新共和书店也只有 3 万元。南京书店业的萧条状况从侧面也反映了汪伪时期江苏沦陷区出版业的衰落。

汪伪统治时期江苏沦陷区的出版业，是走向颓废、衰败和没落的，究其根本原因，就是汪伪政府对沦陷区出版业的统制。1943 年 1 月伪宣

---

① 《中华民国重要史料初编》编辑委员会：《中华民国重要史料初编：对日抗战时期》，台北："中央"文物供应社，1981 年，第 722 页。

传部机关报《中华日报》副刊上刊载了《一年来中国出版界》一文,也遮遮掩掩地承认了这个事实。[1] 江苏作为汪伪政府的心脏地区,其出版业所受的统制远较其他沦陷区为甚,出版业的一点点发展往往被巨大的退步抵消吞没。

第四节 战后江苏出版业的复原与重建

1945 年 8 月 15 日,日本宣布无条件投降,经历抗战播迁之苦的原江苏境内各大报刊社、出版机构、印刷厂等纷纷派遣人员,在国民政府还都之前,回到江苏境内的收复区,接收、重建并扩充自己原有的地盘,以期恢复江苏地区的出版事业。国民党中央宣传部也积极筹划接收各地新闻出版事业,企图重建国民党的新闻出版体系。日本投降后,国民党中宣部立即派遣《中央日报》总社总编辑陈训畲等人飞抵南京,接收了伪《中央日报》、兴中印刷社等新闻出版机构,并积极筹划南京国民党《中央日报》的复刊工作。在南京受降典礼的第二天,南京《中央日报》在新街口旧址正式出版。《救国日报》总编辑龚德柏在陆军总司令何应钦的帮助下,也飞抵南京接收了伪《中报》及全部的印刷设备和大量的新闻纸张,迅速地出版了《救国日报》。同时,因抗战爆发而被迫停刊停业的原江苏境内的报刊、出版发行机构,如南通《国民日报》、武进《中山日报》、南京独立出版史等,也纷纷复刊和重新营业,江苏各地的出版活动再度从沉寂中热闹起来。

1945 年 9 月 30 日,在世界形势的影响和出版文化界的共同努力下,国民政府公布了《废除出版检查制度办法》,次年 3 月又宣布取消收复区新闻检查,这无疑对将出版审查视同紧箍咒的出版界来说是个利好消息。在各地收复区,乘着抗战胜利后的激情及国民党出版审查放宽之机,出现了一个创办、复兴报刊的小高潮。"根据战后一项全国新闻纸杂

---

[1] 《申报年鉴》1944 年度,参见张宪文、穆纬铭:《江苏民国时期出版史》,南京:江苏人民出版社,1993 年,第 310 页。

志的清查换证工作的统计,截至民国三十六年年底,依法完成办理换证或新登记的新闻杂志,共计 1763 种。"①当然,这个数字与战前相比还有不小差距。作为国民政府首都所在地的江苏地区,这种创办、复兴报纸杂志热闹景象也是如此。根据国民党宣传部档案和曾虚白《中国新闻史》统计,1946 年,江苏境内(含南京特别市)登记在册的报纸约有 110 家(其中南京约 40 家),到 1947 年 8 月增至 189 家(其中南京 87 家)。另据戴国林《江苏地区期刊与方志》统计,1946 年,江苏地区计有期刊杂志 142 家(包括南京特别市和没有向国民党政府申请登记的),到 1947 年年底便增至 330 家。其中,当时江苏省所含的松江、南翔、南汇、嘉定四个县计有 7 家杂志,南京有 293 家杂志。江苏地区的期刊增长率达到 132%。报纸杂志出版的大幅度增长,是这一时期江苏出版业的一大显著特色。②

表 4-1　江苏各大城市报纸杂志数目③　　　　　(1947 年度)

城市 \ 类别 数目	报纸	杂志
南京	102	293
镇江	10	12
苏州	3	3
无锡	12	4
徐州	8	4
常州(武进)	10	
南通	6	1
江苏省(合计)	204	330

(据《行政院第一处各省杂志登记一览表》和《南京市新闻纸杂志登记册》绘制,上述材料均藏中国第二历史档案馆。)

---

① 台湾"行政院新闻局":《中华民国出版事业概况》121 页,台北,1989 年,转引自叶再生《中国近现代出版通史》(第四卷),北京:华文出版社,2002 年,第 154—156 页。
② 张宪文、穆纬铭:《江苏民国时期出版史》,南京:江苏人民出版社,1993 年,第 398 页。
③ 张宪文、穆纬铭:《江苏民国时期出版史》,南京:江苏人民出版社,1993 年,第 399 页。

表4-2 江苏地区杂志分布一览(不含南京特别市)①

市县	刊物名称
镇江	《青年之声》《正义》《正论》《磨厉周刊》《中流月刊》《商联月刊》《江苏省警官学校校友通讯》《正气》《集成》《苏农季刊》《仁寿周报》《新教育杂志》
无锡	《大江南周刊》《无锡杂志》《建新》《地政月刊》
苏州	《酱工月刊》《中国湖山杂志》《青年风》
昆山	《昆南半月刊》《昆山半月刊》
宜兴	《民众读物》
南翔	《微音》
松江	《青年月报》《政讯月刊》《青年月刊》
南汇	《南汇医学月刊》
嘉定	《新嚼半月刊》《人生》
南通	《通工周报》
泰县	《苏北天地》
铜山	《中国儿童》
徐州	《忠勇之友》《文化杂志》《陇海工人月报》《前路文艺月刊》

(据南京国民政府新闻局档案、中国第二历史档案馆藏。南翔、松江、南汇、嘉定四县当时属江苏省辖地,后划归上海。)

　　江苏地区的报刊业在这个历史时期发展较快,的确露出了江苏出版业的一些复苏迹象,究其原因主要有四:一是抗战时期江苏沦陷区的图书出版业遭到巨大摧残,许多图书不是被收缴,就是被毁版,战后一时很难恢复图书的出版,故而应运而生、日益增多,具有信息快、容量大、周期短等特点的报纸杂志适应了当时民众的文化需求。二是1945年9月国民政府取消新闻检查制度并开放了刊物的出版,后又制定了《中华民国宪法》,规定"保障国民出版言论自由"。次年四月,行宪国大代表、立法委员监察委员举行大选,各政治团体为扩大宣传争取社会的支持,纷纷创办新的刊物,争夺舆论阵地,客观上促进了报刊业的发展。三是战后国民党政府为了扩大自己的影响和声誉,给予党报系统、军报系统的大

---

① 张宪文、穆纬铭:《江苏民国时期出版史》,南京:江苏人民出版社,1993年,第400页。

小刊物配售白报纸,比市场价便宜好几倍,因此各大报刊社在当时通货膨胀的情况下仍能得到发展。四是国民党政府在给各大报刊社配售白报纸的同时,还用贷款扶助各大报刊社。如 1946 年南京报刊社贷款标准是大报可贷法币 1 亿元、小报可贷法币 5 000 万元,并规定了 6 个月的还款期限,到期可延长 3 个月等。① 此外,江苏是民国政府首都所在地,战前内迁的新闻出版人才和相当一批文化学术团体也纷纷回迁南京,各大报刊社、出版机构等都极力争夺这块地盘,也促使了这一时期江苏报刊业得到暂时的发展。

相对于报刊业的发展来说,抗战胜利初期江苏的图书出版业却难说有什么起色了。"1946 年全国出版图书 1 461 种,1947 年出版图书 1 569 种,这个数字甚至不及战时 1942 年的 3 879 种、1943 年的 4 408 种的一半,更难与战前相提并论了。图书出版业的萎缩,真实地反映了抗战胜利后国统区出版业复苏的艰难。"②全国的图书出版业尚且如此,江苏的图书出版业也可想而知了。抗战胜利后的三个多月,江苏各地的出版机构都忙于复员,除出版几本小册子外,根本谈不上新书的出版。1946 年 1 月内战停息,国内形势趋于和平,江苏的出版机构才开始着手新书的出版工作,但一本书从编稿、发排到印刷出版最起码要几个月的时间,所以一些出版机构也仅限于再版渝(重庆)版旧书。7 月,蒋介石挑起全面内战,全国再度陷于战争的恐慌之中,因此,抗战胜利初期的江苏国统区除增加了几家小书店外,整个图书出版业连复苏的迹象都没有出现。

随着 1946 年下半年内战的全面爆发,以及国共之间文化斗争的日益尖锐,国民党政府在重新修正出版法的同时,于 1946 年 12 月 3 日公布了全国新闻纸杂志清查换证办法,对不合己意刊物,在办理重新登记手续时多方推延和阻挠。而《出版法修正草案》经过一年多的反复修改,于 1947 年 10 月 24 日正式通过。重新修订后的出版法,从表面文字上看,似乎比以前的出版法要有所松动。但在实际的运作中,特别是在全面内战期间,其中的许多条文却成了钳制舆论、查禁与取缔异党书刊的

① 赖光临:《七十年中国报业史》,台湾:"中央"日报社,1981 年,第 192 页。
② 王余光、吴永贵:《中国出版通史·民国卷》,北京:中国书籍出版社,2008 年,第 146 页。

借口。1947年12月，国民政府又发布了《危害国家治罪条例》，其中第六条规定："为匪徒宣传者，处三年以上七年以下的徒刑。"至1948年7月，中共领导或影响的书刊悉遭查禁。如1948年7月8日，内政部宣布"南京《新民报》屡次刊登不利政府且不确之新闻言论，触犯出版法规定，予以永久停刊处分"①。据张克明《第三次国内革命战争时期国民党政府查禁书刊目录》统计，从1946年2月至1949年9月，国民党政府查禁的革命书刊共计544种。② 由此，国民党完成了百姓缄口、舆论一律的对出版业的绝对统制，使得国统区的出版业日益萧条冷落。而江苏出版业遭受摧残、控制的程度较他省尤甚。

1945年12月，国民党江苏省政府在镇江重建后，江苏全省的新闻出版工作先后由省政府的社会处、民政厅、新闻处、秘书处等机构交替控制和管理，并于1946年9月10日在省会成立了镇江新闻检查所。国民党江苏省政府对全省出版业严密控制的同时，逐渐形成了国民党中央直属报系、军方报系、民营报系三大报刊集团，但无疑是国民党中央直属报系占有绝对优势，民营报刊则举步维艰，大多相继停刊倒闭。国民党政府对国统区的出版机构也大肆垄断吞并，一方面劫收了原汪伪所有出版和印刷机构，增强自己的实力，如正中书局、中国文化服务社、独立出版社、拔提书店等都在劫收中得到了迅速的扩充；另一方面，国民党对当时两家最大民营出版机构——商务印书馆、中华书局进行投资改组，到最终彻底控制。对于国统区出版事业的厄运，《江海导报》也曾总结了三点："1.劫收。2.民营报纸遭摧残。3.统制白报纸，使一些资金小，买不起黑市纸张的民营报，不得不纷纷停刊和缩小出版计划。"③

随着战后中国出版业的中心向上海转移，加之国统区的物价飞涨和国民党印刷用纸的分配方法极不合理，"全部进口白报纸的二分之一供给上海，所余的二分之一中的二分之一又拿去供全国的党报用，上海大

---

① 曾虚白：《中国新闻史》，台北：三民书局，1984年，第470页。

② 参见张克明：《第三次国内革命战争时期国民党政府查禁书刊目录》，《民国档案》1989年第3期。

③ 《江海导报》1947年9月7日，转引自张宪文、穆纬铭：《江苏民国时期出版史》，南京：江苏人民出版社，1993年，第414页。

报馆不过十多家,全国党报亦仅二十多家,就分去了四分之三,全国民营报纸仅有全部配纸的四分之一"。因此,不可避免造成"有些报社的纸不够,有些报社用不完以黑市出售,不够用又买不起"的现象。[①] 刚刚复苏的江苏报刊业开始走下坡路,而图书的出版更是萧条冷落。许多在江苏国统区编辑的书刊,都送到上海去印刷、出版和发行。如国立编译馆抗战胜利后至1948年9月,共编译了近80种图书,绝大部分都送至上海正中书局、商务印书馆、中华书局等书局出版,南京的出版机构和书店只是门市销售而已。江苏国统区许多出版机构从战后成立到最后全国解放,几乎一本书也没有出版,只是徒有出版社的虚名而已。

表4-3 南京特别市出版机构一览[②]

名称	地址	名称	地址
正中书局(分局)	太平路杨公井	中华书局京分局	太平路杨公井12号
中国文化服务社(分社)	中山东路17号	世界书局京分局	太平路253号
独立出版社	金银街11号	知识书局	中正路
拔提书局	太平路371号	五洲书报社	山东路212号
青年军出版社	吉兆营72号	春明书店京分店	状元境31号
新中国出版社	白下路279号	国际文化服务社京分社	建邺路138号
中国空军出版社	白下东升里2号	帕米尔书店	中山路
世界兵学社	四条巷仁寿里	开明书店京分店	太平路103号
国防书局	碑亭巷50号	大东书局京分局	太平路216号
大新书局	珠江路118号	上海联合编译社京发行所	杨公井6号
上海书店	太平路261号	北新书局	羊皮巷8号
南洋书局	珠江路	东方出版社	游府西街65号之五
光华书局	太平路218号	启明书店	朱雀路109号
新国民书局	珠江路13号	中国科学公司京分公司	太平路260号
建国书店京分店	太平路77号	龙门联合书局京分局	太平路267号

[①]《当前报业的几个实际问题》,《新闻学季刊》1947年12月,参见张宪文、穆纬铭:《江苏民国时期出版史》,南京:江苏人民出版社,1993年,第415页。

[②] 张宪文、穆纬铭:《江苏民国时期出版史》,南京:江苏人民出版社,1993年,第416页。

名称	地址	名称	地址
广益书局	太平路 239 号	大中国书局	户部街 82 号
新亚书店京分店	太平路 150 号	文风书局	大行宫
中外书局	太平路 81 号之一	军用图书社	中山东路 232 号
共和书局	太平路 233 号	现实出版社	石婆婆巷慕慈里 4 号
大公书局	太平路 198 号	正风出版社	东海路 12 号
翰文书局	朱雀路	商务京分馆	太平路 252 号

(据《南京的出版社及书店》,江苏省档案馆藏)

内战爆发前,国民党政府已开始大规模查禁江苏国统区出版的进步书刊。内战爆发后,国民党更是加强了对言论自由的控制,内政部曾电令严厉查禁南京、上海等地民主人士出版的刊物,《民主生活》《麦籽月刊》《国讯》《观察》《人民世纪》等纷纷遭到查禁或没收。当时,民主人士在江苏国统区出版或有影响的民主刊物主要有以下一些。

图 4-6 《文萃》周刊

《文萃》周刊 1945 年 10 月 9 日创刊,中国民主同盟委员会主办。(图4-6)初为文摘性,后改为时事政论性,旨在:1. 沟通内地与收复区的意志;2. 传达各方人士对于国是的意见;3. 分析复杂善变的国际情势。[①]该刊虽在上海出版,但在江苏地区的影响和发行量最大,国内 45 家经销处中江苏就占了 25 家。后遭国民党查禁转入地下出版,并伪装刊名《新畜生颂》《臧大咬子伸冤记》等在江苏盛行。

《小时报》 1946 年下半年出版于南京,于弃疾主编。该刊初创时,曾

---

① 《文萃》1945 年第 1 期《编后小语》。

得到周恩来及新华日报社工作人员帮助,经常刊载透露解放区消息的文字。

《科学工作者》月刊 1948年11月创刊于南京,中国科学工作者协会会刊,潘菽主编。1949年4月出版了最后一期,并发表了题为《发展中国科学的新开始》的社论。

《光明报》 民盟苏州地下支部创办的刊物,从1948年11月上旬创办到公开出版,先后用过《简讯》《民工通讯》及《光明报》。《民工通讯》曾在第一期的刊头上,喊出了"联合一切民主力量,彻底消灭蒋家王朝"的口号。

由于时局动荡不安,争取和平民主、反对内战成为时论中心,江苏国统区这些民主刊物的出版和发行,及与国统区中共地下的出版活动的互相配合,对冲破国民党在国统区出版业的统制,活跃国统区进步的出版活动,起到了极大的促进作用。在江苏的国统区,"中共采用化大为小、化整为零的方式,或是乔装成民主党派的面貌,或是直接与民主党派合作,或是寻找背景人的头面人物合办,或是间接渗透到国民党人办的报刊中等多种办法,使国统区共产党的新闻出版业,在逆境中还是得到了很大的发展"①。这个时期的江苏国统区,除中共在南京创办的机关报——《新华日报》外,中共地下党组织还在无锡创办了《文化》月刊,在南京出版了《生路》《金大新闻》《中大新闻》《助学周报》等刊物。在办刊的同时,中共地下党组织还创办和控制了如南京的明华印书馆(即新民印书馆)、徐州的春和书店等。此外,中共出版的许多书刊多以伪装面目在江苏国统区广为流传。张克明所辑的《革命书刊化名录(1927—1949)》中均有收录。如《为美国对蒋军援助事毛主席发表声明》封面印为《苦海明灯》;《中共文件汇编》封面是周作人的《秉烛明灯》;《恭贺新禧》的内容是解放战争时期中共的文件汇集;中共的《群众》周刊则有《茶亭杂话》《活不下去了》《野火烧不尽》《七十一个老板的商店》等多种伪装封面等。② 中共以伪装面目出版的书刊,一般都是通过秘密渠道在国统

① 王余光、吴永贵:《中国出版通史·民国卷》,北京:中国书籍出版社,2008年,第148页。
② 参见张克明:《革命书刊化名录(1927—1949)》,《文教资料》1986年第3期。

区一些进步书店里出售,而且书店也只暗地里卖给熟悉的老顾客。

国统区中共地下党组织和进步的民主人士,甚至还利用国民党控制的主要刊物发表进步文章,其中尤以在国民党《中央日报》上刊登《资本论》广告一事影响最大。1947年初,江苏出版界进步人士陈汝言通过私人关系,利用国民党新闻检查的空隙,于2月20日在《中央日报》一版头条显著位置,刊登了读书出版社出版、正风图书公司预约的马克思《资本论》的征订广告。这则广告刊出后顿时引起国民党当局的强烈反应,蒋介石当天就勒令收回出版的全部《中央日报》,国民党中央党部秘书长吴铁城严令该社社长马星野彻底追查。该则广告刊出的三天后,《救国日报》总编龚德柏在该报的第一版上,发表了一篇题为《中央日报竟为共党张目》的社论,大肆攻击《中央日报》主持人"利令智昏,饮鸩止渴,把它所办的报纸,所负的使命,代表党所宣传的主义送到九霄云外去了!"一时间,在国统区的新闻出版界出现了互相攻讦、互相责怪的混乱现象。①

1947年6月30日,中共刘邓大军强渡黄河,揭开了战略反攻的序幕。1948年年底,辽沈、平津、淮海三大战役次第展开。1949年4月23日,中国人民解放军占领南京;5月25日,进驻上海。如此,中国出版业最为发达的沪、宁、平、津四个地区,被中共新政权接管。对于解决接管后各城市报刊杂志和出版中出现的新问题,中共中央制订了《关于处理新解放城市中中外报刊通讯社办法的指示》和《关于对新区出版事业的政策的指示》两个纲领性文件,依据新闻出版机构的政治背景和反共态度的程度不同作不同的处理:属于国民党政府、军队系统的或支持国民党的,连同设备器材一律没收;属于民主党派和人民团体的,予以保护,并令其向人民政府依法登记;属于民营和非官僚资本经营的,不得没收,仍准继续营业,但出版时令其登记;等等。人民解放军接管南京后,成立了南京军事管制委员会,下设文教接管委员会新闻出版处,负责接收原国统区的新闻出版工作。接管国民党的《中央日报》后,中共南京市委很快出版了其机关报《新华日报》;接管《和平日报》后,南京市政府即在原

---

① 陈汝言:《〈资本论〉广告在中央日报刊出始末》,《江海激浪》(二),南京:江苏人民出版社,1985年。

有基础上成立了南京新华印刷厂；接管国民党的正中书局、中国文化服务社、新中国出版社、拔提书店、独立出版社、建国书店、鸿业图书馆等七家出版发行机构后，在中国文化社旧址上，于1949年5月12日成立了南京新华书店。（图4-7）

南京解放初期，中共新政权为了稳定社会、安定民心，使民众对共产党的方针、路线、政策有更多的了解，印刷出版了毛泽东的《目前形势和我们的任务》《新民主主义论》《论联合政府》《将革命进行到底》等单行本以及《新人生观》《大众哲学》《四大家族》《蒋党真相》等政治社科类图书，还印

图4-7　南京新华书店旧址

行了一批时事类的活页文选，对新政权的建设具有巨大的宣传作用。随着南京《新华日报》、新华印刷厂、新华书店的创办，扬州《苏北日报》和苏州《苏南日报》的出版，苏北和苏南印刷厂等一批出版发行机构的建立，也随着江苏全境的彻底解放，新政权给江苏的出版界带来了新的希望，带来了新的使命和规划，从此江苏的出版事业进入了一个崭新的历史发展时期。

第五章　民国出版法律与出版管理

第一节　民国出版法律及相关法规

中国近代新闻出版法制化的活动肇始于清末民初。1906 年清政府颁布的《大清印刷物件专律》和 1910 年颁布的《大清著作权法》，虽然实施的时间较短，远未形成体系化的成果，但它的影响却十分深远。南京临时政府、北洋政府和南京国民政府所制定的出版法律和法规，都直接继承了它们的法律框架和主要条款。南京国民政府成立之前所颁布的《出版法》和《著作权法》等，虽大多遭到废止的结局，对当时的新闻出版实践活动影响有限；但每一次的修订删改，都在文字、体例、制度规范上更为斟酌，为日后南京国民政府的出版立法活动提供了各种可供借鉴的文本样式。每一次存废之争，都反映了政府与社会尤其是报界之间，就出版控制与出版自由之间的激烈博弈。

民国时期，西方发达资本主义国家的"自由""平等""人权"等宪政理念成为中国社会的主流声音，各中央政权名义上也是遵循这些宪政理念。南京临时政府成立后，即宣布公民有人身、选举、参政、言论、出版等权利。但由于民国初年报刊林立、出版系统紊乱，1912 年 3 月，临时政府内务部公布《民国暂行报律》三条，通令各报界遵守，以维持新闻出版事业的基本秩序。内容如下。

一、新闻杂志已出版及今后出版者，其发行及编辑人员，姓名，须向本部呈明注册，或就近地方高级官厅呈明，咨部注册。兹定自今到五日起,截至阳历四月初一止,在此限期内,其已出版之新闻各社,须将本社发行及编辑人员呈明注册;其以后出版者,须于发行前呈明注册;否则不准其发行。

二、流言煽惑,关于共和国体有破坏弊害者,除停止其出版外,其发行人、编辑人并坐以应得之罪。

三、调查失实、污毁个人名誉者,被污毁人得要求其更正。要求更正而不履行时,经被污毁人提起诉讼时,得酌量科罚。[①]

《民国暂行报律》公布之后,即引起了全国新闻出版界人士的不满,纷纷通电指责。鉴于此,孙中山饬令内务部取消了该报律。

1912 年 4 月 1 日,南京临时政府大总统孙中山解职,以袁世凯为首的北洋军阀取得了在中国的统治地位。袁世凯为了维护其统治地位,采纳了梁启超的建议,"居服从舆论之名,举开明专制之实","暗中为舆论之主,而表面自居舆论之仆"[②],极力把舆论阵地控制在自己手中。自1912 年至 1916 年,北洋政府先后颁布了《审定教科用图书规程》《修正审定教科用图书规程》《教科书末页附印部令及规程摘要》《报纸条例》《出版法》等 14 种出版法规和书刊审查法令。其中的《出版法》共计 23条,于 1914 年 12 月 4 日正式公布。该《出版法》的第 1—3 条规定了"出版""出版之关系人"和"出版物应记载之条款";第 4—9 条则规定,凡文书图书出版前,著作人、发行人和印刷人,均应向该管警察官署禀报,写明姓名、籍贯、住址和发行、印刷时间以及印刷所名称。以学校、公司、局所、寺院、会所等名义出版的文书图画,由学校等单位禀报。非卖品由著作人或发行人禀报。第 10 条之后为不得出版之出版物、违反之惩罚处置办法,以及实施方面的相关规定条款。如第 11 条专述出版范围:"文书图画有左列各款,情事之一者,不得出版:一、淆乱,政体者;二、妨碍治安者;三、败坏风俗者;四、煽动曲庇护犯罪人、刑事被告人或陷害刑事被告人者;五、轻罪、重罪之预审案件未经公判者;六、诉讼或会议事件之禁止旁听者;七、揭载军事、外交及其他官署机密之文书图画者,但得该官

① 刘哲民:《近现代出版新闻法规汇编》,上海:学林出版社,1992 年,第 51 页。
② 1912 年 2 月 23 日梁启超致袁世凯函,转引自张宪文、穆纬铭:《江苏民国时期出版史》,南京:江苏人民出版社,1993 年,第 33 页。

署许可时不在此限;八、攻讦他人阴私,损害其名誉者。"而第 12 条规定,"在外国发行之文书图画,违反前条各款者,不得在国内出售或散布",旨在控制"二次革命"后流亡海外革命党人出版物的流入。对违反《出版法》的出版物,其处罚是相当严厉的,如第 15 条规定:凡属"混淆政体、妨碍治安"的出版物,"除没收其印本或印版外,处著作人、发行人、印刷人以五年有期徒刑或拘役"。① 而 1915 年颁布的《著作权法》对新闻出版内容的限制则更加苛刻严厉。

1916 年袁世凯政权垮台后,北洋政府并没有废除袁氏那套禁锢舆论的政策,袁氏颁布的出版法规一律继续生效。自 1916 年到五四运动期间,北洋政府又相继颁布了《管理印刷营业规则》《报纸法》等一系列更为苛细的法律法规。1915 年,上海书业公会曾就《出版法》文书图画的禀报制度,向北洋政府的国务院、内政部呈请,提出意见,请求修改,未果。1922 年,上海书业公会再次分别呈请国务院、内政部,同时还向国会提交了要求修改的请愿书,仍然没有结果。其实,北洋政府时期,政权在直、皖、奉各派系之间流转,军阀们忙于政治和军事上的斗争,对于出版物的管理并不是太在意,所以袁氏限制出版的许多法规、政策并未得到真正执行。1926 年 1 月,应北京报界的强烈要求,临时执政的段祺瑞政府才不得不下令废止《出版法》。

南京国民政府成立之后,为了加强对新闻出版事业的控制和垄断,国民党政权先后颁布了《著作权法》《宣传品审查条例》等一系列出版法规和审查条例。1930 年 12 月国民政府颁布的《出版法》,包括总则、新闻纸及杂志、书籍及其他出版品、出版品登载思想之限制、行政处分、罚则共六章 44 条。总则对出版品、发行人、著作人和编辑人进行了定义,规定:出版品由官署发行者,应以二份送中央党部宣传部及内政部。第二章、第三章分别对新闻纸及杂志、书籍及其他出版品的登记进行了规定。第四章则对出版品所刊载的内容进行了明确限制,如第 19 条规定:出版品不得为下列各款之记载:一、意图破坏中国国民党或三民主义者;二、意图颠覆国民政府或损害中华民国利益者;三、意图破坏公共秩

---

① 参见刘哲民:《近现代出版新闻法规汇编》,上海:学林出版社,1992 年,第 54—61 页。

序者;四、妨害善良风俗者。第 20 条规定:出版品不得登载禁止公开诉讼事件之辩论。第 21 条规定:战时或遇有变乱及其他特殊必要时,得依国民政府命令之决定,禁止或限制出版品关于军事或外交事项之登载;等等。否则将"处发行人、编辑人、著作人及印刷人一年以下有期徒刑、拘役或一千元以下之罚金"。《出版法》甚至对传单和标语的印行,也有严格的规定:非经警察机关许可,不得印刷或发行。

　　总之,南京国民政府的《出版法》比北京政府的《出版法》详细了许多,也开放了许多,更能显示出对"出版自由"的保护和对新闻出版事业的支持:除服刑者、禁治产者等极少数人之外,绝大多数人都可以自由成立出版机构;报纸、杂志的创办和转手只需一次登记或变更登记的"声请",且不收任何费用;出版人享有编审自主权和出版权,只须于发行时将出版品寄送相关部门备查;即使官方事后发现出版品"有限制登载之事项",也只能"禁止其出售及散布,并可于必要时扣押之","但如该出版品除去限制或违禁事项后,经发行人之请求,应予返还所扣押之出版品";而且,对违规、违禁出版品的处罚权限于一年之期,逾期不行使便自动消失。从这些法规和其实施办法来看,南京国民政府基本上还是遵循了"出版自由"的理念,鼓励民间办报办刊,从事出版活动的姿态还是很明显的。①

　　1931 年 10 月,南京国民政府又公布了《出版法实施细则》共 25 条,对出版法的原则和实施办法加以具体的规定,对出版物的审批更趋严格,一般要经过国民政府内政部和国民党中央党部的登记批准。1937年 7 月 8 日,国民政府对《出版法》进行了修订,颁布了《修正出版法》共54 条,并将查禁书刊的权力下放到市县政府。7 月 28 日,又重新颁布了《出版法实施细则》。可以说,南京国民政府初期十分重视新闻出版的法制化,并在最初的五年内初步形成了以《出版法》为核心,包括刑法、民法、中宣部条例、各种办法等在内的新闻出版法律体系,为新闻出版活动提供了一个基本的法律框架。但这个时期的法律条文含糊、规范变化过

---

① 以上该法各条款及引文,均见刘哲民:《近现代出版新闻法规汇编》,上海:学林出版社,1992年,第 104—109 页。

快,而且前后矛盾的现象时有发生。随着政权的稳定,南京国民政府各立法机构在职权分配、管理体制、人员素质及机构设置等方面更为完善。在立法工作上不仅及时完成对刑法和出版法的修正工作,而且出台大量有关新闻出版的解释案和单行法。尤其是这一阶段新闻出版统制政策的成型,为日后新闻出版立法和实施提供了基本原则与具体指针。

抗战开始后,南京国民政府转入战时体制,其新闻出版的统制政策、最高立法机构及立法重点均发生相应转变。在战时新闻出版统制政策指导下,一批战时新闻出版法律法规密集出台,在内容和程序上都打破了前期新闻出版立法的成果。抗战胜利后,由于社会各界对出版自由、宪政、民主政治等的渴望,1946 年 1 月 28 日,最高国防委员会决议修正《出版法》。经过一年多的反复修改,1947 年 10 月 24 日,行政院临时会议通过了《出版法修正草案》,共六章 43 条。第一章和第六章是总则和附则,第二章是新闻纸和杂志,第三章是书籍及其他出版品,第四章为出版品登载事项之限制,第五章为行政处分。其中第四章关于出版品之限制共七条(第 21 条至第 27 条),主要内容有:第 21 条,出版品不得为下列各款言论或宣传之记载:一、意图颠覆政府或危害中华民国者;二、妨害邦交者;三、意图损害公共利益或破坏社会秩序者。第 23 条规定不得妨害本国或友邦元首名誉之记载。第 26 条:战时或遇有变乱及其他特殊必要时,得依中央政府命令之所定禁止或限制出版品关于政治、军事、外交或地方治安事项之记载。第 27 条:对广告启事等方式登载于出版品者也应受上述条文之限制。对违反上述条款的出版品,《出版法修正草案》第五章规定了详细的行政处分条例。如第 30 条、31 条规定:内政部认为出版品载有违反第 21 条所列事项之一或违背第 22—26 条所定禁止或限制之事项者,得指明该事项禁止出版品之出版及散布,并得于必要时扣押之。其情节重大者,内政部得定期或永久停止其新闻纸或杂志之发行。同战前的出版法规相比,国民党对《出版法》的修正,实质是加强了对出版系统的控制。① 同时还制定了《出版法实施细则》19 条,

---

① 参见张宪文、穆纬铭:《江苏民国时期出版史》,南京:江苏人民出版社,1993 年,第 405—406 页。

对修正后的《出版法》进行了详细的说明和解释。重新修订的《出版法》，就其表面文字而言，似乎比以前的出版法要有所松动，但与前两部并没有实质性的区别。

与《民国暂行报律》和北洋政府的《出版法》相比，民国政府的《著作权法》出台较迟，民国初年一直沿用前朝的《大清著作权律》。1912 年 9 月 21 日，北洋政府内务部曾发布《著作物呈请注册暂照前清著作权律分别核办通告文》，宣称"查前清著作权律，尚无与民国国体抵触之条，自应暂行援照办理"①。该通告后附有《大清著作权律》全文。直至 1915 年 11 月 7 日，北洋政府才正式颁布了新的《著作权法》。该法共五章 45 条，分别为总纲、著作人之权利、著作权之侵害、罚则、附则，在体系上基本继承了《大清著作权律》，仅对少量条文进行了删改合并，有关注册、继承人著作权的起算时间、著作权侵害的处置等不完全相同，在章目名称、结构设计上显得更为合理。如第一章"总纲"明确将享有著作权的著作物列为五类：文书、讲义、演述；乐谱、戏曲；图画、贴本；照片、雕刻、模型；其他关于学艺美术之著作物，以归纳的方式对著作权的客体作了明确规定。② 其中"乐谱、戏曲"和"其他关于学艺美术之著作物"两类，《大清著作权律》中没有规定。将著作权的登记主管机关改为内务部，对著作权的转让也作了明文规定。第二章第 24 条中增加了"依《出版法》之规定，不得出版之著作物，不得享有著作权"，体现了北洋政府意图对著作物思想的控制。第四章"罚则"中，对违反著作权法行为的罚金，比《大清著作权律》有所提高，表明了北洋政府对维护著作权的重视程度。1916 年 2 月 1 日，北洋政府还公布了《著作权法注册程序及规费实施细则》16 条，对申请著作权注册的具体程序以及交纳规费作了详细的规定。

南京国民政府在对《大清著作权律》、北洋政府《著作权法》作了修改、补充之后，于 1928 年 5 月 14 日颁布了新的《著作权法》。该法共分总则、著作权之所属及限制、著作权之侵害、罚则、附则五章 40 条，基本上没有超出前两法的范围，仅在著作权内容、登记注册生效制度、外国人

---

① 周林等：《中国版权史研究文献》，北京：中国方正出版社，1999 年，第 133 页。
② 张静庐辑注：《中国近代出版史料》（二编），北京：中华书局，1954 年，该法以下所引条款均据此。

作品保护等方面作了些补充和删并处理。如第二章"著作权之所属及限制"第 6 条中增加了"著作物于著作人亡故后始发行者,其著作权之年限为三十年"的规定。第 21 条对报刊转载之事作了明确规定:"揭载于报纸、杂志之事项,得注明不许转载,其未经注明不许转载者,转载人须注明其原载之报纸和杂志。"第 22 条中增加了"显违党义者"和"其他经法律规定禁止发行者"得"拒绝作品注册"的内容,使《著作权法》在一定程度上成为国民党限制言论和出版自由的工具。① 国民政府在公布《著作权法》的同时,也颁布了《著作权法实施细则》15 条,确保《著作权法》的实施。该细则主要规定有关注册事宜,而第 14 条对"外国人有专供中国人应用之著作物时,得依本法呈请注册。前项外国人,以其本国承认中国人民得在该国享有著作权者为限。依本条第一项注册之著作物,自注册之日起,享有著作权十年"②。这与 1903 年清政府与美国、日本所续签的商约中关于著作权协定的原则是一致的,但这是第一次出现在中国的著作权法规之中。

1944 年 4 月,国民政府公布了《修正著作权法》五章 37 条,该修正法在第二章中将发音片、照片、电影片都纳入受保护的著作物范围,并规定就乐谱、剧本、发音片或电影片有著作权者,并得专有公开演奏或上演之权。同时删除了原来对于不得享有著作权的著作物的列举,删除了对于显违党义者和其他经法律规定禁止发行者拒绝注册的规定。但是,对教科书的注册则更为严格,即将原法规定的必须先经大学院审定改为"内政部对于依法令应受审查之著作物,在未经法定审查机关审查前,不予注册",进一步扩大了审查范围。③ 第三章"著作权之侵害"中,增加了对著作权执照核发前受侵害的保护办法:"著作物在声(申)请注册尚未核发执照前,受有前项侵害(指翻印、仿制或以其他方法侵害利益)时,该著作物所有人得提出注册声(申)请有关证件,提起诉讼。"(第 19 条)还增加了对已注册作品的使用必须取得授权的规定(第 25 条)。而"罚则"中则再次提高了对各项侵犯著作权行为的罚金。同年 9 月,国民政府又

---

① 该法以上引文,均见张静庐辑:《中国现代出版史料》乙编,北京:商务印书馆,1955 年。
② 刘哲民:《近现代出版新闻法规汇编》,上海:学林出版社,1992 年,第 162 页。
③ 周林等:《中国版权史研究文献》,北京:中国方正出版社,1999 年,以下引文均见此。

修正公布了《著作权法实施细则》13 条。国民政府于 1949 年 1 月公布的新修订《著作权法》,与 1944 年颁布的几乎没什么改变,只是在第四章"罚则"中再次提高了罚金的数量。

除上述法律法规外,1912 年至五四运动期间还有《审定教科用图书规程》(1912 年 9 月)、《修正审定教科用图书规程》(1914 年 1 月)、《修正审查教科书规程》(1916 年 4 月),以及《报纸法》《管理新闻营业条例》等。另据刘哲民的《近现代出版新闻法规汇编》统计,1927 年至 1949 年国民政府颁布的出版法和实施细则共 26 项,图书呈缴、审查法规共 56 项,新闻检查和取缔的法规 24 项。这些相关出版法律法规的制定和出台,是近现代中国出版业发展到一定阶段政府实施其管理职能的产物。尽管不同时期的出版法律和法规存在着较大差距,但都对中国近现代出版业的发展起到了保护和推动作用。

民国初年,江苏全境的出版业归属江苏行政公署内务司管理。1914年,该公署改为江苏巡按使公署后,下设的政务厅内务科管理此项工作。1916 年,江苏巡按使公署改为江苏省长公署,政务厅第三科负责管理审查图书工作。有关军事出版物,则由江苏省督军公署参谋处管理。1927年国民党江苏省政府成立,图书出版业归属省政府教育厅第三科掌理。1930 年 6 月,《江苏省政府民政厅办事细则》规定:关于图书出版事宜,归民政厅第一科分掌。直至 1935 年 9 月,图书出版改由民政厅秘书室分管。对检查邮电及违禁刊物,则由民政厅第三科分管。迄至抗战全面爆发,江苏全省图书出版业的管理体系基本未变,完全遵照民国时期各阶段颁布的《出版法》执行。南京沦陷后,江苏国统区仍沿用了战前的管理体系,沦陷区则归属于汪伪政府宣传部门管理(详见本书第四章第二节)。抗战胜利后,江苏国统区的新闻出版业,先后由省政府社会处编审室、民政厅第四科、新闻处、秘书处第二科等机构交替管理。①

北洋政府统治期间,江苏处于反动军阀的统治状态,几乎不受中央政府的控制。反动军阀根据自己的需要,针对本地区的特殊情况也制定

---

① 江苏省地方志编纂委员会:《江苏省志·出版志》,南京:江苏人民出版社,1996 年,第527 页。

了一些有关出版的法律法规。1919 年 7 月,淞沪护军使卢永祥曾发布一道训令,内称:自从"五四"学生风潮以来,上海开始出现各种煽惑人心的传单、印刷物,到处传播散发,而使得风潮日益蔓延,直至发生了"三罢"运动,严重影响了社会治安。警察厅有维持治安的责任,对于这种印刷物自应"严加取缔,以遏乱萌",不过要"想取缔这种印刷物,非要先取缔各种印刷所不可"。① 因此,江苏淞沪警察厅于当月制定了《取缔印刷办法》16 条,要求各印刷所办理呈请登记手续,经警察厅认可后,发给执照才得营业。并规定:印刷品在印刷时应先印刷一份作为样品,呈送警察厅,经检查许可后才能够大量印刷,并且要补送三份以备存转。强调下列各款均不得印刷:淆乱政体者,妨碍邦交者,煽惑人心者,妨害治安者,败坏风俗者,泄露外交军事之秘密者,攻讦他人隐私者,以及按照其他法令禁止宣传者。该法还允许警察厅可随时自由出入印刷所查视。对于违反该法令的,不仅要处以罚金,还要没收其印刷品、拆销印版、吊销执照、勒令停业,情节严重的还要被解送司法机关依法惩办等。该法出台以后,立即引起当地出版界的强烈反对,上海书报联合会、书业公所、书业商会纷纷致函北洋政府内务部,要求废止此法令。不久,内务部就淞沪警察厅的《取缔印刷办法》发了一道签注,认为除第 6 条第 1 项及文字间应稍加修正外,大致和现行法令无冲突之处,因而同意了淞沪警察厅的该项取缔办法。不过对于印刷物的审查和处罚,内务部认为应该遵照《出版法》第 4 条的规定来进行修改。② 1919 年 10 月,北洋政府颁布《管理印刷营业规则》以后,淞沪护军使旋即制定了《管理印刷营业施行细则》。可以说,这个时期江苏地方政府制定的出版法规,较之中央政府制定的法律法规更为具体,内容更加充分,针对性更强,凸显了地方特色,因而对本地出版业的控制更加严厉。南京国民政府成立以后,随着国民党统治趋于相对稳定,以及国民政府《出版法》对"出版自由"的保护和对新闻出版业的支持,江苏地方政府鲜有相关出版的地方性法规出台。

① 中国第二历史档案馆藏:北洋政府内务部档案,转引自张宪文、穆纬铭:《江苏民国时期出版史》,南京:江苏人民出版社,1993 年,第 169 页。
② 参见张宪文、穆纬铭:《江苏民国时期出版史》,南京:江苏人民出版社,1993 年,第 170—171 页。

第二节　民国书刊查禁制度与出版控制

　　民国各时期的统治者们及其控制下的政府，为了维护自己的统治，先后制定或修订了《出版法》和各种书刊审查条例，试图实施对出版的管制，以钳制敌对的思想和言论。1914 年 4 月，袁世凯政府颁布的《报纸条例》就曾试图禁止学生和行政司法官员充任报纸和杂志的发行人、编辑人与印刷人，并且规定报纸杂志首次发行前要缴纳至少 100 元以上（在京师及都会商埠地发行者加倍）的"保押费"，试图打击人们从事出版的积极性。而 1914 年 12 月 5 日颁布的《出版法》中规定："出版之文书图画，应于发行或散布前，禀报该管警察官署，并将出版物以一份送该官署，以一份经由该官署送内务部备案。"开始把图书送审纳入法制化轨道，"中国近代最早的图书审查制度，由此开始发端"①。北洋政府统治时期，前后共颁布了 22 种有关出版的法律法规。② 早在《出版法》颁布之前，北洋政府即先后颁布了《审定教科用图书规程》《修正审定教科用图书规程》等书刊审查的法律法规，从这些法律法规的内容上来看，审查制度之严厉实属罕见。如 1912 年 9 月颁布的《审定教科用图书规程》中规定："初等小学校、高等小学校、中学校、师范学校教科用图书，任人自行编辑，惟须呈请教育部审定"；"图书发行人员应于图书出版前，将印本或稿本呈交教育部审定"；而违背者，"予以法律上相当之处罚"。1914 年 1 月公布的《修正审定教科用图书规程》进一步规定："小学校、中学校、师范学校教科用图书，须经教育部审定"；"省行政长官于某种审定图书认为未能适合者，得具体详述意见，呈请教育部覆审"。③ 自 1916 年袁世凯政权垮台至五四运动期间，北洋政府又陆续颁布了如《管理印刷营业规则》《报纸法》等一些更为苛细的法律。当时的江苏，特别是上海地区，是北洋政府统治时期中国经济文化最为发达的地区之一，也是各

① 王余光、吴永贵：《中国出版通史·民国卷》，北京：中国书籍出版社，2008 年，第 163 页。
②《出版法规汇编题目（1906—1949）》，《出版史料》（上海）1982 年第 1 辑。
③ 转引自张宪文、穆纬铭：《江苏民国时期出版史》，南京：江苏人民出版社，1993 年，第 35 页。

种新思想、新思潮、新文化传播最为活跃的地区,而且上海更是处在当时中国出版业的中心位置,因而成为北洋政府出版管控的重灾区,遭到北洋政府查禁的书刊也较其他地方多得多。据张克明《北洋军阀查禁书籍、报刊、传单目录》统计,1912 年至五四运动期间,江苏境内被查禁的较有影响的出版物约 30 多种。如 1913 年 8 月 2 日,内务部以"公然煽惑"之由查禁了南京出版的《中华报》;1913 年 10 月,江苏省政府民政长以"语言捏造""妨害治安"罪查禁了上海的《飞艇报》;1915 年 9 月 15 日,邮政总局以"淆惑人心"之由查禁了上海出版的《通俗杂志》;1919 年 5 月 5 日,交通部以"鼓吹无政府主义"之由查禁了上海的《进化杂志》《民声丛刻》《工人宝鉴》

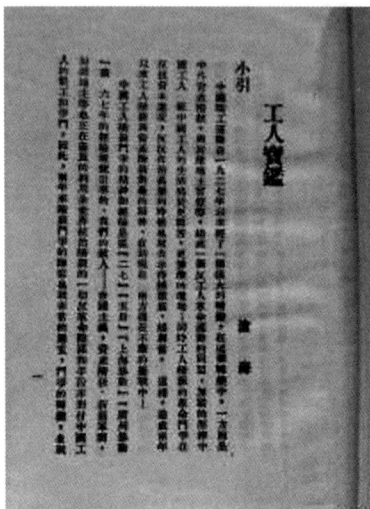

图 5-1 《工人宝鉴》

等(图 5-1)。① 其实,这一时期江苏境内被北洋政府查禁的出版物、印刷品,要比现在所见文献资料记载的多得多。

段祺瑞皖系政府时期,仍沿用袁世凯统治时期所制定的出版法和书刊审查制度,对书刊的登记、出版、发行、编辑、写作等活动作了种种限制。五四新文化运动掀起了新闻出版界争取言论出版自由的新高潮,一批宣传新道德、新思想、新文化的书刊纷纷出版,迫使反动的军阀政府对书刊的出版、印刷和发行活动实施更加严密的控制和审查,钳制全国民众的言论自由,维护和巩固自己的统治地位。1919 年 7 月,内务部警政司通令全国,按照《出版法》禁止出版"妨害政体治安"的文书图画,并根据《出版法》第 11 条的内容,列出八项严禁出版的文书图画。同时规定对违反者进行严厉的处罚,若出版或散发上述查禁书刊,主管警察公署认为必要,就可没收其印本及其印版。若违反《出版法》第 11 条的第 1、

---

① 参见张克明《北洋军阀查禁书籍、报刊、传单目录》,《天津社会科学》1982 年第 5—6 期。

2 两款,除了没收其印本或印版,还要判处著作人、发行人和印刷人以五年有期徒刑或拘役;若违反第 3 至 7 款的,除没收其印本或印版外,还要判处著作人和发行人 150 元以下、15 元以上的罚金。对于出版物妨害政体、治安和风俗,破坏政治上、军事上和司法上重要关系的,均要被依法制裁,以重法纪。不久,内务部又训令各省民政长官,要求他们把所管辖范围内的新旧报馆的情况按月汇报一次,以便考核。1919 年 10 月,内务部颁布了《管理印刷营业规则》,规定凡是印刷业,不论专业印刷还是兼业印刷,均须向主管警察官厅呈报,得到许可并领取执照后方准营业。1925 年颁布的《管理新闻营业条例》,规定创办报纸者必须觅具殷实铺保并取得房主同意,开创了新闻法制上闻所未闻的恶例。内务部为"维持治安,预防隐患"起见,曾于 1921 年组织了一个研究委员会,对著作物和出版物之类,"认为有研究之必要者,随时搜集研究,以期洞见症结,因事补救,不至蹈凭空过当之弊"[1]。北洋政府警政司搜集到的被认为有"研究"必要的著作和出版物,随时交给该委员会作研究(即审查)之用,研究结果上报内务部长。军阀政府只需根据该委员会提供的查禁书刊目录发下去,各级警察部门就会立即查禁搜捕。

南京国民政府成立以后,除对《出版法》《著作权法》有关条款的援引外,还专门颁布了许多审查法规条例,并逐步设立专门机构,实施书刊的审查制度。1929 年 1 月国民党中宣部公布了《宣传品审查条例》,同年 6 月公布了《查禁反动刊物令》和《取缔销售共产书籍办法》。1932 年 11 月国民党中宣部又公布了《宣传品审查标准》,规定了所谓"反动宣传品"的范围及其处理办法。1934 年 5 月成立了"中国国民党中央宣传委员会图书杂志审查委员会"专职机构,实行图书杂志原稿审查制度,并于 6 月颁布《图书杂志审查办法》。该机构在审查过程中,检查官随意删改,而且被删之处不许"开天窗",不使留下刀斧的痕迹。这种图书审查的乱删乱改,给当时的文化事业造成了极大的破坏。该委员会运作不到一年,因发生了《新生》杂志的《闲话皇帝》事件,受其牵连,这一机构被国民

---

① 中国第二历史档案馆:《五四爱国运动档案资料》,北京:中国社会科学出版社,1980 年,第647—648 页。

政府撤销。1937 年 8 月,国民政府公布了《书籍杂志查禁暂行办法》。次年 7 月,国民党第五届中央常务委员会第八十六次会议上通过《修正抗战期间图书杂志审查标准》和《战时图书杂志原稿审查办法》,决定以"适应战时需要,齐一国民思想"为名,筹备成立中央图书杂志审查委员会,作为全国最高图书杂志审查机关。该机构于 1938 年 10 月开始运行,就此恢复了由于"新生事件"而被取消了的图书杂志原稿审查办法。并先后在武汉、西安、重庆、桂林、江西、福建、云南、广东等地设立"图书杂志审查分处",各地最高党政军警机关都参加了当地的书刊审查工作。该委员会将《审查法规》《审查手册》等以密件形式寄发各地,作为审查人员的工作依据,并要求把审查工作作为各县党部的中心工作之一。1945 年 10 月,因出版界的抗议,该机构被迫撤销,原稿检查制度也随即被废除了。

南京国民政府设立的图书杂志审查机构和原稿审查制度,确实在一定程度上钳制了出版自由,但对其效力也不能高估。这种机构人力有限,审查又有时限,根本就难以应付稿件审查和书刊查禁的繁重任务,所以常常是走过场。1934 年 9 月 25 日《中华日报》刊载了《中央图书杂志审查委员会工作紧张》一文,称道:"平均每日每一工作人员审查字(数)在十万以上,审查手续异常迅速,虽洋洋巨著至多不过两天……至该会审查标准,如非对党对政府绝对显明不利之文字请其删改外,余均一秉大公无私毫不偏袒,故数月来相安无事。"1944 年,图书杂志审查委员会有关人员在给上司的签呈中就不得不承认,从 1938 年 10 月至 1943 年 12 月,该机构列表查禁取缔的 1 414 种书刊中,经当地查获没收的只有 559 种,其余 835 种则虚有取缔之名。① 即便是国民政府对书刊的严行查禁,也难阻民营出版机构和书商铤而走险,偷印或盗版那些有市场的被禁书刊以牟取暴利。据当时华通书局出版的《中国新书月报》第 2 卷上统计,1932 年调查所得的翻版书就有 201 种之多,其中有为数不少的国民党当局查禁的书籍,以鲁迅、茅盾、蒋光慈等人的作品为最多。②

---

① 高信成:《中国图书发行史》,上海:复旦大学出版社,2005 年,第 337 页。
② 朱晓进:《政治文化与中国二十世纪三十年代文学》,北京:人民出版社,2006 年,第 206 页。

国民政府再次确立图书杂志原稿审查制度之后，1939年2月6日，国民党中常委会议又通过了《修正印刷所承印未送审图书杂志原稿取缔办法草案》《修正检查书店发售违禁出版品办法草案》。3月，中央图书杂志审查委员会密订《图书杂志原稿审查工作纲要》87条。5月4日，国民党中常委会议修正通过《图书杂志查禁解禁暂行办法》。1942年4月23日，国民政府制定《统一书刊审查法》《杂志送审须知》，后又公布《图书送审须知》。5月5日，公布了《书店印刷厂管理规则》。此后，又陆续公布了《图书印刷店管理规则》《战时出版品审查办法及禁载标准》《修正图书杂志剧本送审须知》等一系列有关出版管制的法规。如此之多的法规和办法，如此严格的标准和须知，暴露了国民党文化专制的反动和残暴。但是，由于保护言论和出版自由的民国宪法的威慑力与司法的相对独立性，以及出版界的各种抗议活动，国民政府的出版管制往往政令不畅、效果不佳，对出版的管控行为也常常受到遏制。

　　在1927年国民党江苏省政府成立前，图书杂志的审查和出版管控由省长公署政务厅负责。五四运动前后，许多介绍宣传马克思主义等新思想、新思潮的图书杂志在江苏风行一时，《新青年》《每周评论》《向导》等一些有影响的进步刊物在江苏各地还设有自己的固定经销处。江苏军阀当局对此惊恐万状，不断下令查禁出版和销售进步的"过激"书刊，并制定所谓"取缔宣传过激主义法案"，命令禁止《新青年》《每周评论》《湘江评论》《工人周刊》等刊物及其他所谓"悖谬"印刷品和出版物，一些经常销售进步书刊的书店也屡遭查禁封闭。据《新青年》杂志第6卷第4号《什么话》一文载，江苏省长公署曾经下过一道《各学各县严禁购阅主张悖谬之出版物》的训令，其称："风纪习惯，文字语言，国性所关，不容变革。近阅坊间之出版物，间有主张破除旧有伦教，毁裂吾国固有文学，以期改造一新社会者。""若伦教文学，系一国本问题，苟或废之，是谓无本。""青年学子，根植薄弱，骤睹新奇之说，易启淆惑之心，于操行学业前途极有关系。为特训令，各县知事转告各校长，对于主张悖谬之出版物，严禁购阅，以黜邪说而端品学。"对此，上海《民国日报》即发表评论说，"卑劣至此，诚堪浩叹。……吾知此令一出,新思想出版物反因之风行矣。"①足见当时军阀政府书刊查禁理由之荒谬,以及顺应潮流的进步出版物是难以受到反动政府的管控和压制的。

苏俄十月革命后,许多宣传马克思主义、苏俄革命的书刊在中国广为传播,促进了中国人民反帝反封建斗争的向前发展。北洋军阀政府深感"过激主义"之危害"甚于盗匪",因而对苏俄的一切都深恶痛绝。1919年9月16日,皖系政府发出"查禁俄过激派印刷物函"的密令:"俄过激党既有以印刷物流布中国,意图煽惑情事,亟应加强侦防,严密查禁,以戡乱萌。"②12月,军阀政府又密电各省,攻击爱国进步刊物"主张社会改造,家庭革命,以劳动为神圣,以忠孝为罪恶,贻害社会,败坏风俗",要求各省立即予以禁止、印刷和邮寄。仅是1919年就查禁了108种进步刊物。③1920年2月,国务院通令查禁在中国传播的《国家与革命》等"过激派"书刊83种。同年3月,江苏淞沪护军使卢永祥在致内务部报告中说,这些进步书刊"散布过激主义,意图煽惑民心,扰乱社会秩序的安宁稳定","主张共产,反抗政府,邪说横行,其祸甚于洪水猛兽"。④因而卢永祥密令淞沪军警注意查禁,并要求各军队长官对所部士兵随时进行认真检查,以杜绝进步刊物煽动迷惑百姓。同时他还请租界巡捕房协助侦查,营业印刷铺一律不准代印"过激书件",倘若胆敢故意违抗,立予查封,并以同党论处,决不宽待。

1920年6月,北洋政府内务部致电各省督军省长令中要求各省注意查禁《光明》等书刊,经搜查后,发现这类宣传无政府主义的书刊多在上海租界印刷,并通过外国人的邮箱散布到全国各地。内务部立即请求英法租界各巡捕房严行取缔各种印刷所,并请公使团分别照会外国人办的各邮局,对这些印刷品注意检查并扣留之,以免传播出去危害社会。由于"过激主义"书刊大多在上海租界出版印刷,因此,外交部江苏交涉

---

① 张静庐:《中国现代出版史料》甲编,北京:中华书局,1954年,第47页。
② 中国第二历史档案馆:《五四爱国运动档案汇编》,北京:中国社会科学出版社,1980年,第621页。
③ 许焕隆:《中国现代新闻史简编》,郑州:河南人民出版社,1988年,第474页。
④ 中国第二历史档案馆:《五四运动档案资料汇编》,北京:中国社会科学出版社,1980年,第619—633页。

员与英法租界当局商定检查"过激主义"印刷品的办法。法国驻沪总领事发出布告，勒令法国租界内刊行的华文报刊书籍，必须领取执照，接受检查和处分。淞沪护军使密商英、法捕房，要求查禁《光明》杂志、《劳动界》(图5-2)、《伙友》《苦少年》《苦军人》《一个兵的说话》等书刊，同时要求缉拿印刷出版者，查办发行机构。江苏交涉员曾因上海租界报馆"任意妄言"要求租界领事团随时检查，设法限制。为此，1921年上海公共租界工部局要求领事团批准过去所制定的《印刷附律》，即公共租界工部局曾提议在租界《土地章程》的附律中增加关于管理租界内新闻出版品的印刷发行的条款，立刻遭到上海新闻印刷界的激烈反对，尤其是遭到出版商们的强烈反对，因而被搁置下来。①

图5-2 《劳动界》

1925年"五卅"运动期间，因《东方杂志》"五卅特刊"事件的发生，租界工部局又将《印刷附律》提了出来，更是遭到上海人民的强烈反对，要求废止该议案，保证人民的言论出版自由，致使该附律始终未能实施。

国民党中央宣传部1929年制定的《宣传品审查条例》中明确规定："宣传共产主义及阶级斗争"，"宣传国家主义、无政府主义及其他主义，而攻击本党主义政纲政策及决议"，"反对或违背本党主义政纲政策及决议"的宣传品为"反动宣传品"。同时规定，凡"曲解本党主义政纲政策及决议案"，"误解本党政纲政策及决议案"，"记载失实"的宣传品为"谬误宣传品"。宣称对这些反动宣传品和谬误宣传品审查后予以"查禁、查封

① 张克明：《五四时期江苏当局压制新思潮的传播》，《江苏出版史(民国时期)学术讨论会文集》，南京：江苏人民出版社，1991年，第300页。

或究办训斥之"。"各发行所、各书局、各杂志社所出宣传品,经审查后令饬修正或停止出版发行而抗不遵办者,加重其处分。"①1930 年颁布的《出版法》,对报刊、书籍及其他出版物的限制多达 44 条。1931 年公布的《出版法实施细则》,对出版物的审批更趋严格,一般要经过国民政府内政部和国民党中央党部的登记批准。这对一系列出版法规和审查条例的出台,以及严厉的查禁制度,对加强国民党对出版业的控制和垄断起到法律上的保证。据有关资料统计,"1929 年至 1936 年查禁文艺书籍 458 种,其中包括 1934 年查禁的普罗文艺书籍 149 种"。"国民党当局通令查禁文艺部分以外的社会科学书刊 676 种,1936 年 11 月至次年 6 月查禁报刊 130 种。"②这种严厉的出版管控和查禁制度导致的另一个恶果,就是成千上万的书刊被焚烧,对中国的文化出版事业是一种严重的摧残。

抗战胜利后,国民党政府为了控制社会舆论,垄断全国出版业,进一步查禁革命刊物,在重新修正《出版法》的同时,内政部于 1946 年 12 月 3 日公布了全国新闻纸杂志清查换证办法,规定 1946 年 7 月前所领有内政部核准登记发放的警字第 9 号登记证,应一律于 1947 年 6 月底申请换发新证(后延期至 8 月),逾期不换应视为废止发行。同时,内政部饬令各级主管部门:"新闻纸、杂志声(申)请登记时,应切实查验其负责人之学历、经历、资本数目、固定地址之证明文件,凡不合法者,不予核转。"根据上述文件,国民政府在其统治的范围内进行了报刊的重新登记。重新"登记声(申)请书"共有 11 个栏目,其中报纸、杂志的发行宗旨及发行人的政治背景,国民党当局尤其注意。报纸、杂志的登记审查,"在县以由民政科主办,在省以由民政厅主办,在院辖市以由社会局主办"。在设有新闻处的省和院辖市,民政厅和社会局在办理报纸、杂志的登记审查时,须跟新闻处会商,或征询其同意。"至于执行取缔工作",规定"由警察机关协助办理"。经严格审查,写出考察意见和复核意见。如对钱葆康《苏北天地》半月刊的考察意见这样写道:"查该社宗旨纯正,持

① 张静庐辑注:《中国现代出版史料》(乙编),北京:中华书局,1955 年,第 532 页。
② 张宪文、穆纬铭:《江苏民国时期出版史》,南京:江苏人民出版社,1993 年,第 193 页。

论正确,实能阐扬三民主义,补助苏北文化之发展,应予登记,俾资刊行。泰县县长丁作彬、泰县县党部书记长顾伯奋。"复核意见由江苏省政府主席王懋功签署。① 国民党通过这种重新换证登记的办法,使得江苏国统区的出版业国民党化,进而达到对新闻出版业全面控制和垄断的企图。

全面内战爆发后,国民党政府于 1947 年 12 月颁布了《危害国家治罪条例》,进一步加强了对出版的管控与书刊的查禁。该条例第六条规定:以文字、图画或演说"为匪徒宣传者,处三年以上七年以下的有期徒刑"。对那些违背国民党旨意的出版物及中共和民主同盟的书刊,国民党当局则坚决给予封闭、停刊,进行严厉查禁。1948 年 6 月 17 日人民解放军攻下开封,国民党残兵仓皇纵火逃亡,并以"东海""黄海""渤海"三个机群日夜轮番轰炸,致使开封市民死伤无数,市区大半成为废墟。6 月 24 日,时任国民党立法委员、南京《新民报》经理邓季惺,领衔在立法院提出"反对轰炸城市"的提案。并在 6 月 26 日的《新民报》上刊登了专访《开封逃京学生余生谈浩劫》,详尽报道逃京学生黄庆泽目睹开封被炸的惨状。6 月 27 日的《新民报》晚刊又发表了《水灾·战祸·民生》的社评,抨击内战给人民带来的浩劫。6 月 28 日的《新民报》晚刊还就轰炸开封事件发表短评。加之该报副刊平日刊载了不少被称为"挖墙脚"的文章。如此,1948 年 7 月 8 日,内政部宣布"南京《新民报》屡次刊登不利政府且不确之新闻言论,触犯出版法规定,予以永久停刊处分"②,史称"新民报"事件。据张克明统计,1946 年 2 月至 1949 年 9 月,国民党政府查禁的革命书刊共有 544 种。实施查禁的机关有内政部、各省市社会局、市政府、警察机关等,1949 年 3 月份则多为京(南京)沪杭警备总部所查禁。查禁理由主要有两大类:一是"内容荒谬,诋毁元首,抨击政府,影响人心";一是"为匪宣传""共党刊物"。如陈伯达《中国四大家族》(图 5-3)被查禁的理由为"诋毁元首、污蔑政府之著作"。陈凝《闻一多传》被查禁的理由是"内容代匪宣传"③。

"民国历史统共不过 38 年时间,而这 38 年所禁之书,据张克明根据

① 王春南:《解放前江苏省和南京市的杂志社》,《江苏出版史志》1989 年第 1 期。
② 曾虚白:《中国新闻史》,台北:台湾三民书局,1984 年,第 470 页。
③ 张克明:《第三次国内革命战争时期国民党政府查禁书刊目录》,《民国档案》1989 年第 3 期。

图 5-3 《中国四大家族》

中国第二历史档案馆资料粗略统计,其种数达近五千种之多。禁书量之大,令人心惊。"①江苏作为南京临时政府、南京国民政府的统治中心所在地,作为北洋政府统治时期经济文化最为发达地区之一,各执政当局对其出版业的管控和查禁也最为严厉,因此受到摧残和控制的程度较其他各地尤甚。但从整个民国时期来看,阻碍江苏出版业发展的最大危害和风险来源,不是出版管制和书刊查禁制度,而是各种战争和战乱。

第三节　民国境内有影响的版权之争

鸦片战争以后,伴随着西方新思想、新思潮的传入,现代版权观念和立法经验也传入中国。1903 年 4 月,严复就曾上书清政府学部大臣张百熙,要求实行"版权立法",保护"著、述、译、纂"者的权利。② 蔡元培等也有过类似主张。1910 年《大清著作权律》颁行以后,出版者和著作者的版权观念才逐渐增强,并渐为普及。到了民国时期,中国现代出版业取得了长足发展,大小出版机构相互竞争,也就不可避免地会出现一些版权摩擦纠纷。

自从西方的版权观念进入中国之后,中外之间的版权纠纷,几乎没有停止过。晚清时期的中国是一个经济、文化、教育等方面较为落后的国家,版权保护制度也尚未建立,清政府从本国的实际情况出发,并不愿

---

① 王余光、吴永贵:《中国出版通史·民国卷》,北京:中国书籍出版社,2008 年,第 170 页。
② 沈仁干等:《中人民共和国著作权法讲话》,北京:法律出版社,1991 年,第 18 页。

意加入国际版权保护同盟。1902年,即《辛丑条约》签订第二年,以美日为代表的西方列强,要求清政府在1903年续修的商约中加入版权保护内容的条款。经过艰苦的谈判和吕海寰、盛宣怀等人的据理力争,结果在"中美、中日续议通商行船条约中都加入了保护版权的内容,只是将他们原来要求的一概禁止译印,改变成专备为中国人民之用的书籍的禁止翻印,其余不受禁止","最终将中方关于版权保护的损失减少到了最低限度"。① 这一结果无疑也对民国时期的出版业起到保驾护航的作用,为这个时期中外之间的版权纠纷提供了法律依据。民国时期中外之间的版权纠纷大多发生在出版业发达的江苏境内。

1919年4月,上海总商会致函商务印书馆,告之美国商会指控商务印书馆翻印美国课本有侵夺版权行为。内称:中国人开办的印刷所经常翻印美国课本,在上海和中国各地销售。美国课本印刷局还将华商印刷所翻印的美国书籍列表说明。该函同时告知,美国驻华公使已经与北洋政府进行交涉,谋求解决办法,希望今后各华商印刷所停止翻印,否则就会对簿公堂了。商务印书馆随即电呈北洋政府教育部、外交部和农商部,请求依据条约驳回美国商会的无理要求。商务印书馆声称自己翻印以教科书为主的美国书籍的情况属实,但依据1903年《中美续议通商行船条约》第11条"无论何国,若以所给本国人民版权之利益,一律施诸美国人民者,美国政府亦允将美国版权律例之利益,给予该国之人民。中国政府今欲中国人民在美国境内得获版权之利益,是以允许凡专备为中国人民所用之书籍、地图、印件、镌件者,或译成华文之书籍,系经美国人民所著作,或为美国人民之物业者,由中国政府援照所允保护商标之办法及章程,极力保护十年,以注册之日为始,俾其在中国境内有印售此等书籍、地图、印件、镌件或译本之专利。除以上所指明各书籍地图等件,不准照样翻印外,其余均不得享此版权之利益"的规定,而且美商所列书籍没有一本属于专为中国人使用的,各类教科书是为了传播文明,所以指责商务印书馆违反法律、侵犯版权之词纯属无稽之谈。② 商务印书馆

---

① 李明山:《中国近代版权史》,郑州:河南大学出版社,2003年,第81页。
② 张宪文、穆纬铭:《江苏民国时期出版史》,南京:江苏人民出版社,1993年,第179页。

又援引 1911 年 2 月美国经恩公司告商务印书馆翻印《欧洲通史》败诉案,5 月英商伊文思书馆告商务印书馆剽窃英国书籍减价出售败诉案为佐证。鉴于沿袭《大清著作权律》的北洋政府的《著作权法》,并没有明文规定外国人的著作权问题,所以上海公共租界会审公廨就依据 1903 年的《中美续议通商行船条约》的第 11 条,认为该课本并非专供中国人所用而出版,因此不能在中国获得著作权保护,从而驳回了原告的控诉,减少了商务印书馆不必要的经济损失。①

发生在 1923 年美国米林公司状告商务印书馆出版《英汉双解韦氏大学字典》(图 5-4)案,是民国时期发生在江苏境内最为轰动的一起中外版权纠纷。1919 年商务印书馆筹资 10 多万元,聘请著名学者郭秉文、张世鎏等 30 多人,历时五载,终于编写成中型辞书《英汉双解韦氏大学字典》。1923 年 3 月,商务印书馆在上海、天津的几家华文报纸连续刊登预售广告,称该馆将于 5 月正式出版《英汉双解韦氏大学字典》,全书 1 700 余页,定价 24 元,预约售价 17 元,欲购从速。果然,样书面市后,受到国内教育界人士的极力推崇。教育家蔡元培为该字典题词,教育家黄炎培为之作序。同年 6 月,该字典因故未按原计划出版,商务印书馆却突然收到上海公共租界会审公廨的

图 5-4 《英汉双解韦氏大学字典》

一纸禁谕,要求立即停止印刷、销售该字典,宣称美商米林公司控诉其侵犯版权、假冒该公司的商标,要求法庭判令被告赔偿损失。商务印书馆决策层闻讯,深感事态严重,一面聘请律师积极应对米林公司的控诉;一

---

① 周林等:《中国版权史研究文献》,北京:中国方正出版社,1999 年,第 180 页。

面与书业公会联系请求支持。

此后,租界会审公廨几次开庭审理此案,双方代表律师各自提供证据,展开激烈辩论,庭审以事实不清为由,宣布延期再审。过了两个月,会审公廨再次开庭审理此案。原告米林公司以《英汉双解韦氏大学字典》样书的式样、内容、符号等都与原告字典相同,无异抄袭,请求法庭以违反版权法和商标法为由判处商务印书馆侵权。被告商务律师认为原告控诉的几条理由均无证据,此案争执的焦点为版权和商标两大问题,查1903年中美所订条约,并无保护版权、商标的规定。且以12年前美商金恩公司控告商务印书馆翻印其书籍案败诉为佐证,证明商务印书馆侵犯版权之事不成立。至于商标问题,因没有专利权也算不上侵权。一个多月后,案件审理完毕,会审公廨当众宣判结果,认定商务印书馆侵犯出版、商标权不成立,原告败诉。不过,因商务印书馆版《英汉双解韦氏大学字典》样书上"所刊图样与其字典上商标类似,于营业上不无损害",会审公廨判处被告商务印书馆赔偿白银1 500两①。

判决下达后,米林公司仍不善罢甘休,1924年8月5日又将以前所用的圆形商标图案文字分别拆开,作为四种商标:"Webster","Webster Collegiate","Webster New International",以及一个类似"W"之花纹作为记号的花圈,向中国海关注册。为此,1924年9月23日,张元济就《关于敝馆译印美国米林公司〈韦氏大学字典〉一事,备述与该公司交涉经过情形,祈转咨农商部知照商标局查以保利权由》,呈递了致外交总长函,信中写道:"弟等以事关输入文化、保护国权,关系甚巨,万难缄默。除由书业商会备文吁请外,兹将经过情形略述梗概,以供参阅,并祈转咨农商部知照商标局,凡遇洋商将毫无特别形式意味之普通人名书名用作商标蒙请注册者,无论曾否在海关挂号,概予禁止以保利权而助文化,不胜感激之至。"11月4日张元济再次就《美国米林公司以书名人名用作商标,蒙请注册请依约驳斥以拒维吾国书商已得之权利由》,呈递致周司长函,指出"敝馆翻印《韦勃司脱字典》",与美商米林公司交涉一案本已了结。今该公司又以此书商标在农商部蒙请注册,经书业商会以此事关涉

① 李明山:《中国近代版权史》,郑州:河南大学出版社,2003年,第164页。

条约,曾将始末理由俱呈大部恳予驳斥,想已得邀冰鉴。查此事依据中美商约,该美商米林公司实万不能将书名人名用作商标蒙请注册,间接保护其版权。此事关系文化影响国权,非止书业利害。素仰保障文明主持公道,务祈检案督核鼎力维持,是所至感,抑亦教育前途"。请求外交部依约驳斥。之后外交部通商司第二科发出了《元字第三二六一号》的复函《美商以书名、人名用作商标,蒙请注册事将来如果牵及交涉问题自当由本部根据条约驳拒由》,称"查此案前由贵馆暨书业商会先后具呈到部,业经本部一再函请农商部查核办理,尚未准复。该美商如向商标局呈请注册,自交由该局依法驳拒。目前尚未牵及交涉问题,将来美使设有偏袒该商或来部提及此事。再由本部依据条约驳拒,以维吾国书商已得之权利"[1]。11月14日租界会审公廨重新开庭集讯,后法庭以原告米林公司申请修改判决书的做法没有充分理由结案。至此,这场历时五个多月的中外版权官司才画上了句号。

民国初年江苏境内频发的中外版权纠纷中,虽然当时的中国处于积贫积弱的弱国地位,但中国的出版界往往能以中华民族利益为重,以既有的《中美续议通商行船条约》和《中日通商行船续约》为依据,抱定"专备为中国人民之用"的法定条款,除此之外的外国书籍均不能在华享有版权,又都能在版权诉讼过程中胜诉,使外国在版权纠纷中难以获得实际成果。这在当时具有时代意义。20世纪20年代中期以后,中外版权纠纷渐为稀少,出版界翻译翻印西书现象渐趋增多,甚至出现了像龙门书局那样的一些专门翻印西书的出版机构,随着1946年《中美友好通商航海条约》的签订,翻印西书的出版机构才渐趋消失。

民国时期,受利益驱使,盗(翻)版之势也较清末为烈,造成了出版业的混乱。对此,江苏的出版界和文化界多次上书政府请求严办,以维护正常的出版秩序。1914年,上海总商会议董、商务总经理印有模,曾向全国商会联合会提议,请求呈转司法部通令各省严办翻版,得到了司法部的批转。《司法部通饬严办翻版案件》文告中称,民国初期的盗印活动

---

[1] 以上诸函原文,转引自周振环:《商务印书馆"韦氏字典"版权诉讼风波》,《世纪》2014年第1期。

猖獗，"几乎无省不有"，其中以"湘、鄂、粤、鲁、川、豫等省发案率最为严重"①。尽管北洋政府司法部下了严办的通令，但实际效果并不理想。据1932年华通书局出版的《中国新书月报》第2卷4、5期合刊和7、8期上载，当时调查所得的翻版书目录就达201种。② 民国时期江苏境内的盗（翻）版活动主要有以下几种形式：首先，直接盗印其他出版机构出版的书籍。如一些书商盗印亚东图书馆出版的《独秀文存》《胡适文存》等。这些书商盗印书籍是以赚钱为目的的，所以纸张、印刷质量很差，差错率也很高；由于其成本低、价钱也低，所以有一定的市场，因此给一些出版机构造成了很大的经济损失。其次，盗用有名的作者的名声出版书籍。对于作品销路好的有名的作者，一些书商为达到快速赚钱的目的，便盗用他们的名声伪作。如鲁迅、张恨水等人的名声就被盗用过。再次，以各种"选本"的名义盗印有名作者的作品。这种类型的盗版书泛滥于20世纪30年代，当时只要小有名气的作者的作品就会被收入各种盗版的"选本"中，而作者却得不到任何报酬。因此，不但对出版机构的正常经营造成了冲击，而且影响到了作者的生计，不利于出版业的健康发展。当时，盗（翻）印图书涉及的种类很广泛，如教科书、工具书、文学书等，凡是销路好能带来利润的，几乎都成了一些书商盗（翻）印的对象。

剽窃也是当时版权纠纷的重要表现形式之一。当一种图书出版后销量很大从而成为畅销书之后，一些非法书商甚至是正规的出版机构为"分得一杯羹"就会起而模仿。这种模仿的图书，很有可能就会构成对被模仿图书版权的侵犯。由剽窃而侵犯版权的案例屡见不鲜。如1930年8月，中华书局几次登报谴责世界书局1930年出版的《初中本国史》剽窃了其1923年出版的《新中学教科书初级本国历史》，并公开悬赏大洋2 000元，征集检举揭发世界书局的证明材料，气势咄咄逼人，在报刊上大打笔墨官司；1930年八九月间，开明书店指责世界书局出版的《标准英语课本》抄袭了其出版的由林语堂编写的《开明英文读本》，当时各大报刊争相报道，闹得沸沸扬扬，以至于双方对簿公堂。以上是当时影响

---

① 周林等：《中国版权史研究文献》，北京：中国方正出版社，1999年，第135页。
② 唐弢：《再谈翻版书》，转引自王余光、吴永贵：《中国出版通史·民国卷》，北京：中国书籍出版社，2008年，第173页。

比较大的出版机构之间,或登报谴责或诉诸法律的版权纠纷案例;而其他一些影响较小,出版机构或出于时间精力或出于诉讼成本等方面的考虑而没有追究的,也应不少。

民国时期一些有影响的出版机构很注重开拓作者,维护与作者之间的良好关系,尽量不拖欠作者的稿酬,保护作者的正当权益。但是,由于这个时期出版机构众多,从业者或素质参差不齐,或为经济利益驱使而克扣作者的稿酬,或加印而不加酬,或随意印发作者的作品而不付酬。这些行为严重侵犯了作者的版权,因此,作者与出版者之间的版权纠纷也时常出现。1927年北新书局从北平迁至上海后,鲁迅因北新书局老板李小峰克扣其版税,几乎与之公堂相见,后经律师调解,双方商定,达成两项协定:(1)李小峰分期分批补清历年拖欠的鲁迅的版税;(2)双方重新签订版税支付合同,依据南京国民政府《著作权法实施细则》,实行"印书证"制。李小峰后来认真履行了协议,至1929年年底,补支鲁迅版税8 256.34元。此后,又按合同按时给鲁迅支付版税,并从9月起对鲁迅在北新书局出版的书籍加"印书证"发行。柳亚子也因版税问题与李小峰产生过纠纷,后来双方经过书信往来,达成谅解,李小峰补支了柳亚子的版税,双方的版权纠纷才得到解决。① 此外,不少著作人联合起来成立著作人公会,共同打击出版业中的盗版活动,保护自己的合法权益。诸如此类,说明了民国时期著作人版权意识觉醒,并渐趋成熟。

针对出版界诸多的版权纠纷,民国时期各阶段的政府也制定了一些相应措施。1915年,北洋政府颁行的《著作权法》的第25条规定:"著作权经注册后,遇有他人翻印、仿制及其他各种假冒他人之著作者,处五百元以下、五十元以上之罚金。其知情代为出售者亦同。"1928年,南京国民政府颁行的《著作权法》规定著作物须经内政部注册,并在第23条中规定:"著作权经注册后,其权利人对于他人之翻印、仿制或以其他方法侵害其利益,得提起诉讼。"第26条规定:"冒用他人姓名发行自己之著作物者,以侵害他人著作权论。"第33条规定:"翻印、仿制及以其他方法侵害他人之著作权者,处五百元以下、五十元以上罚金。其知情代为出

---

① 崇世健:《民国时期出版业的版权纠纷》,《编辑之友》2014年第12期。

售者亦同。"1944 年 4 月,国民政府通过的《修正著作权法》中的第 30 条,将"翻印、仿制或以其他方法侵害他人之著作权者"及"知情代为出售者"之罚金提高至"五千元"以下。尽管政府颁行了《著作权法》,但由于民国时期政治局势的动荡不安,以及经济和文化水平的落后,《著作权法》的实施情况并不理想,并没有起到保护出版业健康发展的效果。

第四节 民国江苏境内书业同业组织

清末民初,为弥补政府对出版业管理的不足,同时也为了书业同业组织的合法权益不受侵害,代表业界呼声、"谋求同业之利益,维护同业之信用"的书业民间组织陆续产生。江苏是中国书业同业组织成立最早的地区。早在康熙七年(1668 年),常熟席治斋在苏州创建崇德书院,为苏州书业同业的集会之所。1874 年,金国琛、席威刚、吴寿朋等人又在崇德书院的基础上正式成立苏城书业崇德公所。太平天国之后,苏州书业同行大多迁至上海。1866 年,朱槐庐等人以崇德堂名义,邀请同行,募集资金,拟重新组织上海书业公所,未果。戊戌政变以后,清廷废科举,兴学校,同时颁行著作权法。上海书业同行已感到没有团体组织,决不能解决纠纷,保障利益。于是,1905 年 10 月,夏育芝、叶九如等人正式组织上海书业公所。同年 12 月,有一部分同行另外组织了一个上海书业商民协会(即上海书业商会),这两个机关,既不对立,也不合作,会员也大部分相同。如果要把它的性质加以分别,可以说书业商民协会是灌输新知识的书业同行的团体。1927 年 12 月,由赵南公、李志云、洪雪帆等人主持成立了上海新书业公会,但是加入的会员最少,可算是商民协会的一个骈枝机关。① 如此,作为民国时期全国出版中心的上海一地,在 20 世纪 20 年代就有三个书业同业组织。当时,江苏地区书业同业组织主要以"联络商情,维持公益"为宗旨,在版权保护、维护书业利益、协调书业内部纠纷方面都为出版业的有序成长起到了积极作用,促

① 陈乃乾:《上海书业公会史》,《出版史料》2001 年 7 月第 1 辑。

进了出版业的健康发展,推动了社会的知识普及与文明传承。

第一,规范同业经营,维护市场秩序和同业利益。近代同业组织与传统行最大的区别,即在于它有为适应行业发展而制定的一整套规范经营的制度,如完善的组织架构、规范的运作机制和合理的议事规则等。《上海书业公所初次订定章程》的第1章第2条就明确指出:"以联合同业、厘定规则、杜绝翻印、稽查违禁之私版、评解同业之纠葛为宗旨。"并规定,同业无论新旧,不论何种版本,皆须"报明公所,登册待查",并声明版权申请状况,"有版权者尚被翻印,公同议罚;即未有版权,若已经同行公认者亦不得翻印,如有违背凭公议罚"。在没有明确的法律规范或者法规未得到实施的情况下,书业公所制定的行业规则就起到了更为实际的规范作用。稍后成立的上海书业商会,对于版权保护则更为重视。"书业商会之设,盖保同业之版权,为同业谋幸福。"并表示"尊重著作权法维持版权"为该会活动的重要内容。同时制定了《版权章程》附则5章17条,从版权的认定到处罚,都有明确的规定。其章程总则中指出,在商部版权律颁布之前,商会将以此为规则维持版权。根据规定,商会只保护已由该组织审定并给予注册的图书,强调会员因为翻印会外书籍扯上纠纷或官司的,商会均不予支持。① 此后,上海历届书业公会制定的章程中,行业规则都是重要内容。上海书业公会在秉持"行业自治"这一理念的基础上,努力为各会员创造公平的市场竞争环境,维护同业利益。如20世纪二三十年代,随着图书市场的日渐繁荣,各出版机构竞争日趋激烈,除在内容上的竞争外,图书定价和折扣的随意性、高定价低折扣、大打价格战成为吸引读者的一种主要手段,严重扰乱了图书市场秩序。为此,上海市书业同业公会起草了《上海市书业同业公会为划一图书售价办法公告》64条,并制定了《上海市书业同业公会划一图书价目实施办法》,对书业经营者、定价、折扣等都做出了具体规定。这些规定的实施,不但得到上海书业同业的欢迎,也得到了全国各地出版界的积极响应和拥护。

在查究不良读物,维护行业道德方面,上海书业公会也做了很多规

---

① 参见汪耀华:《上海书业同业公会史料与研究》,上海:上海交通大学出版社,2010年。

定并采取了一些具体的措施。在当时，"不得翻印、严禁淫书"成为维护行业信誉、确保书籍质量的重要行规。上海书业公所成立伊始，就把"淫书宜禁绝"作为重要责任，其《创建书业公所启》规定："创议八条开列于左……一、淫书宜禁绝也。"1922年，书业公所针对淫书屡禁不绝的压力决定成立书业正心团，"专行调查消（销）毁一切足以危害人心风俗之淫词小说，以为正本清源之计"。经过数月努力，集资搜购淫书及底版一并销毁，同时禁止同业印刷、装订、销售此类小说，共毁淫书版片36副、淫书46 300余册，在上海滩引起了不小的轰动。为此，同年8月，江苏省教育厅长蒋维乔特奖其"正本清源"匾额以资鼓励。① 1927年10月，上海书业公所再次登报警告同业说："查本公所章程内第三条载明不得印售有碍风化等书之规定，且于民九、十等年迭次登报警告在案，同业谅能遵守。兹奉上海公安局训令，内开查有性史等书，实足以鼓荡人心，乱人德性，而引人邪途。前曾分行各管区所一律从严查禁在案，合亟令仰该公所遵照传知该业各书坊，嗣后不准再行贩卖是性史等书籍，以免鼓荡人心而准风化，倘有故违，定当从严究办。该公所领袖书业，务须恺切传禁等因。为此除申复并通告外，再行登报警告。凡我同业，如有存着此项有碍人心风俗之书籍，速即遵令办理，并加消（销）毁；否则本公所奉令在先，自当指名请究法纪，具在，幸各自勉。"②此后，上海书业公会多次集议销毁淫书版本、纸型，为净化市场显示了上海出版界的决心。

　　以"维持增进同业之公共福利及矫正营业之弊害为宗旨"的上海书业公会，在竭力保护同业商家的经济利益上也做了大量的工作。其中，如1915年向袁世凯当局申请免征书籍转口税；1922年向北洋政府交通部抗议增加邮资，获得成功；以及后来向国民党参政会提出免征营业税、改进邮寄办法等四项要求，直接为同业的利益而呼吁。这在当时最为同业赞赏。上海书业公会花费很大的精力，多次在减免税赋、维护同业利益等重大事件中为同业商人呼号奔走，维护行业的经济利益，使同业受惠不少。

---

① 黄宝忠：《中国近代民营出版业成长的社会生态分析》，《浙江大学学报（人文社会科学版）》2013年第5期。
② 《上海书业公所警告同业》，《申报》1927年10月10日。

第二,维护书商权益,保护同业版权。上海书业公所成立之时,就明确地把维护版权列为公所主要职责之一。而上海书业商会也将"遵照著作权法维持版权"作为首要"兴办事件"。在成立十周年时所编《书业商会十年概况》中也强调,"书业商会之设,盖保同业之版权,为同业谋幸福。成立以来,功效昭著,始于乙巳之秋"。1913 年 6 月,美国方面要求我国加入有关两国版权问题的"中美版权同盟",意欲借此对我国翻印有所限制,同时希望能从中获取相应利益。上海书业商会为了维护自己的权益,起而反应,写出了态度十分鲜明的"请拒绝参加中美版权同盟呈",分别上达教育部、外交部、工商部三部,为北洋政府驳据美国人的要求提供了非常有说服力的理由。1920 年 11 月,上海书业商会针对法国商请中国加入国际版权公约,上书内务部、教育部、外交部、农商部,以"吾国尚在幼稚时代,全恃欧美书籍以为灌输研究之资。而原版西书价值綦昂,购求不易"和《中美商约》第 11 款的规定等理由,请求"据约严驳"。内务部、外交部、教育部均据 1914 年和 1920 年上海书业商会的呈请理由,认为"以我国情形尚多取资外国之文艺美术,不宜加入万国同盟,以自束缚,此时情形尚未变更,自应抱从前之主张,仍不加入"①。这些与外国的版权之争,为中国文化界、学术界、工商业大量汲取外国先进的文化和技术,起到了积极的作用。

在与政府有关著作权条款的交涉中,上海书业公会多次代表书业同业表明态度,提供对著作权条款的修改建议。北洋政府《著作权法》颁布以后,上海书业商会分别于 1916 年、1922 年两次呈请国务院、内政部修改内容。其中,1922 年《上海书业商会关于修正著作权法之请愿书》中提出:(1) 删除"要求修改章句、插入图画,必令其重新注册"的第十七条,以及第三十九条中"或不依第十七条之规定禀报"十二字;删除第四十三条中的"自注册之日起"六字。(2) 认为第二十五条和第三十六条表述不清,易引起误解,建议删除或修改。② 这两次呈请,均未有结果,但在当时还是有一定社会影响的。

---

① 黄宝忠:《中国近代民营出版业成长的社会生态分析》,《浙江大学学报(人文社会科学版)》2013 年第 5 期。

② 王余光、吴永贵:《中国出版通史·民国卷》,北京:中国书籍出版社,2008 年,第 177 页。

对国内同业的版权纠纷,上海书业公会则"力主维持,凡遇翻版事件,靡不调查确实,剖别真伪,劝戒(诫)兼施,主张公道,社会上始知版权受法律保护"①。20 世纪上半叶,上海书业公会协调、解决了上海与外地同业之间的版权纠纷有 50 多件,维护了同业团结。对于出版业内的纠纷,上海书业公会往往也充当调解人的角色。1926 年六七月间,上海一些印刷局的制版、印刷两部门工人联合起来,要求印刷业主提高印件工资,承认其第六工会组织,上海书业公所从中予以调解,并将调解的过程和结果登报公之于众。②

第三,争取出版自由,参与近代政治。1919 年,上海公共租界工部局提出《工部局印刷附律》议案,交由纳税人会议讨论。该提案对公共租界内的印刷出版物实施更为严格的管制,依照提案规定,在西人居住的租界上的一切出版物均须向工部局注册,未经审查同意不可发行。对此,上海书业公所联合书报公会致电内务部要求警察厅废止该规定。1921 年到 1924 年间,上海书业商会、书业公所、日报公会、书报联合会等书业组织联合发表宣言,多次呈文外交部等部门,要求"秉公审度","勿将此附律通过","以各种合法之手段、方法一致反对","此事关系主权,一经通过华人又难遵守,必起纠纷",并指出该附律严重侵犯中国人民的言论自由权,毫无存在之理由和依据,致函各国驻华商务委员、各国驻沪领事、工部局各董事及公共租界纳税西人会,历数该附律之弊害,指出如通过该附律,是对人民言论自由之神圣权利的摧残。③ 正是上海书业组织联合其他行业组织的持续不断的抗议与抵制行动,才使工部局多年的提案都未获通过,从而有力维护了书业界的出版自由。抗战爆发以后,日本、汪伪政权对江苏出版业的禁忌尤多,对此,大书店会在书业公会的支持下直接与当局交涉,而中小书店在出版、销售图书方面发生事故,则要由同业公会出面保释。

---

① 《书业商会十年概况》,转引自黄宝忠《中国近代民营出版业成长的社会生态分析》,《浙江大学学报(人文社会科学版)》2013 年第 5 期。
② 《上海书业公所宣言敬告各团体》,《申报》1926 年 9 月 14 日。
③ 任建树:《现代上海大事记》,上海:上海辞书出版社,1996 年,第 234—235 页。

在政府经济政策的制定、反帝爱国主义运动和政治风潮中,江苏境内书业同业公会也发出了自己的声音,与政府既有合作,也有抗争。如五四运动爆发以后,6月3日,北洋政府大批逮捕爱国学生,激起中国人民的愤怒。上海书业公所、书业商会等数十个团体不约而同地致电北洋政府,强烈要求政府尊重民意,释放被捕学生,严惩卖国贼。上海书业商会发动会员以停市一天的举措声援学生,并通令同业:"一律不进日货,各工厂所用日本技师亦一律解约。"①上海书业公所"决议誓言一概不购日货,倘有私自购用、阳奉阴违等情,愿照公所表决罚则办理"。如有违反前议,书业公所"将日货起出当众销毁外,再予以相当罚款",此外,还以公所名义"通告本外埠同业不与往来,并请商学各界不购该局店与个人之出版品,报馆不为其刊登广告"②。在抵制日货的过程中,上海书业公所副董叶九如还因个别同业采取阳奉阴违消极对待受到各界指责而辞职。可以说,这些出版商积极投身反帝爱国主义运动,既是出于爱国立场,也反映了近代民族资本家要求发展民族经济、追求更大利益的阶级诉求。

第四,举办福利事业,服务书业同人。在中国,旧时的行会将扶贫助弱视为商人济世的重要方式。作为行会的现代继承者,又出于乱世之中,新兴的书业同业公会也以自觉支持和资助社会公益事业与慈善事业为日常工作之一。1919年3月,上海书业公所成立了同义会"以尽同业慈善义务为宗旨",捐同业特捐,专做施医药、施材、埋葬等工作,以助困苦伙友。1929年,上海书业公所又创办私立书业崇俭小学校。据叶九如《书业公所创立经过事实略记》中所说,该校"依照法令施行,完全小学校。设在本公所屋内,教育部及厅立案。所有基本金由书业公所改组为公会,结束时有余存款大洋九千余元,由会计处划洋五千元为基金,学生纳费初级四元,高级六元,同业中减半"③。这些公益措施,也为江苏书

---

① 《申报》1919年05月30日。

② 《上海书业公所公告》,转引自王雪明、汪耀华:《上海书业同业公会的演变与价值》,《致富时代月刊》2010年第7期。

③ 转引自王雪明、汪耀华:《上海书业同业公会的演变与价值》,《致富时代月刊》2010年第7期。

业的繁荣发展奠定了人才基础。

　　民国时期江苏的出版界，除 1928 年前的上海外，建立书业同业组织的还有南京、镇江等地，但均不如上海书业同业组织存在的时间长、影响力大，而且在机构的组建、章程的制定、任务的规划等活动内容上，也大多效仿上海的书业公会。

第六章　民国出版组织与管理活动

第一节　机构性质与组织管理

从晚清到民初,江苏境内的新式出版机构大量涌现,仅《1906年上海书业商会会员名录》中的新出版机构就有22家:商务印书馆、启文社、彪蒙书社、开明书店、新智社、时中书局、点石斋书局、会文学社、有正书局、文明书局、通社、小说林、广智书局、新民支店、乐群书局、昌明公司、群学会、普及书局、中国教育器械馆、东亚公司新书店、鸿文书局、新世界小说社。[1] 而1905年先后成立的上海书业公所、上海书业商会,成为各有侧重、互相渗透的书业同业组织。其中,上海书业商会的会员企业存世时间不长,是伴随着铅印的成熟而诞生的,代表着书业企业新的发展趋势和方向。同时,这些民营出版机构大致经历了从业主制到合伙制,再到公司制这样一个发展过程,期间有混合、有并存,也有自我更新。

业主制即独资企业。传统的以盈利为目的的坊刻,通常以家庭作坊为出版单位,即属于业主制。明代常熟毛氏汲古阁、清代苏州席氏扫叶山房等,都是江苏历史上业主制类型的出版机构的典型。在民国时期江苏境内大大小小的民营出版机构中,真正一开始就按照公司制成立的出版机构是很少的,绝大多数的书局书店起家时或为独资经营,或为合伙

---

① 汪耀华编:《上海书业名录(1906—2010)》,上海:上海书店出版社,2011年,第2—3页。

开办。1913 年汪孟邹在上海创办的亚东图书馆（图 6-1），即是江苏境内现代业主制出版机构中的典型，从成立到 1952 年歇业存在了 40 年的时间。亚东图书馆在陈独秀、胡适、陶行知等安徽同乡的大力支持下，积极策应社会进步思潮，引领新式出版潮流，不仅推出新人新作、名人名作，而且用新式标点分段出版的古典小说，在赚得盆满钵满的同时，还赢得了如潮好

图 6-1　上海亚东图书馆馆标

评。连鲁迅都说，若论古旧小说，标点要让汪原放，作序要推胡适之，出版则只能由亚东图书馆。① 亚东图书馆在 20 世纪 20 年代中国出版史上写下了辉煌的一页。但是，"20 年代的亚东红红火火，到了 30 年代却走向了衰落。出版社还是那个出版社，主管者还是那个主管者，经营的手段与方式也没有大的改变，而结局却如此的不同。书海沉浮，令人反思"②。究其原因，就是私人业主制的集权组织管理模式造成的。诚如朱联保所说："汪孟邹、汪原放叔侄是以旧式商店的管理方法经营亚东图书馆。""他们店内的工作人员，最多时亦只 20 余人，绝大多数是安徽绩溪同乡，若非本族，便是亲戚。""汪孟邹是旧式文人，以封建家长式经营出版业，经济上家店不分，并以店内资金去做粮食、百货等生意，有所损失，故时有纠纷，常由章、陈、胡三人从中调解。"③所以，亚东图书馆在出版业中没有做大做强，没有取得更大的辉煌。

　　合伙制就是两个以上的少数人联合投资，合伙人对企业债务负有无限连带责任的企业。相比业主制的出版机构，合伙制的出版机构在一定

① 范军、何国梅：《商务印书馆企业制度研究（1897—1949）》，武汉：华中师范大学出版社，2014 年，第 27 页。
② 王余光、吴永贵、阮阳：《中国新图书出版业的文化贡献》，武汉：武汉大学出版社，1998 年，第 166 页。
③ 朱联保：《近现代上海出版业印象记》，武汉：学林出版社，1993 年，第 200、209 页。

程度上突破了资本的限制,有利于扩大企业规模,促进生产的发展。合伙制在明清时期即存在于手工业、农产品加工业和矿业等行业中,并通过契约逐渐制度化。传统的延续、西法的影响,民国时期江苏境内出版业合伙制的出版机构十分盛行。一些同人刊物、同人书店,绝大多数是采用合伙制形式经营的。即便是后来采用公司制经营的、有重大影响的大书局,如商务印书馆、中华书局、开明书店等,在初创时期也多采用合伙制或合作制。1916 年成立的大东书局,是由吕子泉、王幼堂、王钧卿和沈骏声 4 人合资 3 万元,在上海福州路昼锦里口租了一间门面,并聘请编辑从事图书出版起家的。但是,合伙制的出版机构,一般发展的路径比较曲折,上升的空间并不是很大。如 1927 年洪雪帆以 5 000 元起家成立的现代书局,后有张静庐、沈松泉、卢芳等加入,成为一家合伙制的出版机构。书局起初发展很好,出版了当时很有影响的《现代》杂志,以及一批有影响、销路好的文学作品。但后来洪雪帆与张静庐意见不合,在未充分协商的情况下张静庐被清理出门,最终现代书局因资不抵债停业。

1872 年轮船招商局的诞生,标志着西方新型企业资本组织形式开始在中国出现。这种新型企业资本组织,就是股份制企业或称为公司制企业。20 世纪二三十年代,是江苏出版业发展的高速时期,商务印书馆、中华书局、大东书局、世界书局、开明书店等,无不采用股份制形式经营。以商务印书馆为例,最初只是股份合伙制的小型家族式的印刷所,有着浓厚的家族色彩。夏瑞芳、鲍咸恩、鲍咸昌、高凤池等 4 人为主,实际集资 3 750 元(号称 4 000 元)创办了商务印书馆。这四人的组合有五"缘":一是"乡缘",夏瑞芳和高凤池是江苏青浦的同乡;二是"学缘",夏瑞芳与鲍氏兄弟都是教会办的清心书院的学生;三是"教缘",几乎都是基督教徒;四是"业缘",夏瑞芳和鲍氏兄弟在美华印书馆学习过排字技术,高凤池也在美华印书馆工作过;五是"亲缘",夏瑞芳妻子是鲍氏兄弟的妹妹鲍珏。因此,商务印书馆最初主要承印商业方面的账簿、表册和广告之类印件,也为教会承印《圣经》等书刊。初创之商务印书馆,仅有手摇印刷机 2 部、脚踏圆盘机 3 部、手扳压印机 3 部,雇用了 10 多位宁波籍印刷工人开始营业。商务印书馆开办以后,夏瑞芳"他广泛联络,招揽生意,热情接待顾客,营业额逐年上升。他又精打细算,管理得法,盈利成倍增长。如以 1897 年该馆资本额 4 000 元为基数,到 1901 年变成 5 万元,增长 11.5 倍;1903 年为 20 万元,增长 49 倍;1905 年为 100 万元,增长 249倍;1913 年为 150 万元,增长 374 倍;1914 年为 200 万元,增长 499 倍。17年工夫,资本额平均每年增长 29 倍多。这样的高速发展,实属罕见,因此被认为'其历年进展之速,为国人经营事业中之最尖端者'"①。这里所说的增长,包括盈利的积累,也包括增资扩股、吸纳外资和企业兼并等,完全是伴随着公司化程度的提高而逐步发展壮大的。据 1936 年商务印书馆出版的《本馆四十年大事记》记载,商务从小型股份合伙制印刷所到较为规范的股份公司,花了约 9 年的时间。②

　　1917 年沈知方(图 6-2)因债务纠葛离开中华书局后,以 3 000 元资本重操旧业,创办了世界书局。随着图书出版的品种日益增加,生产的规模不断扩大,沈知方个人的资金局限就十分明显了。1921 年 7 月,世界书局改组为股份有限公司,注册资金为 2.5 万元,选举沈知方、魏炳荣、林修良、毛纯卿、张丽云为董事,陈芝生、胡挺楣为监察。沈知方任总经理。局址设在上海福州路、山东路的怀远里,并在怀远里口设立门市部"红屋",同时设立总务处、编辑所和印刷所等。1923 年盘下俄商西伯利亚印书馆。世界书局主要投资人的背景很复杂,有经营书业的、有经营纸业的。中期增资扩股时,投资者来源更加广泛,如后来增补的董事中有银行经理吴蕴斋、华侨领袖陈嘉庚、报关行老板吴南

图 6-2　沈知方

① 贾平安:《记商务印书馆创始人夏瑞芳》,《商务印书馆九十五周年——我和商务印书馆》,北京:商务印书馆,1992 年,第 543—544 页。
② 商务印书馆编:《商务印书馆九十五周年——我和商务印书馆》,《附录》,北京:商务印书馆,1992 年。

浦、鱼行老板吴臣笏、稠庄老板罗坤祥等。沈知方还时常拉作者入股,用书局股票向作者支付稿酬。20 世纪 20 年代末,世界书局设立同人储蓄会(或称读书储蓄部),后改为读者服务部(或称同人存款部),大量吸纳社会游资。在极短的时间里,就吸收了 180 万巨额资金。令人印象最深刻的,是 1928 年 4 月 21 日《申报》第一版全版刊登世界书局读书储蓄部创立的大幅广告。该广告打出的宣传中心是,"读书作为知识储备,储蓄作为经济储备"。广告中还有"赠言:种瓜得瓜,种豆得豆,及早储蓄,终生无忧","读书:一日有一日之益;储蓄:一年多一年之利","唯读书才能成名,唯储蓄才能得利","读书储蓄,是最进步的储蓄新法","读书储蓄,是成名得利的捷径"①,等等。其广告词确能迎合社会大众心理,有抓住人心之处。世界书局改组以后,特别是 1924 年成功进军教科书领域后,很快跃居全国第三大书局。

民国时期江苏境内的出版机构,由业主制、合伙制发展到公司制,其规模通过资本积累和资金积聚由小企业扩展为大企业,管理方式也由分散经营发展为集团化经营,这是当时江苏出版业发展的一种方向和规律。当然,江苏近现代出版业的繁荣和兴盛,既有像商务印书馆、中华书局、大东书局、世界书局等股份制大书局的贡献,也离不开数量众多,如雨后春笋般业主制、合伙制的中小型书店、报馆、杂志社等机构的多元并存。业主制、合伙制、公司股份制多种经营模式的共存,形成当时江苏出版业多姿多彩、竞合并存的局面。

民国时期江苏境内的出版机构,其机构组织随着出版业务的发展,呈现动态的变化过程。初创时期,机构简单,业务拓展了,部门设置也随之增加,编辑部、发行所、门市部、印刷厂、分支机构等依次建立,而且彼此之间各职所司,分工明确。当然,小的出版机构,不会像商务印书馆、中华书局、世界书局等大书局那样部门齐全,机构组织自然要粗略了许多。

以 1927 年前的商务印书馆为例,1903 年以后,商务印书馆始有董

---

① 《申报》1928 年 4 月 21 日。

事和监察。1905 年注册成立股份有限公司后,商务印书馆开始建立其完善的法人治理机构。1909 年,商务印书馆的股东大会通过投票表决选出法人代表机构——董事局(后改为董事会)。董事局(会)是商务印书馆的最高决策机关,对行使商务的产权、资产的利用和利润的分配等问题进行民主决策。但董事局(会)并不负责公司的日常运作。它以任命总、副总经理的方式产生公司的最高行政机关,来负责公司的日常工作。同时,股东大会选举出监察人对公司业务执行状况和财务状况进行监督。(图 6 - 3)

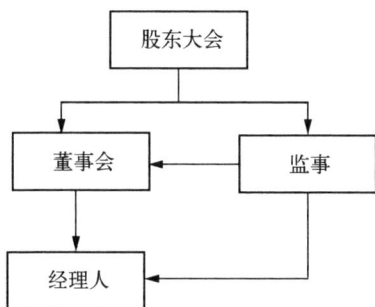

图 6 - 3 商务印书馆法人治理结构图①

商务印书馆成立董事局以后,股东常会每年一次。"股东大会主要讨论通过公司章程、资本额、经营范围、股权利益、选举董事和监察以及经营的建议。由此派生出的内容为修改公司章程,改变资本额、增减经营范围。"②《商务印书馆股份有限公司章程》规定,股东常会及临时会议的决议,必须有超过全公司股份总数一半的股东出席,表决时需有出席股东表决权过半才能生效,如果出席会议的股东其股份数不足总数的一半,即使表决时股东表决权过半也不能成立,即为假议决。此时,公司方面应该将假议决通知各股东,并知会其一个月内召集第二次股东大会再行议决。商务印书馆规定,股东在 10 股以下的每一股有一票表决权,11 股至 50 股者表决权以 9 折计算,51 股至 100 股者表决权以 8 折计算,101 股至 200

---

① 范军、何国梅:《商务印书馆企业制度研究(1897—1949)》,武汉:华中师范大学出版社,2014年,第 74 页。
② 汪家熔:《商务印书馆史及其他——汪家熔出版史研究文集》,北京:中国书籍出版社,1998年,第 39 页。

股者表决权以 7 折计算,201 股至 500 股者表决权以 6 折计算,501 股以上者表决权以 5 折计算,零数不满一权者不计。如遇因事不能到会,股东应开具证明委托其他股东行使表决权,但代理其他股东行使权数与代表人自有之权数,合计不得超过全体股东表决权的 1/5。此外,商务印书馆还规定,"任何股东,不论股权多少,都可随时查阅董事会记录。但是任何股东,无论股权多少,都无权不通过股东大会干涉业务"①。

以股东大会为召集方式的会议体组织,非公司常设机构,亦无执行功能,只能通过召开会议、作出决议的形式行使职权。股东大会的决议由董事会负责执行,由监事会负责保障、监督。商务董事会是股东大会休会时的最高权力机构,它决定公司的经营方针和大计,以及其他重大的和它认为该管的问题。总、副总经理对董事会而非具体股东负责,重大问题要向董事会请示。商务印书馆的董事会章程第十四条规定,总、副总经理针对以下九种事项必须向董事会报告:"房屋地产之买卖或建筑;重要章程之订立或废止及修改;分馆分厂之设立或变更;营业方针之变更;对外重要诉讼事件;公司向外借款或外业股份之认购或转让;每年报告于股东之借贷对照表;提拨公益款项及支用方法;其他总经理认为重大之事件。"②除此之外,对于公司日常事务,董事会不会干涉。商务印书馆的董事会每月召开一次,临时会则因时因事而异。

商务印书馆的经理人包括总经理、副总经理和协理三个层级。商务印书馆的总、副总经理虽然由董事会产生,但实际本身就是董事,具有出资人和运作人的双重角色。总、副总经理对公司具有操控力,而各部主任负责具体实施。商务经理人主要职权有四:一是主持公司日常经营管理,执行董事会决议。二是聘请或解雇公司各部主任、各分支馆负责人等中级管理层。三是经董事会授权对外签订合同或者处理业务。四是负责向董事会及股东大会报告年度经营成果。同时必须承担一定的责任和义务,如不得利用在公司的地位和职权为自己牟取私利,不得以私

---

① 汪家熔:《商务印书馆史及其他——汪家熔出版史研究文集》,北京:中国书籍出版社,1998年,第 39 页。
② 转引自汪家熔:《商务印书馆史及其他——汪家熔出版史研究文集》,北京:中国书籍出版社,1998 年,第 40 页。

人名义非法动用公司资产,不得自营或为他人经营与商务印书馆同类的营业或从事损害公司营业的活动等。[1] 当然,总、副总经理对董事会并不只是负责执行,还可以依据相关章程拒绝董事会超越权限的干涉。

　　商务印书馆初创时仅是一家应时而起的印刷所,机构设置简单,印刷所和1899年开设的沧海山房是其当时以实体形式存在的业务部门。1902年张元济加入商务后,始建编译所和发行所,实现了三所并立。为了加强管理,打破编译所、印刷所和发行所之间各自为政的局面,1916年商务印书馆在陈叔通的建议下成立总务处(后更名为总管理处),用以协调和监督三所的业务。在一处三所的总框架下,设立众多的部、科、股、组及附属公司等各级机构,每一机构都制定严格的部门章程,并聘任负责人负责部门的日常运作。

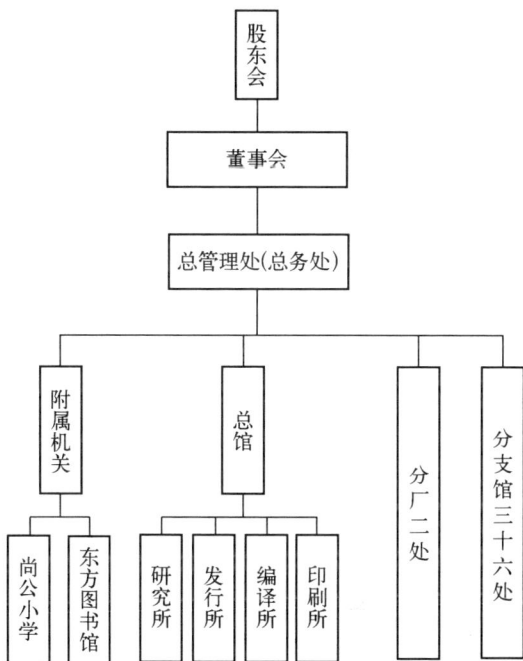

图6-4　商务印书馆总组织系统[2]

① 参见范军、何国梅:《商务印书馆企业制度研究(1897—1949)》,武汉:华中师范大学出版社,2014年,第94—95页。
② 庄俞:《三十五年来之商务印书馆》,见《商务印书馆九十五年——我商务印书馆》,北京:商务印书馆,1992年,第747页。

总务处为商务印书馆执行事务的最高机关,其一切事务由总经理、经理执行。1918 年 9 月,总务处改组,分设机要、稽核、进货、存货、出纳、会计、业务、分庄、交通九科及报运股,并规定三所所长定期叙谈,制订每年的工作计划,所与所之间的冲突和摩擦用开会讨论的形式解决。会议商讨事宜以三所意见一致才算通过,否则便下次开会再行商讨。同时,发行部改发行所,分设收发处、账务处、批发处、庶务处、本版柜、西书柜、仪器文具柜、收银柜、存书课、存货课、轧销课。1919 年 11 月,营业部改隶发行所;12 月,中国商务广告公司成立,取消原隶属营业部的广告股,在发行所内设立中国商务广告公司办事处。1922 年 9 月,发行所增设事务部和承印部。同年 8 月,成本会计办事处成立,直属于总务处。后因承接印件增多,次年 6 月,商务印书馆设立了印件监察处,隶属于总务处。1925 年,商务印书馆设立人事股,负责公司职员的进退、考核及待遇等,隶属于总务处。此后,商务印书馆对总务处进行了多次改组。

商务编译所设所长 1 名,下设事务部、总编译部、编译评议会,总编译部统一管理各函授学社、杂志社、编译委员会和各组,是商务印书馆出版选题计划、组稿、编辑加工的总负责处,掌握商务印书馆的出版源头。1922 年 1 月,王云五任编译所所长后,改组了编译所,在总编译处下,设立国文、英文、史地、哲学、教育、法制经济、数学、博物生理、物理化学、杂纂 10 部及事务、出版两部,与各委员会、杂志社、函授社并存。印刷所设所长 1 名,下设事务系、工务系、设计系。事务系执掌书刊的运输及机器设备的管理和维护;工务系主要负责具体的印务工作,分石印股、彩印股、制版股、装订股、铅印股、排版股、制造股;设计系则负责书刊的装帧设计、生产统计等。发行所是商务印书馆产品的销售部门,设所长 1 名,下设各柜、各处和各科,主要负责商务印书馆书刊及其他产品的发行销售。

商务印书馆为了拓宽产品的销售渠道,更大份额地占据国内外市场,在各地陆续设立了 30 多处分馆和支馆。汉口(1903 年)和长沙(1904 年)是商务印书馆最早设立的两处分馆。商务印书馆规定,独计盈亏者为分馆,名称定为"商务印书馆 XX(地名)分馆",本身不计盈亏而与他分馆并计盈亏者为支馆,称为"商务印书馆 XX(地名)支馆"。各分馆设会计主任 1 名,下设会计、营业、事务 3 股。① 分、支馆与总馆之间,在人事、资金和管理上都是从属关系。各地分、支馆的经理均由总馆任命,接受总馆领导。各分、支馆自身没有生产能力,其产品主要靠总馆统一发配。总馆根据各地分、支馆的实际情况制定分、支馆半年或一年的营业底限,超过者获得奖励。各分、支馆的营业收入除扣除维持自身营业需要的资金外,悉数上交至总馆。商务印书馆还为各分、支馆制定了统一的经营规则,防止公司的客户钻空子拖欠书款。"1919 年起,商务印书馆编印内部刊物《通讯录》月刊。其中一栏定期公布各分、支馆客户名录。一方面果然有助于分馆间对欠款催收有个竞争力,另外分馆可明白自己往来同业有无在与其他分馆往来。"②

商务印书馆是近现代江苏境内最早按现代企业制度建立起来的出版机构,其"一处三所"的组织机构具有典型的示范效应,所以后起的中华书局、世界书局、大东书局、开明书店和正中书局等大的出版机构,大多仿效商务印书馆的组织确立管理和业务编制。有的或有些变通,但大格局基本相似。民国时期江苏境内出版机构的组织设置,诚如《中国出版通史·民国卷》所言:"一方面有其成熟和稳定的一面,体现了这一时期出版企业的自身特点和发展的基本定型,另一方面又有其变革和发展的一面,体现了出版企业因时而变和适应潮流的基本特征。两者的结合,推动了出版企业组织结构的日趋合理和经营管理水平的不断提高。"③

第二节　选题、组稿与稿酬

民国时期江苏书刊出版的选题策划,虽然各个出版机构的规模大小、人员的素质、编辑出版方向等不同,选题的范围、重点、质量等也有所不同。

---

① 参见范军、何国梅:《商务印书馆企业制度研究(1897—1949)》,武汉:华中师范大学出版社,2014 年,第 104 页。

② 汪家熔:《商务印书馆史及其他——汪家熔出版史研究文集》,北京:中国书籍出版社,1998 年,第 120 页。

③ 王余光、吴永贵:《中国出版通史·民国卷》,北京:中国书籍出版社,2008 年,第 186 页。

但是,选题策划的方向大致相同,既有追逐市场的跟风型选题,也有在模仿基础上的改进提高型选题,更有引领潮流的策划创新型选题。诸如商务印书馆、中华书局等大的出版机构,编辑力量雄厚,选题的范围很广,质量也比较高。而一些中小型出版机构的选题策划也不乏亮点之处。

中华书局成立之前,商务印书馆作为中国最大的民营出版机构,出书以激荡潮流自居,兼之网罗了一大批高精尖的编辑人才做后盾,其选题的创新水平与策划含量,在当时出版界中堪称翘楚。中华书局成立之后,虽然编辑力量弱于商务印书馆,在选题策划能力上也不及商务印书馆,但其"掌门人"善于借鉴他人成功选题的思路,注意改进和提高,因此也获得了成功。江苏近现代出版业中,教科书的出版始终是各出版机构的重点,不论是民营的还是官办的,都以教科书为其重要利润来源。"教科书是各家发行的最大目标,因为它利润最大销数最稳定。"①1912 年中华书局一成立,立即向靠教科书起家的商务印书馆发起强烈挑战,策划推出了《新中华教科书》,打破了商务印书馆一家垄断全国教科书市场的局面。此后,中华书局又相继策划推出了"共和国教科书""新制教科书""实用教科书""新式教科书"等系列教科书。待新文化运动发起,中华书局又开展了以白话编写的教科书竞争。从 1912 年至 1914 年,中华书局版教科书就达 400 多种,市场占有率较高,在某些地区甚至超过了商务印书馆。作为商务印书馆教科书出版的强力竞争者,中华书局还成立教科书部专司此事。但是,中华书局版教科书成书仓促,制作粗糙,虽因政治鼎革的关系畅销一时,却无法打垮和取代商务印书馆版教科书。商务印书馆在中华书局版教科书风头正劲的时候,在张元济等人的主持下,一方面修订重编以前发行的教科书,另一方面调集人力精编新的教科书,先后策划推出了"共和国教科书""新法教科书""新学制教科书""新时代教科书""基本教科书""复兴教科书"以及"大学丛书"等多套教科书,为各级各类学校提供了配套齐全的教科书。商务印书馆版新策划编辑的教科书,无论是质量还是数量,都在中华书局版之上。

古籍图书的整理出版不仅体现了一个出版机构的实力和水平,同时

---

① 金兆梓:《我在中华书局的三十年》,《回忆中华书局》(上编),北京:中华书局,1987 年,第 228 页。

也是衡量一个出版机构的经营理念,以及对传统文化关怀程度的重要标志。商务印书馆自张元济入主编译所后,就开始有计划地搜集和出版古籍图书。其策划出版的古籍图书有《四部丛刊》《道德经》《续道藏》《百衲本二十四》《四部丛刊续编》等。其中,以《四部丛刊》和百衲本《二十四史》最为著名。(图6-5)前者在1919年出版后,至1934年已印刷三次,前两次印数就超过5 000部,尚供不应求。商务印书馆出版的《四部丛刊》获得成功后,中华书局"掌门人"陆费逵也很快做出决策,采用现代出版技术出版了《四部备要》。但是,这两部大型古籍丛书的选题和出版手段都有很大不同,各自显示的学术意义和收藏价值也有很大差别。《四部备要》强调的是古籍的实用价值和聚珍仿宋版的精美排印技术,这与《四部丛刊》讲究古籍的版本价值,采用影印技术有所不同。因此,《四部备要》虽然晚于《四部丛刊》两年,但由于与《四部丛刊》在内容上互有侧重,形式上各有千秋,其市场销路并没有受到《四部丛刊》太大影响。在社会效益和经济效益上,两书都各得其所。①

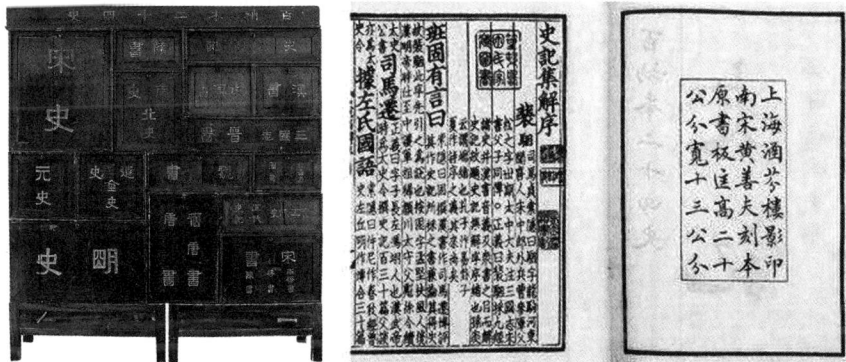

图6-5　百衲本《二十四史》

　　商务印书馆经济实力雄厚,在出版众多优质图书的同时也出版了多种有影响的刊物。为了与商务印书馆竞争,中华书局决定凡是商务印书馆有一种杂志,中华书局就跟着模仿出版一个相应的刊物。商务印书馆1904年至1922年,分别创办了《东方杂志》(1904年)、《教育杂志》(1909年)、《小说月

---

① 申作宏:《陆费逵的同业竞争策略》,《出版发行研究》2005年第4期。

报》(1910 年)、《少年杂志》(1911 年)、《学生杂志》(1911 年)、《妇女杂志》(1915年)、《英文杂志》(1915 年)、《儿童世界》(1922 年)、《儿童画报》(1922 年)等刊物。中华书局成立后,分别创办了《大中华》(1915 年)、《中华教育界》(1912年)、《中华小说界》(1914 年)、《中华童子军》(1914 年)、《中华学生界》(1915年)、《中华妇女界》(1915 年)、《中华英文周刊》(1914 年)、《小朋友》(1922年)、《中华儿童画报》(1914 年)等刊物。中华书局的八大杂志确实都可以在商务印书馆的期刊中找到其相应的刊物。但是,中华书局对商务印书馆的借鉴,不是粗劣的模仿和亦步亦趋,而是选题策划学习、创新的过程。如与《东方杂志》相应的《大中华》,其主编是梁启超,内容多论述各国大势,介绍最新学术动态,研究国家政策和个人修养方法。此外,该杂志不拘成见,不限一家之言,对抵触的言论也兼收并蓄,内容丰富,言论观点客观公正。在当时的历史条件下,资料翔实、印刷精美的《大中华》,与商务印书馆的《东方杂志》一起成为当时全国最重要的刊物。

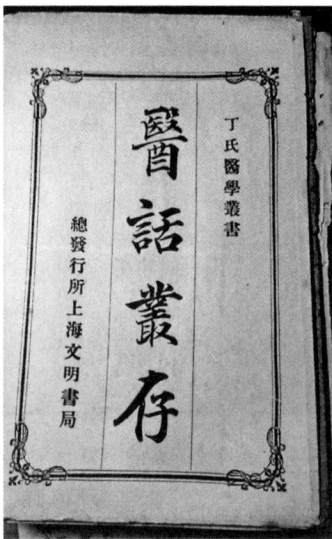

图 6-6 丁氏医学丛书

当然,民国江苏出版业的兴盛与繁荣,既有大书局举足轻重的影响,也离不开众多中小书局的众星捧月、各呈异彩。在当时十分激烈的出版竞争中,规模较小的中小书局的"掌门人"为了在夹缝中求生存,往往在选题策划上另辟蹊径。医学书局创始人丁福保,他对民国出版业贡献有三:一是医学书籍的刊印,二是古籍的整理出版,三是工具书的编纂印行。20 世纪 30 年代初,《良友》杂志曾将他列为成功人士介绍给社会。《近现代上海出版业印象记》介绍"医学书局"时说:"他(丁福保)对医学、文学、佛学、货币学等都有研究,主要出版医学书籍。"[1]其医学书籍的出版主要指自编自印了"丁氏医学丛书"。(图 6-6)20 世纪初,丁福保为什么要策划编译和出版这么一套医学书

---

[1] 朱联保:《近现代上海出版业印象记》,上海:学林出版社,1993 年,第 244 页。

籍？他在编辑缘起中说,刊行医学书籍特别是引进现代东西医学知识是时代的呼唤:"近世东西各国医学之发达如万马之腾骧,如百川之汇萃,磅礴浩瀚,骎骎乎随大西洋之潮流,渡黄海岸,注入亚东大陆,俾不才肆其雄心,穷其目力,运长广之舌,大陈设而饮吸焉,岂非愉快事哉!"[1]丁福保本身学识广博,中西兼容,精通医学,悬壶济世,当时已是沪上名医,加之又得到亲赴日本考察医学的机会,这就使得丛书所选皆有眼光,既较为完整地反映了日式西医学的知识体系,也代表了当时西方医学的水准和最新成就,可以说是西方医学传入中国的集大成者,也有人称其为"日本医学输入中国之始",这从《古方通今》(1909 年)、《公民医学必读》(1909 年)、《药物学纲要》(1914 年)等十余种"丁氏医学丛书"中可窥一斑。[2] 这套丛书在国内外获得了多项奖励,具有很好的社会影响;同时也有不俗的市场业绩,不少品种一版再版,长销不衰,诸如《怎样调理使你身体强壮》《卫生格言》等,都是当时的畅销书籍。

　　1919 年至 1922 年间,在新文化运动高歌猛进的年代,亚东图书馆率先策划出版了新诗集、白话文存和标点旧小说,可视为一个出版者对时代潮流的积极响应。亚东图书馆对《水浒传》《红楼梦》《西游记》《三国演义》等古典白话小说的标点分段,是我国新式标点用于古籍整理的第一次,对当时标点符号的普及和国语运动的推行,起到了积极的推动作用。同时也成为亚东图书馆当年的畅销书和长销书。1931 年钟山书局成立后,出版者深感当时大、中、小学教科书编辑不够理想,策划出版了一批中小学教材和大学用书。由于编辑人都是具有实际教学经验的国立中央大学的教师,而且行文深入浅出,清新流畅,很受学生欢迎,社会影响较大。民国江苏境内的中小出版机构数百家,能在出版史上留下痕迹的,必定是那些走特色化、专业化、个性化选题路子的出版人和出版机构。

　　民国江苏出版业的稿件来源,主要通过编译所内部稿、作者自投稿、关系推荐稿、出版机构征稿和约稿五种形式。商务印书馆、中华书局、世

① 张宪文、穆纬铭:《江苏出版人物志》,南京:江苏人民出版社,1995 年,第 422 页。
② 范军:《民国中小书局"编辑掌门人"的选题策划》,《现代出版》2015 年第 5 期。

界书局、正中书局等大出版机构,其教科书、工具书、大型古籍图书的出版,大多出自编译所内部稿和自家的收藏。张元济入主商务编译所后,1909 年便设立涵芬楼,千方百计地搜求古籍善本,保存中国的传统文化。1924 年,涵芬楼成为国内最大的图书馆,藏书达 51.8 万多册。在此基础上,1919 年起张元济、孙毓修等开始部署《四部丛刊》的影印工作。1922 年,商务印书馆采用涵芬楼藏书影印《四部丛刊》的初印本问世,收入经、史、子、集图书 323 种,社会影响突出,广受学术界重视,前两次印数都超过 5 000 部,一直供不应求。① 工具书由于其生命力长、经济效益大,成为各出版机构关注的热点和焦点。1912 年商务印书馆出版《新字典》之后,凭借雄厚的经济实力、强大的编辑阵容,先后编辑出版了《学生字典》《国音字典》《辞源》《植物学大辞典》等大量的工具书。中华书局成立后,陆费逵采取"跟踪超越"的策略,在借鉴的基础上又有所创新,组织编译所欧阳溥存、范静生等人编纂了《中华大字典》。1915 年 12 月《中华大字典》出版,因其校正了《康熙字典》4 000 多条的错误,收字也多于《康熙字典》,质量也超过了商务印书馆的《新字典》,成为当时中国最完备、内容最丰富的一部字典,直至今日还在重印。② 编译所内部稿件,为出版机构编辑人员职务时间所完成的书稿,作者有署名权,其他版权则归出版机构所有。至于其他几种形式的稿源,与现代出版形式大致相同。

"商务印书馆从图书生产源头——作者入手,利用其广泛的社会力量寻找行业专家组织、撰写书籍。从张元济入馆开始,严复、蔡元培、胡适等学术精英和当代著名知识分子就紧紧围绕在商务印书馆的周围,他们一方面为商务撰写高质量的书籍,另一方面为商务的图书出版提供诸多建议和意见,促进其图书质量的提高。"③陆费逵曾提出"作者是衣食父母"的主张,"在出版实践操作中,中华书局从不拖欠作者的稿费,对作者的约稿恪守信用,稿成以后即使不能出版,也要说明理由,并酌情支付

---

① 陈刚:《中国近代图书市场研究》,《编辑学刊》1995 年第 2 期。
② 元青:《中国近代出版史稿》,天津:南开大学出版社,2011 年,第 180 页。
③ 范军、何国梅:《商务印书馆企业制度研究(1897—1949)》,武汉:华中师范大学出版社,2014 年,第 130 页。

稿费。中华书局的诚信作风赢得了作者的信任,不少作者多次把书稿交给书局出版,大大稳定和丰富了稿件的来源,保证了书稿的质量"①。

　　建立和稳定自己的著译者队伍,是江苏民国时期出版机构的共同之处。不仅商务印书馆、中华书局如此,其他出版机构也如此。世界书局在沈知方的主持下,20世纪20年代将小说类的刊物办得非常红火。沈知方经营出版业的成功之处在于他的谋略,如他将办《新声》较为成功的施济群招致自己麾下,让他参与编辑《红杂志》;又采取长期聘用的方式,将写《留东外史》已然成名的平江不肖生向恺然"包"下来,并让他专写武侠小说;后来又将张恨水的小说"买断",由世界书局独家出版;等等。然而,关键是他引进了具有独特编辑眼光的合作者——严独鹤。(图6-7)作为站在作者与读者之间架起桥梁的编辑,严独鹤显示出他非同一般的眼光。他曾将在北平已有一定名气的张恨水引进上海的小说市场,结果经过他策划的小说《啼笑因缘》在《小说林》上连载,一炮走红,奠定了张恨水小说大家的地位。同时也为世界书局拉拢了作者。严独鹤在主编世界书局《红杂志》《红玫瑰》《侦探世界》等

图6-7　严独鹤

期间,聚集了向恺然、施济群、江红蕉、王西神、沈禹钟、程瞻庐、程小青、李涵秋、姚民哀、张恨水、赵苕狂等一批鸳鸯蝴蝶派当红作家。同时,也是沈知方用高稿酬吸引作者的结果。如当时通俗小说稿费的平均水平为每千字3元左右,而张恨水的稿酬是每千字4元至10元。② 受世界书局大办通俗小说刊物的启迪,大东书局引进了周瘦鹃,推出了《游戏世界》《半月》《紫罗兰》等刊物,也聚集了一批通俗小说的作者。

　　清末民初以来,随着中国社会文化自由市场的形成,出现了中国出

① 王余光、吴永贵:《中国出版通史·民国卷》,北京:中国书籍出版社,2008年,第200页。
② 朱联保:《关于世界书局的回忆》,《出版史料》1987年第2期。

版史上第一批专以写作作为谋生方式的新兴知识分子(即现在所说的自由职业者)。他们主要依靠稿费、版税和编辑费收入来保障生活。顾颉刚在1923年2月20日的通信中,说出了这批新兴知识分子的"一不靠官,二不靠商,自食其力,自行其是"的理想:"只希望著述上可以立足的人得终身于著述,不受资本家的压制、社会上的摧残。我们的生活,靠政府也靠不住,靠资本家也靠不住,非得自己打出一个可靠的境遇就终身没有乐趣了!"①民国时期出版机构的组稿活动,虽然是在著作权已形成社会共识的前提下进行的,但是支付著作者稿费、版税没有统一的标准。以商务印书馆为例,版税、稿费有着比较灵活的规定,其标准视著者的知名度、学术水平、书稿质量和发行量等各方面情况而定。如梁启超的《中国历史研究法》等书的版税为40%,是最高的。一些教科书和工具书的编译费,常是一次性付酬,不采取版税制。1912年丁文江编著的《动物学》一书,酬金为400元;秦汾、秦沅合编的《代数学》《几何学》,稿酬共700元;景阳编的《三角学》,稿酬400元。而梁启超在《东方杂志》上发表文章的稿酬为每千字20元,也是最高的,故张元济1922年10月与梁启超通信中有"千字二十圆乞勿与人道及,播扬于外,人人援例要求甚难应付"②之语。即使是胡适、鲁迅、林纾等大家,每千字的稿酬也不是很多。鲁迅文章一般稿酬是千字3元,有时千字5元(如商务印书馆和中华书局给鲁迅的稿酬标准),《二心集》的稿酬为千字6元,这在上海就是比较高的了。商务印书馆所定稿酬:郭沫若千字4元,胡适千字5—6元,林纾和章士钊千字6元。③ 所以,真正依赖稿费、版税即可谋生的知识分子还是很少的。

当然,著作者与出版者在稿酬问题也就是收益分配上,永远都是一对矛盾。前者是愈多愈好,后者是愈少愈好。作为当时新兴产业的出版业,也是以盈利为主要目的,因此社会对出版商给著作者稿酬偏少的通病给予猛烈的抨击。如《现代评论》曾发表署名"壮学"的文章《出版界的根本问题》,矛头直指商务印书馆:"商务抽版税的办法,著者最多只得一

---

① 转引自陈明远:《文化人的经济生活》,西安:陕西人民出版社,2005年,第45页。
② 陈明远:《文化人的经济生活》,西安:陕西人民出版社,2005年,第39页、41页。
③ 陈明远:《文化人的经济生活》,西安:陕西人民出版社,2005年,第54页。

成五,其余八成五都归他自己,这是剥削劳心者。"创造社"小伙计"周全平接连发表《漆黑一团的出版界》和《怎样去清理出版界》,指出"著作家的利益大多被资本家掠夺了"①。再如以出版标点旧小说出名的亚东图书馆,老板"付版税给作者,拖拖拉拉,烦言不少"②。在出版者和著作者的收益分配上,商务印书馆、中华书局等大出版机构还是比较公正的,守合同的。如有作者说:"商务账务正确,检查严密,对著作人之版税,毫不作伪,毫不推诿,不若他家今日不结,明日不销,似乎全然无人负责,全然不顾面子。一·二八事变,公司全毁,停业多月,余以为版税无着矣。不料复业不及一月,已将一·二八以前未付清之版税 1 700 余元送至吾家。商务之诚实可靠,商务之顾全信用,真可令人叹服。"③可见,只有具有严格制度的出版机构,才能和著作者建立诚信的关系,才能得到广大作者的支持。

五卅运动以后,随着中国知识分子的经济观念转变,以及对一些出版商拖欠克扣稿酬的不满,著作者开始维护自己的精神权益和经济利益。新文化运动的主将胡适给自己规定的版税率是初版为百分之十五,再版为百分之二十,达不到这个标准,作品宁肯不出。创造社出版部被国民党政府查封以后,郭沫若即转向商业出版,自定《创造十年》每千字为 15 元,书稿随即被现代书店买去。鲁迅也曾委托律师向北新书局索取版税之权,准备与出版商李小峰对簿公堂。甚至有人认为,著作者在经济观上的集体觉醒和转向,是 20 世纪 30 年代中国文学存在和繁荣的主要原因之一。"鲁迅、胡适、郭沫若等新文化运动的代表人物在报酬观上的集体觉醒和转向,使新文学有了进一步发展的基础,试想众多的职业作家如周扬、夏衍、田汉、鲁迅、巴金、郁达夫、曹禺、沈从文等,如果他们的金钱观、稿酬观不转变,他们又将何以为生,怎样创造自己的文学历史?自觉地维护自己的经济利益,是新文学的发展的方向之一,同时也

---

① 王建辉:《上海商务印书馆编辑薪水和作者稿酬问题》,《出版发行研究》2002 年第 8 期。
② 汪原放:《回忆亚东图书馆》,上海:学林出版社,1983 年,第 49 页。
③ 萧乾:《我与商务》,《商务印书馆一百年》,北京:商务印书馆,1997 年,第 76 页。

是三十年代中国文学存在和繁荣的主要原因之一。"①

　　民国时期江苏境内的出版机构，由于管理者经营理念上的差异，能够彪炳史册的只有寥寥数家。只有注重选题策划，团结作者，广交人才，合理分配收益，才是出版者的生存之道。但是，诸如商务印书馆、中华书局等成功的"高明"之处，还在于对自己的编辑和作者并不十分苛刻，也是在竞争十分激烈的民国出版业中始终能够挺立前头的缘由之一。

第三节　书刊装帧艺术

　　书刊装帧是指包括开本、字体、封面、环衬、扉页、版面、插图、纸张和印刷等构成书刊整体的工艺技术。中国书刊装帧艺术的变革始于清末民初，五四新文化运动以后才产生重大突破。随着民族资本主义的进一步发展，西方现代印刷技术的引进和利用，以及西方洋装书刊大量流入境内，至民国初年，江苏书刊装帧的工艺在模仿、借鉴西方"洋装书"，摆脱了传统线装书形式的基础上，又得到了巨大的发展和进步。

　　民国以后，由于现代西方印刷技术在江苏出版业中广泛使用，并取代了传统的雕版印刷逐步占据了主导地位，传统手工制作的如黄白麻纸、连史纸、宣纸等软纸已不能满足大量生产的需要，更不便双面印刷和新的印刷技术，于是从国外进口的各种"洋纸"应运而来。如商务印书馆1912年版的《共和国新教科书》，正文多用有光纸，封面则用"鸡皮纸"。而双面印刷的使用，使书籍的版式和装订技术发生了根本性的变革。如上述商务印书馆版的《共和国新教科书》中初小用《国文》《手工》《算术》《唱歌》《体操》等，正由折叶齐栏线订的形式，逐步演变为大张连折的铁丝装订；中华书局1912年出版的《新中华教科书》，其《算术教科书》《国民读本》《经济教科书》等，以及1913年出版的《新制初小教科书》《新制

---

① 吴靖：《中国近现代稿酬制度流变考略——兼论稿酬制度对文学生产的影响》，《书屋》2013年第7期。

高小教科书》《新编高小教科书》等,则采用了"平装书"的装帧形式。如此,新式书刊装帧形式逐渐在江苏境内产生和发展。

民国时期,平装书刊的装订方法主要有两种,即骑缝铁丝订和铁丝平订。骑缝铁丝订俗称骑马订,是指在对折书帖的骑缝处,加上用普通订书刊时所用的铁丝订,铁丝的两端在书籍里面折回压平,一般使用于簿本的小册子。如中华书局1913年出版的《算术》(范源濂编辑,顾树森编写),文明书局1914年出版的《新修身》(陆规良、张景范编辑)等。铁丝平订,则是迭在一起的书帖左边或右边距书脊5毫米以内的地方,由上而下用铁丝订缝,一般也适用于簿本小册子,且由大张连折改为单页。如1916年上海流行的《袁政府画史》,以及1921年世界书局出版的连环画,多数采用这种装订方法。对于一些厚本图书,江苏出版机构也采用上述两种方法,只是先将厚本分成许多帖,各自用骑马钉订好,然后再用蜡线连在一起,加上封面。[1] 同时,江苏出版界还出现了精装书籍。所谓精装,即在平装书的基础上,书面材料多采用纸或织物,在黄板纸上加装裱,书脊、封面文字,一般以金粉或化学色粉等加热烫印而成。此法一般适用于一些较珍贵的书籍,但有时一些出版商为增加书籍的外形美观,利于销售,也采用这种装订方法。稍后,一些单行本也开始采用书皮外再包透明纸,或飘口的"半精装"装订方法。此外,仍有少数书籍沿袭古代包背装的装订方法,如1935年国立中央图书馆筹备处编辑出版的《四库全书》(影印本,4种),用绢面包背装装帧,并以4色的绢面区分书的不同部类,实为精致的工艺品。

民国以前,江苏境内出版的书刊大多以传统线装为主,封面装帧素雅简洁,除注有书刊名、著作人、出版人、刊刻者等外,基本上没有封面画,只有文字的变化,至于现代书刊封面设计所要求解决的"构图""立意""形象""色彩"等要素,[2]几乎为零。民国以后,随着江苏境内出版物的急剧增加,书刊封面的设计日益受到出版者的重视,尤其是杂志封面的设计。《新青年》的第2卷第1号,刊名用美术字从右到左横排,要目

---

① 钱文华:《民国时期苏版图书装帧艺术浅析》,《江苏出版史(民国时期)学术讨论会文集》,南京:江苏人民出版社,1991年,第263页。

② 高斯、洪帆:《图书编辑学概论》,南京:江苏教育出版社,1989年,第228页。

图 6-8 《小说月报》

外边围以西式的边饰,显然是借鉴了欧洲 19 世纪的装饰方法。"《东方杂志》、《小说月报》、《礼拜六》等刊物的封面上,开始采用汉画像砖的人物车骑或中国画、人物风景作为装饰。"①(图 6-8)而图书封面的设计,大多沿袭和传承了传统线装书的题签形式,但也汲取借鉴了西方的装帧元素,开始注重封面设计的色彩、构图与题签等。如民初商务印书馆出版、林纾翻译的《黑奴吁天录》,封面以黄色作底另盖淡绿色,"黑奴吁天录"采用魏碑字体竖排于封面正中,两旁添加了边框,封面四周也采用了图案的边饰,装帧简单朴素,色彩极为雅洁。

五四运动以后,江苏书刊的封面设计进入了一个新的时期。1920 年《新青年》五四纪念号,以法国雕塑家罗丹的劳工神圣纪念碑作为封面装饰画,从杂志的内容到封面的装饰达到了和谐统一。1922 年中华书局出版的《齐白石画册》、张闻天的《青春的梦》、李劼人的《死水微澜》、刘海粟的《世界名画集》,封面设计考究,装饰精良。而 1923 年商务印书馆出版的《繁星》(冰心著),淡蓝色封面纸作底,正中竖排"繁星"二字,设计虽然朴素简单,但清新雅洁,极富诗意。在商务印书馆和中华书局出版的丛书和文库类图书中,"常采用汉砖和金石纹样作装饰,再配以书法家题写的书名"。而在中小学教科书的封面设计上,"常以不同颜色的纸作为封面材料或用单色印刷封面底色,封面的四周用图案作装饰边,用铅字排印书名,这种形式无疑与现代凸版印刷技术的发展是分不开的"②。这个时期江苏书刊的封面设计,起初并无定式,不同性质的书刊,不同性质的出版机构,均有各自迥然不同的处理办法。如中共领导的上海书店出版的《共产党宣言》

---

①② 崔欣:《民国时期的书籍装帧设计》,《出版参考》2015 年第 6 期。

（陈望道全译本），其封面以大幅马克思肖像置于正中，以大小不同的铅字排印书名、丛书名及著译者，显得极为庄重醒目。(图 6-9)当然，这些封面设计初时有一定的新意，但随着时间的推移渐成为一种定式，在相当长的时间内停步不前。

抗战爆发后，江苏国统区出版物的封面设计，色彩简洁、明快；封面题签或正文用字，严肃、粗犷；封面装饰多采用木刻版画或漫画，工艺简约，含意深刻。在日伪沦陷区，由于得到日本帝国主义的扶持，汪伪政府的出版物无论是封面设计，还是其他装帧工艺，都极为讲究，

图 6-9　陈望道译《共产党宣言》

但因其内容反动，故流传不广、影响甚小，随着抗战的结束销声匿迹。而在江苏各抗日根据地和解放区，虽然物质条件极为艰苦，但书刊的装帧艺术却形成了自己独特的风格。当时书刊的封面大多用新闻纸或土纸作原料，封面制版也常以木刻版画替代，利用版画和手写字体，简单、明快的黑红二色（或单黑色），显得既严肃大方，又富有战斗气息，具有明显的时代特色。如苏北出版社出版的《中国共产党的政策》，白色封面正中竖排"中国共产党的政策"八个大号铅字，左边用小号铅字竖排"苏北出版社印行"。大众出版社出版的《国民党第一次代表大会文件汇编》（《大众丛书》第1辑），封面仅用黄条纹牛皮纸加大号铅字作成，没有任何附加装饰。此外，一些政治理论读物的封面也有简洁的图案装饰。如苏中出版社出版的《毛泽东选集》，封面正中左部印有毛泽东半身肖像，右部自上而下有简单的线条，肖像画下印有选集的顺序号。新四军华中军区政治部印行的《毛泽东的建军思想》，封面左边 2/5 处竖排"毛泽东的建军思想"八个大号美术体字，右边中下部印有一幅木刻画。画面内容是，两个昂首挺立新四军战士的正前方为一光芒四射的太阳。再如江潮出版社的《回忆与感想》，书名以美术体字通贯封面中部，下为副标题"为新四军成立六周年纪念而

作";左上部印有一幅木刻画,内容为一个右手指向前方骑马的新四军战士,身后跟的是一大队新四军人马;封面上下边缘分别印有著者姓名及"苏中三分区江潮出版社"字样,同时在封面的下方还印有"两支交叉的长枪、红旗及五角星"组成的江潮出版社的社标。① 总之,江苏各抗日根据地及解放区出版的书刊,封面设计十分简洁,很少有繁杂的装饰,开辟了江苏图书装帧艺术的新局面。

在书刊的版式设计上,民国以前的书刊文字多为垂直排版,正文不加标点,字体一般采用仿宋、古活字,或请名家刻写软体等。民国以后,随着铅活字等西方印刷技术的引进和更新,江苏出版物的版式设计异常活跃,丰富多彩。书刊的正文用字一般以宋体铅字为主,起初字体较大,后逐渐变小。文字有竖排也有横排,有自左向右也有自右向左排印。正文版式,一般上下都有两条边线,边线又有直线和曲线之分,在上边线里,有印书刊名,也有印篇(文章)名的;下边线里,一般印页码,也有印出

图 6-10 《繁星》

版机构的。此外,也有正文上下用粗细两种不同的线条,或者上下用两条断续的单条虚线的。正文的上部一般都印有横排的书眉。书刊版权页的排印并无固定的格式,版次、印数、出版时间、出版者、定价等版权项,或不全,或没有,但往往另盖一枚印章贴在版权之处。此外,版权页上往往印有"版权所有,翻印必究"等字样,或贴上版权标识。1923 年商务印书馆出版的冰心的《繁星》,版权页就印有"此书有著作权翻印必究"字样,并贴有"文学研究会、版权所有"的标识。(图 6-10)"那个时候,版权页时而放在文首,时而放在文尾,这方面呈现出一种无序与无规则的状

---

① 钱文华:《民国时期苏版图书装帧艺术浅析》,《江苏出版史(民国时期)学术讨论会文集》,南京:江苏人民出版社,1991 年,第 269、270 页。

态。当时的版权页上常常出现一些很卖萌的东西,鲜活而明亮,版权印花、题签、小花饰等为呆板的页面增添了不少生气。"①民国时期江苏书刊的版权页千奇百怪,无规律可循,即使出自同一家出版机构式样也不统一,但在版式与设计上都花费了一番心思,富有个性,颇具形式美感。至于书刊的开本,一般为 32 开、36 开或 16 开,但也有其他开本的。如1923 年泰东书局出版的郁达夫的《茑梦集》,为 50 开本等。

江苏民国时期的书刊装帧,可谓百花齐放,传承中有所创新和突破,并涌现出一批书刊装帧设计名家。由于政治倾向的不同,艺术修养的不同,他们的设计艺术也不尽相同,呈现多元的景观。一是以鲁迅为代表的"为人生"派的设计家,他们吸收西方现代设计思想,又融合中国古代艺术和民间艺术的因素,创造了民国时期书刊装帧艺术的现代风格。一是以陈之佛、闻一多、叶灵凤等为代表的"为艺术的唯美"派的设计家,他们注重装帧艺术的装饰趣味和形式美。还有一部分设计家,他们借助民间艺术形式,融入西方的艺术特色,创造民族特色鲜明的书刊装帧艺术。② 如陈之佛持"广求""承继"的艺术观,坚信中国艺术有其自身的特性,并且西方艺术和东方艺术有共通点,因此在吸取外来艺术时,必须保持自身特性不变。③ 故而,陈之佛的书刊装帧艺术的图案既从汉代砖刻图案、织绣图案、传统木刻、明清雕漆图案,又从古埃及、波斯、古印度和西方现代艺术吸取营养,这在商务印书馆出版的《东方杂志》封面设计上得到充分体现。1925 年加入创造社的叶灵凤,为创造社成员,为郭沫若的长篇小说《落叶》、翻译小说《少年维特的烦恼》,成仿吾的《灰色的鸟》所作的装帧设计(图 6-

图 6-11 《灰色的鸟》

① 崔欣:《民国时期的书籍装帧设计》,《出版参考》2015 年第 6 期。
② 参见徐习文:《论民国时期书籍装帧艺术的现代化及其启示》,《编辑之友》2014 年第 11 期。
③ 李立新:《探寻设计艺术的真相》,北京:中国电力出版社,2008 年,第 184 页。

11)，以及为《戈壁》等刊物绘制的封面和插图，以其浪漫、唯美的艺术风格，在书刊装帧设计和出版界受到关注。1926 年开明书店出版的许钦文短篇小说集《故乡》，由装帧设计界"为人生"一派的陶元庆设计，其封面画面为一个穿高底靴、蓝衫、大红袍的古装戏女子，手持利剑，锋芒直下，气韵生动，"色彩醇美，构图奇巧"①，融西画、国画、中国戏剧元素于一炉，既具有现代性，又具有民族特色。由于《故乡》装帧设计上画面优美，表达流畅，因此深得鲁迅的赞许，并惟妙惟肖地称其为"大红袍"，堪称当时书刊装帧设计里程碑式的作品。抗战爆发以后，江苏国统区和沦陷区的出版业受到重创，其书刊装帧界鲜有大家，书刊装帧也远远落后于上海。而在江苏抗日根据地、解放区，却涌现出如蔡雄、吕荷僧、史白、鲁烽等一批较著名的装帧艺术家。②

　　江苏民国时期的印刷技术在本书其他章节中已有所涉及，兹不赘言。而作为书刊装帧艺术重要组成部分的印刷术，这个时期，平板胶印、珂罗版印刷、雕刻铜版、电镀（电铸）铜版、照相锌版、凹凸印、照相凹版等一些西方新兴的印刷技术，都在江苏境内的书刊生产中有着不同程度的应用。商务印书馆、中华书局、世界书局、正中书局等大出版机构，无不拥有自己的印刷厂。原本从印刷起家的商务印书馆，一直高度重视印刷技术最新发展动态，及时引进国外先进的印刷设备，聘请国外技师指导，同时还自己制造石印机、铅印机和铸字机等印刷设备。中华书局则不断引进德美最新的印刷机械，积极发展自己的彩印业务，在现代化设备和技术力量上，不仅在全国，就是在当时的东亚地区，也堪称首屈一指。③当时江苏境内印刷水平之高，始终保持国内领先地位。故时人评价说："凡外国印刷之能事，国人今皆能自任之而有余，其技术之精者，直可与

---

① 唐弢：《谈封面画》，孙艳，童翠萍：《书衣翩翩》，北京：生活·读书·新知三联书店，2008 年，第 5 页。

② 钱文华：《民国时期苏版图书装帧艺术浅析》，《江苏出版史（民国时期）学术讨论会文集》，南京：江苏人民出版社，1991 年，第 270 页。

③ 李湘波：《我和中华书局上海印刷厂》，《回忆中华书局》（上编），北京：中华书局，1987 年，第 195 页。

外来技师抗衡。"①大量先进印刷技术和设备的引进与应用,给江苏民国时期书刊装帧艺术的进步和繁荣,提供了良好的条件保障。

在中西新旧文化之间互动、关联和竞争的民国时期,江苏的书刊装帧设计者,既吸收了西方现代书刊装帧艺术的理念,又结合了中国传统的文化因子,在实现书刊装帧设计的现代化转化方面,提供了很多经典作品。这些作品具有强烈的现代创新意识,也为江苏民国时期书刊装帧设计的现代化提供了历史依据。

第四节　书刊发行及其他

民国以后,尤其是五四运动以后,江苏书刊发行业呈突飞猛进发展之势。但是,当时的书刊发行,"基本上沿袭着清末已形成的销售格局,略有些发展变化。当清末最后十年的商务印书馆发展成为全国最大的出版机构时,它在上海总部设发行所和门市,在全国其他各大城市普设分支机构发行销售,为民国时期次第崛起的中华、世界、大东、开明、正中等各大书局所效法"②。正如前文所说,商务印书馆的成功经验中很重要的一点,就是积极开拓发行渠道,自办发行与委托销售相结合,建立起辐射广、反馈及时的发行网络。

商务印书馆 1903 年开始在汉口设立分馆,至 1928 年在全国设立分支机构共 36 处,遍布华北、华中、华东、华南各处(见表 6-1)。这些分支机构直属于总务处(总管理处),主要任务在于商务印书馆版书刊的发行。各分支机构由总馆统一调配供货,在接受总馆配给的同时,发货给下级销售商或各支店,并主动掌握分管范围内的往来客户情况,对其与商务印书馆的账务往来进行监督和跟进。在各分支机构的备货上,商务印书馆采取总馆集中备货、销售点勤添的办法,即"货由发行所统一备,各销售点报销存数,发行所根据销售点销存情况决定添印

① 贺圣鼐、赖彦于:《近代中国印刷术》,《装订源流和补遗》,北京:中国书籍出版社,1993 年,第384 页。
② 王余光、吴永贵:《中国出版通史·民国卷》,北京:中国书籍出版社,2008 年,第 210 页。

数额"①。而对于资金较小的中小型出版机构来说,商务印书馆书刊发行模式就不那么适宜,顶多在本版书刊销售较好的城市设立三五不等的分店而已。即使像商务印书馆设立了分支机构,也不见得都能赚钱,1918 年前后的商务印书馆就约有 2/5 分馆亏本。②

表 6-1 商务印书馆各地分、支机构一览③

类别	名称	地址	设立年期
总馆	总务处	上海宝山路	民国五年(1916 年)
	编译所	上海宝山路	清光绪二十八年(1902 年)
	印刷所	上海宝山路	清光绪三十年一月(1904 年)
	研究所	上海宝山路	民国十九年九月(1930 年)
	发行所	上海棋盘街	清光绪二十八年(1902 年)
	虹口分店	上海北四川路	民国十四年三月(1925 年)
	西门分店	上海民国路	民国十九年八月(1930 年)
分馆	南京分馆	南京太平街	民国三年二月(1914 年)
	杭州分馆	杭州保佑坊	清宣统元年二月(1909 年)
	兰溪分馆	兰溪官井亭	民国三年二月(1914 年)
	芜湖分馆	芜湖西门大街	清宣统元年三月(1909 年)
	南昌分馆	南昌德胜马路	清宣统元年四月(1909 年)
	汉口分馆	汉口中山路	清光绪二十九年三月(1903 年)
	长沙分馆	长沙南正街	清光绪三十九年二月(1904 年)
	常德分馆	常德常青街	民国四年九月(1915 年)
	重庆分馆	重庆白象街	清光绪三十二年三月(1906 年)
	成都分馆	成都春熙路	清光绪三十三年二月(1907 年)
	北平分馆	北平琉璃厂	清光绪三十二年元月(1906 年)
	天津分馆	天津大胡同	清光绪三十二年元月(1906 年)

---

① 张丽明:《商务印书馆早期成功因素简析》,《出版科学》2007 年第 1 期。

② 汪家熔:《商务印书馆史及其他》,北京:中国书籍出版社,1998 年,第 356 页。

③ 转引自范军、何国梅:《商务印书馆企业制度研究(1897—1949)》,武汉:华中师范大学出版社,2014 年,第 106 页。

类别	名称	地址	设立年期
分馆	沈阳分馆	沈阳鼓楼北	清光绪三十二年四月（1906 年）
	济南分馆	济南院西大街	清光绪三十二年四月（1907 年）
	太原分馆	太原桥头南	清光绪三十三年七月（1907 年）
	开封分馆	开封财政厅街	清光绪三十二年七月（1906 年）
	西安分馆	西安粉巷口	清宣统二年元月（1910 年）
	福州分馆	福州南大街	清光绪三十二年四月（1906 年）
	厦门分馆	厦门大走马路	民国十三年八月（1924 年）
	潮州分馆	潮州铺巷	清光绪三十二年八月（1906 年）
	广州分馆	广州永汉北路	清光绪三十三年元月（1907 年）
	梧州分馆	梧州竹安路	民国四年二月（1915 年）
	云南分馆	昆明城隍庙路	民国五年元月（1916 年）
	贵阳分馆	贵阳中华路	民国三年九月（1914 年）
	香港分馆	香港皇后人道	民国二年九月（1914 年）
	台湾分馆		民国三十六年（1948 年）
	新加坡分馆	新加坡大马路	民国五年三月（1916 年）
支馆	吉林支馆	吉林粮米行	民国二年八月（1913 年）
	安庆支馆	安庆龙门口	清光绪三十二年九月（1906 年）
	保定支馆	保定天华牌楼	民国二年元月（1913 年）
	黑龙江支馆	黑龙江南大街	清宣统元年六月（1909 年）
支店	张家口支店	张家口上堡仁寿	民国五年二月（1916 年）
	武昌支店	武昌察院坡	民国十六年元月（1927 年）
	衡阳支店	衡阳八元坊	民国三年六月（1914 年）
	大同支店	大同大西街	民国十七年七月（1928 年）
	运城支店	运城南汉	民国十四年六月（1925 年）
	南阳支店	南阳南门里	民国七年六月（1918 年）
分厂	香港印刷局	香港坚尼地城吉直	民国十三年四月（1924 年）
	京华印刷局	北平虎坊桥	清光绪三十一年四月（1905 年）

第六章 民国出版组织与管理活动

203

商务印书馆、中华书局、世界书局等大出版机构还设立"特约经销处"和经销店,拓展自己的发行网络。商务印书馆的"特约经销处"一般设在县城,以比一般零售店多2—6个百分点的折扣将书刊批发给它们。这些经销处的营业额一般较高,并有自己的下级渠道,可以实现小额批转。这些经销处一般有自己的招牌,如徐州的普育书局等。它的运作方式是,外地书店在预先向出版者交纳部分保证金后,便有权挂起"某某书局某地特约经销处",甚至是"某某书局某地分店"的招牌,享受着某一特定区域内该出版机构所有书刊的营业独占;出版者在给予特约经销店上述特权的同时,也对其每年的本版书刊的销售额,有着数量上的硬性要求和规定。如此协议,双方既互惠互利,又彼此牵制,在资金往来的信用方面,相对来说有所保证。① 这种发行方式也为后来江苏境内许多中小型出版机构所采用。当然,经销处(店)及一般的零售店,不只是销售书刊,还兼文具、仪器等的销售。

当时江苏境内各出版机构发行部门的业务,批发和零售兼顾。批发业务的对象,既有本埠同业,更多的是外埠同行。其折扣,因书、因店、因时而异。汪家熔《商务印书馆史及其他》中曾载有1918年给门市、零售商、分馆发货的折扣状况(见表6-2),可窥一斑。当然,各出版机构相互推销书刊的折扣也不对等,如商务印书馆、中华书局等大书局批给中小书局的折扣要高,中小书局批给大书局的折扣相对要低。出版者除给经销商折扣之外,往往还有回佣,回佣多少则根据经销商的销售业绩而定。

表6-2 商务印书馆1918年给门市、零售商、分馆发货的折扣状况②

类 别	门市折扣	现金批发折扣	赊账批发折扣	发分馆折扣
甲类(小学课本)	50%	45%	50%	30%
乙类(中学课本)	70%	63%	70%	47%
丙类(英文读本和非小说图书)	80%	72%	80%	54%
丁类(期刊)	100%	100%	100%	
小说	60%	54%	60%	40%

① 吴永贵:《民国出版史》,福州:福建人民出版社,2011年,第334页。
② 汪家熔:《商务印书馆史及其他》,北京:中国书籍出版社,1998年,第372页。

江苏境内出版机构的批销方式有现金批发，也有赊销。如商务印书馆所设的"现批处"，是其自营发行机构中的终端机构，既面向同业也面向学校及个人，其特点在于现钱交货，不赊账。这种发行方式，投入少，规模小，资金回笼快，风险不高，也可以说是一种即时性的发行方式。而赊销往往会造成零售店的长期拖账，所以，当时书业界"吃倒账"的现象司空见惯。而邮购业务是先款后货，绝无一般书刊发行中的回款之虞，因而也受到江苏境内出版机构的高度重视。1922年，商务印书馆在上海河南路211号设立"通讯现购处"，开始书刊的邮购业务。现购处由发行所管辖，主要是为方便未设分支机构地区的读者及学校团体购买商务印书馆的书刊、文具和仪器。商务印书馆的邮购业务一律实行款到发货。读者可以到就近的银行免费汇款或通过邮局汇款至商务印书馆，商务印书馆受到购物款后直接发给读者，除中国蒙古、西藏、新疆及国外，国内各处均免收运费。①

与邮购业务一样，预约销售同样是读者先款后货的发行方式。在江苏民国时期的出版界，许多出版机构常采用这种营销策略。商务印书馆就惯用这种发行方式。1915年10月商务印书馆版的《辞源》早在同年5月就分别在多家杂志上刊登图书预约广告。商务印书馆刊行《四部丛刊》初编、续编、三编，《新汉英字汇》，《四部举要》，《影印四库全书》(初集)，《古今说部全书》等大型图书时都采用了预约发行这种营销策略。中华书局也深谙预约销售之道。在1920年开始校印《四部备要》时，中华书局就采用了图书预约销售的发行方式。一些中小型出版机构也很倚重这一营销方式。这种发行的好处：一是促进读者消费，减少购买支出。每家出版者发售预约时，一般是按书价的六折出售，有的甚至更低。如商务印书馆版的《辞源》是半价出售的。二是有利于出版者调剂生产资金，增加利润。预约销售就是出版者提前把书卖给读者，提前得到了书款，为该书的出版提供了资金的保障。预约销售的折扣一般不超过批发折扣，出版者把给同业的折扣转移给读者，仍然可以保留合理的利润。

---

① 范军、何国梅：《商务印书馆企业制度研究(1897—1949)》，武汉：华中师范大学出版社，2014年，第135页。

而且,预收的书款不用支付利息,可以扩大再生产。三是为出版者提供了准确的市场信息。预约销售就是图书出版前的一次模拟销售,其模拟销售情况可以为图书的生产提供大量可靠的信息。四是预约销售可以避免大量的纸张浪费和资金投入,从而提高出版者的生产效率和利润率。①

此外,为了提高书刊的销售额,民国时期江苏境内的一些出版机构的发行部门,除销售本版书刊外,还为学校、学术团体、图书馆等机关单位开展外版书刊的代购代销业务,也为外地同业开展苏版书刊的配购批发业务。

合理的促销策略,不仅有利于产品的销售和经济效益的增长,还有助于企业品牌的塑造和形象的维护,实现企业无形资产的增值。在诸多的促销策略中,广告宣传是最直接的促销方式,也是效果最直接的一种促销方式。所以民国时期江苏境内的一些大的出版机构如商务印书馆、中华书局、世界书局、正中书局等,几乎都做到了有新书必广而告之的地步。而中小型出版机构则大多在结合自身的经济实力和书刊品种规模的基础上,量力而行,设法利用各种方式进行广告宣传。如商务印书馆的广告宣传,主要是在当时的著名报刊和本馆自办杂志上进行书刊广告,内容主要包括新书书目、新出版物介绍、书目征订、文具仪器的宣传、函授学校招生、特价信息等,综合运用了多种广告元素,如图片、字体、字号、色彩、编排等。民国时期苏版书刊的广告宣传,自呈个性与变化,但是围绕读者的宗旨始终未变。当时苏版出版物中销售做得比较成功的,分析其广告活动,都称得上是目标明确,宣传到位。以商务印书馆版、中华书局版《二十四史》,开明书店版《二十五史》(传统"二十四史"之外,加上了《新元史》,故称)为例,按说选题相同,容易发生撞车,而事实上各家在出版之后,经济上均具斩获,效益可观。究其原因,则在于各家对史籍读者细分的目标到位,宣传到位。在三家的广告宣传中,中华书局的聚珍仿宋版排印本《二十四史》,以字体优美、墨色古雅相号召;商务印书馆的百衲本《二十四史》,

---

① 彭林祥:《图书发行与图书预约销售》,《出版与印刷》2009 年第 1 期。

以宋元旧刻、版本精善为旗帜；开明书店的九开缩印本《二十五史》，以价格低廉、便利实用为说辞。每家广告针对着不同喜好的读者对象，可谓是各得其所，各尽其妙。20世纪20年代初亚东图书馆出版的古典白话小说，其与坊间石印本的不同之处是标点和分段，故而它在广告版面的设计上，用各种标点符号作为板框的边线，既完美地实现了内容与形式的统一，又给读者以耳目一新之感。①

书刊广告还有宣示企业形象、塑造企业品牌的作用，商务印书馆、中华书局等一些注重自家出版声誉的出版机构，无不都在广告中自觉地保持着严肃的风貌和实事求是的宣传作风。而一些中小出版机构的广告宣传中，不乏存在有浮夸虚假、粗俗趋势的现象。世界书局创建之初，走的是出版通俗书刊之路，与之相对应的书刊广告中，便充斥着大量的迎合小市民趣味的说辞。1923年8月，世界书局发行《红》杂志，为了扩大刊物的影响，不仅把发行所（图6-12）的房屋漆染成夸张的红色，而且在《申报》刊登的广告词也同样"红"的招摇："我们红屋里发行红杂志，好像红日初升，红光满地。红杂志的式样和红蔷薇、红玫瑰一样的美丽。红杂志的作品和《红楼梦》一样的百读不厌。红杂志的内容，好像红尘十里一样的繁华，一般红运亨通的红顾客读了，自然更加红光满面。"②后来，世界书局跻身教科书的出版，其书刊广告的宣传中，再也看不到那种如《红》杂志格调的广告用语，代之以力求稳重而平实的宣传基调。为了摆脱"红屋"中的企业形象，世界书局在进军教科书出版的初始两年，还特地策划了两次义卖活动。1924年7月，世界书局捐助书款千元，赈济湖南省的水灾。1925年5月，世界书局拨出现洋万元，移充为各地小学的教育经费。对这两次的义卖活动，世界书局在《申报》等报刊上进行了大张旗鼓的宣传，以此重塑企业形象，为其后来发展成为全国第三大书局奠定了一定的基础。

---

① 吴永贵：《民国时期书业广告的组织与运作》，《编辑之友》2009年第5期。
② 《申报》1923年7月13日，转引自吴永贵：《民国时期书业广告的组织与运作》，《编辑之友》2009年第5期。

图 6-12　世界书局总发行所

　　民国时期江苏境内一些较大的出版机构,诸如商务印书馆、中华书局、开明书店、正中书局等,为了确保广告活动的有效开展,还先后在各自的机构组织中设有专门的产品推广部门。以商务印书馆为例,其交通科(1930年更名为推广科),起初隶属于编译所,1915年总务处成立后,改由处辖。该部门的职工人数在全盛期达到30多人,下设调查、宣传和设计三股,各股分工明确,职掌具体。宣传股负责广告的制作事宜;调查股负责前期的读者调查工作;设计股主要是制定改进营业计划,为广告宣传提供计划方案。从交通科到推广科,先后担任科长一职的汪诒年(清末著名报人汪康年之弟)、庄俞(曾久任商务编译所国文部主任)、张世鎏(曾任商务编译所英文编辑、发行所西书部主任等职),均为商务印书馆高级职员中的骨干,由此可见商务对推广宣传工作的重视。出版机构广告部门的设置,为书刊广告活动的开展,提供了强有力的组织基础和人员保障。民国时期江苏境内的一些小出版机构的广告,大多零星不成系统,没有固定的机构组织,更没有明确的战略部署。

　　公关与广告宣传相比,是一种长期的、效果隐形的促销手段。其目的并不在于向社会受众推广产品,主要是拉近企业与消费者之间的距离,改善两者之间的关系,树立起良好的企业形象,从而间接地推进销售。商务印书馆、中华书局、世界书局等成功的出版机构就很善于运用公关这种促销方式。例如商务印书馆利用聘请名人、权威专家等,来提高自己的知名度和美誉度。据沈百英回忆,商务印书馆最盛时,聘请的各科专家多达 300 多人,成为当时东方的最高学府。① 1914 年商务印书馆在清退日股时,曾在上海各大报刊上发表"敬告国人书""特别启事",为自己已退日股做说明和澄清,以平息社会对商务印书馆含有日股的指责,从而挽回自己的企业形象。可以说,这是商务印书馆进行危机公关的典型事件。此外,商务印书馆还积极进行日常的公关活动,如逢商务印书馆建馆五周年或十周年时派发火车时刻表、电报电码本等纪念品,儿童节举办智力比赛并派发奖品等。当然,一些出版发行机构的公关活动,其中不乏存在庸俗龌龊的行为。据史料记载,20 世纪二三十年代上海四马路的新书业同业们,每当得知有内地书店的老板或经理,每节或每年一次来上海就近结账或配货,彼此间只要平时有些感情的,即辗转相告,好像是来了个活财神似的。如果那书贾带了一些现金来付账或办货,则其旅馆中更是门庭若市。请客,拉拢,各尽其能。套交情的方法,甚至有花酒、鸦片、麻雀、看戏等。② 从这里也可看出公关在书刊发行活动中的重要性。

　　江苏民国时期的出版竞争十分激烈,一些大的出版机构,除致力于出版主业之外,还搞一些多种经营,以转移书刊业的风险。出版业的多种经营主要有印刷机械和教育用品的制造与销售,附属学校和函授学校的开办,以及电影制作、房地产投资等。以商务印书馆为例,1912 年商务印书馆发行所新址落成,开始发售学校用品、仪器和工具。同年,商务印书馆设立博物部,制造标本模型,并成立铁工制造部,制售印刷机器及理化测量等仪器。1913 年,商务印书馆开始经营原版西书。1914 年试制由"中文打字机之父"周厚坤(图 6 - 13)发明的华文打字机,并试制教育幻灯片。1918 年,开始制售教育玩具。1926 年,铁工制造部扩充改组为华东机器制造厂。而中华书局在开业后的第三年,也专门增设文具仪器部。20 世纪二三十年代,商务印书馆和中华书局先后附设函授学校招收学员,两家招生的人数前后总计不下万人。1923 年,新中国印书馆也增设了英文函授学社。而当国语运动兴盛时期,1921 年商务印书馆

① 参见李映辉:《论商务印书馆早期成功之道》,《长沙大学学报》2003 年第 3 期。
② 参见王余光、吴永贵:《中国出版通史·民国卷》,北京:中国书籍出版社,2008 年,第 213 页。

创办了国语讲习所,后更名为上海国语师范学校;同年 4 月,中华书局也创办了上海国语专修学校。国语学校创办的社会效益,本书另有专门叙述。此外,商务印书馆、中华书局还开办了一些类似出版职业教育的商业补习学校。如从 1909 年至 1923 年,商务印书馆共举办了七届商业补习学校,以造就业务人才留馆服务。① 民国时期江苏出版机构搞的一些多种经营,确是一种明智的经营之道,也符合现代企业发展的特征要求。

图 6-13　周厚坤

---

① 范军、何国梅:《商务印书馆企业制度研究(1897—1949)》,武汉:华中师范大学出版社,2014年,第 66 页。

第七章　民国出版与社会文化

第一节　民国出版与文化社团

随着西学东渐的不断深入,在思想启蒙、教育普及的压力下,尤其在五四新文化运动浪潮掀起之后,中国社会各阶层对文化、文学内容的追求也发生了很大变化。一方面是新文化运动的蓬勃发展,导致社会新兴学会团体遍及政治、经济、文学、教育、宗教、艺术等各个领域,呈现百舸争流的壮观景象;二是"五四"那点启蒙力量实在不足以撼动中国根深蒂固的专制统治,传统文化虽处于备受攻击的风口浪尖上,但其千年魂魄却难以摧毁。所以,民国时期是中国新兴文化和传统文化的杂糅时代,形成了或以探索真理、改造社会为宗旨,或以昌明国故、融合新知为己任,或不偏门户、不囿中外以考订学术为目标等各种文化社团。但对于具体的社团来讲,宗旨的实现、名声的获得,实有赖于他们的舆论宣传和作品的传播,更有赖于当时新式出版业的发展和繁荣。

查阅《民国时期总书目》中标著的出版项,我们常会发现各种或熟悉或陌生的文化学术团体的名字。这些文化团体,出版非其专项职责,但它们的出版活动,却构成了民国出版业多姿多彩的重要方面。《民国时期总书目》所标著的出版者多达万家,其中专门的书局书店,估计不会超过两千家,绝大多数都是这些学术机构和文化社团,兼及出版。在期刊出版方面,文化团体更是不让专门书店,成为期刊编辑出版的主力军。期刊的时效性、连续性好,学术性强的特点,更适合于文化团体用来联络同志、发布信息、探讨问题和砥砺学术。①

晚清民初的江苏,特别是上海地区,由于其所处的特殊地理位置及政治、经济、文化等历史背景,得社会变革风气之先,以商务印书馆、中华书局、世界书局等为代表的现代民营出版企业的相继建立,给江苏境内的各文化社团传播舆论提供了极大的便利。一些激进的文化社团的骨干分子,为传播新思潮新文化,或撰写时评,或著书立说,积极投入到轰轰烈烈的创办刊物的活动之中;而以守旧文人、官僚新贵为主干的社会团体,也不惜斥巨资创办刊物,企图控制舆论阵地,把新思潮新文化扼杀在摇篮里。新旧之争,特别是社会新思潮新文化在江苏的广泛传播,促进了民国时期江苏出版业的发展。

民初,江苏境内文化社团编辑出版的刊物大多集中在上海一地。究其原因,正如平襟亚在《三十年前之期刊》中所说的那样:"那时正值国家鼎革之际,社会一切都呈现着蓬勃的新气象。尤其是文化领域中,随时随地在萌生新思潮,即定期刊物,也像雨后春笋般出版。因为在那时候,举办一种刊物,非常容易,一、不须登记;二、纸张印刷价廉;三、邮递便利,全国畅通;四、征稿不难,酬报菲薄;真可以说是出版界之黄金时代。"②诸如《小说季报》《小说时报》《小说月报》《乐观》《礼拜六》《女子世界》《香艳杂志》等均为当时文学社团所举办的刊物。

而当时江苏境内的文学社团中较有影响力的,南社是其中之一。"民元之际,文坛方面,充满着南社的势力,《七襄》便从这时期产生。该刊每月三期,逢七发行,因由七襄之名。社址设在平望街,姚鹓雏、陈倦鹤编辑,每期只售一角。"③南社是一个以研究中国古典诗词为主的文学团体,1909 年 11 月由柳亚子、陈巢南、高天梅等人在苏州创立,并创办了《南社丛刻》(图 7-1),主要收集出版南社成员的作品。《南社丛刻》于 1923 年 12 月出版至第 22 集后停刊。1924 年春,南社成员胡朴安编刻了《南社丛选》,由上海国学社刊印,佛学书局发行。1923 年,柳亚子、叶楚伧、陈望道等人发起组织了新南社。新南社的宗旨:"(一)整理国

① 王余光、吴永贵:《中国出版通史·民国卷》,北京:中国书籍出版社,2008 年,第 237 页。

② 宋元放:《中国出版史料》第一卷(上),武汉:湖北教育出版社,2004 年,第 401 页。

③ 宋元放:《中国出版史料》第一卷(上),武汉:湖北教育出版社,2004 年,第 403 页。

学;(二)引纳新潮;(三)提倡人类的气节;(四)发挥民族的精神;(五)提示人生高远的途径。"同时也表白了新南社精神:"鼓吹三民主义,提倡民众文学,而归结到社会主义的实行。而对于妇女问题,劳动问题,更情愿加以忠实的研究。"①可以看出,新南社的性质发生了明显的转变。新南社原计划编辑出版《新南社月刊》和《新南社丛刊》,后只创办了《新南社社刊》,并于1924年5月出版了创刊号,收录了《最近的新俄罗斯》《英国的新村运动》《哲学概说》等文章及一些诗词作品,足窥办刊方针改变之一斑。1924年以后,新南社的活动暂时停止了,直到1928年才重新开始活动。

图7-1 《南社丛刻》

　　创办于1915年的中国科学社,是近代中国历史上第一个民间综合性科学团体。它以"提倡科学,鼓吹实业,审定名词,传播知识"为己任,由任鸿隽、秉志、赵元任等留美学生为核心。1918年从美国迁回上海,同年又迁至南京,社址设在南京高等师范学校,编辑出版的书刊主要有《科学月刊》《科学画报》《论文专刊》《科学丛书》《科学译丛》等。《科学月刊》1915年1月在上海印刷出版,是中国最早出版的科学刊物之一。该刊以"传播世界最新科学知识"为宗旨,在传播科学理念、介绍科学知识与科学原理、及时传达西方最新科技动态、发掘中国古代科学成就、阐发科学精义及其效用等方面作出了贡献。在《科学月刊》1919—1938年出

① 柳亚子:《南社纪略》,上海:上海人民出版社,1983年,第97、100页。

版的 20 卷中,如以每卷 12 期每期 6 万字计算,即有 1 400 余万字;每期除了科学消息、科学通讯等内容,以长短论文 8 篇计算,就有论文近 2 000 篇;以每人作论文 3 篇计算,则有作者 600 余人通过它发表了诸多学术观点。至 1949 年,《科学月刊》共出版了 32 卷。

1933 年,中国科学社又创办了一份普及性的《科学画报》半月刊,它旨在"把普通科学智识和新闻输送到民间去……用简单文字和明白意义的图片或照片,把世界最新科学发明、事实、现象、应用、理论以及于谐谈游戏都介绍给他们。逐渐地把科学变为他们生活的一部分"。《科学画报》发行量很大,成为当时国人了解科学知识的良师益友,在推进中国"科学化"运动方面堪称功勋卓著。此外,中国科学社还出版有学术价值的论文专刊、科学丛书和科学译著等,如《论文专刊》是该社将其每年年会上宣读的论文汇集而成,从 1922 年—1947 年共出版了 9 卷,文章大多用外文撰写以便于国际交流。"科学丛书"由该社成员的科学著作汇集分册出版而成,如吴伟士的《显微镜理论》、李俨的《中国数学史料》、赵元任的《中西星名考》、谢家荣的《地质学》,等等。"科学译丛"主要收录该社成员翻译的西方科学著作,如杨孝述译的《电》、陈世璋译的《人体知识》、李俨译的《最近百年化学的进展》、任鸿隽译的《爱因斯坦与相对论》

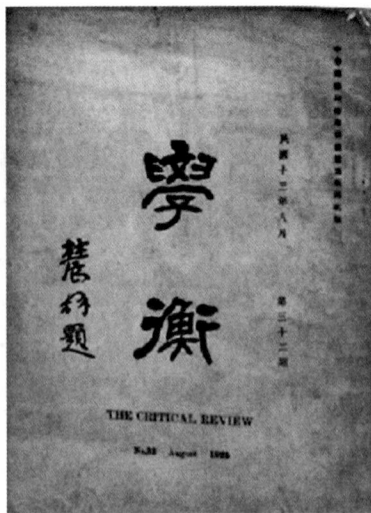

图 7 - 2 《学衡》

等。与此同时,中国科学社还举办通俗科学演讲、创立科学图书馆等活动,这些工作在当时确实有效地传播了科学知识和科学思想,开阔了国人的科学眼界。

民国时期涌现出的诸多办刊热潮中,大学的学人团体办刊也是一道亮丽的风景线,宣扬复古主义的《学衡》就是当时极具代表性和影响力的一种学人刊物。(图 7 - 2)该刊 1922 年 1 月在南京的东南大学创办,主要编辑者和代表人物有吴宓、梅光迪、刘伯明等,其成员大多是留过学、接受过西方资产阶级教育的教授、学者。《学衡》杂志在创刊号上明确提出其宗旨是"讲究学术,阐明真理,昌明国粹,融化新知"。他们对中国古代的学术确实作过深入的研究,但是他们标榜的"国粹""真理",以及要维护的是封建主义旧文化、旧传统,对马克思主义和其他进步思想在中国的传播是竭力阻止和反对的,如该刊先后发表了《马克思学说及其批评》《中国提倡社会主义商榷》《答诸生问中国可否共产》等文章。当然,《学衡》在整理国学和研究中国古代文化方面也作出了不少贡献,如发表了许多深入探讨中国古代文学艺术和诸子百家哲学思想方面的文章,同时对中国古籍也作了许多考释、补正工作。此外,该刊也介绍了古代希腊罗马哲人以及苏格拉底和柏拉图等的哲学思想,研究中西文化的相互影响等,这对开拓中国学术界的视野也起到了积极作用。

　　而以柳诒徵、缪凤林、张其昀等中央大学学人为骨干,成立于1930年的国风社,其成员与学衡派等社团多有重合,所编辑出版的《国风》延续着《学衡》等刊物对新文化运动的反对姿态,其宗旨"发扬中国固有之文化""昌明世界最新之学术",与《学衡》的"昌明国故,融会新知"也很相似。在其所出版的《孔子诞辰》《刘伯明先生去世九周年纪念》《南高二十周年纪念》三辑特刊所载的文章,均把新文化运动视为自己的对立面。如胡先骕《中国今日救亡所需要之新文化运动》一文非常尖刻,"吾国国势所以至此",最大的原因"厥为五四运动以还,举国上下,鄙夷吾国文化精神之所寄,为求破除旧时礼俗之束缚,遂不惜将吾国数千年来社会得以维系,文化得以保存之道德基础,根本颠覆之",要挽救国势,改变人心浇漓和国本动摇的状态,必须提倡一种"较五四运动更新而与之南辕北辙之新文化运动",对政府当局之反对新文化运动,胡颇为庆幸。如此等等足窥一斑。《国风》从1932—1935年共编辑出版3卷。

　　与《国风》同时代的中央大学另外一份有代表性的学人刊物是《时代公论》,该刊从1932—1936年共出版8卷,由杨公达主编、张其昀任总发行人(刊物出至18号张辞去该职),撰稿者以中央大学法学院教授为主,并以此刊为中心结成了一个文化"圈子"。《时代公论》属政论性刊物,带有直接为政府献策、充当"智囊"的意味。它以"供国人以发表自由思想之机会,俾于国事稍有贡献"为宗旨,但和胡适、蒋廷黻、丁文江等人创办的、同样强调独立与自由精神的《独立评论》相比，与执政党关系更为亲近，谏士意味更浓，与中央政权更为靠近。在该刊上，张其昀对"士流政治"的强调、对"士联式"入党的提倡已显示出参政的热情。而杨公达、梅思平、萨孟武等人则直接为国民党出谋献计。梁实秋曾将该刊的立场大致归纳为"承认国民党专政"而"徐谋改良"①。

20世纪20年代初的潜社，也是江苏境内活动最为持久、成果较为丰硕的学人社团之一，先后编辑出版了《潜社词刊》《潜社曲刊》《潜社汇刊》《潜社词续刊》等。这个社团之所以为人称道，是与吴梅的核心作用分不开的。吴梅一生酷嗜词曲，在当时的著名学人中其词曲方面的修养无人能及，并培养出卢前、任二北、俞平伯、钱南扬、唐圭璋、王季思、吴白陶、沈祖棻等一批著名教授学者。据《吴梅全集·日记卷》《潜社词刊序》等史料记载，这个社团的开始时间并不明确，大致从1924年持续到1937年，历经东南大学、中央大学等高校，中间有间隙，后来又重续，前后持续了十多年时间。该社团的出版物，与词曲的教学、创作、活动糅合无间、密不可分，使词曲这一中国文化的瑰宝得以传承和光大。

《同声月刊》是汪伪时期的学人办刊代表之一。该刊是龙榆生1940年12月在南京创办的，为词学界同仁刊物。1933年龙榆生在叶恭绰等人的资助下在上海创办了《词学季刊》，后因抗战爆发停刊，故该刊的编辑体例类同于《词学季刊》，但内容不限于词。由于社会政治环境大异，稿件来源及水准已远不如前，但在龙榆生的苦心经营下，仍有不少词界名家如冒广生、夏敬观、俞陛云等人为其提供作品，也得到了不少汪伪上层人物如汪兆铭、江亢虎、陈方恪等人的支持。不仅如此，该刊还积极开展学术讨论，如组织张尔田、夏承焘、施则敬人讨论四声问题，都是至今仍有价值的名篇佳构。《同声月刊》在当时特殊的环境里，最大限度地联系了诗词学界。当下，要了解20世纪40年代前期的诗词界学术状况，基本上要依赖于它。

除《同声月刊》之外，当时为古典文化研讨和旧体诗词发表园地的还有《国艺月刊》《中国诗刊》《学海》等文人刊物。"以《学海》月刊为例，李

---

① 李敬远：《〈独立评论〉〈时代公论〉〈鞭策周刊〉》，《新月》1932年第10期。

释戡任社长、钱仲联为主编。李释戡在《学海月刊发刊辞》上说："凡经史、诸子、文字、音韵、舆地、历算、金石、书画、谱录之学，有考订阐明者，不偏门户，不囿中外，片辞只义，悉所收罗。"从这个《发刊辞》中可以看出这是以传统文化为取向的刊物，在每期的'附录'中都刊登时人的旧体诗词文的创作，作者主要有疢斋、墨巢、剑知、戡释……畸盦等人。从上面所列举的作者看，基本与《同声月刊》大同小异，与《民意月刊》的'今诗苑'、'今词林'里的作者也同为一批人，基本属于同人刊物性质。"①《学海月刊》于1944年7月在南京创办，1945年出版至第2卷9期停刊，对研究中国古典文学有一定作用。

民国时期的学人刊物在社团刊物中有其固有的特色和风貌，"北大《新青年》学人群、《新潮》学人群，东南大学"学衡派"，浙大《思想与时代》学人群等，都是思想史、教育史、出版史关注的热点。他们赖以集聚的刊物和大学，以学术志趣和理想抱负为纽带，成为拥有共同话语系统的平台，而从学人刊物也可反观所在大学的学人谱系和精神风貌"②。

五四运动以后，江苏境内的一些青年、妇女团体也纷纷创办刊物，积极参与和配合这场轰轰烈烈新文化运动的深入开展。其中较为著名的社团有救国五七团、锡社、南京学生联合会、赤潮社、少年中国学会南京分会、苏州妇女问题研讨会等。

救国五七团成立于1919年6月中旬，由无锡的一些爱国青年组织发起，以"五七"命名是为了提醒人们不要忘记1915年5月7日袁世凯接受日本帝国主义提出"二十一条"这一国耻日。救国五七团十分重视反帝反军阀的宣传工作，以期促进社会的进步和发展，1920年9月25日在《永制旬刊》的基础上创办了《五七月刊》。社团负责人唐光明在《发刊词》和《敬告同胞》中明确指出，"以唤醒爱国心为唯一目的"，"伸张公理，去打破世界强权。拥护正义，去推倒国家和暴力。发扬人道去铲除社会的财阀，最可怜的是劳工"。该刊为三十二开本小型刊物，每期约30页，名为月刊实为不定期出版，至1921年10月10日第8期后改出单

① 尹奇岭:《民国南京旧体诗人雅集与结社研究》，北京:中国社会科学出版社，2011年，第169页。
② 赵丽华:《从学人刊物看学人谱系》，《现代出版》2015年第3期。

张,从第 11 期"农夫问题号"恢复原貌出版后停刊。《五七月刊》刊载的内容很广泛,虽然出版时间不长,但在推动无锡地区的新文化运动深入开展、介绍社会主义理论、唤醒民众等方面,起到了一定的作用。

1924 年 1 月 29 日,无锡进步的知识青年又组织了锡社,主张"不怕摧残""不怕牺牲",拿出"真的情、热的血、大无畏的精神",来打破当时社会"陈腐残破的现象,挽回我们已失去的光荣,恢复我们已死的人心"(《锡社宣言》)。该社团为了宣传自己的政治主张,先后编辑出版了三种刊物:一是《无锡评论》,初为月刊,后改为半月刊,共出版 24 期,锡社对时局的主张、对社会生活的评议都发表在该刊上。二是《锡声》,1924 年 7 月 21 日创办的纯文艺周刊,至 1925 年 1 月 10 日止,共出版 24 期。三是《血泪潮》,1925 年 6 月 9 日创办,原为月刊,从第 12 期改为旬刊,共出版 22 期。刊物具有鲜明的反帝倾向,大量刊载了秦邦宪、唐光明等人宣传马克思主义和新思潮的文章,是当时无锡地区革命的舆论中心。此外,锡社还编辑出版了《锡钟》《觉刊》和《平民周刊》等,以评论地方时政,宣传平民教育为主要内容。

《南京学生联合会日刊》(图 7-3),1919 年 6 月 23 日创刊于南京,这是江苏(含上海)地区最早宣传马克思主义和影响最大的进步刊物之一。南京高等师范学校学生阮真任主任编辑,张闻天为主要撰稿人之一。该刊大量宣传介绍了马克思主义,并及时报道"五四"运动的发展状

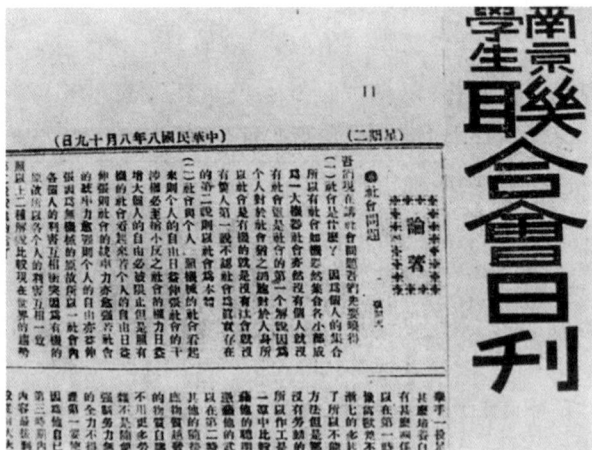

图 7-3 《南京学生联合会日刊》

况,抨击帝国主义和封建军阀,无情地批判旧制度、旧道德、旧文化,热情地宣传社会主义思想和新民主主义革命思想。如张闻天在所撰写的《社会问题》一文中指出,"现在最要紧的是铲除士大夫阶级","革命的目标自然是去士大夫阶级",认为"起革命的要是劳农界人",并提出中国革命分铲除士大夫阶级和实行社会主义革命两步走的设想。他还全文摘录了《共产党宣言》第二章的十条纲领作为文章的结束语。该刊在同年 9 月 11 日停刊,但它的影响力却是深远的,吹响了当时江苏人民进行反帝反封建斗争的战斗号角。

1921 年春,以江苏省立第七师范学校学生会会长、徐州学生联合会会长郭子化等进步青年学生为骨干组成的赤潮社在徐州成立,旋即创办了《赤潮》旬刊。《赤潮》由陈亚峰等人负责编辑,主要内容以反对封建军阀,宣传社会主义思想为主,发行范围遍及丰县、沛县、宿迁、海州等地,对当时的青年学生起到了很大的影响,出版至第 4 期受反动当局禁止后被迫停刊。《赤潮》停刊之后,徐州邳县等地又成立新邳学会,效仿《赤潮》先后创办了《新邳》杂志和《乐群周刊》。《新邳》为铅印二十四开本刊物,赤潮社成员纷纷在该刊上发表文章,如郭子化的《党之真义》、董西铭的《现在社会的病态》、顾希颜的《拒签和约之我见》等,继续宣传革命思想,成了赤潮社又一块宣传阵地。这些进步刊物的创办,为新民主主义思想在徐州地区的传播起到了积极的推动作用。

《少年世界》月刊是少年中国学会的第二种出版物,由南京分会的全体会员负责编辑,1920 年 1 月 1 日创刊,同年 12 月终刊,恽代英、杨贤江等人先后担任该刊编辑。五四时期的社团中,少年中国学会是一个历史久、会员多、分布广、分化明显的团体,1919 年成立,1925 年因社员分化而停止活动。由于《少年中国》只登载哲学、文学、纯科学和理论性的文章,而应用科学和实际调查的文章却无法发表,所以,南京少年中国学会会员创办了《少年世界》月刊,以补《少年中国》之不足。该刊的宗旨是以世界为范围,把中国人村落的眼光,改变方向直射到世界上去,设有学生世界、学校调查、教育研究、工厂调查、劳动世界等栏目,报道国内外工人和学生运动的情况,工厂、农村的实际调查以及国内外劳动人民的生活情况,有利于青年了解社会的实际。李大钊、蔡和森、王若飞、赵世炎、黄日葵、张闻天等人都曾为该刊写过文章,对提高刊物的知名度起到了积极的推广作用。

民国时期,江苏境内妇女团体的出版物中以《妇女评论》较有特色。该刊由苏州妇女问题讨论会于1920年5月1日创办,原为半月刊,后改为月刊,文章的数量、篇幅也随之增加,所载文章着重讨论妇女解放问题,瞿秋白、叶圣陶等人曾为刊物撰写过多篇文章。刊物还积极宣扬、歌颂新生的苏俄,并用具体的事实有力地驳斥了帝国主义和一些无知的人对苏俄的污蔑与中伤,同时大量介绍了苏维埃政权对文化教育事业的重视、对妇女儿童的关怀。《妇女评论》,与稍后中华女界联合会在上海编辑出版的《妇女声》半月刊,在当时的妇女界均极具影响。

1919年至1927年间,据统计,江苏共有期刊117种,其中包含宣扬新文化新思想的刊物、新文学刊物、复古派刊物、官僚所办刊物和工商学界等类刊物。① 本书根据《江苏省志·出版志》及其他史料记载,除上述社团编辑出版的刊物外,这一时期江苏境内(不含上海)创办的其他社团刊物还有许多,有影响的主要有以下一些。

《少年社会半月刊》 1919年12月1日创刊于南京,南京高等师范学校少年社会杂志社主办,负责人王炽昌,共出至第2卷第6期,一卷共出10期。原为周刊,1920年从第二卷始改为半月刊。编辑工作由每两人轮流担任四期。该刊与少年中国学会关系密切,编辑宗旨在于用协助的精神,从社会精神、物质两个方面,使现在少年变成社会的少年,现在社会变成少年的社会。创刊号《出版宣言》中写道:"少年社会有两个意思:(一) 少年的社会;(二) 社会的少年。少年的社会是有少年精神气象的社会——进步的社会。社会的少年,是有社会生活情感的少年——协助的少年。"编者认为教育是改造社会的根本条件,他们对社会提出了种种改革方案,希望中国走新的道路。1920年6月终刊,共出12卷6期。

《宜兴评论》 1920年12月5日创刊于宜兴,旬刊,朱天石主编,后来有史寒冰、史跃宾接替。该刊鼓吹革命,批判旧思想、旧道德,宣传新思想、新道德,对社会上一切邪恶势力及封建习俗进行揭露和批判。终

---

① 江苏省地方志编纂委员会:《江苏省志·出版志》,南京:江苏人民出版社,1996年,273页。

刊时间不详。

《国立东南大学、南京高师日刊》 南京国立东南大学和南京高师合并后,在1921年至1922年间联合出版的日刊。1922年11月14日的该刊上,登载了南京《马克思学说研究会启事》,宣告该研究会将发起关于社会改造问题的讨论会,欢迎会员和两校师生自由参加。这个讨论会由东南大学周世钊和南京高师吴肃主持,讨论改造中国社会问题。该刊经常报道东南大学、南京高师和南京地区各校学生开展反帝和反封建斗争的情况。

《松江评论》 1923年5月1日创刊,由革命知识分子侯绍裘、朱季恂和松江进步青年创办于松江,初为周刊,同年11月改为月刊,1924年4月改为旬刊。该刊注重宣传社会主义和孙中山的三大政策,介绍俄国十月革命,支持人民反帝反封建的革命斗争。终刊时间不详。

《孤星》 1925年2月5日由中国孤星社创办于无锡,孙中山为该刊题写了刊名。该刊提出"救急地宣传三民主义,热情地走入人民间,彻底地鼓吹世界革命,勇敢地身先向导"。该刊第四期上发表了陈独秀的《杂感列宁之死》和瞿秋白的《历史的工具——列宁》。这两篇文章热情地称颂列宁是全人类的革命导师,宣传列宁光辉的一生和对国际共产主义运动的杰出贡献。终刊时间不详。

《制言》 1935年9月创刊,苏州章氏国学讲习会主办。1935年,章太炎在苏州开办第三次国学讲习会,《制言》半月刊于是年9月16日出版发行。该刊志在昌明学术,发扬国光,专以阐扬国故为主,每期刊载章氏撰述及札记。《制言》半月刊在苏州出版47期,苏州沦陷后移上海出版。讲习会还出版印行章氏星期讲演会记录《说文解字序》《白话与文言之关系》《论读史之利益》《论读经有利而无弊》《略论读史之法》《文学略说》,以及《小说略说》(上、下)、《经学略说》(上、下)、《史学略说》(上、下)、《诸子略说》等,均富有学术价值。

《民族》《解放救亡》这两份刊物是春泥社所办的抗日救亡刊物。春泥社由俞铭璜、叶胥朝在1934年成立。1937年9月,俞铭璜、叶胥朝同祝见山、梁明辉、管维霖等人在如皋县城分别创办了两份十日刊:《民族解放》和《救亡》。《民族解放》以宣传抗战理论为主,介绍国共合作团结御侮的方针,驳斥汉奸投降派"抗战亡国"的谬论。该刊四开横排,编排形式给人耳目一新的感觉。《救亡》是一份宣传抗战的通俗性十日刊,四开直排。该刊运用浅显的文字、通俗的笔调,向群众宣传抗日必胜、降日必亡的道理。这两份刊物受到如皋群众的欢迎。1937年11月,俞铭璜等人离开如皋北上找寻中共党组织,《民族解放》和《救亡》先后停刊。

《大学评论》 1948年7月创刊于南京,周刊。该刊为文人论政刊物。抗战胜利后,国民党企图消灭中共,国统区的一些知识分子反对内战,宣传走"第三条道路",《大学评论》周刊就是宣传这种思想的刊物。该刊既攻击共产党,也不满国民党的贪污腐化,军事无能,要求发起国民党的"新生运动"。主编刘不同,是国民党立法委员,《大学评论》因而也反映了国民党统治区内部某些人企图以"第三条道路"寻找出路的政治意图。1949年3月终刊,共出刊3卷7期。

社团是一种特有的社会文化现象。"一个社团似一个'圈子',而一个没有刊物的社团,则只能是一个空头'圈子',几乎难以产生什么影响力。今天提到学术文化史的某个'圈子',首先想到的便是他们的刊物。"①民国时期江苏境内的一些文化社团,之所以在历史上产生一定的社会影响,也正是凭借他们的刊物和出版活动。社团有了自己的出版物才能共同经营自己的园地,各成员才能充分交流思想、形成合力,实现自己社团的共同主张和目标,从而产生社会影响。南社如此,中国科学社、学衡社等也如此。不仅如此,不少社团为了办好出版扩大自己的社会影响力,还设立专门的部门分管书刊的编辑和出版,甚至由于涉猎出版业最终发展成专门的出版机构,如中国科学图书仪器公司。该公司作为中国科学社后一期的专门出版机构,主要从事科学仪器制造,并兼顾书刊的编辑出版。据任鸿隽回忆,中国科学图书仪器公司最初资本额为3万元,后来逐步扩资到20万元,为股份制,科学社占股三分之一,其余三分之二则限于社员购买。该公司仅丛书就出版有"中国科学社丛书""中国科学社科学画报丛书""中国科学社生物研究丛刊""中国科学社通俗科学丛书""儿童科学丛书"等,而且在书刊的印刷质量上更是讲究,精益求

---

① 王余光、吴永贵:《中国出版通史·民国卷》,北京:中国书籍出版社,2008年,第332页。

精,特别是在排印复杂算式及科学公式上,出品精良,为出版界所称道。① 由此可见,民国时期江苏出版业的发展,是和本地区文化社团所从事的编辑出版活动密不可分、相辅相成的,二者的有机结合促进了该时期江苏的学术文化与出版业的共同成长。

第二节　民国出版与国语运动

清朝末年,受日本明治维新的影响,清政府就开始考虑统一国语的问题。1909年,清政府设立国语编查委员会,负责编订研究事宜。1911年学部召开中央教育会议,通过《统一国语办法案》,决议在京城成立国语调查总会,各省设分会,进行语词、语法、音韵的调查,审定国语标准,编辑国语课本、国语辞典和方言对照表等。民国成立后的第二年,国民政府召开临时教育会议,决定先从统一汉字的读音做起召开"读音统一会",并于1913年召开了大会,开始构拟民族共同语的方案,但北洋政府迟迟不予公布。1916年,北京教育界人士组织中华民国国语研究会(简称"国语研究会"),掀起了一个催促北洋政府公布注音字母和改学校国文科为国语科的运动,并提出了"言文一致"和"国语统一"两大中心口号。由于该研究会在主张方面与正在蓬勃兴起的文学革命潮流相合拍,因而得到各地教育界人士的响应,国语推进运动发展迅速。

在国语研究会的大力推进下,1918年北洋政府教育部召开全国高等师范校长会议,决定在全国高等师范附设"国语讲习科",专教注音字母及国语,并于11月公布了"注音字母"。同年,《新青年》等刊物提出"文学革命"的口号,开始用白话文写作。五四运动后,北洋政府成立国语统一筹备会,训令全国各国民学校改国文科为国语科。与此同时,又通令修改原来的《国民学校令》,规定首先教授注音字母,改革教科书的

---

① 任鸿隽:《中国科学社社史简述》,转引自《中国出版通史·民国卷》,北京:中国书籍出版社,2008年,第335页。

文体和教学方法等。如此,国语运动进入推行期。1927年4月,南京国民政府建立后,继续推行注音字母。1928年9月,国民政府大学院公布"国语罗马字"为"国音字母第二式"。1930年4月,国民党中常委第88次会议通过将"注音字母"改称"注音符号"。1932年5月,教育部公布了以北平地方国音为标准的《国音常用字汇》,取代了原有的《国音字典》。这场始于清朝末年、盛于1920年前后、持续到20世纪30年代的中国语文变革运动,历史上称之为国语运动。

国语运动的主要工作除了修订注音字母方案、制订国语罗马字拼音法式、调整国音标准、扩大国语的教育和应用,还涉及宣传、出版等。据黎锦熙《国语运动史纲》所载,1913年,以吴敬恒、王照、王璞等为代表的教育部读音统一会成立,积极推动国音字母的核定、《国音汇编》的编纂和颁布,创办了注音字母传习所等。1916年,黎锦熙等人以"研究本国语言,选定标准,以备教育界之采用"为宗旨,成立中华民国国语研究会,先后出版了《国语月刊》《国语旬刊》《国语周刊》等,积极推动新文学运动、学校国文课程改革运动、儿童文学运动、汉字革命运动等。1919年,胡适、黎锦熙、钱玄同、赵元任等人为代表的教育部国语统一筹备委员会成立,积极推动注音字母与《国音字典》的公布、中小学国语教科书及其参考书的审定、国语讲习所的筹办、《国音常用字汇》和《中国大辞典》等大型辞书的编纂等。萧家霖主持的国语罗马字促进会于1930年成立,旨在推动国语罗马字的推广,并筹办了《国语罗马字周刊》、暑期讲习班等,提倡译名统一,将国语应用于教育、交通等方面,努力扩大中国的国际影响。1920—1922年,《民国日报》《时报》《时事新报》《申报》《教育杂志》《星期评论》《上海青年》等报刊,不断发表宣传国语的文章,积极宣传推广国语运动。

江苏是我国的文教大省,也是中国近代自编教科书的发祥地。早在1897年,南洋公学的陈懋治、杜嗣程等人就试编了《蒙学课本》,成为中国近代自编教科书的始端。1901年以后,"各省书院陆续改成学堂,旧教材已不适用,急需编印新的教材以应时代需要"。蒋维乔即投身商务印书馆编译所,着手编辑小学教材,这项事业在我国尚属首创。蒋维乔、庄俞等倾注心血,历时两年,编成《最新初小国文教科书》,出版后风行一时。以后又陆续编辑出版了《高等小学教科书》《简明国文教科书》《女子初小国文教科书》《女子高小国文教科书》《简明初小中国历史教科书》等。(图7-4)学部审定《最新初等小学国文教科书》的评语说:"文词浅易,条段显明,图画美富,版本适中,章句之长短、生字之多寡,皆与学年相称;事实则取儿童易知者,景物则预计学期应有者,并将一切器物名称均附入图中,使雅俗两得其当,皆此书之特长也。"这套新式教材受到师生的普遍欢迎,为全国各地学校所普遍采用,这是中国小学有成套统一教材的开始,在教育界影响巨大。① 但在北洋政府训令全国各地各国民学校改"国文"科为"国语"科,并修改原来的《国民学校令》之前,江苏境内编辑出版的教科书多以文言文和少量的白话文为主,如1912—1917年商务印书馆出版的《简明教科书》,中华书局出版的《新中华教科书》《新式教科书》等。

图7-4 《最新初等小学国文教科书》

改"国文"为"国语",是五四新文学革命和国语运动合流的最大成果,也是确立白话文地位的关键环节,而国语教科书的编辑出版则是这场"合流"的重要载体。据黎锦熙《改学校国文科为国语科》一文所载,读音统一会1920年审定的国语教材共173册,1921年共118册,1922年约100册。② 这些教科书通过审定纷纷出版,对推动国语运动深入开展

① 参见于锦恩、刘英丽:《民国时期江苏籍出版工作者对国语运动的支持》,《现代语文(语言研究版)》2011年第10期。
②《黎锦熙语文教育论著选》,北京:人民教育出版社,1996年,第25页。

起到积极的宣传作用。当然,江苏的出版人士在国语教科书的编辑出版过程中,与国语运动及时跟进、密切配合,更有不俗的表现。于锦恩等人查阅《北京师范大学图书馆馆藏新学制时期(1920～1929)小学语文教科书目录表》《北京师范大学图书馆馆藏课程标准时期(1929～1949)小学语文教科书目录表》之后,指出:

> 上述两个时期基本上囊括了民国时期在学校推行国语教材的全过程。在前一表中列出了 19 种小学国语教材,其中由江苏籍出版工作者主编或由江苏籍出版工作者参与编写的小学国语教材达 13 种,占 68.4%;在后一表中列出了 40 种小学国语教材,由江苏籍出版工作者主编或由江苏省籍出版工作者参与编写的小学国语教材达 12 种,占 30%。如果除去 10 种由教育部或国立编译馆等国家机构编辑的教材,江苏籍人士参与编辑的小学国语教材比例达 40%。江苏籍人士独立编写的小学国语教材,如《基本教科书国语》初小八册(沈百英,商务印书馆,1931—1932),江苏籍贯人士参与编写的小学国语教材,如《新中华国语读本》初小八册(王祖廉[江苏丹徒]黎锦晖、黎明,中华书局,1927—1928)。不管是前一个表,还是后一个表,从数量上说江苏籍的出版工作者在小学国语教材的出版中都是占大宗的。[①]

庄俞在《谈谈我馆编辑教科书的变迁》一文中,对商务印书馆编辑出版教科书的历史作了回忆和阐说,如"学制修改一次,教科书跟着变更一次,往往一部还未出全,又要赶编第二部,我馆对于此点,向来很注意敏捷的"[②]。这样的回忆,说明商务印书馆在抓教科书方面有异常的敏锐意识,跟踪教育并为之服务的目的性和时间性都是相当注意的。其实,早在北洋政府颁布通令之前,商务印书馆就编辑出版了我国第一部小学国语教科书——《新体国语教科书》8 册,庄适等人编写。民国教育部批语称此书"椎轮大辂,实开国语教科之声"。1920—1921 年,商务印书馆

---

① 于锦恩、刘英丽:《民国时期江苏籍出版工作者对国语运动的支持》,《现代语文(语言研究版)》2011 年第 10 期。
② 参见《商务印书馆九十年》,北京:商务印书馆,1992 年。

又出版了《新法国语教科书》16 册,在编辑上更具有时代特色,即按照教育部"先教注音字母"的规定,在第一册前另编一首册,专门传授注音字母方面的知识;所有生字旁注国音字母,采用新式标点。该套教材于教科书、教授法外,特编自习参考书,供师生应用,开编辑上之新纪录。稍后,中华书局编辑出版的《新教育国语读本》也效仿此例,在第一册的上半本也是遵照部章"先教注音字母",并倡议新式《国文》教科书"力求浅显,句不倒装,字不精简,以使接近白话"。该套教科书在每册课本的末尾还附有四篇白话文,"实为以后改用国语课本的先导",这在编写教科书的历史上也是个创举。对此,民国教育部称誉:"查该书最新颖之处,在每册后各附四课,其附课系用官话演成,间有与本册各课相对者。将来学校添设国语,此可为其先导,开通风气,于教育前途殊有裨益。"①值得一提的是,在小学国语教科书出版之后,商务印书馆又赶在 1920 年前编辑出版了我国第一部中学国语教科书——《白话文范》4 册。(图 7 - 5)该套教科书纯采语体文,全用新式标点符号和提行分段。此后,中华书局也编辑出版了《国语文类选》等一批中学国语教科书。

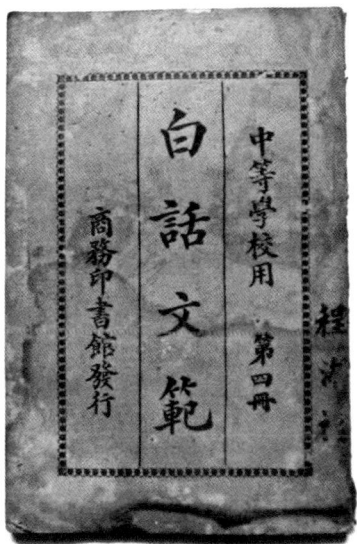

图 7 - 5 《白话文范》

　　1921 年之后,教育界提倡小学国语"儿童文学化",商务印书馆于1923 年出版了《新学制国语教科书》8 册,由庄适、吴研因等人编辑。1924 年,世界书局出版了由魏冰心等人编辑《新学制小学教科书初级国语读本》8 册。这些教科书课文内容选取了物语、寓言、笑话、自然故事、生活故事、传说历史故事和儿歌民歌,适应儿童心理,增强了趣味性。商

---

① 转引自于锦恩、刘英丽:《民国时期江苏籍出版工作者对国语运动的支持》,《现代语文(语言研究版)》2011 年第 10 期。

务印书馆、中华书局、世界书局等出版部门在国语教科书编写出版上反应之快,赢得了当时众多国语运动倡导者的高度赞誉,被称之为"出版界是真能得风气之先的"①。

我国对中小学教科书的审定制度,经历了清末的发轫、民初的正式确立、南京国民政府的进一步完善的过程。所谓"审定制",即由政府制定统一的课程标准,经由著作人编撰后,再由政府审定,符合标准者才准予发行。实行教科书审定制,民间自由编辑的教科书经政府审定后才允许出版发行,这就为出版机构尤其是民营书局获得教科书出版的利润提供了广阔空间,调动了各家书局编辑出版教科书的积极性。随着教科书审定制的不断完善,在一定程度上也保证了教科书的出版质量,促使着民国时期教科书内容与形式的不断革新。国语教材是教科书的大项,其出版发行又受到政府的鼓励和支持,以此盈利,便是自然而然的了。正是在这样的制度背景下,江苏出版工作者们、民营出版机构积极投身于民国时期的国语教科书出版事业,并推动着现代国语运动的不断发展。②

北洋政府教育部修改《国民学校令》及《国民学校令实施细则》正式颁布后,除通过行政手段将小学校国文科改为国语课外,国语统一筹备会还特别设计了三项措施,以深入推广国语运动。一是提倡各地方组设研究与推行国语的团体,二是提倡并改良国语的出版物,三是在北平、上海等四地设立国语专修学校作为其他各地国语师资培训和推广国语的示范教育机关。③ 各地出版机构也积极开办以培养国语教员为目的的各种国语学校。1921 年 4 月,中华书局受托创办了国语专修学校,开设的国语学习班涵盖了多种类型多种层次,仅开办的头两年,从国语专修学校毕业的学员人数已达七百余人之多。④ 商务印书馆同样于 1921 年4 月创办国语讲习所,先设师范班,后设暑期讲习班。1924 年 3 月,商务

① 《黎锦熙语文教育论著选》,北京:人民教育出版社,1996 年,第 32 页。
② 参见于锦恩、刘英丽:《民国时期江苏籍出版工作者对国语运动的支持》,《现代语文(语言研究版)》2011 年第 10 期。
③ 《黎锦熙语文教育论著选》,北京:人民教育出版社,1996 年,第 50 页。
④ 胡国光:《参观了国语专修学校之后》,参见王余光、吴永贵:《中国出版通史·民国卷》,北京:中国书籍出版社,2008 年,第 342 页。

印书馆又创办了上海国语师范学校。两单位在三四年间为南方各省以及南洋各地培训了两三千名国语教员。同时大量印行了普及国音国语知识的国语书刊，如《国民学校用新体国语教科书》《新法国语教科书》（商务印书馆），《新教育国语课本》（中华书局）等各种课本。此外国音的字汇、字典和国语辞典、语音教材、语法、会话读本、留声片等也陆续出版。编纂国音字汇、字典和国语辞典成为国语运动后期的重点工作，并专门成立了编纂机构"中国大辞典编纂处"。

乐嗣炳在《世界杂志》十年增刊上发表了《十年来的国语运动》一文，对 20 世纪 20 年代的出版机构在国语运动中的作用进行了回顾和总结，"以国语运动为发财事业的书店方面的努力，其功也不可埋没。中华书局经理陆费逵当国语运动发生之初，早知国语教育势必实现，所以参加国音推行会，创办国语专修学校，制造国音留声机片，出版大宗国语用书，改造国语教科书，不遗余力。商务印书馆表面上稍稍落后，而追踪的结果，成绩至少不下于中华。1925 年世界书局发行国语教科书，意外地卷起了一个推销国语用书底大波澜。当时三个书商互相竞争，只求把国语书销出去，蚀本奉送不算，有时奉送了还要倒贴。结果三家书店因此亏损百余万元，而促进国语运动底力量，事实上比哪项国语运动都浩大"①。

可以说，以商务印书馆、中华书局为代表的当时江苏出版界，不管是出版国语教科书也好，还是灌制留声机片以及开办国语学校也好，之所以那么热心，一方面固然是一种可贵的文化自觉，另一方面从商业的角度来说，确实也是为了"发财事业"。也正因为有了"发财事业"的利益驱动，才促成了出版机构在国语运动初见端倪和方兴未艾之时，做出"赶造"与"追踪"的举动，从而推动了国语运动的蓬勃发展。②

---

① 转引自王余光、吴永贵：《中国出版通史·民国卷》，北京：中国书籍出版社，2008 年，第 342 页。
② 王余光、吴永贵：《中国出版通史·民国卷》，北京：中国书籍出版社，2008 年，第 343 页。

第三节　民国出版与图书馆事业

　　19 世纪末 20 世纪初,出版业是中国近代史上发展较快的一个行业。对于当时出版业的繁荣,李泽彰在《三十五年来中国之出版业(1897—1931)》一文中归结为:"第一件是革新运动,第二件是新文化运动,第三件是图书馆运动。"①确实,革新运动导致了国人对西学的旺盛需求,故而以翻译出版为特征的出版业盛极一时;而以科学、民主为倡导的新文化运动,使传播新思想新文化的出版物大行其道。这两种情形下的出版冲动均直接源于社会政治、文化思潮突变的刺激与引发;而新图书馆运动对出版业的影响则是行业间相互作用的结果。

　　中国近现代图书馆的形成,经历了一个比较漫长和复杂的过程。随着西学东渐和中国社会近代化的发展,中国的图书馆事业逐渐进入近代化,并经历了从公共图书馆运动到新图书馆运动的发展,导致了中国古代藏书楼向近代图书馆的转型,并具有公开、公共、共享的图书馆近代化的特征。早在鸦片战争之前,西方传教士在为传教服务的宗旨下,翻译介绍了各种科学文化知识的书籍,同时也为中国带来了与古代藏书楼不同的西方新式图书馆理念。如英国传教士马礼逊父子合著的《外国史略》就介绍了葡萄牙、荷兰、法国等国家的藏书和图书馆等,同一时期美国北长老会传教士理哲所著《地球史略》更为详细地介绍了意大利、法国、德国的藏书和图书馆情况。此后,西方传教士们在中国大办教会学校、医院、报馆、出版发行书刊的同时,也开办了诸如北堂图书馆、徐家汇天主教藏书楼、工部局公众图书馆、格致书院藏书楼、圣约翰大学图书馆等教会图书馆。这些教会图书馆尽管数量规模有限,但它们从图书收集、组织到图书馆管理与利用等方面,都采用了西方先进的理念、技术和方法,为中国近代图书馆的形成树立了模式和榜样。某种意义上说,出于想利用图书馆这个阵地来征服国人根深蒂固的传统文化为目的的西方传教活动,在一定程度上也促进了中国图书馆界的传统思想及服务观

---

① 张静庐辑注:《中国现代出版史料》(丁编)下,北京:中华书局,1959 年,第 381 页。

念的变革与进化。

而国人大力呼唤并正式建立近代图书馆是在甲午战争之后。甲午战争使中国近代史发生了重要转折,"师夷"的内容从技艺器物上升到政治制度和思想观念,如"数十年来,红种黑种之人日少一日,惟白种人独盛。所以各种皆微而白种独盛者,由于强弱不同,实由于智愚迥异。……强以智,不以力,……保种必先开智,开智方能自强"①。"今我不若人矣,可奈何? 如耻之,莫如为学。学则智,智则强,愚则弱,弱者大国鄙我,小国犯我。"②"今吾国之最患者,……尤以痼愚为最急。"③光绪末年,西方近代图书馆向大众开放,传播新思想、新知识,培养人才的社会教育功能,受到维新思想家的重视。1895 年,康有为曾上书光绪皇帝,"请皇上大开便殿,广陈图书",并说三年之后,书藏遍设,报馆盛开,诸学明备,成才如麻,百废举而风俗成。④ 1896 年 11 月 1 日,汪康年在《时务报》上撰文指出:"今日振兴之策,首在育人才,育人才则必新学术,新学术则必改科举,设立学堂、定学会、建藏书楼……泰西之藏书楼,藏书至数十百万卷,备各国义字之书。斯三者皆兴国之盛举也。"梁启超在其主持的《时务报》上发表了《变法通义》一文,一再强调建图书馆,普及文化、培养人才的重要。罗振玉、王国维创办的《教育世界》杂志,也经常介绍欧美、日本等国的公共图书馆及图书馆教育的情况。罗振玉还撰文,建议由学部倡率,京师及各省城均建图书馆,收藏中西日文书籍,供民众阅览。1895 年康有为、梁启超等人以谋求自强之学为宗旨创办了强学会,并开办了一所学会图书馆——琉璃厂书藏。继强学会之后,各地学会也纷纷创办藏书楼。据统计,截至 1898 年,建立的学会共有 87 个,大多数设有藏书楼,藏书范围除传统旧学书籍外,还普遍吸收包括舆地学、算学等自然科学及社会科学的西学书籍,服务对象为本会会员及社会公众。学会藏书各有特色,如上海地图公会收藏中外新旧地图甚为

---

① 《南学会会长皮锡瑞讲演》,《湘报类纂》乙篇(下),北京:中华书局,2006 年,第 13 页。
② 寿富:《知耻学会后叙》,王尔敏:《中国近代思想史论》,台北:华世出版社,1982 年,第 220 页。
③ 《与〈外交报〉主人论教育书》,《严复诗文选》,北京:人民文学出版社,1958 年,第 14 页。
④ 李希泌、张树华:《中国古代藏书及近代图书馆史料》,北京:中华书局,1982 年。

丰富,苏州的苏学会藏书分为六门:史学、掌故学、舆地学、算学、农商学、格致学。在上海颇有影响的农学会,还翻译出版了一批"东西洋农报农书",推广近代农业知识。1898年,我国第一所近代高等学校——京师大学堂成立,第一任管学大臣孙家鼐主持修改颁布的《钦定京师大学堂章程》,其中第一章就有设图书馆的规定,1902年大学堂藏书楼正式成立,这是我国官办的第一所近代性质的大学图书馆。

1910年,清学部颁定了我国第一部图书馆法——《京师图书馆及各省图书馆通行章程》。该章程规定除开办京师图书馆外,限各省图书馆"于宣统二年一律成立","各府、厅、州、县治应依筹备年限以次设立"。这些政令的颁布促进了地方官办图书馆的成立。这些公共图书馆的纷纷建立,标志着中国传统藏书楼的功能向现代化的转折,同时也标志着我国近代图书馆的出现。1909年筹建、1912年开放的京师图书馆(中国国家图书馆前身)是中国第一所初具国家图书馆性质的图书馆,在中国图书馆史上具有划时代的意义,开创了我国图书馆史上的一个新时代。1915年北洋政府教育部颁布了《图书馆规程》及《通俗图书馆规程》。1917年4月,内务部发出图书出版机构须向京师图书馆呈缴出版物一份的通知。这些规定与要求为增设地方图书馆及丰富国家图书馆的藏书提供了便利。1925年6月,中华图书馆协会的成立则是中国近代图书馆事业发展的里程碑。1927年,国民政府成立了掌管全国学术及教育行政的机构——中华民国大学院。同年12月,大学院履行其职能,颁布了《图书馆条例》《新出图书呈缴条例》。以上一系列图书馆法规法令的出台,为图书馆文化的发展提供了法律保障,在较大程度上支撑了图书馆事业的发展,客观上推动了近代图书馆文化的发展。

曾任北京大学图书馆主任的李大钊1919年说过:"现在图书馆是研究室,管理员不仅只保存书籍,还要使各种书籍发生很大的效用,所以含有教育的性质。"[1]五四运动之后,新文化运动对当时的政治、思想、文化领域产生了极大的影响,无疑促进了中国近代图书馆观念的变迁,使我国近代图书馆事业获得了长足的发展。

---

[1] 李希泌、张树华:《中国古代藏书与近代图书馆史料》,北京:中华书局,1982年。

1917 年至 1927 年间,在我国图书馆界兴起了一场图书馆运动,这是由深受近代西方图书馆思想影响的中国图书馆学家如沈祖荣、杜定有、刘国钧等,直接倡导和推行的以效仿欧美图书馆精神和以改革发展中国近代图书馆事业为主要内容的新图书馆运动。其宗旨是创设一种既借鉴西方图书馆利用与管理先进经验,又符合中国实际的公共藏书模式来保存文化、建设文化。新图书馆运动是旧式藏书楼向图书馆转变的一次革命,形成了我国图书馆事业发展的高峰。1925 年,中华教育改进社图书馆教育委员会提议,将美国退还庚子赔款的 1/3 建设图书馆 8 所,分布中国要地,为该区域的图书馆模范。同时,美国图书馆协会代表鲍士伟来我国考察图书馆状况,提倡推广通俗图书馆等。1928 年,全国教育会议大会通过,请大学院通令各学校设置图书馆,每年从全校经费中提取 5％以上作为购书费。有了这些条件保障,新图书馆运动取得了显著的成绩。

　　1933 年,图书馆学专家沈祖荣在调查十余城市 30 所图书馆后,在一份调查报告中欣慰地指出,全国各高等教育机关不仅馆藏丰富,馆舍建筑也"美丽完备";政府和当地富绅亦多热心于本地图书馆之建设。[①]新图书馆运动的实绩最能从全国迅速增加的图书馆数量上反映出来。据《教育公报》1916 年统计数字表明,时年全国图书馆仅 260 所;至 1925 年,中华图书馆协会统计则表明全国图书馆数已增至 502 所;1928 年时,全国除甘肃等 7 省区、汉口及东三省行政区外,有图书馆 557 所;1929 年全国有图书馆 1 131 所,[②]1930 年为 1 428 所,1935 年增至 2 520 所。至 1936 年,上海申报年鉴社统计数字表明,全国图书馆数已猛增至 5 183 所。以至于"抗战以前,每一省份均有数十县,多者甚至 100 个县,全国总共 1 900 多县,每县设区,区下分为乡镇,几乎每县市(普通市)政府所在地都设有图书馆"[③]。其中有代表性的图书馆是:国立北平图书馆(原京师图书馆,1928 年改名),先后由马叙伦、蔡元培等任馆长。国立中央图书馆(1935 年,南京),由蒋复璁任馆长。商务印书馆的东方图

① 李雪梅:《中国近代藏书文化》,北京:现代出版社,1999 年,第 81 页。
② 邹华亭:《中国近现代图书馆事业大事记》,长沙:湖南人民出版社,1988 年,第 61—64 页。
③ 严文郁:《中国图书馆发展史》,台湾图书馆学会 1983 年发行。

书馆(1926年,上海),由王云五任馆长。而且图书馆学著述也硕果累累。1927—1936年的10年间,图书馆学著述达4 065件,总数超过1912—1927年16年的总和。主要代表作有:杜定友的《图书馆学通论》,李小缘的《图书馆学》,刘国钧的《图书馆学要旨》,沈祖荣、胡庆生的《仿杜威书目十类法》,余嘉锡的《目录学发微》、姚名达的《目录学》等。在新图书馆运动的影响下,不同层次、不同形式的图书馆学教育也应运而生,如武昌文华图书馆学专科学校、上海国民大学图书馆学系、南京金陵大学图书馆学系等。图书馆学教育的发展,为图书馆界培养了大量的专业人才,推动了图书馆事业的发展。

1920年,内务部就曾明令各县立图书馆,"应将公私藏书,及旧刻版片,印刷器物,一律切实收求,以保存之⋯⋯"①事实也正是如此,当时图书馆的藏书来源虽是多渠道的,如购置民间散佚、私人所藏之书,接受捐赠,交换等,但主要渠道还是购买各出版机构出版发行的书刊。1928年5月,全国教育会议通过的筹备中央图书馆议案中即明文规定:"大学院所拟建设之中央图书馆应迅筹款购置国内外历年出版专门研究学术之各种杂志及贵重图书,以供各地专门学者参考。"②至于报刊,由于其最能开拓知识、增广见闻、裨益良多,故各图书馆无不争先恐后订阅,"倘有发行,尤必先订购,经费既或不敷,亦可摊派分期,总期旁搜博采,俾臻完善"③。据统计,1927年,全国图书馆藏书总数为3 192 250册,而至1933年,全国仅高校图书馆藏书就达4 493 616册。④此外,当时的各出版机构无不在书刊内容上大做文章,竭力使其迎合广大民众的口味,以此保证书刊的销售量。如小说和科学图书的出版发行,小说通俗易懂,具趣味性、观赏性;科学图书则具开拓性、实用性,因此二者倍受国人欢迎,并很快成为各图书馆争购收藏的对象。可以说,为数众多、年年增加的图书馆对当时的出版业来说无疑是个福音,新图书馆运动极大地拉动了出版业赖以依存的图书市场,成为民国出版业持续发展的一个新的经济增长点。

---

①② 谢灼华:《中国图书和图书馆史》,武汉:武汉大学出版社,1988年。
③ 李希泌、张树华:《中国古代藏书与近代图书馆史料》,北京:中华书局,1982年。
④ 赵长林:《论民国时期出版业发展中图书馆的作用》,《出版发行研究》1995年第4期。

受新文化、新图书馆运动的影响,当时的出版业以整理国故和推广新知并举,大量出版古籍和科学书籍,而以古籍文献的出版最为鼎盛。以丛书出版为例,民国时期丛书出版形成特色,特别是古籍的影印与结集出版更是蔚为大观。1917 年—1937 年,商务印书馆出版了《四部丛书》初编、续编、三编,1922 年开始编辑印刷《续古逸丛书》,1930 年开始影印发行《百衲本二十四史》,1933 年开始辑印《四库全书珍本丛书》,后又印行了《丛书集成初编》(1935 年)等,他如中华书局的《四部备要》、世界书局的《国学名著丛刊》,开明书店的《二十五史》,等等。各大出版机构不约而同地大量丛集丛刊大型古籍,固然是受到了当时风靡全国的整理国故思潮的影响,但也不排除精明的出版商有意识地调整出版策略,以配合新图书馆运动保存文化、建设文化的宗旨。事实上,各出版机构利用现代出版技术,影印翻印古籍的孤本秘籍,既便利于图书馆对古籍不失原貌的收藏,也以较低的印刷成本价而获取较大的利润。此外,在新图书馆运动中应运而生的汉译世界名著、百科小丛书、国学小丛书以及农、工、商、师范、算学、医学、体育等各科小丛书的出版,涵盖了科学性、研究性、工具性、实用性、普及性、娱乐性等新书刊出版的各方面,丰富了各类型图书馆的馆藏,可以"植普通图书馆之基"①。

　　新图书馆运动对民国出版业起积极推动作用的同时,也发展了图书馆自身的出版事业。作为整个民国出版业的组成部分,图书馆的出版事业占有相当比重,具体表现在:首先,许多图书馆几乎从一开始就有专门的出版组织。1925 年,中华图书馆协会设立了出版委员会,首届主任为刘国钧。(图 7-6)各省图书馆协会也纷纷效仿,如中央图书馆的纂辑部、江苏省立国学图书馆的编辑印行部、江苏省立镇江图书馆的编纂部、安徽省立图书馆的研究部、江西省立图

图 7-6　刘国钧

① 陈幼华、吴永贵:《新图书馆运动对近代出版业的影响》,《图书馆杂志》2000 年 6 期。

书馆的印行股,等等。有的图书馆甚至拥有自己的出版印刷机构,如中央图书馆,"曾奉教育部令接办国学书局(包括江南、江楚、淮南三局),并呈准易名为中央图书馆筹备处木印部,1934 年又得交通部铅印机器"。其次,图书馆编印或影印的图书多为两类,一是馆藏珍本、孤本及其他善本书,目的在于保存文化遗产。如江苏省立国学图书馆,"自(民间)17年后,整理旧藏,锐意于馆藏珍本的印行,截止 23 年为止,已出版者达50 余种之多,皆罕传本"①。另一类是图书馆学的相关著作,包括目录学、版本学、校雠学、书目索引等,旨在深化图书馆学研究、推动新图书馆运动。如 1917 年商务印书馆出版的朱元善编写的《图书馆管理法》,它开创了图书馆著作出版之先例。据统计,从 1917—1949 年,仅商务印书馆一家就出版图书馆著作 66 种,代办发行 3 种。②另外,一些规模较大的江苏境内的图书馆机构也积极从事期刊的出版,如中华图书馆 1913年在上海创办了中国最早的图书馆期刊——《游戏杂志》。这种专业出版本身就是民国出版事业的一个不可分割的重要组成部分。

值得一提的是,以新图书馆运动为主导的中国现代图书馆事业,还为出版界创造了广泛的读者群。中国传统藏书楼的图书以藏为主,并不面向公众开放,而新图书馆运动在实现图书馆为社会所共享的同时,强调公共藏书机构的教育性特征。援引著名图书馆学家刘国钧先生的说法,即"以用书为目的,以诱导为方法,以养成社会上人人读书之习惯为指归"③。在这一思想指导下,在我国 20 世纪二三十年代,以启发民智为主要目的的通俗图书馆发展非常迅猛。1918 年,全国通俗图书馆为286 所,1931 年达到 1 052 所,④而且通俗图书馆无论在馆址设置、藏书内容还是在开放时间、借阅方式上,均以普及民众教育为出发点,对阅览者免费开放,使图书馆的使用效率大大提高。无疑,通俗图书馆在扩大社会的读书人口,提高民众文化水平、普及社会读书风气方面均作出了巨大贡献,而这也正是图书馆于无形中贡献给出版业最为得力的地方。

---

① 以上引文,参见严文郁:《中国图书馆发展史》,台湾图书馆学会 1983 年版。
② 陈幼华、吴永贵:《新图书馆运动对近代出版业的影响》,《图书馆杂志》2000 年 6 期。
③ 刘国钧:《美国公共图书馆概况》,《新教育》1923 年第 7 卷第 1 期。
④ 李雪梅:《中国近代藏书文化》,北京:现代出版社,1999 年,第 151 页。

现代图书馆在服务读者的同时,其实也在为中国的出版业开发未来的顾客,培育新的图书市场。

中国近现代图书馆事业的蓬勃发展,尤其是持续时间长达 20 年之久的新图书馆运动,直接导致了中国传统藏书楼向公共图书馆的巨大转变,从此,近代公共藏书的观念深入人心,中西结合的富有中国特色的近代图书馆组织与管理亦由此奠定了基础。新图书馆运动在促进图书馆自身发展的同时,也为繁荣近代学术文化、普及民众教育作出了独特的贡献,同时它对中国近代民族出版事业也起到了积极的推动作用。

第四节　民国知名编辑与出版家

19 世纪末 20 世纪初,西方活字印刷技术对中国形成反哺,以及新型书刊经营方式的产生,相对于依靠传统手工作坊进行生产的中国出版业来说,无疑是文化传播史上革命性的变革,同时也影响到中国文化人观念的变革。诚如张仲礼所说,"当贸易发展以及新商机因受西方的冲击凸显时,绅士越来越多地转向扩大了的商业机会。人们传统的轻商态度也开始改变"[①]。中国现代出版业的崛起,正是这种观念变化的具体表象之一。加之国民党政府虽然是通过政治革命取得政权,但其文化态度总体上是温和的,带有保守性质,这样新旧文化在当时的江苏境内其实保持了一种市场状态,呈现一种温和的兼容气象,"江浙文化为中国文化后起之秀,与北方之中原文化,有血统上之关系,若母子然;与世界之西洋文化,亦有血统上之关系,若昆仲然"[②]。可以说,新旧文化斗争共存的民国场域,也为一些文化企业的活跃提供了沃土。1897 年创立的商务印书馆、1912 年建立的中华书局、1917 年创立的世界书局等,都以盈利为目的做文化的生意。同时也造就了如夏瑞芳、张元济、王云五、陆费逵、舒新城、沈知方、章锡琛、夏丏尊、张静庐等一大批出版家和编辑家,他们对中国的现代出版

---

① 张仲礼:《中国绅士的收入》,上海:上海社会科学院出版社,2001 年,第 138 页。
② 郑鹤生:《江浙文化之鸟瞰》,《国立中央大学半月刊》第 1 卷 6 期。

业作出了重大贡献,堪称当时出版领域的领军人物。

　　民国时期,除去地域(上海)因素及上述所举杰出的出版家之外,江苏境内或江苏籍从事出版的知名人物,如陈作霖、罗振玉、孙毓修、丁福保、欧阳渐、柳亚子、叶楚伧、陶行知、平襟亚、叶圣陶、柳诒徵、杨家骆、吴梅、包天笑、周瘦鹃、叶灵凤、李小缘、恽代英、张闻天、李小峰、俞颂华、徐伯昕、华应申,等等,不胜枚举。他们中间,或为职业的出版人,或为国民党上层人物,或为共产党早期领导人,或为宗教界人士,而更多的一些作家、学者、教授、社会活动家兼做编辑出版人,甚至只是某个人生阶段曾经客串过出版工作。现代出版制度为他们在出版领域的进退出入,提供了条件和可能。这是一个重要的出版现象,值得认真关注。但是,不同的个人参与出版的方式可能各有不同,贯注在出版行为中的思想观念、价值取向也许不尽一致,但他们的所作所为,共同构筑了民国时期多姿多彩的出版风景。[①] 本书收集《江苏省志·出版志》《江苏出版人物志》等相关史料,详述吴梅、柳亚子、叶圣陶等人的编辑出版活动,以佐此论。

一、吴梅、卢前与戏曲文献的出版

　　中国近现代研究曲学的大家首推王国维和吴梅,王国维着重于戏曲

图7-7　吴梅

的历史考证,而吴梅则能谱曲、唱曲,深谙曲律,且致力于我国戏曲文献的整理与出版事业。吴梅(1884—1939年,图7-7),字瞿安,号霜厓等,江苏吴县人,幼时曾拜江南曲圣俞粟庐为师。1893年在上海东文学社学习日文,1903年冬或1904年春在吴中公学社任教员,1905年应聘为东吴大学堂教习。光绪宣统之际,吴梅先后参加神交社、南社等团体。辛亥革命后,他执教于南北各地学校,先是任教南京的江苏省立第四师范,后又改任上海民立中学国文教员。1917年应蔡元培之邀为北京大

---

① 王余光、吴永贵:《中国出版通史·民国卷》,北京:中国书籍出版社,2008年,第292页。

学文科教授,又为北京高等师范兼职教授。期间西北筹边使徐树铮一度拟聘他为使署秘书长,他以"懒向王门再曳裾"之语婉辞。1922年吴梅应东南大学校长郭秉文之邀执教东大,并主盟"潜社"等。1927年南下任教广州中山大学,1928年转教上海光华大学,并兼课中央大学,与邓邦述等组织"六一词社"。1930年专任中央大学教授,兼课金陵大学。抗战爆发后,吴梅举家客居湖南湘潭一年,1939年至云南大姚暂住,不幸同年3月离世。吴梅精于戏曲研究和创作,著有《血花霏》等6种传奇、《暖香楼》等6种杂剧,另编有《霜厓曲录》《霜厓词录》《顾曲麈谈》《中国戏曲概论》等10多种,堪称我国一代曲学宗师。

清宣统年间,吴梅开始致力于搜藏我国的戏曲文献,到1928年他已得600多种戏曲典籍,而且多为明代嘉靖年间的善本,故称自己的藏书处为"百嘉室"。吴梅收藏戏曲文献的目的不是为藏而藏,而是将这些文化遗产整理刊布,使之广泛流行。陆维钊曾说过,他平生有三大愿望,一是辑刊《奢摩他室曲丛》以比《元曲选》和《六十种曲》;二是定《曲韵》以比《中原音韵》;三是正《曲律》,如《南北词简谱》,以比《太和正音谱》。他把辑刊《奢摩他室曲丛》放在首位,足见他整理编刊戏曲文献之苦心。吴梅曾说,"乐府亡而词兴,词去而曲作,金元之间上自台阁,下及氓庶,无有不娴习者,故其体亦数变矣!"又说,"曲虽小道,而模写物态,雕绘人理,足以鉴古今风俗之变,深合于国风、小雅之旨"。他把戏曲作为《诗经》中的国风、小雅之延续,是对我国古代戏曲的高度评价。[1]

1910年(宣统二年),吴梅首先辑录了吴伟业的《临春阁》《通天台》及自著的《暖香楼杂剧》各1卷,刊刻了《奢摩他室曲丛第一集》行世。1922年,吴梅又选编了一部《古今名剧选》,收录了10种元曲和5种明杂剧,赠予北京大学出版部出版。1926年,他与商务印书馆合作,打算将自己所藏的戏曲文献进行整理一次性出版,公诸于世。1927年,他校订的《奢摩他室曲丛》152种戏曲文献完工,交付商务印书馆分期出版。对于该丛书的出版原因,他在《奢摩他室曲丛序》中指出,"少好度曲,辄搜罗元明以来院本,历二十年,所积日多。晚年学者,以为曲虽小道,而

① 参见俞洪帆、穆纬铭:《江苏出版人物志》,南京:江苏人民出版社,1995年,第456页。

模写物态,雕绘人理,足以鉴古今风俗之变,深合于国风、小雅之旨,因怂恿印行,以广其传。计余旧藏剧曲几及六百种,遍刊则值必巨,寒酸之士或且敛手矣。乃徇友人张君菊生之意,先印一百五十有二种。"①1928年,《奢摩他室曲丛》初集、二集问世,共计35种。初集包括清嵇永仁《扬州梦》《双报应》,沈起凤《沈氏传奇四种》。二集包括明朱有燉《诚斋乐府》24种,吴炳《粲花别墅五种曲》等。可惜的是"曲丛"前二集问世后,适逢上海"一·二八"事变,他所交付商务印书馆影印的藏本因抢救不及,焚毁了28种,连已印好待发的"曲丛"三、四集,都随着商务印书馆付之一炬。这是戏曲史上的劫难,难怪吴梅发出了"曲者不祥之物也"的感慨。吴梅辑校的《奢摩他室曲丛》如果全部刊行,单从数量上来讲,都超过了吴兴臧氏雕虫馆的《元曲选》,更超过了毛氏汲古阁的《六十种曲》、贵池刘氏的《暖红室汇刻传奇》、武进董氏的《盛明杂剧》等,以其收录戏曲文献之多,校订之精善,无疑是嘉惠学界的盛世,可惜没有全部行世。

吴梅一生酷嗜词曲,在当时的学人中其词曲方面的修养无人能及,卓然大师,并培养出任二北、俞平伯、钱南扬、唐圭璋、王季思等一批著名的教授学者。正如浦江清说:"近世对戏曲一门学问,最有研究者王静安(国维)先生与吴梅先生两人。……吴先生之于制曲、谱曲、度曲、校订曲本、审定曲律,均臻绝顶之一位大师,则难有其人,此天下之公论也。"②

图7-8 卢前

与任二北、唐圭璋等同出吴梅门下的卢前,一生也致力于我国的戏曲研究、搜藏和文献整理工作,经他整理编辑出版的戏曲文献有数百种之多。卢前(1905—1951年,图7-8),原名正绅,字冀野,别号饮虹,江苏南京人。1921年投考东南大学未取,次年以"特别生"名义录取东大国文系,师从曲学大

---

① 参见俞洪帆、穆纬铭:《江苏出版人物志》,南京:江苏人民出版社,1995年,第457页。
② 《悼吴瞿安先生》,转引自《江苏出版人物志》,南京:江苏人民出版社,1995年,第459页。

师吴梅。1925年自行刊印第一部曲作《卢冀野少作》。1926年毕业，开始教授戏曲生涯，并且着手刊布戏曲文献。1927年执教南京金陵大学，1930年8月应聘至成都大学教授曲学。1932年在上海暨南大学讲授明清文学，开始刊刻《饮虹簃所刻曲》。1937年前，卢前先后执教于南京金陵大学、上海光华大学、成都大学、开封河南大学、南京中央大学、广州中山大学、上海暨南大学等。1938年经人介绍入汉口教育部供职，同年6月被聘为首届国民参政会参政员，后连任四届。1940年，与于右任等创办《中心鼓吹》杂志，宣传抗日。1944年，应于右任之邀，任《中华乐府》编辑。他在四川期间，先后任教于四川大学、重庆中央大学、女子师范学院等。1946年11月返回南京后，被聘为南京市通志馆馆长，并任中央大学教授，兼任《中央日报》副刊《泱泱》的主编。中华人民共和国成立后，继续从事曲学的研究活动，1951年4月病逝于南京。他一生著述甚丰，如《明清戏曲史》《中国戏曲概论》《中国散曲概论》等，以及曲作《饮虹五种》《饮虹乐府》《冀野散曲抄》等数种。

刊刻戏曲文献，是卢前从事出版业的一大特点。早在21岁时，他就萌发了刊布戏曲典籍之念，并刊刻了自己的杂剧作品《琵琶赚》《茱萸会》《无为州》《仇宛娘》《燕子僧》（合称"饮虹五种"）及《卢冀野少作》，此后他以一人之力刊布戏曲文献便一发不可收。民国时期，现代印刷技术已大为风行，而卢前为何独爱木刻雕版呢？他在《书林别话》中道出了个中原因："铅椠盛而雕版术日衰，世多不知刊刻为何事……或曰：排版速，成书便，印行惟恐其不多；子嗜古故爱刻书，实则机器发明以后，刊刻早应废除！予曰：不然。大量出版，铅椠诚逾于雕版，而雕版之长，有非铅椠所及者：刊刻既成，随时可以印刷，一也；印刷多少，惟君所欲，减浇版之烦劳，二也；刻版随时可以挖补，可以修改，可能抽换，皆不需重新排字，三也；手工印刷，墨色经久，不患油渍，久而渝纯。一编在手，墨香满纸，此惟藏家能赏会之。书，固不必尽以多为贵者，文章之妙，益以剞劂之精，二美辉互，不亦娱心而悦目乎？是故，铅椠雕版，无妨并存。"卢前所说雕版印刷术的三点好处，不外讲了雕版印刷术的一些客观长处，更主要的是他仍受张之洞劝人刻书以传后世思想的影响，用传统印刷旧工艺，以投藏书家之好。

《饮虹簃所刻曲》为卢前自刻较早的一部散曲丛刻。他认为元明散曲专集的传本甚少,除任二北所辑《散曲丛刊》外,大多不易见到,故而他专力于此道,取元明散曲专集仿朱孝臧编辑《彊村丛书》的体例,汇刻丛书以为元明散曲的总汇,编辑校订了《饮虹簃所刻曲》。该集收入了元张养浩《云庄休居自适小乐府》、明陈铎的《秋碧乐府》《梨云寄傲》等4种。后又刊刻了《饮虹簃续刻曲》3种,其中以常伦的《写心集》最为珍贵。而《金陵卢氏饮虹簃丛书》四集的出版,使其达到出版戏曲文献的巅峰。该丛书第一集收入的均为元人作品,包括卓从之《北腔韵类》、白朴《天籁集摭遗》、倪瓒《云林乐府》、马昂夫《马九皋词》、王恽《秋涧乐府》等16种。二集收入了明代朱有燉《诚斋乐府》、李祯《侨庵乐府》、唐寅《伯虎杂曲》、毛莹《晚宜楼杂曲》等13种。三集收入明代杨慎《陶情乐府》、周履靖《鹤月瑶笙》、陈兴郊《隅园集》、吴承恩《射阳先生曲存》等19种。四集收入明代康海《沜东乐府》、陈邦奇《苑洛集》、张瘦郎《步雪初声》等12种。卢前所整理出版戏曲文献的底本多借之于师友,如《诚斋乐府》《词窝》借自于吴梅,《沜东乐府》《杨夫人辞》则借自于潘景郑等,其他诸本亦皆南北移录。卢前节衣缩食,将该丛书付梓出版,深得学术界的好评。叶恭绰

图7-9 柳亚子

认为当时公私两家出版历代戏曲作品的不少,但"采辑众人之作汇为巨编,如《饮虹簃丛书》的尚未之见,卢氏之功可谓巨矣!"[1],足见评价之高。

二、柳亚子的编辑出版活动

著名民主主义战士、爱国诗人柳亚子(1887—1958年,图7-9),原名慰高,号安如,出生诗书世家,江苏吴江人。早年受陈去病、金松岑影响,加入中国教育会,开始步入革命生涯。1904年加入同盟会、光复会,创办《复报》。1909年与陈去病、高天梅发起成立南社。1912年分任《天铎报》《民声日报》《太平洋报》编辑。1916年在黎里组织吴江讨袁军。1923年与

---

① 《饮虹簃丛书·序》,转引自《江苏出版人物志》,南京:江苏人民出版社,1995年,第643页。

毛啸岑创办《新黎里》半月刊,又发起新南社。1924 年加入国民党。次年 8 月与共产党人朱季恂、侯绍裘、国民党左派张曙时等组成国民党江苏省党部,被推为执行委员会常务委员兼宣传部长。"四·一二"政变后,流亡日本。1928 年 4 月回国任国民党中央监察委员,先后担任过江苏革命博物馆编纂、江苏通志编纂委员会委员、上海通志馆馆长等职。抗战爆发后因病留居上海租界,闭门从事南明史研究和对南社历史的总结。1940 年年底避居香港。皖南事变后,因和宋庆龄、何香凝等联名写信给国民党中央,谴责反动派积极反共、消极抗战的政策,并拒绝出席国民党中央全会,被蒋介石开除党籍。抗战胜利后回到上海投身民主运动,1947 年 10 月再度香港。1949 年 3 月,应毛泽东邀请到北京参加筹备新政协,9 月出席中国人民政治协商会议第一次全体会议,并当选为中华人民共和国中央人民政府委员会委员。此后历任政务院文教委员、华东行政委员会副主席、中央文史馆副馆长、民革中央常务委员等职,1958 年 6 月 21 日因病去世。他是个诗人,也是个编辑家、出版家。

柳亚子认真严谨的编辑作风在民国出版界中堪称典范。南社成立之后拟出版《南社丛刻》,并推举陈去病为文选编辑、高天梅为诗选编辑、庞树柏为词选编辑,柳亚子被推选为书记。《南社丛刻》出版条例中规定,"社稿岁刊两集,以夏季、冬朔出版","社稿以百页为度,分诗、文、词录三种,诗文录各四十页,词录二十页","选事由编辑员分任"等等。但实际上从第一集开始就没有按条例办事。"丛刻"一二集出版后,因编制马虎、次序杂乱、校对不严,又误收非南社成员的文章,遭到柳亚子的非议,他特别反对把个人专集收入"丛刻",认为专集占据很多篇幅,南社成员的作品就不能普遍发表,随着南社成员的不断增加问题就更多。1910年 8 月 16 日南社在上海张氏味莼园举办雅集时,柳亚子提出修改"丛刻"的编辑方针,与陈、高等人产生了矛盾,只好请俞剑华帮忙,自己动手编辑第三集。如此,"丛刻"的编辑工作开始步入正轨。第三集取消了个人专集,共选文 43 篇,诗 433 首,词 116 首,作者是前两集的数倍。当时南社成员的诗词文稿均为手稿,条幅横卷,字体不一,有的排版工人无法认读,因此他就把来稿抄录到每页 24 行、每行 30 字的稿纸上,然后发排付印。柳亚子革新的《南社丛刻》编辑制度,得到南社成员的普遍好评,并成为后来诸集的圭臬,直至终刊始终未变。继"丛刻"第三集之后,柳亚子又负责编辑了第五至二十集,1918年姚石子当选南社主任后才他不过问"丛刻"的编辑之事。[①]

1923年5月,柳亚子与南社旧友叶楚伧等人又发起成立了新南社,他被公举为社长,并准备出版《新南社月刊》和《新南社丛书》。为了避免出现《南社丛刻》编辑出版时的杂乱状况,柳亚子建议制定编辑部组织法,对编辑出版的有关事项作了详细的规定,如"本社出版物,遵照本社条例,统用语体文"。"月刊内容不拘门类,不分译撰,唯以美善为主。""月刊另辟读者论坛一门,对于非社员投稿,一律欢迎。""编辑部主任对于社员、非社员作品,都有去取和修改的权利。倘有不愿修改的,须预先声明。"新南社的出版计划虽然很大,可是计划都没有落实,只是下半年由柳亚子编辑了一期《新南社社刊》,所刊内容有沈玄庐的《最近的新俄罗斯》《留别俄罗斯同志们的一封信》,邵元冲的《美国的新村运动》,胡寄尘的《中国诗歌实质上变化的大关键》等17篇撰文,以及吕天民的《社会不平鸣》等3篇译作。柳亚子与南社相始终,为出版《南社丛刻》等书刊,不但耗费了许多心血,而且经常解囊相助,接济出版之需。按照南社的相关规定,社员每年须缴纳社金3元,但社中开支较大,再加上有些社员染上名士习气,疏放惯了,对纳费琐事从不放在心上。因此,刊印"丛刻"的纸张印工等项,大多由柳亚子垫付;后来南社成员纷纷去世,辑刊遗集的刊资也往往由柳亚子承担,即使在他不过问南社事务的数年中,也常常不吝解囊。在南社27年的历史中,柳亚子斥资达万余之巨。

编辑刊刻乡邦文献和友人遗作,也是柳亚子对当时出版业又一贡献。1918年冬,他与同乡薛凤昌发起组织了"松陵文献保存会",将会员收藏的吴江文献编成《吴江文献保存会书目》四卷,油印分发。该书目共收录吴江人著作740余种,每条款目下都有收藏者代号。此外,他不惜花费重金多方收购、借抄吴江人的著作,如《蛰庐遗稿》《待问五十策》《春晖阁诗草》《茂塘遗稿》《晚宜楼集》等,经过两年多的努力,他收集的吴江文献已达650余种、1万多卷,冠于同里藏书家前列。同时,他还整理并

① 参见俞洪帆、穆纬铭:《江苏出版人物志》,南京:江苏人民出版社,1995年,第472。

斥资刊印了多种有价值的乡邦文献，据《柳亚子年谱》所载，1920年至1924年，他先后辑刻和重印了《松陵文录》《禊湖诗拾》，王鲲《雨话斋碑帖目录》、许铨《梦鸥阁诗钞》、陈去病《笠泽词征》等书，又校印了范其骏《梦余赘笔》、沈成章《陆湖遗集》、柳树芳《分湖诗苑》等书。柳亚子生前只刊行了《乘桴集》(1928年)、《怀旧集》(1947年)两种自己的诗文集，但为友人整理编辑的遗作或出资印行的书籍却有10多种，如《周实丹烈士遗集》《阮梦桃烈士遗集》《宁太一遗书》《张秋石烈士遗文》等。

柳亚子对苏曼殊作品的搜集、身世的考证，用力最多，时间最长。1906年柳亚子与苏曼殊在上海相识，此后过从甚密，赠答诗笺很多。苏曼殊病逝后，柳亚子自1926年起开始搜集苏曼殊遗作，其子柳无忌也参与其事，先后出版了《苏曼殊诗集》、《曼殊逸著两种》、《曼殊全集》(1928—1929年由北新书局出版)。北新书局出版的五厚册《曼殊全集》，均由柳亚子亲自抄缮，为后来各家编辑苏曼殊集子的根据。《曼殊全集》出版以后，柳亚子继续向各方面征集资料，进一步追究这位亡友的隐晦身世。他在萧纫秋处发现有"孙文题"《曼殊遗墨》，其中有很多苏曼殊的遗画、相片及杂记，就从萧处借出交北新书局影印成《曼殊遗迹》出版发行。后经萧纫秋、田相等人提供的线索，并与苏曼殊亲朋、同学长期保持通信，提出问题，追寻事实，发掘资料，终于推翻了苏曼殊为完全日本血统之说。这一时期，柳亚子写成了《苏杰生年表》(苏曼殊之父)、《苏玄瑛正传》、《重订苏曼殊年表》、《苏曼殊传略》(白话文)。后两种收入1933年上海开华书局普及本的《曼殊全集》。1939年至1940年间，身处上海孤岛的柳亚子仍继续进行对苏曼殊的研究与编辑工作。半年中，他誊录了50多万字、共13册的《曼殊余集》。该书收录了1929年至1939年间有关苏曼殊的文字，或在报刊、书本上发表的，或者作者直接投寄的，不论长短、体裁与性质，全部录入。文后大多有柳亚子的按语，注明稿源，或作订正解释。《曼殊余集》堪称研究苏曼殊的资料宝库，书稿现存国家图书馆。

1932年柳亚子被聘为上海通志馆馆长。他对编纂通志有自己的独到见解，要求编纂人员要以"董狐之笔"如实记录上海的历史，并决定在编纂《上海市通志》的同时，编写出版《上海通志馆期刊》以通报"通志"编写进展情况,出版《上海研究资料》以收集馆内外人士的研究成果和资料,出版《上海掌故丛书》为"通志"的前奏,编写《上海市年鉴》收集1934年以后的资料、拟以年鉴为蓝本接编《上海市通志续编》。及至1936年上半年,《通志》部分初稿"沿革编""法租界编""公共租界编""外交编"等陆续完成,打出清样。柳亚子对"通志"初稿各编校样的审核极其认真仔细,在他一封给编纂主任吴静山的信中指出,"除简单的差误已在校样上改正好,其关系复杂,另纸条奉"。而"另纸条奉"竟达17页信笺,其中不仅有关于内容的商榷,甚至对行款格式、标点符号、铅字字体都有详细的建议。他在审定"通志"的"校勘条例"后,认为"所定《校勘条例》十三条,甚好,但实际上仍请随时留意,在校样上一一改定方妙"。他这种认真负责、一丝不苟的作风,平易近人的态度,于字里行间灼然可见。[①]

三、叶圣陶的编辑出版活动

著名作家、教育家、社会活动家叶圣陶(1894—1988年,图7-10),

图7-10 叶圣陶

原名绍钧,江苏苏州人,7岁入私塾,1907年考入苏州草桥中学。辛亥革命后由于家境贫寒,无力升学,开始了将近10年的教学生涯。1919年加入新潮社,旋即投身"五四"新文化运动,与王伯祥等创办了《角声》文艺周刊,传播新文化、新思潮。1921年1月加入文学研究会,为发起人之一。1923年春,应邀到商务印书馆当国文编辑,并与郑振铎、俞平伯等组织朴社。"五卅"惨案发生后,他与郑振铎等出版《公理日报》,揭露英、日帝国主义罪行。1926年受中国共产党委托,主编中国济难会机关刊物《光明》半月刊。1930年年底转入开明书店当编辑。此后20年,他基本上在开明书店负责编辑工作。1931年加入中国民权保障同盟。开明书店遭日寇炮火轰毁后,于1938年离开上海抵达重庆。1946年3月,担任全国文艺界协

---

① 参见俞洪帆、穆纬铭:《江苏出版人物志》,南京:江苏人民出版社,1995年,第479页。

会总务部部长,主持文协日常工作。1949年1月,离开上海抵达北平,担任华北人民政府教科书编审委员会主任等职。在第一次文代会上被选为文联全国委员和作协委员,第一届政协会上被选为常委。新中国成立后,担任过出版总署副署长、教育部副部长、人民教育出版社社长,被选为历届人大代表及政协委员。1988年2月16日在北京逝世。

叶圣陶从1923年进入商务印书馆开始,一生从事编辑出版工作的时间长达60年之久,他曾经多次自豪地说:"作家不是我的职业。""如果有人问起我的职业,我就告诉他:第一是编辑,第二是教员。"①他在商务印书馆做了八年的国文部编辑,编辑过中小学国语课本、学生国学丛书,如与顾颉刚合编过初级中学教科书《国语》六册(1923年3月陆续出版),点校过《天方夜谭》《荀子》《苏辛词》等。1927年5月,郑振铎赴欧游学,他还替郑主编了两年共24期的《小说月报》。郑回国后,叶圣陶又主编过一段时间的《妇女杂志》。他在《我和商务印书馆》一文中,对他八年在商务印书馆的编辑生活心存感激,认为这八年既对他的文学创作有所助益,也学到了"有关编辑工作的责任感以及若干必不可少的知识和技能"②。当然,1930年年底应邀加入开明书店后,他才在编辑出版上做出了骄人的成绩。宋云彬在《开明旧事》中说道:"圣陶是个文学家,也是个很好的编辑工作者。他的那种一丝不苟的工作作风,给开明同人做出了好的榜样。"③在编辑《中学生》《新少年》时,叶圣陶凭自己十多年的教学经验,以《写作杂话》《文心》《文章偶读》等为栏目,发表了大量辅导性文章,对后来开明书店出版的《文心》《文章例话》《阅读与写作》等图书均有影响。如《文心》一书用小说体裁叙述了学习国文的知识和技能,"每种知识大约占了一个题目。每个题目都找出一个最便于衬托的场面来,将个人和社会的大小时事穿插进去,关联地写出来。通体都把关于国文的抽象的知识和青年日常可以遇到的具体的事情熔成了一片。写得又生动,又周到,又都深入浅出。的确是一部好书"④。《文心》一书至少有

---

① 彭加瑾:《叶圣陶与编辑工作》,《编创之友》1982年第4期。
②《出版史料》1983年第2期。
③《文史资料选辑》第31辑,北京:文史资料出版社,1962年。
④ 陈望道:《文心·序》,北京:开明出版社,1996年。

30 种以上的翻印本,在海外流传也很广。

在叶圣陶主持编辑的教科书和工具书中,他一丝不苟,努力把教科书编成规范的教科书,把工具书编成真正有用的工具书。他与朋友编辑的供小学初、高年级学生用的《开明国语课本》,八册课文均由他写作或改写过。课文以儿童为中心,尽量容纳儿童文学及日常生活中需要的各种文体。每课之后附有练习,有的侧重讨论语法,有的注重内容研究和欣赏,逐步引导并增进儿童的写作能力。当时国内的教育家和中小学教师都称它为小学国语教科书的善本。他和夏丏尊合编的《初中国文科教学自修用国文百八课》也是本很具特色的书。叶圣陶在《编辑大意》中说,这套课本"最重要的一点就是给予国文科以科学性,一扫从来玄妙笼统的观念"①。该书在编写上,每课为一单元,有一定的目标,内含文话、文选、文法、习问四项,从各种角度将全书排列成一个严密的整体。此外,他与夏丏尊、宋云彬、陈望道合编的《开明国文讲义》,与夏丏尊、金仲华合编的《给中学生》,与尤墨君、傅东华等合编的《写作的健康与疾病》等书,也很受欢迎。叶圣陶选注的《周姜词》、编辑的《十三经索引》都讲究切合读者之需,很有实用价值。

抗战爆发后,开明书店受到重创,暂时处于停业状态。叶圣陶离开上海,举家迁入四川。1942 年,开明书店在成都设立编辑部办事处,他回到开明,主持办事处的工作,除继续担任《中学生》主编外,还在 1945 年创办并主编了《开明少年》。抗战胜利后回到上海,1946 年他接替夏丏尊任开明编辑所所长,负责终审《中学生》《开明少年》《国文月刊》的稿件。此间,他编写了《儿童国语课本》、《少年国语课本》、《幼儿国语课本》(4 册),和朱自清、吕叔湘共同编写了《开明新编高级国文读本》《开明文言课本》《开明新编国文读本甲种》),编辑了《(战后新编)开明新编国文读本》和《开明新编国文读本注释本》。其中,《开明文言读本》(6 册),以内容与形式的难易为先后,先是小说短篇,渐及专书名著,每篇后附作者及篇题、音义、文法提示、讨论及练习 4 个题目,自修和教学都很方便。《开明新编高级国文读本》6 册,承接《开明文言读本》,全部采用语体文

① 俞洪帆、穆纬铭:《江苏出版人物志》,南京:江苏人民出版社,1995 年,第 540 页。

字,各篇的内容和形式比较精深,供读者作进一步研修。每篇选文之后,也附列篇题、音义、讨论、练习 4 个项目,并予以解析辅导,便于读者自修或教学。

叶圣陶在开明书店成立 20 周年的时候,曾赋诗一首说:"书林张一军,及今二十岁;欣兹初度辰,缕金联同辈。开明夙有风,思不出其位;朴实而无华,求进勿欲锐;唯愿文教敷,遑顾心力瘁?此风永发扬,厥绩宜炳蔚。以是交勉焉,各致功一篑。堂堂开明人,俯仰两无愧。"①该诗精神昂扬,砥砺正气,目标明确,道出了开明人的心声,因而得到全体开明人的签名,并铸于铜牌之上。20 世纪 80 年代,在开明书店 60 周年纪念会上,叶圣陶再一次阐发了开明书店的精神内涵,一是开明人做出版工作,其实就是教师工作,在待人接物上跟老师一样以身作则,以诚恳平等的态度对待读者,给他们必须的条件,让他们成长为有益于社会的人;二是,开明的编辑出版工作,有所为又有所不为,所谓有所为,就是出书出刊在兼顾经济效益的情况下,一定要考虑到如何有益于读者;所谓有所不为,就是明知对读者没有好处甚至有害的东西,即便有经济效益也一定不出。决不为了追求经济效益而不顾社会效益,决不肯辜负读者。②在民国时期的出版界中,开明书店论实力虽列商务印书馆、中华书局等五大书局之末,但它的影响、作风、人气却不输于任何一家大书局。中国的出版界已习惯用"开明人""开明风"来标识这家书店,如果说"开明风"的形成,夏丏尊是基调的奠基者,叶圣陶则是"开明风"的代表人物。

历数民国时期江苏(或江苏籍)出版界的知名人物,也是当时中国思想界、文化界及学术界的精英,他们借助于出版来阐扬他们的理想与忧国忧民的爱国情怀。在出版这个圈子里,各种思想砥砺交锋,各路英才施展其能,南上北下,东来西往,大大拓展了知识文化人的生存活动空间,展现了近代知识分子在"以学术为业"之外的社会关怀。可以说,"现代的出版业,为松散的自由文人提供了聚合的生存空间,同时知识分子的精英或自由文人又创造和推动了商业性的出版业,彼此互补恰恰表现

① 王知伊:《开明书店纪事》,太原:山西人民出版社,1991 年。
② 叶圣陶:《谈谈开明书店》,《叶圣陶出版文集》,北京:中国戏剧出版社,2003 年,第 57 页。

了现代文化的最基本的形态,即精英文化和商业文化的聚合与互补"。而且,"几乎所有政治事件都可以从出版活动中找到踪迹,而是否能够顺应社会变革往往成为出版业进步与否的政治标尺"①。再者,他们"左手编书右手执笔",代表了中国近代知识分子的转型与"出版业的知识分子职业化的成熟",并"依循着文化理想和学术传统对于社会人生的道义",开始掌握自己以及那个时代的文化和思想的话语权,赋予民国时期中国出版业以深厚的生命力。②

---

① 王建辉:《出版与近代文明》,《出版广角》1999 年 7 期。
② 黄宝忠:《中国近代民营出版业成长的社会生态分析》,《浙江大学学报(人文社会科学版)》2013 第 5 期。

第八章　民国出版与现代教育

第一节　民国江苏现代教育的历史进程

陈独秀曾说:"欧洲输入之文化,于吾华国有之文化,其根本性质极端相反。数百年来,吾国扰扰不安之象,其由此两种文化相接触相冲突者,盖十居八九。凡经一次冲突,国民即受一次觉悟","最初促吾人之觉悟者为学术,相形见绌,举国所知矣;其次为政治,年来政象所证明,已有不克守缺抱残之势;继今以往,国人所怀疑莫决者,当为伦理问题。此而不能觉悟,则前之所谓觉悟者,非彻底之觉悟,盖犹在惝恍迷离之境。吾敢断言曰:伦理的觉悟,为吾人最后觉悟之最后觉悟。"[①]陈独秀所说的"伦理问题",当指"自由平等独立"。这段话不但揭示了中国近代化进程的三个阶段,同时也道出了社会变革的基本规律。

1904 年清政府《奏定学堂章程》颁布及废除科举制度以后,江苏形成了以初等教育为基础,以师范学堂为先导,中学、专门、实业学堂三足鼎立的格局,尤其是初等教育和师范教育在全国独领风骚。据 1909 年统计,江苏各级全日制小学堂 2 002 所,位居全国第八。[②] 刘坤一在通州师范学校创立时说:"兴贤育才,首重师范。"[③]以师范教育为例,1907 年

---

① 陈独秀:《吾人最后之觉悟》,《青年杂志》第 1 卷第 6 号,1916 年 2 月 15 日。
② 陈翊林:《最近三十年中国教育史》,上海:太平洋书店,1932 年,第 97—100 页。
③《光绪 28 年两江总督刘坤一批》,朱有瓛主编:《中国近代学制史料》第二辑(下),上海:华东师范大学出版社,1989 年,第 286 页。

江苏全省先后创设的各类师范学堂及传习所计 26 处,并形成了以江宁省城两江师范学堂为中心,以苏州省城江苏优级师范学堂为补充,龙门师范学堂、通州师范学校、江北师范学堂等初级师范学堂为支撑的扇状结构。① 民初江苏的教育发展偏重于推广初等教育,当然,高等教育在全国表现也较为突出。20 世纪 20 年代以后,西方各种教育思潮纷至沓来,随着社会教育、平民教育、中等教育、职业教育等变革主题不断转换,江苏教育逐渐转向发展中、高等教育。及至南京国民政府成立,江苏教育已经形成了以初等教育为基础,以中、高等教育为重心的新格局。

北洋政府时期,江苏教育发展的重点倾向于初等教育(义务教育)。1912 年,南京临时政府《地方行政官制》颁布后,江苏各县先后裁去劝学所,同时确立了以初等教育为重点的教育发展战略。1918 年江苏省政府制定了《义务教育施行程序》。从民初到 1921 年,江苏先后五次召开了全省教育行政会议,每次会议几乎都把推行义务教育作为主要议案提出,并在决议中列入推进义务教育的各种举措和途径。1920 年江苏还成立了专门以推广初等小学为职志的江苏省义务教育期成会,袁希涛任会长,黄炎培、张孝若任副会长,先后与江苏省教育会等机构发起在全省开征义务教育亩捐活动。民初,江苏初等教育经费总体上保持逐年增长的水平,1912 年为 1 389 894 元,1918 年为 2 035 057 元,1929 年则达到 4 446 571 元,17 年里其经费翻了三番。② 江苏初等教育经费投入之高,在同期全国各省中也是屈指可数的。故而,这一时期江苏初等教育总体处于增长态势。据统计,1913 年 7 月底至 1916 年 7 月底,小学校数量分别为 5 283 所、5 515 所、5 920 所、6 214 所,学生在学人数分别为 231 758 人、234 839 人、260 484 人、292 433 人。③ 到 1927 年,小学校数量达到 8 780 所,学生数 522 780 人。④ 但由于江苏教育的重心逐渐偏向中、

---

① 刘正伟:《督抚与士绅——江苏教育近代化研究》,石家庄:河北教育出版社,2001 年,第 148 页。
② 参见《第一次中国教育年鉴》(丙编),上海:开明书店,1934 年,第 488 页、502 页。
③ 李桂林等:《中国近代教育史资料汇编》(普通教育),上海:上海教育出版社,2007 年,第 560 页。
④ 江苏省地方志编纂委员会:《江苏省志·教育志》(上册),南京:江苏古籍出版社,2000 年,第 153 页。

高等教育,以及受较为发达的私塾的影响,因此,江苏儿童入学率、初等小学校数和在校学生数渐渐在全国失去了领先地位。1923年,陶行知在对南京市小学生的统计时说:"像南京这样不到40万人口的城市,城内就有500多所这样的学校(私塾),招生人数达12 000多,超过洋学堂所有学生的总和……越到内地,洋学堂就越少,而私塾却越来越多。"[1]南京私塾教育如此发达,江苏其他地区的私塾教育就不难想象了。

相较于江苏初等教育的徘徊发展,南京国民政府成立前,江苏中、高等教育的发展却充满了活力。江苏中等教育在民初即完成了分级办学体制的改革,确定了以省立学校为主体的办学模式。省立学校经费完全从省教育经费中支拨,改变了清末由各府创办中学堂而形成的全省中等学校发展不平衡的状况。此外,省教育经费还给予公立学校和优秀私立中学以一定的补助。如1923年,获省款补助的私立学校即达16所,其中钟英中学、南洋中学、民立中学、浦东中学,分别获得5 400元、5 000元、4 600元和3 600元不等的补助,全省用于此项补助的经费共计35 880元。由此,一些私立中学经过多年的经营,办学质量和规模已与省立中学不相上下,如1923年民立中学在校生已达1 171人。[2] 1922年壬戌新学制颁布以后,江苏省立学校基本以办理高中为主,初中则全部划归各县办理。1923年起,江苏为鼓励县立初中和县立师范等中等教育的发展,使小学毕业生就近入学,出台了一项省款每年对县立初中补助2 000元的政策,"闻风兴起者竞为设立中学之要求"。仅这一年,江苏就设立县立初中6所,县师范13所,共计19校。[3] 除省立中学、师范学校之外,各种中等职业学校、教会中学也有很大程度的发展。1912年黄炎培发表了《学校教育采用实用主义之商榷》一文,首倡实业教育,奠定了江苏职业教育发展的理论基础。1917年中华职业教育社(图8-1)成立后,江苏职业教育发展进入了一个新时期。各县纷纷设立各种形式的职业学校,或在中学里设置职业科。20世纪20年代,在韩国钧倡导

① 陶行知:《中国教育之统计》,《陶行知全集》第1卷,长沙:湖南教育出版社,1984年,第309页。
② 陆殿扬:《江苏省教育最近概况》,《新教育》1924年第9卷第12期。
③《江苏政治年鉴》,江苏省长公署统计处1924年印行,第339页。

的"教、实联合"政策的推动下,职业学校与实业界建立了广泛的联系,促进了江苏职业教育的社会化,职业学校的发展取得了长足的进步。据1923年统计,江苏省立职业学校学生2081人,省立中学学生为4649人,省立职业学校学生与中学学生数之比接近1∶2。[1] 这在全国各省中也堪称翘楚。另据1924年《江苏政治年鉴》统计,1920年江苏天主教教会中学人数25361人,位居全国第二;新教教会学校中学生数为3323人,占全国同类第一。1921年、1922年,江苏基督教青年会学校2241人,仅次于北京(含河北)、湖南,位居全国第三。[2] 由此也表明,这个时期江苏教会所办的中等学校也很发达。

图8-1 中华职业教育社

民初政府教育部门确定的办学体制是大学国立,中学省立。1922年新学制改革,给江苏高等教育的发展带来了机遇,上海、南通、苏州等经济基础较好的地区成为高等学校新的增长点。1926年7月,教育部公布全国各类高等学校,其中国立大学、公立及教育部已立案的私立专

---

[1]《江苏政治年鉴》,江苏省长公署统计处1924年印行,第339页。
[2]《江苏政治年鉴》,江苏省长公署统计处1924年印行,第359页。

门以上学校分别为 20 所、48 所和 24 所,总计 92 所,江苏境内总计有高等学校 17 所,占全国高校的 18.4%。其中,国立大学有东南大学(图 8-2)、东南大学分设上海之商科大学、暨南大学、同济大学、政治大学等 5 所,占全国同类高校总数的 25%;公立专门以上学校有交通部南洋大学、全国水利局河海工科大学、中法工业专门学校、江苏法政大学、江苏医科大学、苏州公立工业专门学校等 6 所,占全国同类高校总数的 12.4%;私立专门以上学校有金陵大学农科、大同大学、复旦大学、中国公学大学部、南通医学专门学校、南通纺织专门学校等 6 所,占全国同类高校总数的 25%。[①] 另据《第一次中国教育年鉴》统计,至 20 世纪 20 年代末,江苏专门以上学校共 16 所,学生 4 611 人,专科以上学校 31 所,学生总数为 6 647 人,位居全国第一。[②] 至南京国民政府成立以前,江苏高等教育在体系上形成了以国立大学为中心,以公立大学为支柱,以私立大学为重要补充的综合化高等教育发展格局。

图 8-2　国立东南大学

---

① 《教育部公布全国公立私立专门以上学校一览表》,中国第二历史档案馆编:《中华民国史档案资料汇编》第三辑,教育,南京:江苏古籍出版社,1991 年,第 199—203 页。

② 参见刘正伟:《督抚与士绅——江苏教育近代化研究》,石家庄:河北教育出版社,2001 年,第 230 页。

南京国民政府成立后,社会政局相对稳定,教育投入逐年增加,教育管理渐次完善,江苏教育事业处于一个相对稳定的发展时期。尤其是基础教育进入了发展的兴盛时期。据《第一次中国教育年鉴》统计,到1930年,江苏有初等教育学校数为 8 346 所,学生数为 691 965 人;1932年各类初等教育学校学生数为 744 404 人。《第二次中国教育年鉴》统计,1935 年各类小学 10 223 所,入学人数 973 034 人;1936 年有小学11 182 所,入学人数 1 167 538 人。与此同时,普通中学的数量也有较大幅度的增加,据 1930 年调查,江苏县立初中已达 50 所,已备案的私立高为 33 所。而这个时期,全国县级初中计有 652 所,私立高中 117所。① 由此观之,江苏当时的中学数量显然位居全国前列。

1927 年,南京国民政府为强化国家政权,以原东南大学为基础,合并江浙九校,组建国立第四中山大学,1928 年改称国立中央大学。作为处于首都南京的一所国立大学,中央大学办学资源、学科规模和地位都位居全国之冠。"民国最高学府"国立中央大学的建立,标志着江苏高等教育进入发展的鼎盛期。此外,江苏各派教育家积极推行的平民教育、乡村教育、职业教育等,对普通民众教育予以了相当的关注,他们的教育改革实践也推进了新式教育本土化的进程。

日寇全面侵华后,给中国教育事业造成极为严重的破坏,仅至 1937年年底,"全国共有 1 386 所学校被迫关闭,约有 24 万学子失学","10 万余所初级教育学校或毁于战火或被迫关闭"②。1940 年汪伪政权建立后,即着手对沦陷区教育进行"恢复"。江苏沦陷区的新建学校,办学经费困难,招生规模也很小,以中等学校为例,"战后只有三十余校,较之战前,数量不及五分之一,教员之数不及七分之一,经费支出不及六分之一,而就学人数已达昔日四分之一"③。作为伪政权统治的中心城市南京,到

---

① 胡金平:《民国时期江苏中小学教育发展的历史经验与反思》,《江苏教育·教育管理》2014年第 8 期。
② 曹必宏等:《日本侵华教育全史·华东华中华南卷》,北京:人民教育出版社,2005 年,第79 页。
③《江苏教育》1940 年第 5 期,转引自黄骏:《汪伪统治时期的师资述评:以江苏省为中心》,《民国档案》2006 年第 4 期。

1940 年年底,有初级小学 1 455 所,而市立中学也仅有 73 所。① 在江苏汪伪教育系统中,教师的总体水平比较低下。以小学教师为例,县立师范、乡村师范及简易师范学校的毕业生构成了各县小学教师的主体,他们只是相当于初小毕业后再接受二至三年的师范培训。他们中的多数人是出于战乱或经济原因,而不得不中止学业,转为依靠教书谋生。加之,汪伪政权推行的奴化教育,故而江苏沦陷区的教育总体水平是低下的。

而江苏抗日根据地则克服环境艰苦、战斗频繁、敌伪封锁、物质条件差等困难,对旧式教育进行了大胆的改革:一是争取和改造已有私塾,使之成为开展国民教育的辅助机关,逐渐转变为民办小学。二是尽可能恢复和重建各地小学校,建设新民主主义基础教育事业。三是设立公立中学,提高各根据地民众的文化、政治等专门知识水平。四是开展冬学运动,并举办民校、夜校等社会教育组织。据统计,1940 年苏中区有小学900 所,至 1941 年年底发展到 1 622 所,有学生 94 008 人。盐阜区到1942 年 1 月恢复高小 52 所,1943 年有中学 55 所、学生 7 802 人,至1944 年共有小学 1 186 所,较 1937 年前超过三倍多。盐阜区 1941 年共办冬学 32 023 所,吸收学生 73 000 人。淮北区 1942 年共办冬学 1 850所,吸收学生 72 000 人。苏中区 1942 年冬,三分之二以上的小学教师,六分之一以上的中学教师参加了冬学教育,进冬学的学生达到 120 035人。② 江苏抗日根据地教育事业的蓬勃开展,使受教育者不仅获得了文化启蒙,而且在政治思想上也获得了提高。

抗战胜利后,江苏各级教育逐步得到恢复。据统计,至 1949 年,江苏境内有中等专业学校 68 所,在校生 1.53 万人;普通中学 345 所,在校生 9.31 万人;小学 18 451 所,在校生 135.32 万人。③ 战前迁出的原江苏境内的高校,除国立中央国术馆体育专科学校和国立商学院外,也迁回原址复校。同时还建立了一些新的高校,如 1947 年创办的无锡私立

① 《南京》,南京日本商工会议所 1941 年编印,第 189 页。
② 朱子文:《江苏敌后抗日根据地的教育改革》,《南京师范大学学报·社会科学版》1988 年第1 期。
③ 江苏省教育志编纂委员会:《江苏省教育大事记(1949—1988)》,南京:江苏教育出版社,1989年,第 4 页。

江南大学，以及稍后成立的国立政治大学等。到 1948 年，江苏境内共有公私立高等学校 24 所，在校学生 15 966 人，占全国高校在校生总数的 10.3％，位居全国第四。[①] 江苏境内的解放区也建立了一些高等学校，如 1945 年冬至 1946 年上半年，苏皖边区政府先后将华中军医学校、华中建设大学迁至淮阴；将盐阜师范改为苏皖教育学院，1946 年 4 月并入华中建设大学，改称"华大师范学院"。江苏是当时国民党政府的政治中心，也是军事上的必争之地，囿于当时的战争环境，这个时期的江苏各级教育发展仍处于停滞不前的状态。

民国时期江苏教育的发展，特别是基础教育的蓬勃发展，为教科书的出版开辟了广阔的市场，诞生在江苏境内的商务印书馆、中华书局等一些大的出版机构，均因教科书而崛起，亦以教科书为今后营业之大宗。同时，现代教育的发展也带动了其他教育类书刊的销售，甚至改变了传统出版业的作坊式经营，代之以现代编、印、发一体化的出版管理方式。

第二节　民国教科书的编辑与出版

教科书是近代中国社会文化变迁的产物。江苏境内教科书的编辑始于南洋公学。1897 年，盛宣怀创办的南洋公学率先推出自编教科书《蒙学课本》，开启了近代中国教科书近代化的新时代。无锡三等公学堂自编的《蒙学读本》七编，1902 年经京师大学堂管学大臣审定，上海文明书局出版，载明为"寻常小学堂读书科生徒用教科书"，成为清末新学制颁发之初最为盛行的小学教科书。戊戌变法后，传统的私塾教育不再行时，《三字经》《百家姓》《千字文》等蒙学读物皆弃而不用，社会上迫切需要适应新式学校的教科书。由此，商务版教科书便应运而生。商务印书馆在 1898 年推出译印本《华英初阶》之后，又出版了杜亚泉主编的《文学初阶》。1903 年，张元济接任编译所所长，立意创新，按学制编辑出版了《最新教科书》。"教科书之形式内容，渐臻完备者，当推商务印书馆之

---

① 周玉良：《江苏教育史》，南京：江苏人民出版社，2007 年，第 425 页。

《最新教科书》。"一、此书既出,其他书局之儿童读本,即渐渐不复流行。二、在白话教科书未提倡之前,凡各书局所编之教科书及学部国定之教科书,大率皆模仿此书之体裁。故在彼一时期,能完成教科书之使命者,舍《最新》之外,固罔有能当之无愧者也。"①此后的几年内,商务印书馆陆续出版了各类教科书多达 69 种,并占据了教科书市场份额的 90%,故业界有"商务是靠编印发行教科书起家"之说。

民元以后,社会的巨变也给江苏出版界带来了很大的影响,主要表现在教科书的内容上。商务印书馆一直是出版教科书的代表,但是,民国初年首先推出适合共和政体教科书的不是商务印书馆而是中华书局。由于商务印书馆经营人对当时革命的看法,表现出了保守的思想,因而让中华书局领先一步,并以此打破商务印书馆占尽天下教材市场的格局。1912 年 1 月中华书局创建之后,2 月就抢在春季开学之前,编写出版了《中华新教科书》。这套教科书包括小学全套的国文、算术、历史、地理、理科等课本,其中小学课本 44 种,中学和师范课本 27 种。课本一经出版,立即受到社会的欢迎。而这时的商务印书馆及其他书局面对于此,显得无从措手。中华书局的《新中华教科书》几乎独占了教科书市场。顺潮流者得天下,中华书局此举正是顺应了辛亥革命的潮流,适应了共和政体的需要。如国文课本中"我国旗,分五色,红黄蓝白黑,我等爱中华"等语句,充分体现了爱国思想和民主主义精神。不过,该套教科书为了赶时间,编写仓促,较为粗糙,体例与编写方法也无多少新颖之处。1912 年 9 月 15 日,南京临时政府教育部颁布《审定教科用图书规程》以后,中华书局立即着手又编写了《新制中华教科书》一套,分为初小、高小、中学和师范 4 类。"新制教科书"较全面地贯彻了南京临时政府的教育宗旨,刻意从新教育这个角度去体现教科书的时代特色,因而出版之后在社会上反响较好。

面对中华书局咄咄之势,商务印书馆当然不甘落后,立即采取了两条应急措施,一是将旧有各书按教育部《普通教育暂行办法通令》精神大

① 蒋维乔:《编辑小学教科书回忆》,张静庐辑注:《中国近代出版史料》(补编),北京:中华书局,1957 年,第 139 页。

加改订，凡有违者悉数删除，并在封面上特加"订正中华民国"字样，先行出版，以应急需。二是立即组织精兵强将，着手编辑《共和国新教科书》，以适应新时代教育改革的需要。同年秋天，商务印书馆编辑出版了一套《共和国新教科书》，其中学生用书 40 种，初小、高小和中学兼备，另有教师用书 25 种。该套教科书是商务印书馆出版的最为完备的一套教科书，既集编写者数十年编辑和教学的经验，又总结了该馆所出教科书之得失，同时博世界最新内容之众长，又迎合了民国教育之特点，并努力在具体内容和编辑方法上更贴近儿童。多种优势的组合，使得《共和国新教科书》出版后销路看好，各校纷纷采用，商务印书馆也因此重振雄风，在教科书方面与中华书局形成并立之势。商务印书馆乘势大举挺进，从1913 年到 1915 年，不断推出各类型教科书。为了进一步提高教科书的编写质量，满足社会用书和适合读者之用，也为了进一步增强竞争力，商务印书馆还专门在《教育杂志》上刊登《编辑小学教科书商榷书》，向社会征求意见，尔后又将有关商榷的结果刊登出来，公布于众。商务印书馆这种锐意进取、图变求新的真诚态度和严谨学风，在当时深受社会各界的欢迎。

袁世凯窃取辛亥革命成果后，一时复古之风肆虐，刚实行的民国教育新纲，顷刻也被湮没其中。在这种氛围下，江苏教科书的出版也自然难逃厄运，原先的那一点成绩也都丧失。中华书局和商务印书馆所出教科书不得不写上"提倡孔子教义"这一条，以此附和。如中华书局《新编中华教科书》的编辑大意就写着"孔子之道德学术为吾国文化中心，兹择圣经贤传之切于日用浅显易解者，分别采入修身国文二科，以便诵习而资服膺"。中华书局师范课本《新制修身教本》则强调"书中多引经传古训，将中西伦理融会贯通，而壹以孔子之言为旨归。与教育部采取经训之文，极为吻合"①。1915 年以后，随着新文化运动的兴起，民主与科学呼声的高涨，各种教育改革思潮的风起云涌，这一切都加速了江苏教科书编纂的近代化进程。为了顺应时代潮流，中华书局编辑出版了"新式教科书"，商务印书馆推出了"实用教科书"。教育部通令小学校改用国

---

① 参见王建军：《中国近代教科书发展研究》，广州：广东教育出版社，1996 年，第 222 页。

语教学后,商务印书馆编辑出版了"新法""新学制"两种教科书,中华书局编辑出版了"新教育""新中(小)学"教科书。教育改革的深入,白话文教科书的确定,以及教科书的内容改进,也促进了民初江苏教科书编辑出版质量的大幅度提升。(图 8-3)

图 8-3　民国初期的历史教科书

继商务印书馆、中华书局之后,改组后的世界书局也开始进军教科书市场,1924 年,世界书局编辑完成第一套《新学制小学教科书》。为了便于通过北洋政府教育部的审定,提高发行推销上的号召力,其聘请了曾任北京大学校长的胡仁源为教科书的审订人,并得到当时北京教育界马邻翼、黎锦熙等名流的支持,所以出版之后很快占据了教科书出版很大的市场份额,打破了商务印书馆、中华书局对教科书市场垄断格局。为了抑制世界书局这个新来的竞争对手,商务印书馆、中华书局两家摒弃前嫌、联手回击。据章锡琛《漫谈商务印书馆》一文中说,两家先是以赠送沈知方个人 10 万元让世界书局停止出版教科书,遭到拒绝后,由商务印书馆出资三分之二、中华书局出资三分之一,于 1925 年秋合办国民书局,以低于成本的价格向学校倾销教科书,希望从经济上拖垮财力尚薄的世界书局。[①] 世界书局对此,采取在大城市设立分局、中小城市发展"特约经销处"的销售办法,直接在县乡就切割商务印书馆、中华书局的教科书的份额,因而十分奏效。加之,国民书局原本就是商务印书馆、

① 章锡琛:《漫谈商务印书馆》,《文史资料选辑》第 43 辑,北京:文史资料出版社,1964 年。

中华书局合作对付世界书局的权宜之计,在教科书的推销上均各以本版为主,因而国民书局很快就赔光资本、关门倒闭。世界书局在《新学制小学教科书》出版之后,1925 年开始编辑《新主义小学教科书》,突出三民主义的中心内容以迎合革命,并聘请时任监察院院长于右任担任审订人。及至北伐军抵达上海后,世界书局马上公开发行了这套教科书。所以,1931 年世界书局出版十周年《纪念特刊》时,对书局敢于最先出版三民主义的教科书流露出无比的自豪:"本局的《新主义教科书》实于十四年开始编辑,迨国民革命军抵沪,本局最先公开发行,不像旁的书坊,不敢用自己店名出版党义书籍,恐怕有什么危险似的。"①由此,世界书局成为当时全国第三大教科书的出版机构。

而成立于 1931 年的正中书局,凭借其官方出版机构的优势,起初也参加了教科书出版市场的竞争,并以编辑出版中学教科书及课外读物为主。

图 8 - 4　正中书局出版的教科书

抗战以前,正中书局编辑出版的初中、高中、师范、简易师范等各科教科用书各两套,后一套被定名为"建国教科书"。据 1937 年《国立编译馆工作计划成绩报告》称,当年 1 至 9 月正中书局先后送呈国立编译馆审查的教科书达192 种。其中 1 月份送呈各种教科书27 种,2 月份 23 种,3 月份 26 种,4 月份 20 种,5 月份 26 种,6 月份 22 种,7月份 15 种,8 月份 18 种,9 月份 15种。② 另据《江苏省志·出版志》载,从1933 年至 1936 年年底,正中书局出版初中教科书 17 种,高中教科书 9 种,师范

---

① 转引自王余光、吴永贵:《中国出版通史·民国卷》,北京:中国书籍出版社,2008 年,第395 页。

② 中国第二历史档案馆馆藏国立编译馆档案,转引自张宪文、穆纬铭:《江苏民国时期出版史》,南京:江苏人民出版社,1993 年,第 197 页。

教科书 11 种,简师、简乡师合用教科书 15 种。① "后起"的正中书局逐渐改变了当时商务印书馆、中华书局两家长期垄断教科书出版市场的局面,形成商务印书馆、中华书局、世界书局、开明书店、大东书局和正中书局等 6 家出版机构教科书市场资源共享的新格局。(图 8－4)

南京沦陷后,1938 年 3 月伪维新政府成立不久,即于 6 月设立了伪教育部教科书编审委员会,负责对战前商务印书馆、中华书局、世界书局、正中书局等出版的教科书进行审订增删,删除教科书中不利其统治的部分,加入"反共反蒋中日亲善"的内容,仓促翻印各种教科书,以应秋季江苏及周边沦陷区各校开学的急需。但是,伪维新政府对这种删改后的教科书并不满意,改组了教科书编审委员会,并从各地罗致了一些"专家学者",扩大编辑队伍,重新编写教科书,以满足奴化教育的需要。1938 年 10 月,新的伪教科书编审委员会成立,其职责主要是统一教科书的编辑出版,包括:1. 国定教科图书的编纂;2. 民间出版教科图书的审定;3. 各国教科书及参考图书的选择。从 1938 年至 1939 年 12 月,这个教科书编审委员会共编审小学教科书 52 种,音乐教本 4 种,日语教科书 4 卷。② 这些教科书的印刷质量较好,发行量也很大,不仅为沦陷区的学校所用,甚至流入敌后的国统区,对抗战期间江苏的教育危害不浅。

南京汪伪政权成立后,积极推进反共反蒋亲日的文化教育政策,对教科书的编辑出版始终实行严厉的管控。其实早在 1939 年 8 月召开的伪国民党六大上,汪伪修订后的中国国民党政纲中的"教育部分",就有"重编教材,以适应新中国之建设"的内容。1940 年"还都"南京后,汪伪统治集团认为"教育是国家的公器,教科书是完成教育目的的重要工具。教科书之应该国定、国营是毫无疑义的","乃令教育部编审委员会切实编纂各类学校教科书,以期统一而收教育之宏效。"③1940 年至 1945 年间,江苏沦陷区使用的汪伪教育部编审委员会审定的"国定教科书",也

① 江苏省地方志编纂委员会:《江苏省志・出版志》,南京:江苏人民出版社,1996 年,第 241 页。
② 张宪文、穆纬铭:《江苏民国时期出版史》,南京:江苏人民出版社,1993 年,第 274 页。
③ 赵新华、贺朝霞:《抗战时期初中国文教科书中的意识形态控制》,《广西社会科学》2015 年第 4 期。

大多是在抗战前使用的教科书基础上删改而成的。如汪伪"国定"初中国文教科书,是在中华书局 1937 年 8 月版的《新编初中国文》基础上,把部分课文删减、增换编纂出来的。《初中国文》第一册中,删除了《亚美利加之幼童》《少年爱国者》《最后一课》《观巴黎油画院记》等。并对中华书局原版选文的注释进行了别有用心的改动,如《初中国文》第一册《麻雀》中"桦树"的解释,中华原版为"产东三省及西北诸地",汪伪版改为"产寒带及我国西北诸地"。而且,在教科书中还增加了"参考文",如赵正平(时任汪伪教育部部长)的《中日友好之基础》、罗君强(时任汪伪中央政治委员会副秘书长)的《欢迎日本众议院来华诸君》,等等。① 再如地理教科书中,叙述海南岛则不提琉球、台湾,叙述威海卫而不提旅顺大连,对东三省更是只字不提。历史教科书中对戚继光平倭寇的史实,讳言"倭寇"而易以"海盗",并在课文后加具考案,谓海盗非倭人主持。② 足见汪伪统治集团汉奸奴化的教育思想。

汪伪统治时期的江苏沦陷区,教科书的发行量极大,三通书局占据了小学教科书的总经销权,伪中央书报发行所则掌管了中等以上学校教科书及参考书的总经销权。就教科书发行市场份额的切割,伪中央书报发行所和民营三通书局还有一段纠纷。当时初级中学教科书为伪教育部审定的"国定"课本,伪教育部曾正式应允由中央书报发行所为中等以上学校教科书的总经销。而当时南京最大的书局、前"维新"政府教育部专员汤泽民经理的三通书局,依靠自己的政治背景和经济实力,要求分销中等以上学校教科书,双方持续争斗半年之久、僵持不下,以致学校开学后仍无结果。伪教育部对双方都不敢得罪。中央书报发行所见状便主动宣布"本学期暂时退让",同意伪教育部直接以一部分交三通书局发行。中央书报发行所吃亏之后很不甘心,对于中等以上学校教科书的总经销权,仍然宣称"绝未有丝毫放弃"③,显示了强硬的对教科书发行的

---

① 参见赵新华、贺朝霞:《抗战时期初中国文教科书中的意识形态控制》,《广西社会科学》2015 年第 4 期。

② 参见张宪文、穆纬铭:《江苏民国时期出版史》,南京:江苏人民出版社,1993 年,第 296 页。

③ 汪伪宣传部报告,《中华民国重要史料初编》,转引自张宪文、穆纬铭:《江苏民国时期出版史》,南京:江苏人民出版社,1993 年,第 335 页。

垄断立场。最后形成了三通书局总经销小学教科书,中央书报发行所总经销中等以上学校教科书及参考书的局面。

抗战时期,江苏抗日根据地根据中共中央提出的抗战时期教育方针和政策,针对日伪推行的奴化教育政策,结合各地区的实际情况,大力兴办各级各类教育事业。当然,江苏抗日根据地开辟初期,受战争恶劣环境的限制,教科书的编写主要在国民政府教育部审定教科书的基础上,用增、删、改、剔的方法进行改编,以满足根据地受教育者的需求。1940年起,各根据地行政部门都先后设立了教科书的编审机构,制定出编审教科书的具体方案,统一编写审定各类教科书。如淮北行署教育处下设了教材编审科,负责编写审定各类教科书。首先是制定与审定中小学课程标准;其次是成立了教材审定委员会,编辑审定各科教材并分工编审。同时由行署教育处发布教材征求意见表,搜集各方意见,以便修改编印时参考。及至1943年1月,淮北行署教育处已编写成供中小学使用的教材40多种,主要包括《国语》《算术》《常识》《地理》《历史》《自然》等。其他如苏北、苏中、苏南根据地也编印了大量教材。据统计,1941年仅淮北抗日根据地就石印了小学课本1.75万册,油印了《国语》《常识》课本约1.1万册。至1945年11月,淮北苏皖边区组织力量将小学全套教科书编齐,计有初小的《国语》8种,《算术》8种,《常识》5种;高小的《国语》4种,《算术》4种,《政治常识》2种,《历史》《地理》《自然》各1种。[1]而根据地的中学教科书则基本沿用了国民政府教育部审定的原有的属于自然科学类教科书,重新编印了社会科学、教育概论、教学法、中外史地等教科书和讲授提纲。当时江苏根据地编印的中学教科书有《初中国语》《中国近百年史话》《近代世界革命史话》《地理知识讲话》《民主建设》《中国政治讲话》《簿记》等。1949年5月,苏北新华书店成立,重印苏北行署教育处编写的小学教科书,在一个多月的时间内,印制了各类课本223万册,其中《国语》7种、《常识》2种、《算术》4种、《历史》2种、《地理》1种、《自然》2种。[2]

① 张宪文、穆纬铭:《江苏民国时期出版史》,南京:江苏人民出版社,1993年,第358—359页。
② 江苏省地方志编纂委员会:《江苏省志·出版志》,南京:江苏人民出版社,1996年,第242页。

江苏抗日根据地编辑出版的教科书,具有丰富的思想政治内容,尤其在社会科学方面的教科书中表现得更为突出。如国语课本中有描述毛泽东、朱德、刘少奇、陈毅、粟裕、彭雪峰等中共领导人的内容;有歌颂民族英雄岳飞、文天祥、史可法、林则徐等的内容;有揭露国民党消极抗日,积极反共的内容等。在历史、地理,甚至算术练习题中,也贯穿政治思想方面的内容。这种教科书的编辑出版,对宣传中国共产党的抗日民族统一战线政策,揭露顽固派、开展敌后斗争,争取抗日战争的胜利起到了积极的作用。同时,教科书的内容通俗、实用,如教科书中大量融入了"三字经"、"顺口溜"、"歇后语"、民间小调等生动活泼、喜闻乐见的内容,深受根据地学生的欢迎。但是,江苏各根据地教科书的编辑出版,总的来说还比较粗糙,而且保存下来的也很少。

1943 年 4 月国民政府指定的正中书局等 7 家国定教科书印刷发行机构(简称"七联处")移至上海,抗战胜利后,1946 年又增加了中国文化服务社、胜利出版公司等 4 家印刷发行机构,组成"十一联",分享国定本教科书的出版发行市场。据朱联保回忆,"十一联"分别承印教科书的比例为,正中书局 23%,商务印书馆 20.5%,中华书局 20.5%,世界书局 10%,大东书局 7%,开明书店 6%,文通书局 4%,儿童书局 3%,中国文化服务社 2%,胜利出版公司 2%,独立出版社 2%。[①] "十一联"教科书印行居首的还是国民党官方掌控的正中书局,国定本教材也占据了江苏国统区教科书市场的主流。

江苏早期的大学教科书大多采用外国原版教材,或者是教师的自编讲义。随着高等教育和现代学术的进步,教育界、学界开始提倡大学教科书中国化,由此,国人纷纷起来编写出版自己的大学教科书。1920 年左右,商务印书馆开始出版以大学名义命名的"大学丛书",如 1921 年的《南京高等师范学校丛书》、1923 年的《东南大学丛书》、1930 年的《中央大学丛书》,等等。但这些"大学丛书"具有很大的局限性,缺乏社会的认知度,因而很难在各高校中广泛流通。1931 年,由国立中央大学教授群体发起成立的钟山书局,以出版大学教科书闻名,其中著名的大学教科

---

① 朱联保:《关于世界书局的回忆》,《出版史料》1987 年第 2 期。

书有缪凤林的《中国通史纲要》,柳诒徵的《中国文化史》(图8-5),张树森的《平面测量学》《土地测量学》,倪尚达的《无线电学》,白季眉的《普通测量学》《平测术》,曾石虞的《化学战之原理与实施》,等等。抗战时期,当时国统区大学教科书的出版陷入低谷。据《中国抗日战争时期大后方出版史》不完全统计,截至1945年年底,经教育部大学用书编辑委员会审查核定,由商务印书馆、正中书局、中华书局等出版的"部定大学用书"共35种、41册。只完成了原计划1945年应完成70种的一半,仅占当时部定1007种大学科目的3.47%,因此"所能起到的作用和影响是极其有限的"[1]。由此可见,沦陷区江苏的大学教科书的编辑出版呈空白状况也不足为怪了。

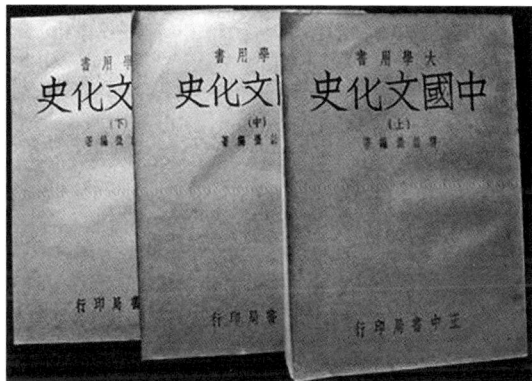

图8-5 《中国文化史》

第三节 民国民众教育与民众教材及读物

辛亥革命以后,以孙中山为首的资产阶级革命派为了"唤起民众",并对封建的旧教育制度进行彻底的改造,故而在南京临时政府教育部的建制中,特设社会教育司,与普通教育司、专门教育司并立。"这是我国政府正式采用'社会教育'一词之始,也是社会教育在教育行政上确立地

---

① 熊复主编:《中国抗日战争时期大后方出版史》,重庆:重庆出版社,1999年,第282—283页。

位之肇端。"①1914 年 12 月,教育部在《整理教育方案草案》中提出了实施社会教育的具体意见,一是举办学艺的社会教育;二是举办通俗的社会教育,以补充群众道德及常识为目的。于是,江苏境内的露天学校、公众补习所、女子育德会等纷纷成立,积极实施社会教育。继 1912 年 5 月在上海成立的中国通俗教育研究会之后,1915 年教育部也成立了通俗教育研究会,由教育部次长袁希涛兼会长,以"研究通俗教育事项,改良社会,普及教育"②为宗旨。由此,社会教育在国家制度上确定了位置,并以通俗教育的名义在社会上推行。1915 年,江苏率先在南京创建通俗教育馆,尔后各地纷纷仿办。

　　1915 年,全国教育会联合会第二次年会通过《注意平民教育案》后,平民教育思潮成为诸多社会教育思潮中的一种时尚。1919 年,江苏第四次教育行政会议通过了《全省促进社会教育令》,要求各县实施社会教育与义务教育并重。五四运动以后,在进步知识分子的努力推动下,平民教育初步形成社会的热潮,江苏境内的平民学校、平民读书处、问字处等纷纷涌现,平民教育运动盛况空前。据《江苏政治年鉴》(1924 年版)统计,到 1921 年已有各类社会教育场所 504 个,用于平民教育的经费达109 449 元。③ 此后,教育界的一些专家学者将西方传入的成人教育、社会教育等理论,与孙中山的"唤起民众"相呼应,赋予了社会教育趋中国化的"民众教育"新思潮。1928 年 5 月,第一次全国教育会议在南京召开,通过了《实施民众教育及确定社会教育案》,将民众教育列为配合"训政"的重要措施,国民政府正式确立了民众教育的地位。1929 年 1 月,国民政府教育部颁布了《民众学校办法大纲》及《识字运动宣传大纲》。1931 年 1 月,教育部令各省、市筹设社会教育或民众教育人员训练机关,培养专项人才。1932 年 1 月,教育部颁布了《民众教育馆暂行规程》,规定民众教育馆为实施社会教育的中心机关。1934 年 6 月,教育部又颁布了《民众学校规程》,等等。

① 张蓉:《中国现代民众教育思潮研究》,北京:中国文史出版社,2005 年,第 39 页。
② 舒新城:《中国近代教育史资料》(下),北京:人民教育出版社,1981 年,第 812 页。
③ 转引自刘正伟:《督抚与士绅:江苏教育近代化研究》,石家庄:河北教育出版社,2001 年,第265 页。

第一次教育会议召开之后，江苏省政府在 1928 年 6 月成立了民众教育设计委员会，不久，就将南京通俗教育馆改为江苏省立民众教育馆，江苏各地的通俗教育馆也随之更名为民众教育馆。而成立于 1928 年 3 月的江苏省立教育学院，是"国内历史最早而最悠久之民众教育专才培养与民众教育学术研究阐扬机关"①，除中间(1941 年—1945 年)因抗战停办外，坚持办学 17 年之久，云集了俞庆棠(图 8-6)、高阳、傅葆琛、雷沛鸿、孟宪承、甘豫源、董渭川等一批倡导民众教育的学者专家，为江苏乃至中国民众教育的推行作出了重大贡献。此后，各种民众教育培训机构也在江苏境内陆续建立，南京还成立了民众学校教师研究

图 8-6 俞庆棠

会。1931 年 12 月，俞庆棠、赵冕等在无锡发起成立中国社会教育社。1934 年，该社还制定了《民众学校课程标准草案》，次年经教育部修正后颁布。1937 年以前，在大力倡导和推行民众教育的热潮下，江苏境内宣传、研究民众教育的刊物也纷纷出版。1928 年 1 月，南京中央大学区立通俗教育馆创办了《民众教育月刊》;1929 年 5 月，江苏省立教育学院出版了《教育与民众》(月刊);1931 年 4 月，江苏省立镇江民众教育馆创办了《民众教育通讯》(月刊);1932 年 7 月，江苏省立民众教育馆出版了《民众教育季刊》;1935 年 1 月，江苏省立南通民众教育馆出版了《民教通讯》(月刊);等等。1938 年以后，由于抗战教育思潮的兴起，民众教育的热潮逐渐消退，抗战胜利后，民众教育虽有延续，但已成为历史。

江苏民众学校包括公众补习学校、半日学校、简易识字学校等。《江苏省行政机关及学校附设民众学校办法大纲》19 条实施以后，截至 1930

---

① 童润之:《〈教育与民众〉一百期与江苏教育学院十三年》,《教育与民众》1941 年 6 月第 10 卷第 10 期。

年,全省共有民众学校 1 341 所,其中公立 1 309 所,私立 32 所,教职员 2 596 人,学生 97 502 人,历年累计毕业生 38 606 人,肄业生 58 896 人。[①] 按部章规定,一般民众学校修业期限为 4 个月,但江苏的一些县则根据本地教育的实际情况,对部章规定的修业期限作了一定的延长,如川沙县为 1 年,灌云县为 6 个月。部颁的《民众学校办法大纲》中规定,民众学校一律免费,书籍文具由学校供给,学校教授内容为识字、三民主义、常识、珠算或笔算、乐歌,此外得兼授史、地、自然、卫生,依地方需要加授农业、工业和商业科目。民众学校教材由教育部统编,但实验类民众学校可自行编辑教材。[②] 1935 年公布的《民众学校课程标准草案》,其主旨是培养民众的国民道德,授予民众简易文字,灌输给民众普通常识。[③] 民众教育工作者认为,"编成了教科书的固然是教材,即社会与日常生活中的事项亦无一而非教材。所以教材不仅是书本,一切社会的实物和现象以致一件事的整个过程都是民校教材。因此教材应作活的看,教科书亦应当活用"[④]。故而主张民众教育教材的编辑,应遵循适合民众实际生活的需要,能引起民众的民族意识和民族精神,与现代生活相适应,以及适合民众的心理等原则。

从课程设置上来看,江苏的民众学校大多遵部章设立,主要以《三民主义》《千字课》及江苏省立教育学院编辑出版的课本为教学内容强调识字及学习上之应用。教科书一般采用图画和韵文编写,除识字课本外,还自编常识、工艺、农事等教材。20 世纪 20 年代,由商务印书馆、中华书局、中华职业教育社等发起,江苏一些民众教育馆编写民众读物在这个时期也达到了高潮。截至 1927 年,商务印书馆、大通书局等出版《平民识字课》等平民教材 15 种,补充读物 154 种,通俗教育画 80 种,其他民众教育读物近百种。[⑤] 著名的有,中华平民促进会委托陶行知、朱经

① 《第一次中国教育年鉴》,转引自刘正伟:《督抚与士绅:江苏教育近代化研究》,石家庄:河北教育出版社,2001 年,第 268 页。
② 参见王余光、吴永贵:《中国出版通史·民国卷》,北京:中国书籍出版社,2008 年,第 407 页。
③ 张蓉:《中国现代民众教育思潮研究》,北京:中国文史出版社,2005 年,第 128 页。
④ 俞庆棠:《民众教育》,重庆:正中书局,1938 年,第 124 页。
⑤ 刘正伟:《督抚与士绅:江苏教育近代化研究》,石家庄:河北教育出版社,2001 年,第 269 页。

农改编,商务印书馆出版的《平民千字课》(1923年,图8-7);魏冰心、戴渭清等编写,世界书局出版的《千字课本》(1925年);卓恺泽编写,上海书局出版的《青年平民读本》(1925年);黎锦晖、刘传厚等编写,中华书局出版的《平民读本》等。其中,以商务版《平民千字课》影响最大,出版仅半年就印了41版。这些出版机构印行的民众学校教材,大多定价低廉,每册均为3分,对民众教育的施行,起到了积极的推动作用。

当时江苏民众教育实验区也自编了众多的民众读物。据秦柳方《回忆黄巷民众教育实验区》一文称,江苏省

图8-7 商务版《市民千字课》

立教育学院黄巷实验区成立后,1929年开始创办民众夜校,分成人班、青年班、妇女班,第二年增设高级班。教材自编,识字与常识合在一起,特别注意灌输爱国主义精神,编辑出版了《民众读本》《民众高级读本》《妇女读本》《民众应用文》《民众歌曲》《民众习字帖》《民众日用名词谱》《民众小丛书》等。其中《民众读本》印了好多版,被各地广泛使用。[1]

1930年以前的"民众教育课本,除部订之《三民主义千字课》外,余均由各地自编,缺乏中心思想,殊不适用,教育部拟加统一,由部另编,现在已经把民众读物分为民众学校课本及补充读物两项进行"[2]。1933年以后,随着南京国民政府政权的逐步巩固,当局对民众教育课本的编辑出版进行了全新的改良。1934年秋,张炯发表了《民众学校课本改编之我见》一文,在文字、语句、意义、分量等四个方面提出了改良意见,并建议应根据地域、职业的不同,风俗习惯的差异,各地社教机构可以另编补

---

① 《文史资料选辑合订本》第133辑,北京:中国文史出版社,2011年,第457页。
② 陈礼江:《建设中的中国社会教育系统及现阶段的民众教育事业》,《教育与民众》1936年第8卷第2期。

第八章 民国出版与现代教育

充及应用课本,一与部编课本相辅而行。① 张炯当时参与了教育部民众学校通用教材的改编工作,他的建议实际上体现的就是国民党中央要求改良民众读物的工作思路。由此,江苏的民众教育界对教科书的编辑也作了改良尝试。1933 年,江苏省立徐州民众教育馆决定试编了如《民校写字活页课本》《应用文课本》《唱歌课本》等民众教材。灌云县第一民众教育馆也策划编印了乡土常识课本 2 册,救国教材 1 册,"于民校每日上课前五分钟指导阅读,以期激发学员的爱国心"②。

抗战全面爆发以后,江苏沦陷区的民众教育处于瘫痪状态,而各抗日根据地的民众教育则呈燎原之势,编印了大量的民众教育课本。从1941 年起,各根据地为配合冬学运动,普遍编印了冬学教材。在淮北苏皖边区,首先将《大众识字课本》在《大众半月刊》上连载,并石印 1 000 册样本,供各地翻印。随后还指定《拂晓报》《淮北大众》及各种法令、布告、公约等为参考资料,并编印了《民众课本》《新三字经》《新千字文》等。苏中抗日根据地则编印了《国民读本》《天下大事》《万事通》《民兵读本》等。苏北根据地出版了《民兵读物》《识字课本》《民主政治讲话》等。此外,各根据地还根据各自的需要及本地区的具体情况编印了大量的临时民众读物,通过油印快报或活页的方式分发。由于印刷资源有限,有的根据地为了解决冬学教材问题,还一度发动了抄书运动。③ 江苏各根据地编印的民众教育读物,一般以政治教育为主,文化、军事教育并重,多采用群众语言编写,生动形象,取得了对根据地民众进行教育的较好效果。

20 世纪 20 年代后期,随着民众教育的兴起和发展,一些故事小说、谚语谜语、歌曲小调、戏曲等民众读物,重新为政府及知识分子所关注。1928 年,全国教育会议通过了《改良民众读物案》,要求"由大学院调查民众读物,予以审查,分别奖励或取缔"④。然而这项工作一直未及施

---

① 张炯:《民众学校课本改编之我见》,《教育与民众》1934 年第 6 卷第 3 期。
② 朱煜:《民众教育馆与基层社会现代改造:(1928—1937)以江苏为中心》,北京:社会科学文献出版社,2012 年,第 301 页。
③ 张宪文、穆纬铭:《江苏民国时期出版史》,南京:江苏人民出版社,1993 年,第 359 页。
④《全国教育会议报告》乙编,沈云龙主编:《近代中国史料丛刊》续编第 43 辑(429),台北:文海出版社,1983 年,第 579 页。

行。事实上，南京国民政府建立之后，在很长一段时期内，街市的不良民众读物泛滥，流弊甚深，"国民受不良的说丛之迷惑，至少一部分应归咎于官方管理的疏忽"①。由此，江苏民众教育界掀起了一场对民众读物的改良活动。1929年春，江苏省立民众教育院刊印的论文集中，刊载了一篇《编辑民众读物计划》，指出"民间流行读物，不良读物者固多"，但也有些可资改良，"间有内容不适现代思想，稍加笔削，便可应用，盖固有读物，以文体简单，价格低廉，已受民众之欢迎，与其创制，不若修正之较为简便矣"。并提出了改良的路径，主要是在旧材料中编入科学常识、公民须知、国民党党义等新材料，供给民众阅读。② 江苏省立南京民众教育馆较早认识到，民众读物需要"修正与创作"③，在1927年至1930年间，编辑出版了"民众教育丛书""民众文艺丛书""民治小丛书""卫生小丛书""科学小丛书"，科学小故事、民众教育画册等。其中，"民众教育丛书"包括《孙中山先生》《衣食住行》《迷信的破除》《怎样做好市民》《理化常识》《自然现象》等8种图书；民众教育画册有《编结手工》《民众警惕画册》2种。1928年秋，江苏民众教育院(江苏省立教育学院)成立民众小丛书编辑会，次年春又成立民众读物编辑科，将民众小丛书、民众报等的编辑作为学生的实习事项。1930年春编成的小丛书有《迷信可以靠吗》《五三血史》《好农人》《烟鬼显魂》《作物病害的防治法》《养蚕浅说》《农民须知》《辛亥革命史》等。其内容涉及科普宣传、农业常识、爱国教育、国民党史教育等现代公民知识与观念领域。而且该机构是培养民众教育界骨干分子的学府，对江苏民众读物的改良具有一定的影响。

1933年12月7日，江苏省教育厅成立了改良民众读物委员会，附设于教育厅识字运动宣传委员会名下，内设征集、登记、编审、印行四股，规定了当时的工作步骤：一是改良社会风行的单本、歌曲、鼓词、时调、画册等，二是改良民众普遍阅读的小说等，三是编印各种适宜的民众读物。并且规定，"凡内容恶劣不堪修正之民众读物，应由本委员会呈请教育厅转呈

① 杨寅初：《民众读物之现状与其趋势》，《山东民众教育月刊》1935年第6卷第7期。
② 朱煜：《民众教育馆与基层社会现代改造：(1928—1937)以江苏为中心》，北京：社会科学文献出版社，2012年，第297页。
③ 《三年来之编辑部》，《民众教育月刊》1930年第2卷第11、12期合刊。

省政府通令禁止之"①。此后,江苏各地民众教育机构纷纷响应,组建了民众读物改良的专门机构,如江苏省立镇江民众教育馆成立了"整理民众读物委员会",东海县民众教育馆组织了"民众娱乐审查委员会"等。这些民众教育机构,不仅审查整理了大量的民众读物,而且也新编了一批适合事宜的民众读物。省立镇江民众教育馆为了向民众灌输民族复兴思想,特选取历史上抵御外侮复兴故国的故事,编印了一套"民众文艺丛书",包括《卧薪尝胆》《还我河山》等。② 省立徐州民众教育馆则新编了《徐州的民间故事》《徐州的本地歌谣》《徐州的古迹》《徐州的农业及物产》《徐州的地位及交通》《徐州的风俗民情》《徐州的乡土地理》《徐州的教育及文化》等民众读物。此外,还拟编印《雪耻救国》等连环画册,以供民众阅读。③ 在各地自由编印民众读物外,南京政府教育部也编辑了一套"民众常识文库",约 100 种。

当时江苏各地兴起的民众读物改良活动,大致有如下特点:首先由民众教育界知识分子发起,在 1930 年前后成为改良活动的主导力量,到1933 年年底以后,转变为由政府主导,民众教育界知识分子参与操作。其次,在知识分子主导期间,主要着眼于新编一些民众读物;政府主导后,出现审查、改编与新编民众读物相结合的局面,民众读物改良活动形成高潮。最后,民众读物改良范围不断扩大,由最初的通俗文艺作品的改良,发展至民众应用教材、民众补充读物等,甚至波及民众学校的教科书。最主要的一点是民众读物内容的改良,政府强调塑造民众的现代观念,在民众读物中增加了三民主义、"党治"等的内容;而民众教育界则突出了"民族复兴""做人""做国民"等公民意识的熏陶,注重对民众读物技术层面的改良。

第四节　民国儿童读物的编辑出版

1905 年清政府废除科举制度以后,随着教育改革思潮的不断深入,

① 朱煜:《民众教育馆与基层社会现代改造:(1928—1937)以江苏为中心》,北京:社会科学文献出版社,2012 年,第 299 页。
②《四年来之江苏省立镇江民众教育馆》,江苏省立镇江民众教育馆 1934 年印行,第 39 页。
③《编印民众连环画册》,《教育新路》1933 年第 43 期。

江苏出版界开始关注儿童读物对改造中国社会的功用,而非仅限于对教科书出版的改革。1908年,《小说林》编辑者之一徐念慈发表了《余之小说观》一文,认为:"余谓今后著译家所当留意,宜专出一种小说,足备学生之观摩。其形式,则华而近朴,冠以木刻套印之花面,面积较寻常者稍小。其体裁,则若笔记或短篇小说。或记一事,或兼数事。其文字,则用浅近之官话,倘有难字,则加音释。全体不逾万字,辅之以木刻之图画。其旨趣,则取积极的毋取消极的,以足鼓舞儿童之兴趣,启发儿童之智识,培养儿童之德性为主。其价值,则极廉,数不逾角。如是则足辅教育之不及,而学校中购之,平时可为讲谈用,大考可为奖赏用。"①此后,商务印书馆1909年开始出版、孙毓修编辑的《童话》丛书,便是这一时代潮流的产物,同时也开启了中国"童话"事业之先河。

孙毓修(1871—1922年),字星如,号留庵,别署小渌天主人,江苏无锡人。早年就读于江阴南菁书院,从缪荃孙学习版本、目录、金石之学,后至商务印书馆任编辑,兼主涵芬楼古籍采购事宜。1911年协助张元济主持影印《四部丛刊》初编工作,1916年主持编辑影印《涵分楼秘笈》。著有《江南阅书记》《永乐大典考》《中国雕版源流考》等,译有《欧洲游记》等,学贯中西。②孙毓修在《童话》丛书的序言中称:"顾教科书之体,宜作庄语,谐语则不典;宜作文言,俚语则不雅。典与雅,非儿童之所喜也。"并认为儿童的阅读兴趣在于"爱听故事,喜自天然而然"③。《童话》丛书至1923年共出版了102种,前两集为孙毓修编辑并主撰,后来茅盾、郑振铎等参与了编辑。《童话》第一集69册,每册约5 000字,供七八岁儿童阅读;第二集8册,每册约1万字,为十、十一岁编写。因为丛书读者对象明确,文字浅显,故事性强,又辅之以图画,深受小读者的欢迎。赵景深曾在《孙毓修的童话来源》一文中说,孙毓修"留给我们的礼物却很大,他那七十七册《童话》差不多有好几万小孩读过。张若谷在《文学生活》上说:'我在孩童时代唯一的思物和好伴侣,最使我

① 转引自宋莉华:《从晚清到"五四":传教士与中国现代文学的萌蘖》,《文学遗产》2006年第6期。
② 参见俞洪帆、穆纬铭:《江苏出版人物志》,南京:江苏人民出版社,1995年,第391—395页。
③ 孙毓修:《〈童话〉序》,《教育杂志》1909年第2期。

图 8-8　孙毓修编译的《无猫国》

感到深刻影响的是孙毓修编的《大拇指》、《三问答》、《无猫国》、《玻璃鞋》、《红帽儿》、《小人国》……等。'我也有同感,我在儿时也是一个孙毓修派呢"[1]。足见当时《童话》在读者中所拥有的影响。(图 8-8)可以说,《童话》丛书开辟了中国出版史上儿童读物出版的新领域,凸显了儿童读物在整个出版物构成中的新趋势。中华书局 1913 年至 1917 年间出版的《中华童话》丛书、《世界童话》丛书、《小小说》丛书,都是它的仿效产品。

众所周知,商务印书馆自创办以来,教科书的出版一直占据着其经营的首要位置,而中华书局也是靠《中华教科书》在江苏出版界一炮走红的。作为教科书外的辅助产品,它们重视儿童课外读物的出版也是顺理成章的事情。清末民初,这两家出版机构不仅出版了上述几种大型儿童读物的丛书,以及一些颇有影响的儿童读物单行本外,还创办了一批儿童刊物。商务印书馆在 1911 年创办了《少年杂志》、1914年创办了《学生月刊》(1920 年后更名为《学生杂志》),中华在 1914 年分别创办了《中华童子界》、《中华儿童画报》和《中华学生界》等。这些刊物的出版,无疑对《圣谕广训》《龙文鞭影》等旧式儿童刊物市场份额是个冲击,同时也有助于缓解当时儿童读物的奇缺,其积极意义是不言而喻的。此外,商务印书馆儿童读物的编辑者深知兴趣的培养对鼓励儿童阅读的重要性,出版了一批诸如《五彩基本新字片》《儿歌彩图一百片》《五彩精图方字》等低幼童读物,其中,前二者不是真正意义上的图书,商务印书馆的编辑者把这些低幼童读物称之为"教育玩品",颇堪玩味。《五彩精图方字》是商务印书馆为初等小学低年级儿童出版的识字读物,书中有"图画五百万",包括"彩图三百万","特制方字

---

[1] 转引自王蕾:《孙毓修与中国现代儿童文学的开拓》,《天府新论》2009 年第 4 期。

一千装入盒中,其先后以笔画之繁简、意义之浅深、音调之难以为准,最合儿童心理"①。

作为儿童读物之一的有现代意义的连环画,发轫于清末上海申报馆石印出版的《点石斋画报》,以及上海文益书局出版的由朱芝轩编绘的"回回图"②《三国志》。辛亥革命以后,江苏境内石印新闻画报风行一时,一般是单张四开,每份有图86幅,具有现今连环画图文结合的特点,加上商贩沿街叫卖,极受民众的欢迎。1916年左右,上海《潮报》馆开始用有光纸把单张时事画报印成折子式,随后装订成册出售,结果销量大增。上海一些印制善书唱本的小书商,范水模山,寻门路,找画家,抢新闻,也编绘出版这种图文并茂的小画册。这种小画册,同64开图书差不多大小,成四方形,用薄的白色有光纸印刷,封面只以签条形式印上书名,装帧简陋,如此,现代连环画就这样在江苏境内诞生了。因为书小,所以被称为"小书";因为书中所画的人小,又称"小人书";又因为这是由连续画面组成的,所以又有人称之为"图画书"。③ 最初"小书"的内容大致袭用石印画报描绘时事新闻的传统。1918年,上海丹桂第一台上演连台本戏《狸猫换太子》,民众轰动,因而书商从抢新闻转而抢京戏题材,以书跟着连台本戏依样画瓢,一本接一本出版了。当时画连台本戏的作者有朱芝轩、刘伯良等。其后,"小书"的内容又扩大到旧说部、旧小说,如刘伯良绘、上海有文书局1920年出版的《薛仁贵东征》等。由于现代连环画本身所具备的特点,决定了它的读者群大多是不识字或认字较少的底层民众和少年儿童,因而一出现便成为深受社会欢迎的独特的儿童文艺读物。1927年,像世界书局这样的大书局也开始涉足"小书"的出版,是年3月出版了陈丹旭绘的《三国志》,而且打破陈规,封面上用红色赫然印上"连环图画三国志"。从此,"小书"就有了"连环图画"的名称,后来人们又略去"图"字,只称之为"连环画"。

在五四新文化运动期间,由于"儿童本位论"的教育思想被江苏文化

---

① 转引自李雅:《民国时期商务印书馆儿童读物的出版与阅读》,《高校图书馆工作》2007年第2期。

② 所谓"回回图",就是根据旧小说做的插图,每个回目一幅或两幅。

③ 张宪文、穆纬铭:《江苏民国时期出版史》,南京:江苏人民出版社,1993年,第58页。

界和教育界广泛认同,以及新文学和江苏出版业之间构建起密切的互动关系,对儿童文学的出版产生了良好的互动效应。一方面,江苏境内的出版机构凭借其拥有的物质力量和多样的传播手段,促进了儿童文学的产生和多元发展,成为儿童文学创作实践以及儿童文学家思想与文学自由表达的推动者;另一方面,儿童文学和"儿童本位论"教育观念的扩散以及新型作者群与读者群的培养和递增,也为江苏出版业开拓了具有巨大潜力的少儿图书市场,并给予其丰厚的利润回报。以商务印书馆、中华书局两大出版机构为例,它们凭借新文化运动的机会,并通过自身的改革,出版了一批大部头少儿类图书。商务印书馆从 1921 年至 1926 年间,先后出版了"儿童文学丛书""少年史地丛书""少年百科全书""儿童工艺丛书""儿童世界丛刊""少年自然科学丛书""学生国学丛书""儿童史地丛书"等。中华书局从五四运动以后至 1929 年,十年不到的时间里,出版的少儿类大小丛书,共计有 12 套 300 多种:"儿童丛书""儿童文学丛书""儿童常识丛书""我的书""儿童艺术丛书""儿童报社丛书""儿童百科全书""科学小丛书""儿童歌舞剧""儿童课余服务丛书""歌舞表演曲"等。这个时期江苏的儿童图书的出版,无论是数量还是品种,都有长足的发展。更重要的是,儿童读物的拓荒者开始了本土化创作。叶圣陶回忆自己创作童话是受西方的影响,才"有了自己来试一试的想法"①。而他在《儿童世界》发表作品结集成的《稻草人》,1923 年由商务印书馆出版后,成为中国现代儿童文学成熟的一个重要标志。

五四时期江苏的儿童刊物在出版史上也留下十分精彩的一页,《小说月报·儿童文学》(1921 年)、《儿童世界》(1922 年)、《儿童画报》(1922 年)、《小朋友》(1922 年)、《小弟弟》(1922 年)、《小妹妹》(1922 年)、《儿童文学》(1924 年)、《小朋友画报》(1926 年)等,在这个时期纷纷创刊。其中,以 1922 年商务印书馆的《儿童世界》(图 8 - 9)和中华书局的《小朋友》(图 8 - 10)最具影响力。《儿童世界》由郑振铎主编,宣称"所有的材料都是以儿童为本位的"②,从儿童的精神世界、兴趣爱好出发,刊登了

---

① 叶圣陶:《我和儿童文学》,上海:少年儿童出版社,1980 年,第 26 页。
② 史一丰:《民国时期儿童读物出版研究》,《大众文艺》2016 年第 1 期。

图 8-9 《儿童世界》

图 8-10 《小朋友》

童话、寓言、故事、诗歌童谣、小说、戏剧等六大类作品。此外,还先后增设了读者照片、儿童俱乐部、儿童智慧等重要栏目,展示了儿童自己创作的文学、美术作品,传递给成人作者及读者当时新鲜而又及时的儿童经验、儿童生活与精神状貌。[①]《小朋友》由黎锦晖任总编辑,以"陶冶儿童性情,增进儿童智慧"为发刊宗旨,[②]积极倡导儿童文学美感熏陶与音乐、美术、游戏相结合。黎锦晖在总编《小朋友》的 6 年多的时间里,也将自己所创作的《葡萄仙子》《三蝴蝶》《小小画家》《可怜的秋香》等大部分儿童歌曲发表在该刊上,向全国的儿童宣传新思想、新文化,教习国语,倡导爱国主义精神,起到了广泛的社会影响。"在我国儿童教育发展史上,《儿童世界》和《小朋友》以刊行时间长、发行范围广著称于世。在我国儿童文学发展史上,这两种杂志的诞生,也标明我国儿童文学的发展已进入一个崭新的时代,具有里程碑的意义。"

五四及以后的一段时期,江苏儿童读物的出版虽然呈上升的态势,但

---

① 周博文:《中国现代儿童文学进程中的〈儿童世界〉杂志》,《海南师范大学学报(社会科学版)》1914 年第 10 期。

②⑤ 王余光、吴永贵:《中国出版通史·民国卷》,北京:中国书籍出版社,2008 年,第 414 页。

稿源严重匮乏,除翻(重)译安徒生、格林兄弟、王尔德等西方儿童作家的作品,以及采集改编民间口口相传的童话、神话、儿歌、故事之外,原创的作品很少,专门的儿童作家几乎没有,在一定程度上也限制了它的发展速度。所以,从事儿童读物出版的机构依然是商务印书馆和中华书局这两家实力雄厚的大书局,其他也只有世界书局、大东书局等少数出版机构涉及该领域。即使是那个时期的中华书局,由于儿童读物的稿源不足,出版的儿童读物类丛书,几乎都是把丛书名称先开列出来,打出旗号后再慢慢地边编写边出版。一套丛书拖个四五年是常有的事,"我的书"丛书更是前后用了十多年时间。像郑振铎、黎锦晖、吕伯筱、林兰、王人路等这些书局的编辑们,都是因外稿不足,"被迫"兼做儿童读物作家的。所以从某种意义上说,商务印书馆、中华书局等大牌出版机构,就不仅仅是儿童读物领域出版的领头羊,同时还是儿童读物编创的主力军。①

20 世纪 30 年代,是我国儿童读物出版的兴盛期,无论出版的数量还是品种,较前一时期又有了大幅度的提升。1935 年生活书店编辑出版的《生活全国总书目》上,专门附录了一份《全国少年儿童书目》,共著录儿童读物数量近 3 000 种,其中,尚不包括那些编者认为"内容太陈腐或不易为儿童少年理解"②而不愿收录的图书,如社会流传很广的"小人书"——连环画。《生活全国总书目》总计收录图书两万种,三千种儿童读物便占据了其中的七分之一,说明儿童读物是当时整个图书出版业中一个不可或缺的领域。《全国少年儿童书目》是一份销售书目,书目之后列出价格、出版者等著录事项。通过统计出版者得知,当时参与儿童读物出版的机构数量至少在 50 家以上。③ 这些出版机构大多集中在上海,而此时江苏境内也仅正中书局、拔提书店、南京书店等几家新起的出版机构。据王云五《十年来之中国出版事业》统计,商务印书馆、中华书局、世界书局三家的出版量占全国的绝大多数,1934 年占 61％,1935 年占 62％,1936 占 71％,三年间,平均占全国的 65％。④ 这一数字也可表

---

① 王余光、吴永贵:《中国出版通史·民国卷》,北京:中国书籍出版社,2008 年,第 416 页。
②《全国少年儿童书目·编例》,《生活全国总书目》,上海:生活书店,1935 年。
③ 吴永贵:《民国出版史》,福州:福建人民出版社,2011 年,第 498 页。
④ 转引自张宪文、穆纬铭:《江苏民国时期出版史》,南京:江苏人民出版社,1993 年,第 255 页。

明,虽然当时以南京为中心的江苏出版机构的数量大大增加,但上海的出版业依旧是中国出版业的龙头老大,所以当时江苏儿童读物的出版也就可想而知了。至于儿童刊物的出版,也仅正中书局的《正中儿童》《儿童报》(南京)等寥寥数种,江苏市场销售的几乎都是上海出版的儿童刊物。

八年全面抗战时期,江苏沦陷区由于受到汪伪政府新闻出版的严厉控制,儿童读物的出版行为较为秘密,数量也很少,主要以童话书籍为主。而江苏各抗日根据地出版的儿童读物中,以新安旅行团1941年10月创办的《儿童生活》杂志最具影响。陶行知、汪达之和上海左翼教师联合会支部,1935年10月在淮安组建了新安旅行团,赴全国各地"修学旅行",宣传抗日救国思想,影响甚大。皖南事变后,按照周恩来的指示,其骨干成员分批从桂林至苏北抗日根据地,从事少年儿童的宣传和教育工作。《儿童生活》为四开四版10日刊,范政、左林主编,初为油印,后改为石印和套色铅印。刊物办至第25期,改为三十二开杂志,每年出版8期,设有各地战斗故事、革命历史故事、各地儿童生活、模范儿童团员、科学世界、儿童生活、孩子的话等栏目,发行量在根据地曾达1万多份,深受儿童欢迎。陈毅曾为该刊题词:"抗战事业应该让儿童参加,新四军愿作儿童的良友"[1],以勉励少年儿童从事抗战事业。新安旅行团还编辑出版了《淮海儿童》杂志,《儿童戏剧秧歌舞集》《孩子的戏》《儿童文娱集》等大量的少儿读物。抗战胜利后,新安旅行团还正式成立华中少年出版社,编辑出版了《华中少年》《华中少年画报》等。

抗战胜利后,随着内迁大后方出版机构陆续回迁,江苏儿童读物的出版量也有所回升,但是出版规模较小,很少有新创作的内容,多为旧版重印,较之战前的繁荣还有很大的距离。连年的战争给江苏出版业的发展带来的负面影响是巨大的,儿童读物的出版自然也不例外。

---

① 转引自张宪文、穆纬铭:《江苏民国时期出版史》,南京:江苏人民出版社,1993年,第347页。

第九章 民国古籍、地方志、工具书等的出版

第一节 民国古籍的出版、整理与保护

自唐代发明雕版印刷术后,迄至民国,我国出版的图书逾 10 万种,而江苏一地就出版了 3 600 多种(不含丛书)。① 民国时期,传统的官刻、坊刻、私刻三大出版系统逐步演化,公立机构、民营出版机构和私人藏书家成为江苏古籍出版的主体部分。如,江苏省立国学图书馆接收江楚编译局、淮南书局所存版片及铅石印书版后,由其印行部负责继续刊行书籍,"计存 38 种。近七年来新印书计 63 种,总为 101 种,51 866 部,129 518 册。最近新出版之二书尚不在内"②。江苏尤其民初的上海和南京,是我国古籍出版的中心地区之一。仅就《中国丛书综录》统计,当时江苏(含上海)从事古籍出版的有近百家,著名的有商务印书馆、中华书局、博古斋、文明书局,古书流通处、中国书店、广益书局、校经山房、扫叶山房、金陵刻经处、南京李光明庄、武进陶氏,苏州文学山房、昆山赵氏、无锡杨氏、苏州李氏、常熟丁氏、扬州陈恒和书林等。在西学东渐与传统文化交流、激荡的大背景下,他们或采用雕版、活字等传统技术印刷,或采用影印、石印和铅印等现代技术翻印,对于典籍的流传、传统文

---

① 江苏省地方志编纂委员会:《江苏省志·出版志》,南京:江苏人民出版社,1996 年,第 128 页。
② 《江苏省立国学图书馆概况》1933 年,转引自王余光、吴永贵:《中国出版通史·民国卷》,北京:中国书籍出版社,2008 年,第 440 页。

化的延续等方面产生了巨大影响。

如前所述,江苏传统的私家刻书大致分两类,一类是文人学者所刻自己的著作或前贤诗文,一类是藏书家和校勘学家辑刻的丛书、逸书或影摹付印的旧版书。民国江苏的私家刻书也大多如此,虽然刻本数量较少,但都是精品,在用字、用纸、用墨、刻工、印刷、装订等方面都有特别的要求。如董康的诵芬室,纸必用上等皮纸棉连,墨必用上等黄山松烟,并聘请当时四大刻书家之一的陶子麟等刊刻书籍。而且以刊刻丛书最盛。著名的有缪荃孙的"云自在龛丛书"、赵诒琛的"峭帆楼丛书"、董康的"诵芬室丛书"、邓邦述的"群碧楼丛书"、丁祖荫的"虞山丛刻"、陶湘的"百川学海"、冒广生的"如皋冒氏丛书"、吴梅的"奢摩他室曲丛"、潘承弼的"陟冈楼丛书"、卢前的"饮虹簃所刻曲",等等。

董康(1867—1947 年),字授经,号诵芬室主人,江苏武进人。早年进入《时务报》与梁启超共事,又与赵元益等共创译书公会。戊戌变法后,入京供职。辛亥后逃亡日本。1913 年回国,应司法总长梁启超邀请,任北洋政府司法编查会副会长,后任司法总长、财政总长等职。抗战期间,出任伪华北临时政府司法委员会委员长、最高法院院长等职。他曾七次东渡日本,访求古书、记起版式、存其题识,撰成《书舶庸谭》9 卷(图 9 - 1),与杨守敬的《日本访书志》堪称双璧。董康以每月

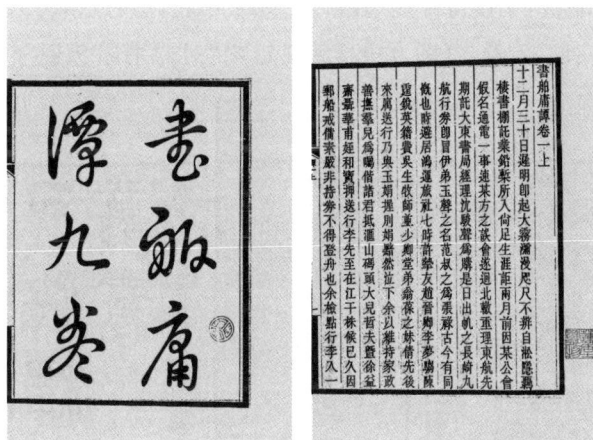

图 9 - 1 《书舶庸谭》

收入的 1/3,长期雇养了一批"手民",三十年间先后刻成"诵芬室丛刊"等 30 多种。1908 年,董康诵芬室首刊元本《大元圣政国朝典》60 卷,以为辑刊"诵芬室丛刊"的序曲,接着刊刻了《中州集》《梅村家藏稿》等 10 余种,最后殿以《铁崖先生诗集》(1922 年)成"诵芬室丛刊"。"丛刊"二编由《读曲丛刊》,《盛明杂剧》一集、二集及《石巢传奇四种》组成。其中《读曲丛刊》(1917 年)辑录元、明、清三代论剧之说 7 种;《盛明杂剧》(沈泰辑)于 1918 年至 1925 年间刊刻,两集各 30 卷、共 60 卷。1940 年,董康又辑刻其先人词集 10 种 23 卷为《广川词录》。另外,董康为罗振玉代刻了《敦煌石室遗书》、徐世昌代刻了《明清八大家文选》,以及为吴昌绶、陶湘、蒋汝藻等刻书。董康诵芬室刻本被誉为民国新善本而为后世藏书家所重。

赵诒琛(1869—1941 年),字学南,江苏昆山人。早年随父赵元益寓居上海,曾在江南机器制造局翻译馆供职多年,从事译校。家有峭帆楼,藏书丰富,与缪荃孙、罗振玉、叶昌炽等人交往甚厚。1911 年起,他选择收藏的一些稿本、抄本、精校本,陆续付梓。二三年内刻成《钜鹿东观集》《星湄诗话》《红雨楼题跋》等。后遇 1913 年战火,所藏图书及所刻版片,随楼化为灰烬,迁回昆山,搜罗劫后余书,重新上板,增刻了《通鉴补正略》《晋唐指掌》《阳山志》等,汇刻成"峭帆楼丛书"18 种、54 卷。后移居苏州,节衣缩食,又搜得许多书籍,从 1920 年起,历时六载,辑刻成"又满楼丛书"16 种、27 卷。(图 9 - 2)后又辑刻"对树书屋丛刻"6 种、11 卷。

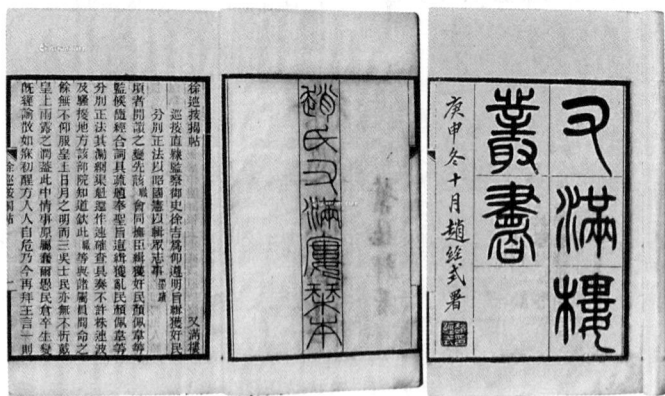

图 9 - 2 又满楼丛书

此外,他还编辑了"艺海一勺"23 种(1933 排印本),《甲戌丛编》《乙亥丛编》《丙子丛编》《丁丑丛编》《戊寅丛编》《己卯丛编》等"八年丛编"(1934年起,苏州文新印刷公司排印),都具有较高的学术和史料价值。[①]

陶湘(1871—1940 年),字兰泉,号涉园,江苏武进人。1904 年,经盛宣怀举荐会办京汉铁路行车监督、兼办长辛店机器厂,后奉派为查办江西、安徽两省铁路委员。1909 年后在上海办理实业,先后担任上海三新、天津裕源、山东鲁丰等纱厂经理。后投身金融界。1929 年,应聘为故宫博物院图书馆专门委员。晚年定居上海。陶湘刻书与同乡董康齐名,但起步较晚,1921 年以后的十数年间才是他刻书的黄金时期。(图 9 - 3)著名的有:(1) 1922 年,据明钞本影刻"儒学警悟"7 种、40 卷。此书为我国丛书的鼻祖。(2)《景刊宋金元明本词四十种》。此书原由吴昌绶就其双照楼所藏毛氏汲古阁影抄宋元词集中,未经毛氏付梓刊刻者 13 家,1918 年刻版归陶氏所有。陶氏接吴氏所刻再影印 23 家,并吴氏所刻行世。(3)"喜咏轩丛书"甲、乙、丙、丁、戊五编,39 种,所选多为陶氏藏书中的罕见之本。(4) 1927 年,刊刻"百川学海"10 集、100 种、178 卷。陶氏除以宋刻本为底本外,所缺则以明华氏覆宋本摹印补充。(5)"涉园墨萃"12 种,包括宋李孝美的《墨谱法式》、宋晁贯之的《墨经》、元陆友的《墨史》等,为中国传统文化之一"墨"的研究提供了系统的资料。(6)"百川书屋丛书"7 种,续编 5 种,所据版本亦多罕见。(7)"拓跋廛丛刻"10 种,多仿宋元刊本。(8)"影刊汲古阁钞宋金元词"7 种,为陶氏所得汲古阁钞本后的精印之书。他如"程雪楼集"30 册、"营造法式"36 卷、"涉园明本书

图 9 - 3 陶湘

志"等。1926 年,陶氏涉园还为军阀张宗昌校刊《十三经》等。陶湘从其

---

① 参见俞洪帆、穆纬铭:《江苏出版人物志》,南京:江苏人民出版社,1995 年,第 298—300 页。

最早的《昭代名人尺牍续集》到最后的《涉园所见宋板书影》（1936年），所刊印的书籍总计约250种，而且质量均属上乘，如"儒学警悟"为缪荃孙精校，"营造法式"为饶星舫手写上板、朱墨套印，故而深得时人及后世藏家所喜爱。

冒广生（1873—1959年），字鹤亭，号疚斋，江苏如皋人。早年从外祖父周星诒学习经史、目录、训诂、校雠之学。1898年，参加康有为、梁启超发起的"公车上书"，名列保国会。1903年，经推荐参加经济特科朝考，因在试卷中引用了资产阶级思想家卢梭的文章被摈弃，但他因此而名噪一时。1917年进京任职，后调任镇江、淮安等地。南京国民政府成立后，出任考试院考选委员会委员等职。后在广州珣勤大学、中山大学执教，并担任广东通志馆总纂。抗战期间，隐居上海。1949年后，应聘为上海文物保管委员会特约顾问。（图9-4）冒氏一生辑刻过许多书籍，成绩斐然。1915年，冒氏辑刻了"永嘉诗人祠堂丛刻"13种、30卷，

图9-4　冒广生

收入唐释元觉的《永嘉集》、宋王开祖的《儒志编》、"永嘉四灵"（徐照、徐玑、翁卷、赵师秀）的诗集等，特别是从《元诗选》《明诗综》以及地方志中搜集编辑了元高明的《柔克斋诗辑》。1917年，冒氏赎回了如皋冒襄故宅和水绘园，并辑刻成"如皋冒氏丛书"36种、156卷，专收冒姓历代著作及外家著述，如《五周先生集》。1921年，辑刻成"楚州丛书第一集"23种、66卷，所收以诗文为主，如汉枚乘的《枚叔集》、唐赵嘏的《渭南诗集》、清吴玉搢的《十忆集》等。其中如汉陈琳的《陈孔璋集》、宋龚开的《龟城叟集辑》、明吴承恩的《射阳先生文存》均为冒氏所校补或手辑。[①]

晚年居沪时，主要从事《文子》《列子》《贾子》、杜甫、韩愈等诸家集子进行校勘和批注，致力于文化典籍的传播事业。

---

① 参见俞洪帆、穆纬铭：《江苏出版人物志》，南京：江苏人民出版社，1995年，第410—412页。

民国江苏旧式书肆延续了传统坊刻的出版内容，主要以经史子集为主，但在经营规模和经营方式上未能超出传统坊刻。扫叶山房、博古斋、文瑞楼书局、古书流通处、李光明庄、文学山房、陈恒和书林等，都是其中的代表。上海博古斋主人柳蓉春，江苏苏州人，精通版本之学，"遇旧本书，入手即知为何时、何地所刻，谁家装潢，及某刻为足本，某刻有脱误，历历如数家珍"，与江标、朱槐庐等交往甚密，刊印过《百川学海》《津逮秘书》《拜经楼丛书》《守山阁丛书》《借月山房汇抄》等 10 多种丛书。而被陈乃乾誉为民国时期"大江南北言版本者"，书肆"第一"的古书流通处①，影印出版了《知不足斋丛书》《楝亭藏书十二种》《汲古阁印抄南宋六十家小集》《元四家诗》等。中国书店影印有《四印斋所刻词》《钱氏四种》《江都汪氏丛书》《惠风丛书》《盛明杂剧》等。苏州文学山房曾用聚珍活字排印了《江氏聚珍版丛书》（又称《文学山房丛书》），重印了蒋凤藻的《心矩斋丛书》、谢家福的《望炊楼丛书》等。扬州陈恒和书林 1929 年至 1934 年间，刻成《扬州丛刻》24 种、47 卷；1936 年，又辑刻了《扬州掌故书录》、清蒋超伯的《通斋全集》等。但这些旧式书肆到了民国中后期大多衰落，传统的坊刻也就逐渐退出了历史舞台。（图 9-5）

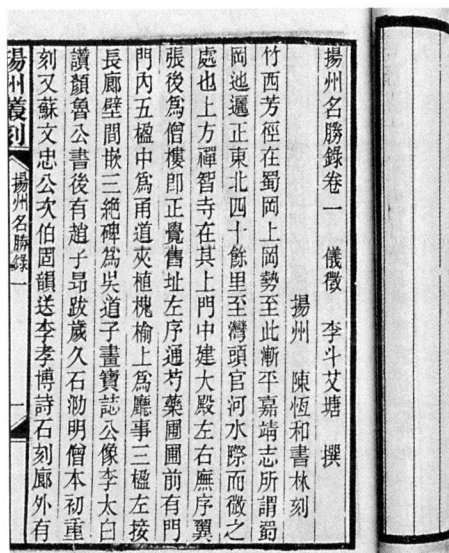

图 9-5 《扬州丛刻》

民元以后，民营新式出版机构发展迅速，并占据了江苏出版业的主导地位。这些新出版业在大力介绍西方学说的同时，也致力于中国传统文化的传播和普及。如中华书局创办宗旨中即有"融和国粹欧化"之语，

---

① 陈乃乾：《上海书林梦忆录》，转引自曹之：《民国时期的古籍出版业》，《图书馆工作》1991 年第 1 期。

世界书局则"以科学化经济化而从事国学书籍之整理",大东书局也"以发扬中国文化为职志",从事古籍出版的理念相当清晰。① 同时,20 世纪二三十年代受整理国故思潮的推动,以及图书馆、私家藏书对古籍的需求,商务印书馆、中华书局、世界书局等出版机构,采用影印、石印和铅印等现代技术,大量编辑翻印古籍,以获得更好的经济利益。其中尤以商务印书馆为甚,1927 年前就影印出版了《涵芬楼秘笈》50 种(1916—1921年),《学海类编》443 种(1920 年),《四部丛刊》323 种(1920—1922 年),《学津讨原》20 集、172 种(1922 年),《道藏附续道藏》1476 种(1923—1926 年)等 20 多部宏篇巨制。中华书局则出版了《四部备要》351 种(1922—1927 年)等。

在民国江苏出版的诸多古籍中,以《四部丛刊》和《四部备要》的影响最大。(图 9 - 6)《四部丛刊》1920 年开始发售预约,1922 年全部刊成,共收古籍 323 种、8 548 卷(4 种无卷数),分订成 32 开线装 2 100 册。商务决定影印《四部丛刊》时,虽由张元济主持,但实际负责的是无锡人孙毓修。"四部之书,浩如烟海,兹编乃述其急要者登之。""汇刻群书,先宜决择。是编衡量古今,斟酌取舍……意在网罗散佚而已。"②《四部丛刊》

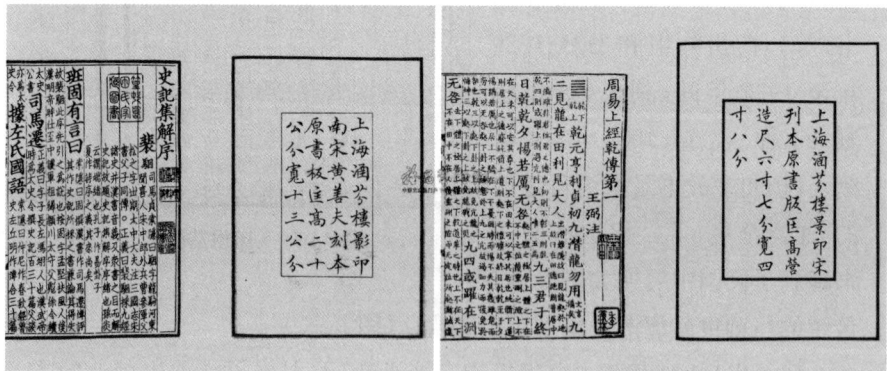

图 9 - 6 《四部丛刊》

① 参见王余光、吴永贵:《中国出版通史·民国卷》,北京:中国书籍出版社,2008 年,第 441 页。
② 《四部丛刊初编·例言》,转引自俞洪帆、穆纬铭:《江苏出版人物志》,南京:江苏人民出版社,1995 年,第 392 页。

所收皆为善本,其中宋本39种,金本2种,元本18种,影写宋本16种,影写元本5种,校本18种,明活字本8种,高丽旧刻4种,释道藏本2种,其余皆为明清精刻。1927年,商务印书馆重印初编时对原本作了一些更变,抽换了21种版本,补足了原编部分残缺,对许多书作了校勘记。《四部丛刊》的出版价值,诚如张元济所说:"汇刻群书,昉于南宋,后世踵之;顾其所收,类多小种,足备专门之浏览,而非常人所必需;此之所收,皆四部之中家弦户诵之书,如布帛菽粟,四民不可一日缺者,其善一矣。明之《永乐大典》、清之《图书集成》,无所不包,诚为鸿博,而所收古书,悉经裁剪,此则乃存原本,其善二矣。书贵旧本,昔人明训,麻沙恶椠,安用流传,此则广事购借,类多密帙,其善三矣。求书者纵胸有晁陈之学,冥心搜访,然其聚也非在一地,其得也不能同时,此则所求之本,具于一编,省事省时,其善四矣。雕板之书,卷帙浩繁,藏之充栋,载之专车,平时翻阅,亦屡烦乎转换,此用石印,但略小其匡,而不并其叶,故册小而字大,册小则便皮藏,字大则能悦目,其善五矣。镂刻之本,时有后先,往往大小不齐,缥缃异色,以之插架,殊伤美观,此则版型纸色,斠若画一,列之清斋,实为精雅,其善六矣。夫书贵流通,流通之机在于价廉,此书搜罗宏富,计卷逾万,而议价不特视今时旧籍廉至倍蓰,即较市上新版亦减之再三,复行预约之法,分期交付,既可出书迅速,使读者先睹为快,亦便分年纳价,使购者举重若轻,其善七矣。"①因而《四部丛刊》问世之后,受到学术界的广泛重视,是我国近现代出版史上开风气之先的一件大事。

《四部丛刊》影印发行成功后,中华书局起而效仿,用铅活字排印了《四部备要》。(图9-7)中华书局在《校印四部备要缘起》中说:"吾国学术,统于四部,然四库著录之书浩如烟海,坊肆流传之籍,梦若乱丝。承学之士,别择维艰;善本价昂,购置匪易。本局同人有鉴于此,爰于前年,择吾人应读之书,求通行善本,汇而聚之,颜曰《四部备要》。提纲絜领,取便研求,廉价发行,以广传布。惟是普通铅字,既欠美观;照相影印,更难清晰。适杭州丁氏创制聚珍仿宋版,归诸本局,方形欧体,古雅动人,

① 《印行〈四部丛刊〉启》,转引自王余光、吴永贵:《中国出版通史·民国卷》,北京:中国书籍出版社,2008年,第445页。

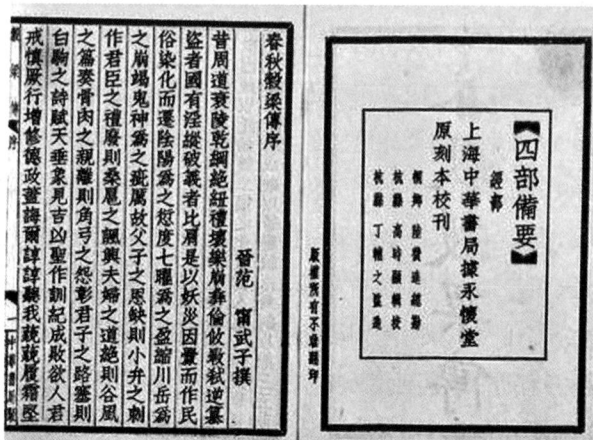

图 9-7 《四部备要》

以之刊行古书,当可与宋椠元刊媲美。兹将第一集至第五集分年校刊,共计两千余册,经史子集最要之书,大略备矣。"①《四部备要》1922 年开始发售预约,1927 年出齐,共收古籍 351 种、11 305 卷,以连史纸、赛宋纸印刷,线装 12 开,分订 2 500 册。《四部丛刊》和《四部备要》,虽然都是择取中国传统四部典籍刊行于世,借此以反映传统文化学术精髓为主要目的,但显现出来的学术意义和使用价值各不相同。前者讲究版本,非宋元旧注,概不轻用;而后者则注重实用,充分选收清代学者研究成果。《四部丛刊》虽比《四部备要》早出两年,但由于两书在内容上的互有侧重和形式上的各有千秋,后者的市场销路并没有受到太大的影响。就二者的社会意义来说,"以商务《四部丛刊》开其先,中华《四部备要》继其后的两大文化工程,代表了中国古籍出版的一个新纪元,是继清代纂修《四库全书》之后数百年来中国古典文献整理的最大盛事"②。

从 1920 年胡适等人发起整理国故运动到抗战爆发之前,是民国江苏古籍出版的高峰期。这个时期江苏古籍出版特点,归结起来有三:一是出版技术日趋现代化。虽然尚有一些旧书肆和私家坚持使用雕版印刷,但是,绝大多数出版家则顺应潮流,放下刻刀,断然采用新的印刷技

① 转引自曹之:《民国时期的古籍出版业》,《图书馆工作》1991 年第 1 期。
② 王余光、吴永贵:《中国出版通史·民国卷》,北京:中国书籍出版社,2008 年,第 445 页。

术。用现代印刷技术印书,成本低、同期短、效率高,因此古籍的出版量很大。二是丛书出版多。《中国丛书综录》共著录2797种古籍丛书,其中民国印行的就有700种左右,约占著录总数的1/4,可窥一斑。鲁迅曾说:丛书的"好处是把研究一种学问的书汇集在一起,能比一部一部的自去寻求更省力;或者保存单本小种的著作在里面,使它不易于灭亡"①。这就是说,丛书有两个作用:便于寻求和便于保存古籍。三是,校勘精审,学术性强。民国时期处于传统学术向现代学术过渡的阶段,有清一代学者如戴震、惠栋、段玉裁、王念孙、王引之等人的朴学精神,在经学、小学、史学、天算学、地理学、音韵学、金石学、校勘学、目录学等方面成绩极大,为民国江苏的古籍出版引用、借鉴,保证了古籍出版的质量。总之,民国江苏的古籍出版,使珍贵古籍化身千万,保存了大量的传统文献,嘉惠学术,为功甚巨,为江苏民国出版史谱写了辉煌篇章。

江苏是我国传统雕版印刷出版的发达地区,雕镌了堆积如山的木刻版片。以明末清初常熟毛晋汲古阁为例,"在四十年内先后刊过书版逾十万块,十万九千六十七页,书约六百余种"②。但由于自然侵蚀、兵火战乱、政治禁毁等,木刻版片的流传至清末民初已经很少。鉴于书版损毁过甚以及雕版印刷术的衰落,引起了民国时期江苏社会各界,尤其是图书馆界人士的关注,对存世木刻版片采取措施加以保护。首先,江苏省立国学图书馆接收了金陵官书局、淮南官书局、江楚编译局的存书和木刻版片。1914年,江苏官书局并入江苏省立苏州图书馆,并入藏了一些私人捐赠的版片。由此,奠定了民国时期江苏图书馆木刻版片乃至当代版片存藏的基础。1924年,美国退还庚子赔款600万美元,交由中美双方共同组织的中华教育文化基金会管理。为申请该款项扶助图书馆事业,在各地图书馆协会的基础上,于1925年成立了中华图书馆协会。1927年,中华民国大学院公布《图书馆条例》,江苏的图书馆事业进入普遍发展阶段。1929年,中华图书馆协会在南京举办了第一次年会,特组织了分类、编目、索引、检字、宋元善本书调查、版片调查等各种专门委员会。并在行政组关于版片保护的问题上提出了二则议案:调查全国公私版片编制目录案(刘纯、袁同礼原案);各省官书局应由各省立图书馆接管并在馆内附设印行所案(欧阳祖经原案)。① 由此,江苏省立及各级图书馆均将古籍版片的保护作为一项常规业务,并注意访求、搜集本省所刻的古籍版片,大量接收图书、版片的寄存与捐赠。如江苏省立国学图书馆的东院中三间,"分庋缪氏艺风堂寄存书版及正定王氏捐赠之书版"②。

抗战爆发后,江苏损毁的典籍不可估量,版片损失则更为惨重。国立中央图书馆"在筹备开始,即接办国学书局——即清季江南、江楚、淮南三书局之后身——整批书版,分经史子集,镌刻精良,间有损毁者,经整理后可印书籍,仍有一百五十种之多。西迁时以版片笨重,仓促间无法运出,遂以散佚"③。1937年11月苏州沦陷后,江苏省立苏州图书馆被日军破坏极为严重,馆藏木刻书板飘满小西湖池塘,图书报刊被撕毁擦刺刀,景象凄惨。据1946年统计,所藏原江苏官书局的残存木刻版166种、55 907片,损失22种、18 179片。④ 抗战胜利后,江苏各公立图书馆积极募征版片,尽力搜集、保护散佚的传统文化。1945年,江苏省立苏州图书馆复馆不久,即征集到昆山赵诒琛"又满楼丛书"、吴县王氏家刻《诗学评说》、邓邦述群碧楼书版,版片从55 907片增至81 360片。1949年6月底,又征集到《吴中叶氏家刻》书版、叶昌炽《藏书纪事诗》书版共450片,⑤均为民国间江苏私家刻书的精品,征集收藏之后即成为自己的特色馆藏之一。

民国时期江苏各图书馆收藏的版片,多为经史子集或丛书,版片材质多为枣梨等木料,如果保管不善,难免有虫蛀鼠害之虞。因此,各馆都很重视对所藏版片的保管和流布行世。江苏省立国学图书馆接收金陵

---

① 宋建成:《中华图书馆协会》,台湾育英文化事业有限公司1980年印行,第72页、165页。

② 《江苏省立国学图书馆概况》,江苏省立国学图书馆1935年印行,第6页。

③ 《国立中央图书馆概况》,《国立中央图书馆馆刊》1947年第3期。

④ 参见苏州图书馆史编委会:《苏州图书馆编年纪事》,苏州:苏州大学出版社,2004年,第27—37页。

⑤ 苏州图书馆史编委会:《苏州图书馆编年纪事》,苏州:苏州大学出版社,2004年,第47—49页。

官书局、江淮官书局和江楚编译局书版后,设立印行部继续印售。1914年,江苏省立苏州图书馆接收江苏官书局,改名为江苏省立第二图书馆官书印刷所,共接收书版 196 种、74 081 片。1930 年,该馆对组织机构进行了调整,在馆长下设四股,其中之一为印刷股,"掌理保管版片印行书籍推广营业事项"①。1936 年,又对组织进行了整顿,设四部一所,印行所掌理印造、刊校、发行、典版等事项,并"辟平屋四间为藏版库"②。民国时期,江苏图书馆保存的木刻版片,为传承传统的雕版印刷术和非物质文化遗产作出了巨大的贡献。至今,扬州雕版印刷博物馆还保存了江苏省立国学图书馆、江苏省立苏州图书馆等收藏的约 48 种丛书、110多种单行图书的木刻版片。

第二节　民国地方志的编纂与出版

地方志(亦称方志)发端于古代的"史",清乾隆年间《苏州府志》王志坚"序"文里就有"郡邑之有志,盖原本于列国之史"的论断。民国时期,江苏地方志的编纂传承了晚清修志热潮,不仅通志、专志的编纂有了很大的发展,而且清末诞生的乡土志的编纂也相当可观。据倪波统计,清代江苏编纂的地方志有 435 部,而在民国短短的 38 年里,江苏编纂的地方志就有 165 部,③并且以编纂之善,史料之丰而著称于时。其中,著名的有缪荃孙的《江阴县续志》;叶楚伧、柳诒徵主编,王焕镳总纂的《首都志》;胡应庚、陈中凡总纂的《续修盐城县志》等。

据傅登舟统计,当时大约 40％的方志,是在 1927 年至 1937 年民国政府统治相对稳定期间出版的,年均 50 余种,其中 1936 年一年出版方志 80 余种。④ 可见,民国时期的统治者还是比较重视编纂地方志书的。北洋政府教育部 1914 年曾咨令各地编修乡土志,作为中小学校的教材,

① 《江苏省立苏州图书馆概要》,江苏省立苏州图书馆 1930 年印行,第 8 页。
② 苏州图书馆馆史编委会:《苏州图书馆编年纪事》,苏州:苏州大学出版社,2004 年,第 23 页。
③ 倪波:《论江苏旧方志的编辑与出版》,《江苏出版史志》1990 年第 4 期。
④ 参见《民国时期方志纂修述略》,《文献》1989 年第 4 期。

并供清史馆编修国史征用。1917年北洋政府又通饬各地纂修志书。1929年,南京国民政府令准内政部颁发《修志事例概要》,督促各地建立修志机构,着手编修志书。1944年,内务部颁发了《地方志书纂修办法》,进一步明确了有关方面的具体要求。1946年,内务部又重新颁布了《地方志书纂修办法》。上有所倡,下有所行,当局政府这些连续的倡令,起着比较有力的导向作用,对民国江苏方志的编纂起到了一定的推动作用。

1914年,北洋政府教育部咨令各地编修乡土志后,江苏各地的响应和执行情况不一,萧焕梁续纂了《无锡开化乡土志》(1916年),钱锡万编纂了《姜堰乡土志》(1917年),葛冲续编了《青浦乡土志》(1918年),沈荣基编纂了《姜堰市乡土志》(1919年),范烟桥编纂了《吴江县乡土志》(1919年),印鸾章编纂了《盐城乡土历史》、《盐城乡土地理》(1919年)等。据《中国地方志联合目录》统计,江苏民国期间编纂的乡土志共计14种,仅次于吉林,位居全国的第二。[1] 1916年,北洋政府教育部会同内务部通咨各省指令各县纂修地方志书后,江苏通志局于1918年在南京恢复,聘请冯煦为总纂。1923年齐燮元兵变,因经费困难,通志局迁至上海,旋即被迫撤销。所成志稿300多卷及参考书由省政府派员接收,存入国立江苏省图书馆。1929年9月,内政部通饬各省上报省、县、市志书凡例审核,并颁布了《修志事例概要》22条,对各省方志编纂组织机构、纲目审核、取材范围、类目设置、内容取舍、印刷装订等均作出了具体的规定。于是,江苏成立了通志编纂委员会,设局镇江焦山,聘请庄蕴宽为总纂,续纂通志。其时至抗战爆发前,江苏各地按照《修志事例概要》的要求,并根据当地的实际情况,斟酌损益,编纂了一批质量较高的方志。如1934年赵如珩编纂的《江苏省鉴》9章,分为总论、党务、政治、财政、建设、实业、教育、社会、艺文和文物9类,是一部不以志为名的省志。1935年柳诒徵修、王焕镳纂的《首都志》,"体例在继承旧志的基础上多有新创,图表尤为丰富,插列多幅照片更增加书的真实性、直观性,内容精审赅备,记载详明有据,志书编修中反映出近代修志思想与近

---

[1] 许卫平:《中国近代方志学》,南京:江苏古籍出版社,2002年,第110页。

代科技的指导运用"①。

　　抗战期间,江苏地方志的修纂严重受挫,原国民政府的修志机构完全瘫痪。南京沦陷之后,梁平、章南夏于1942年动议重修江苏通志,并嘱吴廷燮纂辑。吴氏数次进京寻访资料,经数年考辑,编成《江苏备志稿》63卷。志稿所记起自乾隆,迄于宣统,民国略有附及,为雍正通志的续纂,"体例虽不甚详密,然资料丰富,其中'度支'详载江苏财政,'邦交'记述江苏与国外交往之事"②。1945年初,南京汪伪政府在苏州成立了江苏通志编纂委员会,聘请吴廷燮任主编,任援道为校印主任委员,张江裁、徐定甫等人参加编纂。全志分为22个分志、350卷,以宣统以来所存旧稿为基础,对江苏自然、经济、政治、军事、文化等方面均作了较为详细的记载,编成后曾印出数种。但当时的汪伪政权处于风雨飘摇之中,编纂者只能仓促成书,因而书稿中粗糙疏漏之处较多。抗战胜利后,国民政府于1946年10月颁布了《各省市县文献委员会组织规程》,规定各省、市、县设文献委员会,征集、保管和编纂文献资料。并同时重新颁布了《地方志书编纂办法》。此后,江苏各地的修志事业重新恢复,编纂和印行了一批地方志书。

　　民国时期编纂的江苏地方志,大多在抗战之前修成,而且相当一部分是稿本、抄本和油印本等,所以方志目录的统计数据多有出入。杨冬荃曾对《中国地方志联合目录》失收或未及收入的江苏地方志作了补遗,其中,遗漏民国时期的地方志多部。如前文所说的赵如珩撰、1935年铅印的《江苏省鉴》,实为一部不以志为名的江苏省志;陈邦贤编,1934年铅印的《栖霞新志》,实为栖霞镇志;詹其桂纂,抄本《(民国)江浦县新志稿》(1984年江浦县将其油印,改名《江浦县续志稿》);汪丙炎、王保如撰《甘泉县续志采访稿》稿本;佚名纂,1915年稿本《(民国)高邮县志》;戴邦桢、赵世荣原修,冯煦、朱芾生原纂,周敦礼增纂,1934年镇江江南印书馆铅印本《(民国)宝应县志》;1935年南通教育局编《南通县乡土志》;南通县分署教育科编,1939年翰墨林书局铅印本《南通乡土志课本》;等

① 许卫平:《中国近代方志学》,南京:江苏古籍出版社,2002年,第94页。
② 江苏省地方志编纂委员会:《江苏省志·出版志》,南京:江苏人民出版社,1996年,第90页。

等①。这个时期,江苏乡镇志的编纂也很丰富,仅吴县在民国间编纂的乡镇志便有:张郁文撰的《木渎小志》、程锦熙纂的《黄埭志》、李楚石纂的《齐谿小志》、施兆麟纂的《相城小志》、叶承庆撰的《乡志类稿》(实为《东山镇志》)、秦长烜撰的《(民国)东山杂录初编》等。

应当承认,民国时期江苏编纂的众多方志中有不少是粗糙之作,某些编纂观点是陈旧的甚至是反动的,如汪伪时期江苏通志编纂委员会所编的通志。而且有相当多的部分其成果形式只是稿本、抄本和油印本等,甚至有不少系未竟之作。究其原因,固然有人为的因素,但艰于人才,艰于经济,艰于时局的客观历史状况,确实给当时艰难的江苏方志编纂事业造成了实际的影响。当然也不乏编纂之善、史料详实之作。

《江苏省通志稿》是江苏自1667年(康熙六年)设省以来官修的第一部省志稿本。1918年江苏通志局在南京恢复后,聘请冯煦担任总纂官,继续纂修《江苏省通志稿》。冯煦(1843—1927年),字梦华,号蒿菴等,辛亥后号蒿隐,江苏金坛人。(图9-8)1882年以副贡举于乡,1886年

图9-8 冯煦

进士授编修。历任凤阳知府、山西河东道、四川按察使、安徽布政使、安徽巡抚、查赈大臣等职。冯煦学识渊博,文史功底深厚,一生曾纂修和参修多种地方志书,如《金坛县志》《镇江府志》《宝应县志》《凤阳府志》《溧阳县续志》等,在地方志书的编纂上多有建树。冯煦继缪荃孙二次主纂的《江苏省通志稿》,首先体现了地方特点:江苏有水乡之称,长江、淮河、运河、海塘各工,甲于各省,所以专设"都水志"总

其一纲以述之。江苏经济繁荣,为全国财货度支之重省,"自晋南迁,储蓄粮馈,苏为根本。盐法大兴,淮之运行及六七省,莫之于京"。此外,扬州雷以諴首创厘金等都不可略,故设"度支志"以述之。"江苏向多天方、

---

① 参见《〈中国地方志联合目录·江苏省〉正补》,《中国地方志》1986年第6期。

天主各寺庙",所以设"宗教志"充分江苏宗教方面的特点。① 这种分类利用纲目体体例,以纲统目,在篇目设置上充分突出了地方特色。其次体现时代特点:虽然处于清末民初新旧交替的时代,但《通志稿》的编纂却顺应了时代潮流。如"货值志""选举志""武备志""文化志""邦交志"等对于新兴实业、新选举机构资政院和资议局、新式武备学堂和工厂、清代自道光以后的洋务外交诸多内容都有所记录,客观而真实地还原和反映了历史的本来面貌。冯煦认为方志的作用在于:"郡邑志书,一方之礼乐、政教、文物、风化系之,溯其沿革,可资观摩,还可使一方文献得以保存。"②所以,冯煦主纂的通志稿不同于传统志书,而是以存旧志续新志为宗旨,体现出近现代新志书的编纂特点。

　　1935 年出版的《首都志》堪称民国江苏方志编纂的代表之作。《首都志》16 卷,由时任国民党中央宣传部部长、江苏省政府主席叶楚伧动议,江苏省立国学图书馆馆长柳诒徵担任主编。柳诒徵(1880—1956 年),字翼谋,晚年号劬堂,又号龙蟠迂叟、盋山髯,江苏镇江人。(图 9 - 9)清末优贡,毕业于南京三江师范学堂,先后在南京高等学堂、两江师范学堂、南京高等师范学校、东南大学等处任教。1927 年任江苏省立国学图书馆馆长。抗战期间,任教于重庆国立中央大学。抗战结束,回南京复馆,后任中央研究院院士。中华人民共和国成立后,曾任上海市文物管理委员会委员等职。柳诒徵受命主编《首都志》后,因忙于省

图 9 - 9　柳诒徵

立国学图书馆的馆务工作,遂推举王焕镳任编辑,以周恿辅佐之,自己总审总纂,共商体例,研定纲目,分类编列,历时 6 个月,《首都志》16 卷初稿完成。正待删润修改,因叶楚伧催促遂刊印出版。该志前有照片 75

① 参见《江苏省通志稿·例言》,南京:江苏古籍出版社,2002 年。
② 王艳君:《冯煦的方志思想与〈江苏省通志稿〉》,《文学教育》2013 年第 12 期。

幅、表 62 张,分沿革、疆域·城垣·街道、山陵·水道、气候·户口·官制、警政、自治、财政、司法、教育、兵备、交通、外交、食货、礼俗·方言·宗教、人表、艺文以及历代大事表。志末附有详细的"南京佛寺表",极具考查价值。该志在体例编排上,或沿用旧志之名,如沿革、疆域等;或新立义例,如气候、警政、自治、司法、外交等;或提升旧志中的附庸为正章,如交通、礼俗、方言、宗教等;或删汰旧志的编目,如祠祀、科贡、艺文(只列书目)等;对于人物只表其名(注明出处);在记述内容方面极为详细,既有融会群籍之述,亦有引注之笔,引文均有出处;讲求科学,善用表谱,以济文字记述之局限;以年为经,以事为纬,端绪清晰,脉络分明,文省事著,反映出当时的科学水平和社会面貌。但是,该志在引述旧志相关内容时多为条文引录,未加考核鉴别,如"山陵卷·方山目"所载"方山寺名'下定林寺'",应勘正为"方山上定林寺",这是由于引录了《同治上江两县志》的错误记述而搞错的。

民国初期江苏方志的编纂,虽能增加若干新类目,但对传统的类目,如忠孝、贞烈、祥异、五行等门类,仍不舍革除,依然沿袭。在编纂体例上,也抱残守缺,泥古不化。即使到了 20 世纪二三十年代,也大多如此。如 1920 年纂修成的《沛县志》凡 16 卷末 1 卷,前 16 卷为旧志,记述之清末,其体例"悉依省志条例",附卷为新志,记述辛亥革命后的内容,设目简略。1926 年纂修成的《沭阳重修县志》,凡 16 卷,分为"正编""外编"两部分,前 15 卷为"正编",记事止于清末;卷 16 为"外编",记民国事,"外编"目次竟同于正编。邓之诚曾于 1917 年发表《省志今例发凡》一文,提出了国体既变,省志体例必须改变的主张。1929年,蒋梦麟认为新修的省志要以"现代之立场,以切用为目的",其材料应包括:(1) 侧重现状;(2) 切于实用;(3) 注重物质等方面。还对方志的体例、内容、文辞等各个方面提出了自己的看法。朱士嘉也提出了其"新式的县志"标准:第一,在能真实地把一县的事物和盘托出;第二,在能表现地方性与时代性;第三,所拟的体例在能合乎一县环境的需要,不守旧,不嗜奇。① 由此,这个时期江苏地方志书的编纂方法和编

---

① 邱新立:《民国时期改造旧志的主张》,《江苏地方志》2003 年第 6 期。

篆手段也有了新的突破与发展。

首先,在民国江苏方志的编纂中,逐渐摒弃了皇言、恩泽、星野、仙事、列女、孝义等带有深厚封建迷信色彩的门类,取而代之的是地质、实业、金融、物价、卫生、教育、外交等具有强烈时代气息的门类。而一些过去作为附庸的门类也名正言顺地列为正式门类,如《首都志》共分 24 目,"沿旧志之名者十之六,自立义例者十之四",其中气候、警政、自治、司法、外交等门类为旧志所无,而作为旧志附庸的交通、礼俗、方言、宗教等门类也是蔚然大观。① 其次,民国江苏方志较多地体现了本地区时代的、地方的特色。如陈中凡编纂的民国《续修盐城县志》14 卷、《续修盐城县志稿》14 卷,已运用了一些现代技术知识,如在"农垦"目内,提到"科技能发展生产";"舆地志"内,提到"人要改善环境"等,还收录了"方言""方音"等。② 此外,民国江苏方志一般都有大事记,作为各门记载之纲,以解决方志因偏于横剖而短于纵贯所造成的因果不彰之弊。最后,编纂方法和手段更加先进。如《甘泉县续志》的"地理考",对疆界采用了近代数学的测量方法;《(三续)高邮州志》所附地图,是实地采用仪器测绘而成。再如《首都志》,改变了旧志一味用冗长的文字进行叙述的方法,采用了大量的图表和照片。全志共有 62 张表,75 帧照片,52 幅地图。其中的财政收支表、历年物价指数表、商业分业统计表、进出贸易货值比较表等,"文字虽省,事迹俱在",具有极高的史料价值。在地图的绘制上,也采用了比例尺、经纬度、等高线等先进手段,使志书增加了科学性。而照片入志,进一步增强了地方志书的直观性和生动性。③ 民国时期,印刷技术也有很大进步。此时江苏出版的志书不少都是用铅字排印,有的还采用精装出版。这不仅使得装帧更加美观,也使得志书更加经久耐用,可以长期保存,传之久远。民国江苏方志的编纂者中,有许多学者文人,如缪荃孙、冯煦、陈去病、柳诒徵、陈中凡、王焕镳等,这就大大提高了方志的编纂水平和学术价值。

---

① 参见《首都志·凡例》,南京:南京出版社,2013 年。
② 参见倪波:《论江苏旧方志的编辑与出版》,《江苏出版史志》1990 年第 4 期。
③ 葛向勇:《试论民国时期的地方志》,《中国地方志》1994 第 4 期。

第三节　民国工具书的编纂与出版

民国时期,既是我国传统辞书的集大成时期,也是传统辞书向现代辞书过渡的时期。首先表现在工具书的出版数量上。在不到 40 年的时间里,出版了各种类型的工具书 1 400 多种。其次,更表现在编纂出版了字、词典的集大成之作。如 1915 年中华书局出版的《中华大字典》(图 9 - 10)收字 4.8 万多个,比《康熙字典》多出 1 000 多字。较之《康熙字典》,它在注音、释义、引例等方面都有不少改进,义项的划分更是大为加强。它吸收了不少表示新概念的字,补充了乾嘉的朴学成果,是《汉语大字典》《中文大辞典》前收字最多的字典。同年商务印书馆出版的《辞源》以语词为主,兼收百科,强调实用,重在溯源,成为我国现代第一部大型百科辞典,在工具书编纂史上具有划时代的意义。[1]

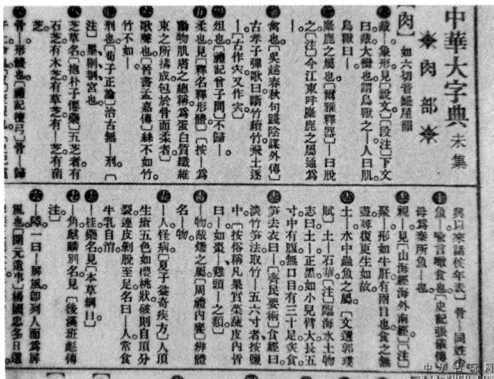

图 9 - 10　《中华大字典》

甲午战争以后,伴随着西方列强对中国侵略的不断加深,西方的政治思想、科学文化也逐渐介绍到中国来,给中国科学文化带来了新的气息,特别是五四运动对国人的思想所产生的巨大影响,使得江苏的工具书编纂出版发生了新的改变。民国初期江苏的辞书编纂出版大多集中在上海一地,其

---

[1] 何华连:《我国中文工具书编纂出版分期概观》,《浙江师范大学学报(社会科学版)》1995 年第 1 期。

主要成就除上述的《中华大字典》和《辞源》外,同时也编纂出版其他一些字典辞典。如 1912 年商务印书馆出版的《新字典》,陆尔奎等编纂,收字 1 万多个,以《康熙字典》常用字为主,并收录现代科学新字,僻字附后,按部首检字。1918 年中华书局出版的《实用大字典》,杨誉龙等编纂,陆费逵、戴克敦参订,系对《中华大字典》增删补遗和正误而成,收字以普通实用为主,按部首编排。1919 年商务印书馆出版的《校改国音字典》,教育部读音统一会编,收字 1.3 万多个,均注有注音字母。1922 年广益书局出版的《俗语典》,胡韫玉、胡怀琛编辑,收古代常见名词、成语、俗语等 7 000 余条,按词目首字部首编排。以及赵元任编著的《国音新诗韵》(商务印书馆 1923 年出版)、胡汉痴主编的《切口大词典》(上海东陆图书公司 1924 年出版),等等。

自上海国学扶轮社 1911 年出版了黄摩西编纂的《普通百科新大辞典》以后,民国时期江苏的专科辞典编纂出版也很兴盛。如 1913 年中华图书馆出版的《中华历史、地理大词典》,章嵌编辑,黄叟校订。1914 年商务印书馆出版的《动物学大辞典》,杜亚泉等编,收入动物名称和术语 10 350 余条,插图 3 500 幅。同年求古斋出版了《金石大辞典》,汪仁寿编著,收录上自籀古、下及碑石各体金石文字。1918 年商务印书馆出版的《植物学大辞典》,杜亚泉等编,收录植物名称和术语 8 980 条,插图 1 000 幅。1921 年商务印书馆出版的《中国医学大辞典》,谢观等编撰,收录名词 7 万多条,分人体生理、病名、症候、治疗方法、方药名称以及医书内容、医家事迹等。1922 年上海医学书局出版的《佛学大辞典》,丁福保编纂,收词 3 万多条。1931 年和 1936 年中国辞典馆出版的杨家骆主编的《四库大辞典》《丛书大辞典》等。可以说,这一时期江苏辞书的编纂出版已不再按传统的字书、训诂书、韵书分类,而是与欧美辞书的类型划分逐步取得一致。

在民国江苏诸多辞书编纂者中,以编纂《佛学大辞典》出名的丁福保堪称翘楚。丁福保(1874—1952 年),字仲祜,号畴隐、畴隐居士等,江苏无锡人。(图 9 - 11)早年从兄丁宝

图 9 - 11　丁福保

书学习《左传》《汉书》等,22 岁肄业于江阴南菁书院,24 岁从华蘅芳学习代数、几何等,后赴上海从赵元益学习医学。光绪末年辞去京师学堂教习后,开始其著书立说、行医生涯,并加入丁宝书等人创办的文明书局,又与董康、赵元益等人共创译书公会。1908 年在上海开设医学书局,后又创立中西医研究会。丁氏一生嗜好藏书,其诂林精舍藏书达 10 万多种。丁氏 40 岁后皈依佛门,1912 年着手编纂《佛学大辞典》,历十载而告竣。该辞典以日人织田得能、望月信亨的《佛教大辞典》为蓝本,收录佛教专门名词、术语、典故、典籍、专著、名僧、史迹等 3 万多条,按笔画分为 33 部,1922 年正式出版,线装 16 册。楼宇烈称其为"不失为一部佛教基本知识的较为详备便用的参考工具书"。继《佛学大辞典》之后,丁氏于 1923 年开始编纂《说文解字诂林》。他遵循"博采通人,信而有征"的编纂宗旨,网罗历代关于《说文》的各家著述 182 种、1 036 卷,以一字为一条,每条下引图书又分为 11 类(以大小徐本《说文》为主),而且不避重复、不加删除,一律裁贴成同一版式后付之影印。1928 年该书告成,线装 66 册,7 600 多页,由其医学书局出版发行。于右任曾评价该书说"囊括有清一代许氏之学,汇为渊海。检一字而顷刻即得,得一字而各说咸备"①。丁氏酷嗜收藏古代钱币,先后从坊肆及名家旧藏中收得共约 2 万枚,《诂林》完工后,他开始编纂《古钱大辞典》。该辞典分总论、上编和下编三部分,一方面将古钱照原式大小多用照相制成铜版印刷,另一方面将古今铸钱文献仿照《诂林》的裁贴影印方式附后,最特殊的是——注明了各枚古钱的时价,供交易双方估价参考。1938 年完稿出版。后人认为,"在丁先生治学范围内的某一个领域,后人可能会赶上或超过他,但若在全部领域与丁先生比肩,甚至超过丁先生,恐怕是很难的了"②。

中国辞典馆的创始人之一的杨家骆,他不仅编纂了《四库大辞典》,还陆续编纂成有关丛书、群经、文学、人物、新书等辞典、图鉴、提要 10 部要著。蔡元培曾题词表彰,手书"仰风楼"以赠,称:"十大巨著,乃成于杨家骆先生一人之手,其毅力可佩也!且此种工作至为烦琐,而书成以后,嘉惠学者甚大,其牺己为群之精神,尤足为学者模范矣。"③杨家骆

---

① 参见俞洪帆、穆纬铭:《江苏出版人物志》,南京:江苏人民出版社,1995 年,第 423、424 页。
② 伊广谦:《丁福保生平著作述略》,《江西中医学院学报》2003 年第 1 期。
③ 杨家骆:《辞典馆概况》,《出版史研究》第 1 辑,北京:中国书籍出版社,1993 年。

(1912—1991年),江苏南京人。(图9-12)
少年时即随祖父编纂《国史通纂》,帮助
辑录资料卡片。16岁从东南大学附中
毕业后,又入国学专修馆深造。1928年
起供职于教育部图书馆,开始编纂各类
书目。1930年,杨家骆与其兄弟一起,
在南京仓巷街87号创办了中国图书大
辞典编辑馆(简称"中国辞典馆")和中国
学术百科全书编辑馆,开始从事大规模
的图书编纂和出版事业。后因南京馆舍
及资料不足,又在上海、北平二地设立中
国辞典馆分馆。自建馆后的七年间,编
辑出版的25种150余册书籍,每一种的

图9-12 杨家骆

分量都相当重,具有重大的学术研究价值。① 期间,他还创办了《图书月
刊》和《时论提要月刊》杂志。1937年秋,因战火危及,中国辞典馆迁至
重庆北碚。1940年后,杨氏把中国辞典馆和中国百科全书编辑馆已经
出版的25种图书和48种定稿本,以及有关目录学的57种稿本,陆续改
编为《世界学典》中文版的各个分册。1945年秋,中国辞典馆更名为世
界学院中国学典馆,迁至上海。1949年离开上海至台湾。

据刘寒岛《杨家骆著图书年鉴1933年份提要》记载,杨家骆曾说他
"愿以毕生的精力于七大事业":"一是编著中国图书大辞典;二是编著中
国学术专题词语索引;三是编著中国学术丛书;四是编著中国百科全书;
五是举办实验图书馆;六是举办图书供应合作社;七是举办学术咨询
处。"因为这些事情"皆非一朝一夕之暂、一手一足之烈所可成,又不欲以
急就而苟且,故谨以力所能及先从事中国图书大辞典之编著"②。于是,
作为《中国图书大辞典》组成部分之一的《四库大辞典》,1931年由中国
辞典馆出版发行。这是一部集辞典、索引和书目为一体的工具书,收录

① 参见徐苏:《杨家骆及其学术成就》(上),《中国典籍与文化》1995年第2期。
② 转引自张志强:《杨家骆与〈图书年鉴〉》,《编辑之友》2000年第4期。

《四库全书总目》200 卷所载的图书,包括"著录"和"存目"。全书共 1.7 万多个条目,250 余万字,按字典式编纂,采用四角号码检字法排列,条目间还有"参见"关系。王云五称之"为我国第一部最适用最便检查的图书大辞典,对于我国读书界向来所感从何处读起的困苦可以一举解除"①。该书在 1931 年至 1946 年间先后重印了 5 次。1936 年,杨家骆编纂出版了《丛书大辞典》。该书体例与《四库大辞典》相似,收录我国历代丛书约 600 种,内容包括"丛书总目书名""丛书总目人名""丛书子目书名"和"丛书子目人名"。这是一部辞典式的丛书书目兼索引,条目有释义,编撰时底稿卡片"凡总目书名条六千余张,总目人名条一万张,子目书名条十七万余张,子目人名条二十万余张,计得三十八万六千张,都凡五百万言,储之充栋,载之专车"②。其资料采集之丰富、研究价值之大,足窥一斑。此外,杨氏抗战前还编纂出版了《图书年鉴》(1933 年)、《民国以来出版新书总目提要》(1933 年)、《中国文学百科全书》(1935—1937 年)、《群经大辞典》(1937 年)等工具书。

百科全书性质工具书的编纂在中国虽有近 2 000 年的历史,但"百科全书"这种书体则是 20 世纪初由李石曾等人从西方引进来的,并建立了百科全书编纂新体式——学典理论。20 世纪 20 年代,商务印书馆曾想编译一部大型百科全书,并在编译所内设"百科全书委员会",由编译所所长王云五自兼,下设六个系科,打算以《大英百科全书》为蓝本,综合美日等国的百科全书加以编译,后因译稿质量不够理想,未能出版。③民国江苏首位百科全书的编纂者依然是杨家骆。1935 至 1937 年间,杨家骆编纂出版了《中国文学百科全书》8 册。该书凡例中仅条目性质就定为 8 种,包括:书名、题名、人名、事典、概论、专题、术语、参见,条目达 6 万多条。还依条目的重要性划分为"重要条""普通条""备考条"3 种,并就 3 种条目的范围、字数及在全书中各占比例的多少作了明确规定,确保全书体例详明。"在当时国人'百科全书'观念尚未普及之时,此书

① 转引自李歆:《杨家骆先生及其文献学成就》,《图书情报知识》2006 年第 2 期。
② 参见杨家骆:《四库大辞典》,"中国"学典馆复馆筹备处 1991 年出版。
③ 王余光、吴永贵:《中国出版通史·民国卷》,北京:中国书籍出版社,2008 年,第 424 页。

可谓开了风气之先。"①1937年4月,世界社在上海举办"世界百科全书联合展览会",中国辞典馆参展并开始与世界社合作,参加编纂出版百科全书的行列。1942年,李石曾在美国发表《世界学典引言》,开创学典(即"百科全书")编纂新体例。杨氏一方面努力传播学典编纂思想,一方面进行《世界学典·中文版·四库全书学典》的示范编纂工作。1946年,中国第一部《世界学典》——《四库全书学典》由世界书局正式出版。该书共分:"通论""学典"和"综览"三个部分。书前有李石曾《四库全书答问》以代序言,而以《世界学典引言》殿后,全书共1 140页、250万字。"学典"以四库全书为对象,运用世界学思想和"学典"方法论加以编纂,克服了旧百科全书重在词条的缺陷,是一部成功的探索性作品,即使在今天,仍旧不失为一部研究中国传统文化有价值的工具书和参考书。②

　　年鉴的编纂在中国已有600多年的历史,《宋史·艺文志》中就有《年鉴》一卷,可惜已经失传。中国现代年鉴的编纂方法也是从西方引进的。据不完全统计,1909年至1949年,我国共编纂出版了99种、约150回次的年鉴。③ 民国江苏境内所见最早的综合性年鉴,是上海神州编译社于1913年出版的《世界年鉴》。该年鉴内容包括世界各国的历法、天象、地理概况、国际关系、文化教育、军事、经济、工农业生产、交通运输及风俗习惯等,内容比较简略,资料陈旧,但对国人了解世界概貌曾起到一定参考作用。而1924年商务印书馆出版的《中国年鉴》(第一回),则是国人自己编纂以反映中国情况的第一部综合性年鉴。该年鉴由阮湘主编。阮氏在序中指出,年鉴在编纂中"参考图籍,不下百数十种,分门别类,广为搜辑,都三百万言,或取诸公私记录,或译自外人调查,犹有未尽,则直接稽考编次之,以期充实"④。全书分为土地人口、政治军事、财政金融、交通水利、农业商业、教育、宗教等类,其中统计数据约占全书篇幅的2/3,卷首与篇末附有多种参考性资料。《中国年鉴》出版至1928

① 李歆:《杨家骆先生及其文献成就》,《图书情报知识》2006年第2期。
② 刘辰:《我国早期百科全书编纂》,《出版史料》2002年第3辑。
③ 王世伟:《中文工具书使用指南》,上海:华东师范大学出版社,1993年,第138页。
④ 转引自方厚枢:《中国年鉴编纂出版概况》,《中国年鉴概览》,北京:华艺出版社,1993年,第10页。

年中断。此后,特别是 20 世纪 30 年代中,江苏年鉴的编纂出版量逐渐增多。如 1930 年,无锡县政府编印的《无锡年鉴》;1934 年,铁道部参事厅编辑、秘书厅发行的《铁道年鉴》;1934 年南京出版的,中国教育电影协会年鉴编纂委员会编的《中国电影年鉴》;1936 年,中国外交年鉴社编、正中书局出版的《中国外交年鉴》等。这个时期江苏各种年鉴的编纂中,以杨家骆主编、中国辞典馆出版的《图书年鉴》最具特色。(图 9 - 13)它是第一部反映民国时期图书馆事业、出版事业概况的年鉴,也是现存的一部收录较全、提要详尽的民国前半期的总书目。该书 1933 年初版时分上、下两册,1935 年再版时合为一册,内容分"中国图书事业志"和"新书总目提要"两部分。第一部分分四编:中国图书大辞典述略、图书事业法令汇编、图书馆概况、出版家一览;第二部分主要搜集了从 1912年至 1933 年 5 月底,近 20 多年出版的中国各类学术著作和译著,约 1万多种。该年鉴的出版虽然深受时局的影响,存在众多的缺陷,但保存了大量的原始资料,在出版史和图书馆史上具有一定的影响。

图 9 - 13 《图书年鉴》

除上述字典、词典、百科全书、年鉴编纂出版外,民国江苏的书目索引编纂出版也很有特色。如孙毓修 1922 年编纂的《四部丛刊书录》,比较重视古籍版本的考证。董康编纂的《曲海总目提要》46 卷,1928 年由上海大东书局出版,是元杂剧、明杂剧、明传奇的集大成式提要目录。柳诒徵在 1933 年至 1936 年间主持编纂的《江苏省立国学图书馆图书目录》(正续编),改传统的四部分类为七部,增设"丛部"以收录丛书,增设"图部"以收录地图及图册,增设"志部"以收录地方志书,收书量为当时全国馆藏之首。以及陈乃乾的《四库全书总目提要索引》,中华书局 1926 年出版;杨家骆的《民国以来出版新书总目提要》,中国辞典馆 1936 年印行;等等。

民国江苏工具书的编纂处于历史的转型时期,种类之多、数量之大、质量之高,在当时与国内其他地区相比堪称发达。究其原因有三:一是对西方文化知识的需求;二是新式教育的普及;三是传统社会向现代社会的演进。诚如刘叶秋所说:"自清末以来,由于时代社会的急速变化,一般人对于新知识,都有了相当迫切的要求;从前的《说文解字》派的字典与《尔雅》式的词典,已不能满足大家查阅的需要,其内容的演变和体例的改革,势在必行。这时一方面有清儒对文字训诂之学及古字书研究的成果作为基础;一方面有外国词书的编纂,足供借鉴,使我国字书的演变与改革,具备了必要的条件,于是多种多样的新字典、词典就适应这种现实而产生。"①

第四节　民国学术著作出版概貌

梁启超曾说:"吾国四千余年大梦之唤醒,实自甲午战败割台湾、偿二百兆以后始也。"②甲午战败对中国近代知识分子来说,不仅感到一种亡国灭种的危机以及难于立足世界的耻辱,更是一次对心灵和精神的巨大冲击。严重的政治和社会危机,激发了先进的知识分子对传统学术思想进行反思,传统的学术已无法满足经世致用的要求,在经世思想不断盛行和西学东渐潮流的冲击下,中国知识分子开始以敌为师,敞开胸襟,积极吸纳先进的西方思想、学术精髓,自觉地以西学改造中学,加快学术

① 刘叶秋:《中国字典史略》,北京:中华书局,1983 年,第 22 页。
② 转引自李帆:《古今中西交汇处的近代学说》,北京:北京师范大学出版社,2010 年,第 138 页。

转型步伐,使中国学术开始追步世界。

从 1895 年到五四运动的 20 多年间,由于西方文化的大规模输入,中国传统思想文化逐渐向现代过渡,促使了中国传统学术体系不断消解,并逐步向西方现代学科体系转变。在这个转型期,经历了"四部之学"到"七科之学"的学术分科与蜕变,实际上就是从中国传统学术的文史哲不分的"通人之学"(即把中国传统的以经、史、子、集为代表的"四部之学"),向现代性质的"专门之学"(即西方现代学科体系的理、工、农、医、文、法、商在内的"七科之学")转变。① 中西文化的不断交融与磨合,铸就了中国现代学术的新风貌:一是学术研究的体制化;二是现代学术精神的形成与认同。从而奠定了"以中学为体,西学为用"中国现代学术的基本架构。

"学术著作是为了积累和交流人类从事自然科学和社会科学思维科学实践所获得的知识而创作的具有专门性、理论性和系统性文字(图表)作品。"②由于晚清至民国中国学术处于由传统向现代转型的关键时期,现代学科体系尚未完全建立,各学科之间相互杂糅交错,学术著作的出版很难用统一的标准进行划分,只要具有专门性、理论性和系统性等对现代学术产生深远影响的著作,均可视为学术著作。据《民国时期总书目》统计,1911—1949 年出版的各类中文图书 124 042 种,其中政治、经济、法律、文学理论、语言文字、历史学、地理学、考古学、文化理论、教育学的著作总计为 654 642 种,而 1911 年以前中国古代约 4 000 年出版的古籍总数才 10 万种左右;收入的科技图书 13 663 种,而《四库全书总目》囊括的清乾隆以前的历代科技典籍仅 510 部。③ 可见,这个时期中国现代学术的转型和确立,也带来了我国学术著作出版前所未有的繁荣景象。

民国以前,江苏的出版机构主要以译印西方近代学术著作为主,

---

① 参见左玉河:《从四部之学到七科之学:学术分科与近代知识系统之创建》,上海:上海书店出版社,2004 年,第 2 页。

② 吴江江:《学术著作特征与出版政策研究》,《出版广角》1999 年第 12 期。

③ 参见王余光、吴永贵:《中国出版通史·民国卷》,北京:中国书籍出版社,2008 年,第 432 页、436 页。

国人自著的比重很小。民元以后,各出版机构虽然延续了大量译印西方学术著作的风气,但是国人自著学术著作的出版也有了大幅度进步。南京国民政府建立以前,江苏学术著作的出版主要集中在上海一地,而且大多被商务印书馆、中华书局、大东书局、世界书局等大书局垄断。尤其以商务印书馆的业绩最大,即使是中华书局也难与之相比。中华书局成立初期,将全局工作重心放在《新中华教科书》等的编辑出版方面,欲打破商务印书馆对全国教科书出版的垄断市场,以便在出版业中占有一席之地,无暇顾及学术领域图书的出版。所以,仅出版了华鹏飞的《清史》、李文彬的《美国共和国制大意》和彭世芳的《中华师范心理学教科书》3种著作,及至1919年,中华才陆续出版学术著作80多种,但主要集中在教育、哲学、政治等三大社科领域,自然科学领域几乎为零。而商务印书馆编印自然科学著作的历史久远,早在1898年,商务印书馆就编印过一套名为《科学入门》的用汉文注释的英文教材。20世纪以后,开始有计划地出版各种自然科学著作。教科书中影响较大的有杜亚泉编译的《格致》《物理学》《化学》等,伍光建翻译的《热学》《水学》《气学》等,谢洪赉翻译的《几何学》《代数学》等;丛书中影响较大的有"共学社丛书"中的"科学丛书"(1920年)、中国科学社编辑的"科学丛书"等。①

　　1927年以后,南京成为全国的政治、文化中心,不仅云集了众多全国性的学术团体,而且还拥有全国最高学术科研机构国立中央研究院,以及国立编译馆、中央大学等一批高水平的文化教育机构,为江苏地区的学术著作出版创造了有利条件。其中以中央研究院、中央大学的业绩最为突出。1928年,中央研究院成立后,聘请全国知名专家、学者为研究员、通讯员,广泛联系国内外各研究院和大学,并设出版品国际交换处于上海,出版了许多当时乃至现在仍有影响的学术著作。著名的有李四光的《中国地质学》、黄汲清的《中国南部之二叠纪地层》、秦仁昌的《中国蕨类植物图谱》、胡先骕和陈焕镛的《中国植物图

① 参见徐式谷、陈应年:《商务印书馆对我国科技翻译出版事业的历史贡献》,《中国科技翻译》
　　1998年第1期。

谱》、陈遵妫的《星体图说》、陈垣的《中西史日历》等。国立中央大学1931年创办的钟山书局,出版了大量的高水准的学术著作。其中影响较大的有钱穆的《中国儒家思想》、缪凤林的《中国通史纲要》、柳诒徵的《中国文化史》、竺可桢和胡焕庸合译的《新地学》、张其昀译的《世界地理》、倪尚达的《无线电学》、张树森的《土地测量学》等。国立编译馆从成立到1934年两年多时间里,先后编译出版的图书主要有《经济学原理》《中国财政问题》《美国政府与政治》等近20种,已付印的有《动物学》《近代欧洲政治社会史》《中国近七十年来教育记事》等16种,编译完成在审查中的有《意大利政府与政治》《中国盐务政策》等10多种。①

此外,正中书局、拔提书店等国民党官办出版机构,这个时期出版的丛书中,也包括了一批学术著作。如正中书局出版的"时代丛书",是"有关现代问题,就国内及世界当前的各重要问题,以客观的资料及各家的意见,提要钩玄","使研究某一问题者于短时期得一鸟瞰的印象,并借其导引渐进于本问题的全领域","可供研究现代问题参考"②的一套丛书。抗战前共出版了16种,其中包括《日本产业概论》《日本政治机构》《世界集团经济论》《中国盐政问题》《苏俄之国民经济建设》《通货膨胀之理论与实际》等。拔提书店也出版了诸如《苏联之真相》《印度之研究》《西康沿革考》《建设西北甘青宁三省刍议》等多种有关国际和边疆研究的图书。当然,这些学术著作的出版带有明显的政治倾向和时代特征。

抗战爆发后,江苏境内无论是国统区还是沦陷区,学术著作的出版急剧下降。在汪伪沦陷区,一些"比较严肃的书局不甘堕落,就把眼光集中在销路比较可靠而成本不大的书籍上,首先是中小学教本,其次是不要稿费或版税的旧书翻印,再次是工具书,若有余力,然后才轮到别的新书。战前大量出版的自然科学和社会科学的著作这时几乎绝迹"③。日本投降后,虽然内迁的江苏出版机构陆续复员,但是学术著作的出版一直在低水平徘徊。据调查统计,1946年和1947年全国图书出版的总数

---

① 张宪文、穆纬铭:《江苏民国时期出版史》,南京:江苏人民出版社,1993年,第207页。

② 张静庐辑注:《中国现代出版史料》(乙编),北京:中华书局,1955年,第345页。

③ 张宪文、穆纬铭:《江苏民国时期出版史》,南京:江苏人民出版社,1993年,第311页。

和 1935 年作比较,数量不到从前的一半,而且战后图书出版的种类也发生很大变化,战前占第一位的是社会科学,而战后 1946 年、1947 年占第一位的是文学艺术类;战前 1935 年自然科学为 239 种,战后两年相加起来只有 137 种。[①] 从这个统计数据中也可窥当时江苏学术著作出版之大概了。

民国江苏境内学术著作的出版,是伴随着传统学术的转型和现代学术精神的形成,并伴随着反帝反封建革命浪潮的发展,不断成长和发展的,并形成了诸多的地方特色。

1. 民国以前,江苏出版的学术著作主要依靠翻译西方的出版物,国人自著的很少。民元以后,一些先进的知识分子在借鉴西方学说成果的基础上,通过自己的研究与实践,开始编撰自己的学术著作,积极传播诸如实用主义、人文主义、马克思主义等各种西方新思潮和新学术,以期建构"中学为体,西学为用"的现代学术大厦的基础。这个时期,虽然还有大量的翻译著作,但基本扭转了晚清出版单一依靠翻译西方著作的局面。据《民国时期总书目》统计,这个时期共收录历史学著作 4 685 种,其中除汪伪政权出版的 178 种外,国人编著 3 686 种,翻译(含编译)821 种,国人自著的比例占 78.7%。[②] 由此,也可窥江苏出版国人自著学术著作的大致情况。一些高水平、高质量的自著学术著作的出版,不仅对现代学科体系建设与发展奠定了研究基础,而且也为后世学者的研究指明了方向。

2. 学术著作出版的主导力量由官方出版机构和西方教会出版机构逐渐向民营出版机构过渡。晚清江苏学术著作的出版,主要操纵在江南机器局、墨海书馆、美华书馆等机构手中,虽然诸如商务印书馆等民族资本出版业开始发展,但对学术著作,尤其是科技著作出版的影响微乎其微。辛亥革命以后,以孙中山为首的南京临时政府,把新闻出版自由作为发展中华民国文化的重要国策,为民族资本出版业的发展提供了条件,中华书局、大东书局、世界书局等一批民营出版机构相继创办,与商

① 参见张宪文、穆纬铭:《江苏民国时期出版史》,南京:江苏人民出版社,1993 年,第 418 页。
② 王余光、吴永贵:《中国出版通史·民国卷》,北京:中国书籍出版社,2008 年,第 433 页。

务印书馆等构成了江苏学术著作出版的新生力量和主导力量,担当起中国现代出版业发展的历史重任,完成了学术著作出版的主导力量由过去官方出版机构和西方教会出版机构向民营出版机构的过渡。特别是商务印书馆和中华书局两大民营出版机构,更是民初江苏学术著作出版的中坚。

3. 民国时期,江苏出版的人才结构由封建旧知识分子向新一代知识分子转变,新型知识分子成为学术著作的骨干。以自然科学为例,因受传统封建科举制度的限制,旧知识分子没有受过系统的科学技术教育,因此到晚清,尚未形成一支从事自然科学的专业队伍。而诸如李善兰、徐寿、华蘅芳等当时自然科学的少数精英,也是通过自身的勤奋获得了比较系统的科学知识,为他们从事西方学术著作的翻译奠定了基础。① 民国以后,新型知识分子逐步登上历史舞台,肩负起江苏出版业的重任,涌现出罗振玉、张元济、孙毓修、柳诒徵、舒新城、夏丏尊、杜亚泉、蒋维乔、顾颉刚、柳亚子、王云五、叶圣陶等一批在江苏乃至中国出版史上有影响的出版家。

4. 20世纪20年代胡适曾说过:"这三十年来,有一个名词在国内几乎做到了无上尊严的地位;无论懂与不懂的人,无论守旧和维新的人,都不敢公然对他表示轻视或戏侮的态度。那个名词就是'科学'。"②随着科学作为一种潮流在中国被广泛传播,以及现代学术体系的确立和逐步完善,江苏学术著作出版的范围不断拓展,出版的品种也随之丰富起来,现代意义上的社会科学、人文科学、自然科学和应用科学所涉及领域,几乎都有所涉及。但是,自然科学著作远远落后于人文社科类著作的出版,这是历史的原因,中国的传统文化就是重人伦而轻自然。但是,这个时期江苏学术著作的出版方向表明,传统学科体系已不可逆转地向现代科技体系转化。

20世纪上半叶,各种社会思潮纷纷涌入,中国学术界的动荡起伏,呈现"百家争鸣"恢宏景象。先进知识分子在学术上的诉求,又迫切希望

---

① 参见冯志杰:《中国近代科技出版史研究》,北京:中国三峡出版社,2008年,第122页。
② 胡适:《科学与人生观·序》,《科学与人生观》(上),上海:亚东图书馆,1923年,第2—3页。

传播给社会民众,引起学术界和社会的共鸣与关注,在客观上促进了江苏出版业的发展。学术与出版的交叉融合,使得江苏学术著作的出版一度出现繁荣,一批批高水平、高质量的学术著作的出版,至今仍在不断重印出版、泽被后人。

第十章 抗日根据地与解放区的出版事业

第一节 第二次国内革命战争时期中国共产党领导的出版活动

中国共产党的最早组织是在江苏境内建立的,《共产党宣言》第一个完整的中文译本也是在江苏境内出版发行的,中国共产党领导下的早期出版活动也大多发生在江苏境内。对此,本书第二章已有专文叙述,兹不再赘言。南京国民政府建立后,中国共产党被宣布为非法,党领导的出版活动也被迫转入地下。十年内战时期,中共江苏省委、江苏各地党组织,以及各级团组织和党团组织领导或影响下的革命群众团体,在地处国民党统治中心的南京和江苏各地,先后创办了《前锋》《多数》《理论与实际》等大量的秘密刊物,对广大党团员、革命知识分子和工农群众进行反帝反封建、反对国民党政权的革命宣传教育。据不完全统计,这一时期,中国共产党从中央到地方的各级组织秘密出版发行的报刊约288种,其中上海、江苏和浙江地区53种。中国共产主义青年团各级组织创办的报刊约51种;工人、农民和妇女报刊约42种。另据当时国民党政府的官方统计,1929年全国的"反动刊物"比1928年增加了90%,其中中国共产党的刊物占54%。① 但是,中共所创办或领导的各种刊物,在

---

① 参见钱承军:《建国前中国共产党报刊研究》,北京:中国文联出版社,2009年,第81页。

国民党政府严厉的出版管控之下,存在的时间大多不是很长。其中,级别较高、影响较大的刊物如下。

《前锋》 中共江苏省委机关报,1927年9月创刊于上海,为对外公开宣传的周报,每期印发5 000份。中共江苏省委为加强对该报的管理和审查,曾专门建立"党报委员会",由刘伯坚(时任江苏省委宣传部部长)、邓中夏、王若飞、项英、黄文容等人组成。该报出至第5期于1927年11月停刊。

《江苏省委通讯》 中共江苏省委主办的党内机关刊物,1927年11月在上海创办。该刊系根据中共中央1927年8月21日制定的第4号通告中关于各中国共产党省委均应创办《省委通讯》的指示而创办的。初为油印本,后改为铅印本,不定期。翌年1月更名为《省委通讯》,又改为油印本。至1928年5月出至第12期休刊。1932年2月18、19日又出两期。该刊主要刊登中共江苏省委的有关文件,包括决议案、通告、训令和重要文章,专供各级党组织和党员群众阅读,以引导广大党员为实现中国共产党的路线和方针政策而奋斗。

《江左农民》 1927年11月20日创刊,中共江苏省委农民运动委员会机关刊物。该刊《发刊词》中说:"本报是江北农民的喉舌,革命消息的传播人,指示农民卷入革命大道的领导者,希望本报的革命使命可以尽了,预祝农民革命的胜利完全达到!"[1]创刊号上刊载了《江南农民暴动纪实》,比较详细地报道了江南各地的农民武装起义,有力地配合了当时的革命运动。

《上海报》 中共中央宣传部和江苏省委共同的机关报,1928年3月创刊于上海,初名《白话日报》,1929年4月17日公开发行,同年5月15日改为本名。(图10-1)主编李求实,编辑人员有谢觉哉、李炳忠、陈为人等。它在《一封公开的信——请求大众援助本报》一文中说明其办报方针:"本报是上海唯一的替大众说话的报纸,不是属于少数编辑同人甚至某一团体所有的,而是全国——特别是上海被压迫的一般群众所

---

① 转引自张宪文、穆纬铭:《江苏民国时期出版史》,南京:江苏人民出版社,1993年,第211页。

有。本报是上海工人阶级的工具……"①该报为避免租界巡捕房和国民党当局的迫害,曾用《天声》《沪江日报》《晨光》《海上日报》的化名伪装出版。设有《社论》《短评》《消息》《通讯》《诗歌》《故事》《杂谈小品》等栏目,并配以漫画插图,图文并茂,活泼生动,从形式到内容都适合劳动群众阅读。曾在 1929 年五卅纪念日那天创下了 5 小时销售 8 000 份的记录。另外,该报副刊《海上俱乐部》(谢觉哉主编)也办得很红火,社会反响较大。由于受国民党当局多方迫害,《上海报》于 1930 年 8 月出至 385 期停刊。

图 10-1 《上海报》

《多数》 月刊,铅印,18 开,64 页,创办于 1928 年 9 月 10 日,中共江苏省委主办的对外宣传刊物。其创刊号上发表了江苏省委撰写的《追悼和纪念我们死难的同志》一文,指出:"江苏的革命大潮始终在血腥中向前发展","去年以前牺牲了陈延年、赵世炎、汪寿华、杨培生、郭伯和、王炎夏、张佐臣、陶静轩、侯绍裘等同志……今年又牺牲了罗亦农、陈乔年、许白昊、郑复他、张宝泉等很多同志。"文章最后庄严号召:"我们未死者,只有踏着死难同志的血迹前进,完成他们的未竟之志。"②该刊在同一期登载的《中国共产党江苏省执行委员会为"九·七"纪念宣言》中,强调指出:"中华民族必须打倒帝国主义,方能得到解放。同时,欲彻底消

---

① 转引自钱承军:《建国前中国共产党报刊研究》,北京:中国文联出版社,2009 年,第 84 页。
② 转引自钱承军:《建国前中国共产党报刊研究》,北京:中国文联出版社,2009 年,第 108 页。

灭帝国主义在华势力,亦必须先打倒帝国主义的新工具——国民党和豪绅资产阶级。换言之,江苏工农兵及一切城市贫民的苦痛只有在工农兵苏维埃政权之下,才能得到彻底的解放。"[1]该刊出至 1928 年 11 月第 3 期停刊。

《红旗日报》 铅印,对开 1 张,后改为 4 开或 16 开,1930 年 8 月 15 日创刊,由《红旗》和《上海报》合并而成。(图 10－2)初为中国共产党中央委员会机关报,1931 年 2 月 14 日起改为中共中央和江苏省委机关报。李求实主编。其发刊词《我们的任务》一文中,最早明确提出了"报纸是一种阶级斗争的工具"的重要观点,这对后来中国共产党报刊的影响极其深远。[2] 该报设有《苏维埃区域来信》《莫斯科通信》《欧洲通讯》《红旗俱乐部》《短斧头》等栏目。除报道国内外重要消息外,还刊登中共中央的宣言、决议、通告、会议消息以及中共中央领导人的文章,并详细刊发中国工农红军的发展状况以及工农群众罢工、暴动、起义的消息。《红旗日

图 10－2 《红旗日报》

报》曾发行到 1.2 万多份,社会影响很大,因而招致国民党和租界当局严厉的查禁和迫害,发行员先后被捕数十人,印刷厂多次被封。当时上海只要有一份《红旗日报》在某路某里某号发现,巡捕警察立即跟踪而至,捕风捉影,对一般民众施行残暴的搜查和迫害。1931 年 3 月 8 日终刊,共出 182 期。

---

① 转引自钱承军:《建国前中国共产党报刊研究》,北京:中国文联出版社,2009 年,第 108 页。
② 参见钱承军:《建国前中国共产党报刊研究》,北京:中国文联出版社,2009 年,第 85 页。

《理论与实际》 3 日刊,后改为 5 日刊,油印本,1931 年 9 月创刊,中共江苏省委宣传部主办的党内宣传教育性刊物。其宗旨是"帮助党内深入国际路线在实际工作中的转变,讨论工作的策略与方法及支部工作的方式、方法,求得新的经验和积累,揭发党内机会主义倾向的斗争,发动自我批评运动"①。该刊出至第 5 期终刊。

《列宁生活》 不定期,油印本,8 开或 32 开,1932 年 1 月创刊,中共江苏省委党内刊物。该刊主要任务是:根据党的正确路线,随时对各种事变、实际工作和理论问题,加以分析评论,帮助党内同志了解这些事变的意义和教训,为实现党的路线而斗争。刊物自第 13 期起开始在目录旁注记"中国共产党江苏省委编印""江苏省委出版"等字样。自第 18 期起使用伪装刊名。如第 18 期为《函授国语讲义》上、下册,第 19 期为上海市立比德小学校读本《春天的快乐》,第 21—22 期为世界语学校函授部讲义《发音指南》,第 27 期为上海针灸学社《针灸医报》等。1934 年 10 月终刊,共出 36 期。在中共江苏省委创办的各种党刊中,《列宁生活》是办得时间最长,出版期数最多的刊物。

《真话报》 2 日刊,4 开 4 版,铅印,1932 年创刊,中共江苏省委机关刊物。同年 10 月 1 日起,改为 8 开 4 版,遇有特刊时则增加篇幅。潘梓年主编。该刊物以宣传中共中央的政治主张为主要内容,刊登中共中央和江苏省委负责人的讲话及文章,报道苏区红军进行反"围剿"斗争和北上抗日的消息。1933 年 1 月停刊,后改油印一度复刊又停刊。1935 年 5 月 2 日再次复刊。1935 年 7 月 28 日终刊。

《少年真理报》 不定期,油印,8 开 2 版或 4 版,1932 年 10 月 3 日创刊,中国共产主义青年团江苏省委机关刊物。李华生等人负责编辑。刊物创办伊始就集中力量动员青年反对国民党的政策,组织青年投身于中国共产党领导的抗日救亡运动。其《通讯员通讯纲领》规定报道内容为:"一、全省或县、市、乡、村的政治、经济、失业、群众运动、生活一般情况。二、一切斗争消息——斗争原因、经过、群众表现、时间、地址、一切详情。三、一切斗争经验——斗争的方式、成败的原因和教训。四、民

---

① 转引自张宪文、穆纬铭:《江苏民国时期出版史》,南京:江苏人民出版社,1993 年,第 210 页。

众被压迫的生活——失业状况、地方的苛捐杂税、拉夫、妇女被压迫。工人方面的减薪、关厂、开除、减工、延长时间、惩罚、鞭打、辱骂。农民方面的失耕、歉收、灾害、受地主军阀土豪劣绅蹂躏的情形。兵士方面的扣饷、辱骂、鞭打、枪决、官长欺压民众的情况。学徒方面的工作时间和范围、食用情况、老板和师傅的虐待。学生方面的除名、禁止课外活动、法西斯的压迫、反对饭桶教员、学校当局的腐败、学生的倾向和活动种种情形。"[1]1934年初，该刊改名为《冬季冲锋》，同年4月10日恢复原名，1936年10月停刊。后改出《民族前卫报》，共出130多期。

此外，中共江苏的各市委、特委、县委及各地革命群众团体也先后创版了众多的革命宣传刊物，启发工农群众的觉悟，揭露国民党的黑暗统治，开展抗日救亡的宣传活动。其中，南京地区主要有：1927年12月，共青团南京市委创办的《火炉》；1932年1月，中共南京市委宣传部创办的对外宣传刊物《杠杆》；1933年秋，中共南京市委领导的南京市读书会主办的《新民报》副刊《时代认识》；1936年春，南京妇女救国会主办的《新民报》副刊《新妇女》；1936年8月，南京秘密学联（学生救国会）创办了机关刊物《南京学生》，并出版了《时事分析》《科学生活》《文艺生活》《生活文学》等刊物。

苏南地区主要有：1927年10月，中共苏州县委创办了机关刊物《每日新闻》；1927年10月，吴县教育会创办了秘密刊物《吴县教育战线》；1930年冬，中共无锡地下党员陈凤威等，创办了《国民导报》副刊《曙光》文艺周刊；1931年冬，中共苏州县委创办了宣传抗日救亡刊物《激流》。中共苏州市委、县委还先后出版了《苏州工人》《日常生活》《走石》《少年先锋》等对外宣传刊物及《苏州少年通讯》《苏州县委通讯》等对内教育刊物。

苏中地区主要有：1928年10月，中共启东地下党员赵光明等，创办了抨击社会黑暗的刊物《暴露》；1932年2月，省立扬州中学高中部创办了宣传抗日的《民锋周刊》《新世纪周刊》；1932年秋，中共高邮地下党员徐平羽创办了《劲草》周刊，抨击国民党的黑暗统治；1935年下半年，如皋进步文艺团体春泥社先后出版了传播革命思想的《春泥》和《谷雨》等刊物。

---

[1] 转引自钱承军：《建国前中国共产党报刊研究》，北京：中国文联出版社，2009年，第142页。

在苏北地区,1931 年,中共徐州特委创办了机关刊物《老实话》。该刊由戴云山主编,主要是向农民群众宣传共产主义思想,报道苏区红军胜利和群众斗争的消息,启发农民的政治觉悟,反对统治阶级的压迫和剥削。1936 年春,徐州进步团体成人读书会创办了《徐报》副刊《读书半月刊》,宣传抗日救国思想。中共淮阴特委也创办了对外宣传刊物《东方红》《萤火》等。这些刊物的出版,对推动江苏各地的革命形势、扩大革命影响、提高工农群众的觉悟起到了积极的作用。

第二节 抗日根据地的出版事业

"根据不完全的统计,江苏各解放区先后出版报纸 215 种,其中抗日战争时期创刊的 137 种,解放战争时期创刊的 78 种(差不多每个县均有报纸);出版的杂志、丛刊 282 种,其中抗日战争时期创刊的 231 种,解放战争中创刊的 51 种;出版各类图书 576 种。""在 282 种杂志丛刊中,各级党委、部队、政府和人民团体的机关刊物 98 种(其中党内刊物 16 种),文化教育类刊物 21 种,文学艺术类 94 种(其中画报、画刊 31 种,音乐、歌曲、诗歌、戏剧 15 种),科技知识类 5 种(包括医药卫生刊物 3 种),工、农、青、妇、少儿刊物 32 种,经济(商情)1 种,其他 31 种。""在 576 种图书中,大体分类如下:马列主义经典著作 4 种,毛泽东著作(包括各地区各版本)60 种,哲学、修养、人生观类 14 种,政治 126 种(其中党的建设方面 26 种),军事 30 种,经济 3 种,一般社会科学 3 种,文化、教育、宣传类 145 种(其中各地区各类学校课本约 120 种),文学艺术类(包括小说、散文、诗歌、剧本、美术、木刻、画册等)128 种,自然科学 7 种,历史、地理、烈士纪念册等 18 种,各类图片(领袖像、宣传画、非军用地图等)12种,其他 26 种。"①由此,可窥抗战时期和解放战争江苏根据地中国共产党领导的出版事业之大概。

---

① 张山明:《江苏解放区出版工作述略》,《江苏出版史(民国时期)学术讨论会文集》,南京:江苏人民出版社,1991 年,第 164 页。

1938 年 5 月，陈毅率新四军第一支队，根据中共中央坚持敌后抗战的指示挥师东进，创建了以茅山为中心的苏南抗日根据地，并相继创刊出版了一系列旨在宣传中国共产党政策，报道抗战信息的报纸杂志。1939 年初，新四军第二支队政治部在茅山创办《火线报》，开苏南敌后根据地报刊出版之先河。其后，苏南中共东路特委机关刊物《江南》半月刊和机关报《大众报》，太滆中心县委创办的《突击报》《前驱报》《太湖报》《抗战报》《长报》《太滆青年报》《太滆青年》半月刊，中共京（宁）沪路北特委创办的《前进报》《前进电讯》《前进画刊》《支部生活》杂志、《民众报》《茅山通讯》等，中共苏南区党委宣传部创办的《青年团结》《青抗》《江南党刊》《苏南报》《整风》半月刊，中共路东特委创办的《东进报》（地方版），"江南抗日义勇军"政治部创办的《东进报》（部队版），以及苏浙区党委创办的《苏浙日报》等相继创刊。

1940 年 7 月，新四军渡江北上开创了苏中抗日根据地，为反对日伪的奴化政策，宣传中国共产党的抗日主张，先后创办了一批报纸杂志。如新四军一师政治部创办的铅印《抗敌》杂志（内部综合性刊物）、《抗敌周报》《日本反战同盟报》，新四军一师一旅政治部主办的油印《斗争生活》（内部综合性刊物），新四军一师二旅政治部创办的《斗争报》《斗争丛刊》（后更名为《斗争杂志》），新四军一师三旅和苏中二分区新七旅创办的《战士报》《先进报》《先进杂志》《战旗报》等。此外，苏中区党委创办了《抗敌报》《中国与世界》《苏中画报》《苏中报》《民运通讯》（不定期，32 开本），苏中一分区创办了《前哨报》《人民报》，苏中二分区创办了《滨海报》《群众报》《东泰半月刊》，苏中三分区创办的《江潮报》《江潮大众》《江潮丛刊》，苏中四分区创办的《东南晨报》《红星》（党内干部读物）等。与此同时，苏中区的一些县委也创办了一批油印刊物，如东台（北）县委主办的《北星半月刊》《东台快报》，泰东县委主办的《泰东人民》，如西县委主办的《如西快报》，兴化县委主办的《大众新闻》，泰州县委主办的《红旗》，启东县委主办的《启东导报》，以及"联抗"主办的《联抗报》等。

1940 年 10 月，黄桥战役后，新四军北上部队与南下的八路军第五纵队在东台会师，共同开创了苏北抗日根据地。皖南事变后，中共中央军委决定在盐城重建新四军军部。1941年5月，中共中央中原局和东南局合并，在盐城成立了中共中央华中局。1940年12月2日，中共中央机关报《江淮日报》在盐城创刊，中原局书记刘少奇兼任社长，陈毅拟定发刊词。翌年1月，中共中央华中局宣传部创办了党内刊物《真理》。1942年9月，新四军司令部创办了32开本、铅印内部刊物《军事建设》，陈毅亲自书写报头。其后，还创办了不定期刊物《敌工通讯》、党内刊物《共产党人》、《时论丛刊》、《建军》季刊，主办了通俗读物《战士报》《工作与学习》等。此外，新四军三师政治部于1941年秋创办了《先锋报》《先锋画报》和《先锋杂志》，三师政治部鲁艺工作团1942年10月创办了32开本铅印《先锋文艺》，三师七旅政治部创办了《前线报》、内部综合性刊物《前锋半月刊》、不定期的《前线丛刊》，三师八旅政治部创办了《战斗报》、铅印的内部综合性刊物《战斗半月刊》，三师九旅政治部创办了《奋斗报》，三师十旅政治部创办了《战旗报》。淮海军分区政治部创办了油印32开本《战旗》月刊，苏北军分区政治部创办了不定期刊物《苏北通讯》等。苏北抗日根据地地方党政机关创办的报刊杂志还有，1940年9月淮海区党委创办的机关报《人民报》（翌年5月更名为《淮海报》，1945年8月改称《苏北报（淮海版）》），1942年盐阜区党委创办的机关刊物《盐阜报》以及《江淮杂志》《江淮文化》《苏北记者》《实践》《抗大校刊》《抗敌文艺》《老百姓》《盐阜大众》《淮海大众》等。

　　1938年10月，彭雪峰率新四军游击支队从河南竹沟东进，经过两年的敌后游击战，开辟了豫皖苏边区根据地。同时，中共苏鲁豫皖特委在八路军南进支队和新四军第六支队的配合下，创建了皖东北游击根据地。1941年8月，中共领导的淮北苏皖边区政府成立。其间，1938年秋，新四军游击支队政治部在彭雪峰的倡导和组织下，创办了《拂晓报》，并开启了"拂晓时代"。《拂晓报》的创办，推动了淮北地区报刊的创办。《拂晓报》社从1939年10月开始陆续创办了《拂晓增刊》《拂晓丛刊》《拂晓汇刊》《拂晓画报》《拂晓电讯》《拂晓》《拂晓副刊》《拂晓文化》《拂晓专刊》等拂晓系列报刊。为推动根据地群众性办报运动的开展，《拂晓报》社还举办了"报人训练班"，为地方培养新闻出版方面的人才。如《群众导报》《永光报》《宿凤报》《淮上导报》《聂声报》《抗大生活》《奋斗报》《前锋报》《创造报》《团结报》和《新淮报》等报刊,就是直接或间接受到《拂晓报》社的支持和影响而创办的,是'《拂晓报》的先锋模范作用推动起来的'。"①1940 年 3 月,淮北苏皖区党委成立,创办了机关刊物《人民报》。该报前身为皖东北地区地下党杨纯、江上青等人 1939 初创办的《皖东北日报》。同时,《人民报》社还出版了《人民通讯》《人民画报》《通俗研究》等。此外,淮北苏皖边区出版的《大众半月刊》《政府工作》和《政府工作通讯》等在当时也有一定的影响。

这个时期,江苏抗日根据地出版的 137 种报纸和 231 种杂志、丛刊中,具有较大影响的有《江南》半月刊、《江淮日报》、《真理》、《拂晓报》等。

《江南》半月刊,中共江南特委(后改为苏南路东特委)的机关刊物,1939 年 5 月 16 日以无锡各界抗日联合会宣传部的名义出版。张英负责,惠永昌、傅学群等负责编辑、刻印等工作。同年 7 月初,《江南》改由以苏州、无锡各界抗日联合会宣传部的名义出版。秦国维主编,王赓唐、李蒲军等编辑,周汶、刘宗炎等负责刻印、发行等工作。10 月,因环境恶劣被迫休刊。1940 年 3 月,《江南》在常熟复刊。同年 4 月,根据中共江苏省委指示,中共江南特委改为苏南特委,同时决定成立江南社,统一编辑、出版、发行特委机关刊物《江南》和《大众报》。江南社成立不久即着手创办了铅印厂,《江南》也由油印改为铅印,其印刷数量也增至为每期 1 200 多份,最多时竟达 4 000 份左右,发行范围遍及苏南东路地区各县区城镇乡村,影响甚大。刊物登载的内容主要有:有关国内外大事和东路地区抗战形势的社论、专论和时事分析等,工作总结、工作报告、经验交流、问题探讨、中共文件、中共领导人和一些著名理论工作者的文章。此外,每期辟有文艺专栏,刊登形式多样、文风朴实、具有时代气息的报告文学、随笔、杂文、诗歌、剧本、木刻等作品。1941 年 4 月,《江南》半月刊被迫停刊,共出版了 35 期。

《江淮日报》 1940 年 12 月 2 日在苏北抗日根据地盐城创办,初为 4 开 2 版,后改出对开 4 版,中共中央中原局机关刊物(1941 年 5 月 20 日,中共中央中原局和东南局合并成华中局,遂成为华中局机关刊物),

① 张宪文、穆纬铭:《江苏民国时期出版史》,南京:江苏人民出版社,1993 年,第 349 页。

图 10-3 《江淮日报》

是苏北根据地的第一张日报。（图10-3）社长由中共中央中原局书记刘少奇兼任，副社长兼总编辑王阑西，副总编辑刘述周，经理胡扬。刊物在宣传抗日民主，反映苏北根据地的军事、政治、经济、教育、支前拥军、救灾赈济、惩治汉奸和安定地方秩序等方面，都作了大量的宣传报道，发挥了党报的组织作用。特别是对皖南事变的详细报道，及时揭露了国民党顽固派的反共阴谋。对于推动江淮河汉地区抗日战争胜利发展，作出了不可磨灭的贡献。该报最初发行4 000份。后增至1.5万份。除华中根据地外，还秘密发行至日伪占领区。1941年7月22日，因办报环境困难，被迫停刊。其间，《江淮日报》还创办了副刊《江淮》《新诗歌》《教育周刊》《大众科学》《大众卫生》等，熔思想性、知识性、趣味性于一炉。

《真理》 不定期，铅印32开，中共中央华中局宣传部1941年创办的党内刊物。华中局宣传部在《真理》杂志第一期刊首语中指出："凡是党员均应细心阅读《真理》，各级党委须组织研究会指导党员研究《真理》，并须编拟通俗的提纲以教育政治文化水平低的党员。"[1]其刊载文章的内容主要有：关于党的政策的解说和宣传，关于党的建设、党的实际工作的经验总结，学习中的心得体会，问题讨论，党员中足以为模范或借鉴的行为介绍。该刊为各根据地编印党内刊物提供了办刊经验。诸如1941年创办的《盐阜党刊》、1942年淮海区党委创办的《淮海斗争》、1943年苏南区党委创办的《江南党刊》、1944年苏北区党委创办的《苏北党刊》及淮北区党委创办的《党内通讯》等都直接受其影响。《真理》共出版了20期。期间，《真理》杂志社还陆续出版了《真理小丛书》，供广大干部

---

① 转引自张宪文、穆纬铭：《江苏民国时期出版史》，南京：江苏人民出版社，1993年，第346页。

群众阅读。

《拂晓报》 4开4版油印,初为不定期,后改为三日刊。1938年9月30日,新四军游击队创刊于河南确山县竹沟镇。(图10-4)四师师长彭雪峰为该报的创始人和领导人。主要编辑人员有阿乐、单斐、易和、庄方、陈阵等。1939年12月以后,曾先后有新四军第六支队、八路军第四纵队和新四军第四师政治部主办。创刊时印制质量较差,从第28期起始用新闻纸和油印机印刷。凡重要文章,用不同颜色套印,版面图文并茂,美观大方。内容除新闻报道外,还定期刊登一些指导性的社论和文章,并开辟了《国际版》《国内版》《我们的生活版》等。1939年12月,该报出版了4开12版的百期纪念专刊,刊载了毛泽东、刘少奇、王稼祥、张闻天、左权等人的题词。其发行范围也很广泛,从第300期开始,已发行至延安、重庆、西安、阜阳以及华北等地,还几经辗转流传到纽约、莫斯科及南洋等地。1942年元旦,《拂晓报》和中共淮北区党委机关报《人民报》合并,成为中共淮北区党委的机关报。后因日伪大"扫荡"曾一度停刊,代之以《反扫荡快报》,不定期出版。同年5月复刊。1943年3月,《拂晓报》社建立了铅印厂,开始铅印出版。由此,该报的印刷、发行等都达到了一定的水平,报纸的语言也更加大众化,形式也日趋多样化。1945年春,该报分出路西版。1946年夏,《拂晓报》路西版更名为《雪峰报》。诚如上文所说,《拂晓报》的创办,推动了淮北地区报刊的创办,迎来了江苏根据地办刊的"拂晓时代"。

图10-4 《拂晓报》

江苏抗日根据地出版的刊物数量众多,门类齐全,具有鲜明的政治性、党性、战斗性和群众性,而且重视口语化、大众化和通俗化,基本做到了雅俗共赏。但是,由于恶劣环境的影响,物质资料的匮乏,一些刊物出了一两期就停刊了,有的刊物经常出合订本,造成油印刊物居多,不定期刊物居多。同时由于日伪对根据地的"清乡""扫荡"和封锁,出版印刷机构时常处于流动分散状态,往往造成刊物不能按时正常出版。总体上看,不定期的油印、石印刊物在江苏抗日根据地报刊出版总量上占了很大比例。

中共中央华中局成立后,十分重视根据地的图书出版工作,在华中局宣传部下设立了出版科,各根据地党委宣传部下也设立了出版科,负责领导、组织本地区的图书出版、印刷和发行工作。在艰苦的战争环境中,根据地由于时常处于不稳定状态,所设立的出版机构也随着形势的变化而变化,存在的时间一般都较短。根据地的很多图书大多是由报社、杂志社、书店、地方各级党委宣传部门、群众团体、部队政治部门根据自身的条件,因陋就简进行编辑出版的,如战地文化服务社、苏北出版社、东海文化服务社、苏北文化服务社、大众书店、江淮出版社、江南书店等。其中,以江南社、江淮出版社、盐阜出版社、苏南出版社、江淮文化出版社最具影响。

1940年3月,《江南》在常熟复刊。5月,中共苏南特委决定成立江南社,统一从事出版工作。特委宣传部部长刘平若(时名冯二郎)兼任社长,傅学群为副社长,负责出版发行工作。成立初,设编辑部和油印处。11月,正式设置编辑、出版、发行三部,吴以常任出版部主任,同时积极筹建印刷厂。除铅印《江南》半月刊和《大众报》外,该社还编印政府公告、抗战传单、财税票据、文件通知等。当时编辑出版的图书有《政治工作纲领》、《战地戏剧丛刊》、《宪政丛书》第1集《宪政正反辩》、《江南丛书》第7集《反汪》等,翻印了毛泽东的《新民主主义论》,刘少奇的《论共产党员的修养》,陈云的《怎样做一个共产党员》,高山的《关于自卫队和自卫队训练》,冼星海的《江南歌声》第1集,顾复生的《关于民运工作》等一批具有较高质量和价值的政治理论图书和文艺作品。此外,还承印了苏常太地区小学教材和各种训练班的学习材料。广大群众称该社为"一支敌后的文化舰队"①。1941年7月,日伪对苏常太地区进行"清乡",江

---

① 江苏省地方志编纂委员会:《江苏省志·出版志》,南京:江苏人民出版社,1996年,第34页。

南社奉命撤销,大部分人员分批撤往江北。

　　成立于1941年上半年的江淮出版社,与《江淮日报》社密不可分。开始由江淮日报社副社长王阑西兼任社长,后由姜君辰任社长,王益为副社长。该社在中共中央华中局和新四军军部的支持下,先后编辑出版了陈毅的《目前苏北应该做些什么》,刘少奇的《苏北摩擦真相》《苏北目前的形势与任务》《农救会工作经验》等,以及《木刻选集》《中共中央挽救时局危机十二条办法图解》等。该社还翻印了《论共产党》、《中国革命文献》、《共产党宣言》、《论持久战》、《论待人接物问题》、《论青年修养》、《反对自由主义》(毛泽东小文选)、《新民主主义论》、《中国革命问题》、《我们的出路》等数量可观的政治理论书籍。江淮出版社后由于日伪的大规模"扫荡"被迫分解,一部分工作人员随华中局和新四军军部转移到淮南根据地,一部分人员则留下组建了规模较小的盐阜出版社和苏北出版社。1943年,盐阜出版社编辑出版了"大众戏剧丛书"。苏北出版社曾编辑出版了李一氓创作的平剧《九宫山》等。(图10-5)

图10-5　江淮出版社版权页

　　苏南出版社是1944年10月由中共苏皖区党委决定创办的,主要负责苏皖区党委管辖地区各种进步书刊的出版工作。苏皖区党委宣传部部长欧阳惠林兼任社长和总编辑,储非白任副社长,谷力虹任副总编辑。该社下设编辑部、发行部、印刷所和通联科,并配备了电台,共有工作人员 21 人。苏南出版社除兼编《苏南报》（后更名为《苏浙日报》）、《江潮杂志》月刊外，还编辑出版了《国共谈判与中国民主问题》《苏南施政纲领》《敌后抗日根据地介绍》《新民主主义论》《论联合政府》《论合作社》《纪念孙中山批评蒋介石》《组织起来》《论解放区战场》《怎样做一个共产党员》《论新民主主义教育》及《团结丛书》等几十种革命书刊。苏南出版社及印刷所的规模和书刊出版的品种数量，仅次于江南社及其印刷厂，在苏南各根据地位居第二。

1945 年 11 月，华中军区在淮安成立，军区决定在政治部宣传部建立出版发行科，对外称江淮文化出版社。科长兼经理为李波人，下设编辑科和营业科。该社成立后，以新四军四师政治部印刷厂为基础，合并了邳睢铜地区的《团结报》石印厂，于 1946 年成立江淮印刷厂。同年 5 月初，苏中军区政治部印刷厂也合并到江淮印刷厂。江淮文化出版社先后出版了胡考主编的《江淮画报》月刊，《江淮文化》创刊号（华中宣教大会专号），以及华中军区政治部编辑的《七大文献》等。1946 年 11 月，由于国民党军队进攻解放区，该社撤出淮安向山东转移，旋即撤销。

此外，江苏根据地其他部门的出版活动也很活跃。1941 年 4 月 17 日，苏北文协代表大会通过的"工作纲领"中就提出了"编辑各种新文化丛书"的任务。同年 6 月 5 日，盐城县第一届参议会第二次全体会议作出了"编印大众读物"的决议。11 月，苏北救亡协会召开了专门会议，讨论《俱乐部丛书》的编辑事宜。《真理》杂志社编辑出版了《真理小丛书》。《盐阜大众》社 1945 年 5 月编辑出版了《生产故事集》《民兵故事集》《诗歌集》等小册子。新四军三师政治部编印了《党的文艺政策》《苏联军事宣传和我们的军事宣传》，三师八旅政治部编印了《新年文娱》。苏北木刻协会编印了《木刻漫画选集》等。《拂晓报》和《人民报》社编印了《自卫队补充教材》《苏德战争汇报》《淮北公署施政纲领》《新民主主义论》《四十天群众工作总结》等。《大众半月刊》社出版了《大众小丛书》等。可以说，江苏抗日根据地的图书出版活动不受条件和部门限制，具有广泛的群众性和针对性，在宣传中共中央和华中局的各项政策中，提高根据地军民的思想觉悟方面，发挥了重要作用。

第三节　抗日根据地的发行及印刷业

《江南》第 2 卷第 9 期曾刊载了《什么是发行工作》一文，强调发行工作"应当是宣传教育的先锋，是组织工作的有力助手，是一切革命工作的尖兵前哨"。《大众报》1940 年 12 月 28 日刊登的《关于发行工作》中认为，"谁忽视发行工作，谁就不是一个最好的抗日工作者"①。有鉴于此，江苏各根据地的党政领导都很重视书刊的发行工作，并创造条件建立自己的书刊发行网络。各根据地党委在宣传部下设立出版科，领导组织本地区的出版发行工作。各报社、杂志社、出版社也成立专门的发行组织，从事本部门的书刊发行，并与其他部门的发行机构建立横向联系，保证所印书刊能及时送到读者手中。

江苏抗日根据地创建初期，由于发行机构和独立的发行组织没有建立和健全，出版物一般交给各党政军主管机关的收发室，按照百分比层层下发，极易造成出版物的滞留和散失。各根据地政权巩固后，各出版机构在地方政府和新四军宣传政治部门的协助下，纷纷建立起自己的发行网络。当时建立发行网络的方法，首先是进行读者调查登记，得出确定的数目，然后由发行机关分别包扎投递；其次是改善投递办法，打破行政系统的限制，分干线、支线建立发行站，同时建立交通总站联络组织发行工作。发行网络建立的重心一般放在学校、部队、农村和工厂中。但由于书刊读者对象的不同，各根据地的发行方法和发行网络也有所不同。如《江南》社在苏南东路地区各县设立了办事处，办事处以下设立发行站及分站、支站，同时发动少年抗日先锋队利用早市义务销售书刊，并成立江南书店专门发行革命书刊。《大众半月刊》社的发行工作，主要是依靠苏皖边区的学校、教育机关、群众团体、集镇商店货摊，以及该社的分销处等。通过这种途径该刊 1 至 7 期共发行了 1.35 万册。此外，《苏南报》社和苏南出版社还制定出书刊发行的具体实施办法。1944 年 10 月 19 日的《苏南报》曾载文指出：(1) 订阅本报起码以一个月计算，由于

① 转引自张宪文、穆纬铭：《江苏民国时期出版史》，南京：江苏人民出版社，1993 年，第 369 页。

印刷材料上涨,暂以连续订阅三个月为限,报费于订阅时一次付清;(2) 本社委托经营本报之分销处,凡推销不满 50 份者,以九折计算收费;50 份至 100 份者,八五折收费;100 份以上,八折收费;(3) 四分区各分销处,应于每月底直接向本社营业部结账;三分区各分销处应于每月向各该地县政府结账,不得拖欠;各县应交书款,由本社向行政公署财政处汇报于各县经费中扣除;(4) 各分销处所需报纸数目应于每月底前报告本社,以便决定下月份印报数量;(5) 各分销处应接受当地县、区政府监督领导;(6) 凡苏南出版社印行之书刊,其推销办法与《苏南报》相同。① 当然,由于战争环境的影响,江苏根据地的书刊发行网络并不稳定,书刊出版的时断时续也影响了发行网络的正常运行。

江苏抗日根据地发行网络初创时期,还成立了一些专门发行革命书刊的书店。其中,较有影响的有 1938 年年底成立的苏北文化服务社。该社主要任务是从上海购进进步书刊到苏北发行,同时也销售根据地出版的书刊,以此来宣传革命理论,传播革命思想,宣传中国共产党抗日救国主张,进行反奴化的斗争。服务社采用的服务方法是指定路线,流动服务。同时,为了满足苏北进步群众的购书需求,还设立了合法的晓塘书店,暗中销售革命书刊。1940 年 10 月,苏北抗日根据地创立。在中共上海地下党组织的推动下,新知、生活、读书三家进步书店联合起来,在盐城成立了大众书店,并先后在黄桥、海安、东台等地开设了分店。皖南事变后,盐城成为华中抗日根据地的政治、文化中心,大众书店的主要任务即是从"孤岛"上海秘密运送苏北新四军急需的政治、军事、哲学读物和出售根据地出版的书刊。1942 年夏,由于日伪的大"扫荡",苏北文化服务社和苏北大众书店被迫停止工作。

1942 年初成立的苏中大众书店,经销的书刊主要是马克思、恩格斯、列宁、斯大林、毛泽东等人的著作及抗战读物、文艺书籍和根据地出版的书刊。书店的工作人员主要是来自重庆、桂林、长沙等地生活书店和上海地下党输送来的进步青年。1942 年年底苏中大众书店在汪海粟

---

① 参见张宪文、穆纬铭:《江苏民国时期出版史》,南京:江苏人民出版社,1993 年,第 373—374 页。

的领导下,筹建了大众书店印刷厂。印刷厂建立后排印发行的第一部图书为通俗教育课本《万事通》。苏中大众书店在简陋的印刷条件下,印行了大量的小学课本、扫盲课本,发行了如《左派幼稚病》(列宁著)、《新人生观》(俞铭璜著)等数量可观的革命理论书籍。1945年8月,苏中大众书店迁至如皋县城,为纪念生活书店创始人邹韬奋,遂更名为韬奋书店。此外,1941年3月苏南东路特委设立的江南书店,1943年春泗沭县创办的桃源书店(1944年春更名为"泗沭桃源书报合作社",1945年秋恢复原名)等,在极为复杂的战争环境下,通过各种斗争方式,使根据地出版的书刊和从沦陷区运进的革命书刊在根据地内广泛传播。

毛泽东在1940年12月25日为中共中央起草的对党内的指示的《论政策》一文中指出:"每个根据地都要建立印刷厂,出版书报,组织发行和运输机关。"中共中央1940年9月10日《关于发展文化运动的指示》强调:"要把一个印刷厂的建设,看得比建设一万几万军队还重要","要把运输精神粮食看得比运输被服、弹药还重要。"[①]江苏抗日根据地的印刷业源于革命报刊的创办和抗日宣传品的印刷活动,从无到有,从小到大,从油印、石印发展到铅字印刷。在印刷数量和品种上,也有初创时期印制批量较少的油印小报逐渐发展到印刷各种书刊、文件、宣传传单(画)、军用地图、纸币等。但是,各印刷机构一般隶属于所在地党政军机关的政治宣传部门下设的出版机构和报刊社,没有垂直独立的领导机构。

苏南抗日根据地境内河网密布,湖荡众多,其印刷机构大多建在木船上,便于隐蔽和在恶劣环境下流动生产。当时苏南根据地先后创办了《江南》《东进报》《苏南报》等报社印刷厂和苏浙军区政治部印刷厂、江南印钞厂、太滆县委印刷所、茅山地委印刷所。1940年7月,《江南》社为了增加印刷数量,提高印刷质量,扩大《江南》半月刊和《大众报》的影响力,创建了铅字印刷厂,即著名的敌后水上印刷厂。这个印刷厂初创时仅有两条船,10多个工作人员,后来发展到11条船,工作人员也增加到

---

① 转引自张山明:《江苏解放区出版工作述略》,《江苏出版史(民国时期)学术讨论会文集》,南京:江苏人民出版社,1991年,第377—378页。

20多人。多数印刷人员是上海地下党组织通过"印刷业余联谊社"输送来的。《江南》社印刷厂设备主要有2号圆盘机1台、脚踏4开平台印刷机1台,以及手摇对开切纸机、手摇铸字机、脚踏铁丝装订、一副老5号字铜模等。该厂主要印刷书刊文件、宣传传单、政府公告、财税票据、识字课本等。1941年7月,由于日伪军对苏南东路地区进行大规模"清乡",《江南》社印刷厂遂停止生产,北撤至苏中抗日根据地。1940年11月,新四军"江南抗日义勇军"政治部创办了《东进报》,并以"江抗"指挥部下属印刷所为基础成立了《东进报》社印刷厂,主要印刷《东进报》及识字课本、宣传传单等。与《江南》社印刷厂一样,《东进报》社印刷厂也直接将圆盘机、铅字及纸张等印刷器材置于船上,在隐蔽的河浜芦苇荡中进行生产。1941年7月,日伪军进行"清乡",《东进报》社印刷厂随新四军第六师十八旅转移,10月抵达苏中地区,后改为《前哨报》社印刷厂。

1944年7月,苏南区党委决定筹建印刷厂,印刷出版《苏南报》。建厂初期,仅有脚踏2号圆盘机1台,后通过上海地下党组织秘密购置4开报纸印刷机1台及手摇铸字机等其他设备。全厂有工作人员20人左右,主要印刷《苏南报》,以及革命书刊、文件、传单等。1945年8月,《苏南报》更名为《苏浙日报》,印刷厂也随之改名为《苏浙日报》印刷厂。同年10月,印刷厂奉命随军撤离苏南,由苏中根据地转移至山东抗日根据地,与山东《大众日报》社印刷厂合并。1945年初,中共江南行政公署决定筹建江南印钞厂,并在上海地下党组织的帮助下购置了圆盘印刷机4台、平台印刷机2台,同时从有关报社印刷厂抽调了一批熟练的技术工人,迅速投入生产。该厂主要印制"江南银行"发行的江南币和财税票据等。1945年9月,印钞厂从苏南撤至苏中,随后与江淮印钞厂、淮北印钞厂合并成立了华中第一印钞厂。此外,1941年8月,中共太滆中心县委会将《太湖报》更名为《抗战报》,并建立了铅字印刷所,生产方式同《江南》社印刷厂一样。1943年8月,印刷所遭到日伪军的破坏,《抗战报》也随之改为油印。而新四军六师参谋处1942年初筹建的茅山印刷所,同年5月划归中共茅山地委领导。印刷所主要印制"惠农银行"发行的抗币、财税票据及部分学习材料。1942年冬,印刷所曾先后转移至溧阳、溧水等地,不久停止生产。

苏中抗日根据地建立后,为了进一步宣传群众,组织群众,印刷出更多的革命书刊,陈毅指示在东台筹建印刷厂。1940 年 10 月印刷厂建成,称新四军苏北指挥部印刷厂。印刷厂主要设备有 4 开平台印刷机 3台,各号圆盘机 5 台,石印机数台,铅字 5 号 24 盘 4 副,部位字 3 副以及大小标题字等。印刷厂下设总务股、印务股和排字、机印、装订、石印 4个组,有厂长、指导员、文化教员各 1 名,有工作人员 50 多名。同年 11月,铅印出版 4 开 4 版的《抗敌报》三日刊和 16 开的《抗敌》半月刊,并更名为华中总指挥部印刷厂,厂址也由东台迁至盐城。1941 年 1 月,印刷厂部分设备回迁东台,成立新四军一师政治部印刷厂,继续出版印刷《抗敌报》和《抗敌》半月刊。1942 年,新四军一师主力部队实行地方化,成立了苏中区党委和苏中军区,一师政治部印刷厂也随即拆建成苏中区党委印刷厂和政治部印刷厂。苏中区党委印刷厂补充了一些印刷设备和人员后,也将印刷厂设在船上流动生产,主要负责苏中区党委机关刊物《抗敌报》的印刷。这两所印刷厂之间密切合作,排印出版了《抗敌报》、《抗敌》半月刊、战士教材、识字课本、军用地图、各类宣传品以及一些马克思主义的理论书籍等。1943 年 12 月,为了进一步加强苏中区党内外宣传教育工作,苏中区党委成立了党报委员会,并决定将《抗敌报》改名为《苏中报》出版,印刷厂也随之更名为《苏中报》印刷厂。印刷厂除印刷《苏中报》和革命书刊、文件之外,还不定期地完成模仿敌伪《新时报》的版式,利用敌伪报纸的报头登载根据地的消息和文章,散发到沦陷区,以瓦解敌伪的舆论攻势。1944 年 7 月,《苏中报》印刷厂分成印书、印报两个分厂。1945 年 7 月,新四军一师政治部印刷厂又划归地方,遂更名为《苏中报》印刷厂第三分厂。抗战胜利后,《苏中报》三厂合并,随新四军部队北上,后改为《新华日报》(华中版)印刷厂。(图10-6)

抗战时期,苏中抗日根据地党政军组织先后建立了 10 多个印刷机构。除上述的新四军苏北指挥部印刷厂及其衍生出来的印刷机构外,还有 1943 年 8 月以苏中三分区大众书店印刷厂为基础组建的《江潮报》印刷厂(1945 年 11 月,该印刷厂与苏中四分区《江海报》印刷厂合并,成立

图 10 - 6 苏中报旧址（宝应）

了江海印刷公司)，以及如中印刷厂、《群众报》印刷厂、《江海报》印刷厂等。其中，以《江潮报》印刷厂较有影响。

　　苏北抗日根据地创立后，作为华中抗日根据地领导中心的盐城地区，其印刷业也随着党的新闻出版事业发展而逐步壮大起来，先后出现了诸如江淮印刷厂、《江淮报》印刷厂、盐阜印刷厂、苏北印刷厂，以及江淮印钞厂、盐阜印钞厂等一批较有影响的印刷机构。1940 年 12 月，中共中央中原局机关报《江淮日报》在盐城创刊后，同时组建了江淮印刷厂，胡扬任印刷厂首任厂长。皖南事变后，印刷厂成为新四军军部印刷厂，承印《江淮日报》和中共中央华中局的重要文件。该厂下设工务、排字、机印、装订、校对等部门，拥有 4 开印刷机、对开印刷机、圆盘机、石印机、字盘字架等印刷设备，有工作人员 200 多人。它是盐阜抗日根据地创办最早、规模最大的印刷厂。1941 年春，江淮印刷厂分出部分设备和人员，专门成立了《江淮日报》印刷厂，而本厂此后则专事图书和刊物的印刷，如印刷过《江淮杂志》《实践》《真理》《整顿三风》《论持久战》等书刊资料。《江淮日报》印刷厂规模较小，仅有 10 名员工，主要印刷《江淮日报》以及《新华报》《无线电讯》等。1942 年年底，《江淮日报》印刷厂重新并入江淮印刷厂，并随新四军军部转移至安徽天长县境内活动。

　　淮海抗日根据地建立后，《人民报》社及其石印厂部分人员东进淮海。1941年4月,《人民报》社在淮海地区筹建印刷厂。5月1日,第一张铅印的《人民报》出版。11月7日,《人民报》更名为《淮海报》,印刷厂也随之更名为《淮海报》印刷厂。周子虹任厂长,张广祥任副厂长兼总务科长,杨巩任指导员。该厂设备简陋,仅有10开脚踏圆盘机1台。1943年春印刷厂遭到敌伪破坏,同年10月得以重建。重建后的印刷厂,除印刷《淮海报》外,还为泗沭县农救会印刷刊物《犁与锄》,以及图书、地图、传单、画刊等。中共盐阜区党委机关报《盐阜报》初创时,由江淮印刷厂和私人印刷厂代印。

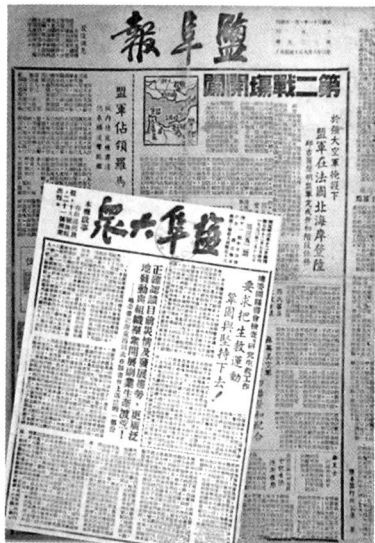

图 10 - 7 《盐阜报》

(图 10 - 7)1942年春,盐阜区党委决定筹建印刷厂。该厂主要印刷设备有4开印刷机1台,圆盘机2台,铅字24盘2部及标题字、不全的老5号铅字等。盐阜印刷厂有员工10多人,对外挂私营美新印刷厂的牌子,直属地委宣传部领导。印刷厂主要负责《盐阜报》《盐阜大众》《新知识》《支部生活》的印刷,以及地委、行署文件的印制,不对外营业。盐阜印刷厂的生产活动一直延续到抗战胜利以后。成立于1942年秋的苏北印刷厂,前身是新四军三师政治部印刷厂。厂址在滨海县北八大家,有4开印刷机2台、圆盘机2台、铸字炉1套、老5号字模1副,字盘齐全。厂部下设保管股、排字股、机器股、装订股、铸字股、石印室,工作人员最多时达150人左右,厂长张克威。该厂主要承印《先锋杂志》《战士报》,以及对敌斗争宣传品等。1945年8月,苏北印刷厂迁入淮阴,更名为华中新华书店印刷厂。

此外,苏北抗日根据地还有1941年春中共中央中原局决定创建的江淮印钞厂,1942年盐阜行政公署建立的盐阜印钞厂。前者抗战胜利后并入华中印钞厂,后者1945年年底与淮南印钞厂合并为华中印钞二厂。江苏各抗日根据地人民印刷业的创立与发展,始终是在中国共产党直接领导下进行的,并在险恶复杂的战争环境中逐步发展壮大的。根据地的印刷厂虽然设备十分简陋,物资严重匮乏,但印刷工人刻意求新,克服困难,印刷出一批诸如《拂晓报》《江潮报》等高质量的图书报刊,为江苏人民印刷业的健康发展奠定了基础。

第四节 江苏解放区的出版事业

1948年8月日本无条件投降后,中共中央华中分局、苏皖边区政府分别在淮安、淮阴的成立,两淮地区成为苏北解放区的政治、经济和文化中心。苏皖边区政府为了加强苏北解放区的民主文化建设,十分重视对解放区的新闻出版工作。1945年12月,苏皖边区政府在《施政纲领》中明确指出"扶助出版事业"的奋斗目标。① 另据曹余濂的《民国时期江苏的新闻出版管理机构》所载,1946年5月,华中分局规定,凡出版党报党刊的地委以上机关都应建立"党报委员会"和"党报党刊编辑委员会","党报委员会"决定每个时期党报的编辑方针和定期检查党报执行方针的程度,其成员由党委负责人与党报编辑部负责人组成。党刊编辑委员会原则上应由党委委员组成,其任务是编辑党刊,决定每期党刊内容与审阅每期党刊的稿件。而党报党刊的日常工作则由各级宣传部门协同处理。② 而一般图书报刊的出版工作,则由边区各级政府的文教部门负责。

为了推动苏北解放区的新闻出版业的发展,华中分局决定成立华中新闻专科学校,培养专门的出版人才。1946年2月9日,华中新闻专科学校在淮阴的清江正式成立,范长江任校长,包之静任副校长,谢冰岩为教育长。学校下设编辑、通讯、电务、经理等学科,学习时间为6个月。这是解放区最早设立的一所新闻专科学校。(图10-8)1948年12月,学校迁至淮安板闸镇。时任校长为俞铭璜,副校长为徐进。不久,第二

---

① 《新华日报》(华中版)1946年1月1日。

② 参见张宪文、穆纬铭:《江苏民国时期出版史》,南京:江苏人民出版社,1993年,第430页。

期毕业,第三期开学,并改为华中大学新闻系,学生百余人。① 此外,为了繁荣解放区的新闻出版事业,中共中央华中分局坚持实行严格的稿酬和版税制度。《新华日报》(华中版)1945 年 12 月 9 日曾刊登《华中分局宣传部关于稿费与版税的通知》,明确规定:"解放区工作人员之稿费(包括专论)每千字抗币 5 元至 10 元,译稿每千字 3 元至 6 元;社论、新闻通讯、诗、歌、曲、图画、木刻等按件计算,社论 20 元一篇,新闻每篇按 3、5、6 元计算,超过一千字者,每千字以 5 元计算;诗、歌、曲、图画、木刻,每件以 4 元至 10 元计算;剧本按行计算字。非工作人员(即公家不供给生活费之人员)稿费加倍。以编写稿件为工作之工作人员为其所属报刊写作之稿件,原则上不付稿酬,但其成绩特别优异者,得酌给以精神与物质之奖励。"对版税则规定如下:"甲,自作者抽 2.5%到 5%。乙,翻译解放区外之著作时抽 3%到 5%。翻印此种著作时,对于此种著作人应得之稿费,各地创办机关应妥为保管,并迅速设法送到。另外,为鼓励创作起见,作品付稿费后仍保留著作者之版权。"②1946 年 3 月,华中分局、苏皖

图 10 - 8　华中新闻专科学校旧址

① 刘则先:《苏北解放区新闻出版大事记(1940 年 10 月至 1949 年 10 月)》,《江苏出版史志》1991 年第 1 期。
② 参见张宪文、穆纬铭:《江苏民国时期出版史》,南京:江苏人民出版社,1993 年,第 431—432 页。

边区政府在淮阴召开华中宣教大会,对解放区出版发行工作进行了总结和部署,确保图书报刊发行渠道的安全畅通。

据王余支统计,解放战争时期,苏北解放区的革命报刊,除 1945 年 12 月 9 日创办的中共中央华中分局机关报《新华日报》(华中版)外,还有《江海导报》《如皋报》《民报》(东台)《南通大众》《战斗报》《犁与锄》《前线报》《战旗报》《展向报》《翻身报》(宿迁版)《新徐日报》《淮海大众》《江海前线》等,约 50 种。① 但杂志的数量明显较少,大多产生在抗战结束到内战爆发前后,一般为不定期出版。如苏皖边区编辑出版的《民主建设》,只出过两期。阿英主编的《江淮文化》仅出版了一期。即使是当时比较有影响的《华中少年》(月刊,新安旅行团编辑出版)《生活》(《苏中报》社编辑出版)等,随着内战的爆发也被迫停刊。1947 年 6 月以后,随着解放军发起战略反攻之后,苏北解放区杂志出版的数量逐渐增加。影响较大的有 1947 年下半年出版的《军事杂志》《苏中记者》《江海杂志》,1949 年 1 月出版的《新华周报》等。

抗战胜利后,苏北解放区的图书出版业呈大发展趋势,书刊发行机构也从偏僻的贫困地区逐步转入物质条件较好的平原和城镇。书刊的印刷也从油印、石印改用铅印、彩色套印,原先的土造纸也改用新闻纸和道林纸等。当时,苏北解放区除原江苏苏北各抗日根据地建立的出版发行机构外,还新建了雪峰书店、韬奋书店、华中少年出版社、华中新华书店总店、江淮新华书店、苏北新华书店等。

图 10-9 华应申

1945 年 12 月底,为加强和推动苏北解放区的出版发行工作,华中分局决定以苏北盐阜报社出版科和苏中出版社为班底,组建新华书店华中总管理处。总管理处设在淮阴西大街,华应申(1911—1981 年,图 10-9)、华青禾为正副经理,下设编辑部、出版科、发

---

① 《江苏我党新闻事业简况》,《江苏党史资料》1985 年第 2 期。

行科、秘书科,总计工作人员约 20 人。其直属的新华印刷厂为新四军军部印刷厂和苏北印刷厂合并组建的。原苏北各抗日根据地的各书店均隶属总管理处,成为其支店、分店。总管理处成立后的一年多时间里,出版了许多图书杂志,其中大多数是翻印延安和其他解放区的书刊,自己组织新创作的书刊较少。据不完全统计,总管理处累计出书 167 种,共648 500 册,其中教科书 45 种,杂志 42 种,政治读物 28 种,文艺读物 23 种,党内文件、杂志 8 种。① 1946 年内战爆发,总管理处奉命北撤,1947年 2 月与山东新华书店合并,改名为华东新华书店。

1947 年 12 月,为了加强苏北解放区出版发行事业,中共华中工委宣传部决定将苏中韬奋书店苏北新华书店合并,在射阳县组建华中新华书店总店。华中工委宣传部副部长徐进为总经理,周天泽、张良为正副经理。总店下辖 9 个分店,支店 27 个,分销处 221 个。各地书店经理由各级党委宣传部宣传科长或副部长兼任。华中工委规定,华中新华书店总店的出版方针是,以 40% 的力量出版区以上干部读物,以60% 的力量出版大众读物(包括区以下工农干部),各分店如有印刷条件,以出版大众读物为主,各县支店及某些分店,则应以营业发行为主。为了避免出版内容的重复,总店按月将拟出版的书目通知各分店,并有权指定分店代印;各分店拟印的书籍应先告知总店。

华中新华书店总店各部门分工十分明确,如出版部的工作职责是:一是整理编辑部及其他经过审定之书籍杂志稿件,设计版式、封面等,发交工厂排印出版。二是计算书的成本,决定定价。三是了解及掌握工厂生产情况,适当调剂其生产力,及时发稿,经常注意帮助工厂业务技术之提高。四是设计新书杂志广告,发各报刊登,并每月编印单张目录及推广产品等以扩大推销。② 随着组织机构的不断健全和扩充,华中新华书店出版发行出版的工作十分顺利。华中新华书店总店组织系统见图10-10。

---

① 参见张宪文、穆纬铭:《江苏民国时期出版史》,南京:江苏人民出版社,1993 年,第 437 页。
② 江苏省档案馆藏:《出版部工作条例草案》,转引自张宪文、穆纬铭:《江苏民国时期出版史》,南京:江苏人民出版社,1993 年,第 440 页。

总经理　经理　店务委员会

副经理

编辑部　出版部　营业部　秘书处　印刷厂　直属分支部　各分支店

编辑部：期刊编辑室　丛书编辑室　资料室　校对室

出版部：设计　校正　推广　承印　会计

营业部：进货科　批发科　服务科　机务科　会计

秘书处：总务科　会计科　采购科　收发室

印刷厂：总务科　装订铸字浇版　排字印刷石印

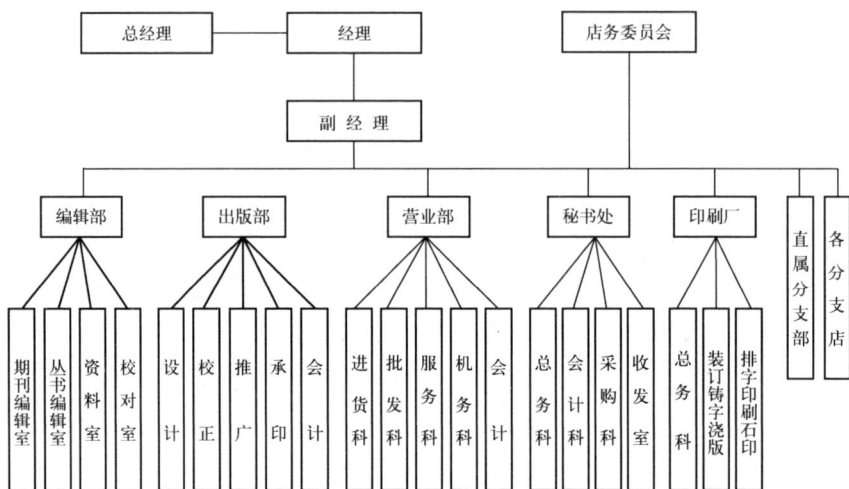

图 10 - 10　华中新华书店总店组织系统①

华中新华书店总店先后出版了《哥达纲领批判》《国家与革命》《中国革命与中国共产党》《政策文件汇编》《人民公敌蒋介石》等图书,以及一批工农大众读物。此外,还出版了《新华日报》(华中版)资料室编辑的《时事学习材料》三辑和《干部学习丛书》一种。总店所属分店也加强了出版工作,如九分店除出版《江海画报》《大众文化》等杂志外,还翻印了《论联合政府》《怎样分析阶级》等书,出版了《领导路线和作风》等 5 种干部学习材料。另据江苏省档案馆所藏 1948 年 5 月华中新华书店印制的第 2 号《图书目录》来看,有大众文库 13 种,翻身小丛书 11 种,传记故事 18 种,课本读物 9 种,图像历书电码账册 6 种,毛泽东著作 13 种,政治经济类 30 种,军事政工类 13 种,国际时事类 26 种,哲学修养 6 种,历史地理 5 种,文艺理论 4 种,创作小说 10 种,翻译文艺 10 种,报告文学 10 种,诗歌 9 种,戏剧音乐类 16 种,文娱杂要 19 种,通俗读物 11 种,合计 19 类 239 种。② 由此,可见华中新华书店发行图书内容之大概。1949 年初,华中工委宣传部决定,华中新华书店总店除留少数干部在泰州、扬州外,其余人员随解放大军渡江南下,在无锡组建苏南新华书店,华中新

① 张宪文、穆纬铭:《江苏民国时期出版史》,南京:江苏人民出版社,1993 年,第 438 页。
② 参见张宪文、穆纬铭:《江苏民国时期出版史》,南京:江苏人民出版社,1993 年,第 440 页。

华书店宣告结束。

苏北解放区的新华书店及其分店,是集书刊编辑、印刷、装订、发行于一体的文化机构。其发行网络主要由批发、邮购和乡村文化网三部分构成。华中新华书店总店营业部下设批发科,其主要职责就是使用发行网络,把总店及分店所出书刊,通过批发给 9 个分店的 27 个支店、221个分销处进行发行工作。各地如有滞销或不合销路的书刊,批发科负责退回,并设法转销到其他的分销处进行发行。原则上各分店本版书的发行,应由总店批发科进行统一调整,但为了节约运费和加快流通起见,各分店与邻近分区之分店可直接建立批发关系。各分店本版书,除保证本分区需要的数量,并直接批发给邻近分店数量外,其余全部批给总店,以便及时作合理的分配。① 为了照顾苏北解放区边远地区读者的需要,总店在营业部下增设服务科,具体负责书刊的函购工作:一是代办的范围,除本店出版的书刊外,并代读者采办华中各分店乃至山东、上海新近出版的书刊。二是为便利读者,特试办"自由存款户"制度。欢迎读者一次多寄些书款,列入"自由存款户",以后所需书刊只要来函告知,写明存款户号就可立即办理;如果事先约定买书范例,一有新书,就代为选购自动寄出(如不合意者可退回)。三是总店对集体买书特别优待,一次满 500元者除邮运费免收外,总店及分店出版的本版书九折优待,外版书九五折优待。据杜诺《总处的邮购工作》一文称,函购工作因服务周到,方法灵活,深受读者欢迎,仅 1946 年 2、3、4 三个月,总店收到读者来信 354份,来款 13 412.90 元。② 此外,华中新华书店二分店通过实践摸索创造了乡村文化网的路径,即以县新华书店和交通局为起点,在区、乡、村设立通讯代销处,拓展书刊的发行渠道。由此,华中新华书店形成了一个健全的从城市到乡村的发行网络体系,有力地推动了苏北解放区出版事业的发展。

随着苏北各县的次第解放,华中新华书店根据中共华中工委宣传部的决定,调出工作人员随解放大军渡江南下,担负筹建苏南新华书店总

---

① 江苏省档案馆藏:《华中宣教会议出版组会议七项》,转引自张宪文、穆纬铭:《江苏民国时期出版史》,南京:江苏人民出版社,1993 年,第 441 页
② 张宪文、穆纬铭:《江苏民国时期出版史》,南京:江苏人民出版社,1993 年,第 442 页。

店和苏南地区各分店的任务。1949年4月,苏南新华书店总店在无锡成立。中共苏南区党委宣传部副部长徐进兼任总经理,周天泽任经理。该店早期的书刊出版工作,基本上是华中新华书店的延续,并在各地、市、县建立分支机构。同时,中共苏北区党委和苏北行政公署,鉴于华中新华书店已随军南下,决定以华中新华书店一分店为基础,并从二、五、九分店调出部分业务骨干,于1949年5月在泰州成立苏北新华书店。苏北新华书店成立后,首先组织重印苏北老解放区出版的书刊,并编辑出版了一批通俗读物,如张克的《白毛女》连环画、姜旭的《火线入党》等。同时为学校秋季开学赶印了小学各年级的国语、常识、算术、自然等各类教科书。此外,还印制了一批《冬学课本》《工人识字课本》。苏北新华书店后随苏北党政领导机关迁至扬州。

　　江苏抗日根据地和解放区的出版事业,始于1938年下半年。当时,黄源代表生活书店随陈毅到丹(阳)北地区,从事革命书刊的发行工作。1939年初,新四军第二支队政治部在茅山抗日根据地主办《火线报》,开苏南敌后根据地报刊出版工作之先河。随后,苏南、苏中、苏北等抗日根据地扩展到哪里,哪里便开始创建党的出版事业。它在抗日、解放战争中蓬勃发展,在长期艰苦的战争中成长壮大,在日伪、国民党顽固派的夹击中坚持,直至江苏全境解放,先后长达11年之久。从原先起家的油印、石印和土造纸,到后来的铅印、彩印、新闻纸和道林纸。"旧貌换新颜,改变的只是出版物的形式;不变的是出版物所蕴含的精神——服务于战争,服务于宣传,服务于人民政权的革命传统。"①

---

① 王余光、吴永贵:《中国出版通史·民国卷》,北京:中国书籍出版社,2008年,第522页。

第十一章　民国宗教与少数民族文字书刊的出版

第一节　民国佛教、道教的出版活动

　　发端于19世纪末20世纪初的中国佛教复兴运动,是中国近现代史上一场重要的宗教文化运动。中国佛教经历1 800年之后,至清代晚期已衰颓不堪:在内,僧团腐败,戒纲废弛,思想固陋,人才凋零;在外,地位低下时常受人攻伐,寺院庙产屡遭掠夺。特别是鸦片战争以后,西方基督教势力的大规模入侵,太平天国大规模的毁佛行动和"庙产兴学"风潮的滋起,更使衰颓中的中国佛教受到沉重的打击。与此同时,周边国家如斯里兰卡、日本等相继出现了佛教的复兴运动,而且日本的佛教界还把其佛教复兴运动的界面推延到了中国。对于中外佛教界如此反差的境况,中国的僧侣们竟都以沉默固守为存,无人以菩萨"大勇""大雄"的精神去承担护教、兴教的重任。中国的大变局,中国佛教的衰颓,使佛教界中具有中国传统思想的有识之士,开启了一场佛教文化的复兴运动。而开启这场佛教复兴运动的耆德元勋,应首推清末金陵刻经处的创始人杨文会。

　　杨文会(1837—1911年),字仁山,安徽石埭(今石台)人。(图11-1)少年

图11-1　杨文会

时博学能文,兼通音韵、历算、天文、舆地等。27 岁时在病中读《大乘起信论》而对佛教产生信仰,一心学佛,立志搜求佛经,刻印流通。1866 年在南京创立金陵刻经处。在随曾纪泽考察英法等国时,结识了日本佛教学者南条文雄,两人遂成至交。后来他能从日本搜得大量在中国佚失的佛教典籍,并刻印流通,实得力于南条文雄不少。1894 年,他与英人李提摩太将《大乘起信论》译为英文,促进了中外佛教文化的交流。由于深感当时许多僧人缺乏佛学知识,安于守旧、不愿革新,因此,他在 1907 年于金陵刻经处内建立佛教学堂——祇洹精舍,自编了《佛教初学课本》等,招收学生,讲习佛典。他还聘请了著名学者苏曼殊教授梵文和英文,为振兴中国的佛教而培养佛学人才。1910 年,他又在南京组织了佛学研究会,自任会长,每月开会一次,每周讲经一次。次年逝世。杨文会之学以"教在贤首,行在弥陀"为宗旨,对净土、华严、禅宗、唯识和因明等都很有研究。在佛教的实践上,他则归心于净土,认为净土一门括尽一切法门,而一切法门皆趋净土一门,所以他刻的第一部佛书就是《净土四经》。同时,他又融会儒佛,认为孔子与佛并无二致。杨文会的佛学研究,是以"念佛往生为正宗,以弘法度生为助缘"[1],表现了他对现世与人生的关注和济世度人的心愿,这实际上也是他亲近佛法的重要原因。金陵刻经处曾将他的著述编辑成《杨仁山居士遗著》流通于世。

杨文会对中国近代佛教的贡献,不仅在他的佛学研究,更是在他的刻经事业。在他一生所从事的佛教活动中,用力最勤的也就是编刻佛经,他自己曾说:"鄙人四十年来,屏绝世事,专力于刻经流通。"[2]杨文会实际上已经意识到了佛教的振兴有赖于佛学的发展,而佛学的研究又有赖于佛学的载体——佛经的流通,因此,他才致力于搜求佛经,把编刻佛经作为自己毕生的事业来做,确实对近代佛教文化的复兴产生了极大的影响。杨文会的弟子和从学者甚多,其中的佼佼者有释太虚和居士欧阳竟无等,著名的学者章太炎、谭嗣同等也师从过他。梁启超曾说:"晚清

---

① 《与南条文雄书二》,《20 世纪佛学经典文库·杨仁山卷》,武汉:武汉大学出版社,2008 年,第328 页。

② 《报告同人书》,《20 世纪佛学经典文库·杨仁山卷》,武汉:武汉大学出版社,2008 年,第286 页。

有杨文会者,得力于《华严》,而教人以'净土',流通经典,孜孜不倦,今代治佛学者,什九皆闻文会之风而兴也。"①又说:"晚清所谓新学家者,殆无一不与佛学有关系,而凡有真信仰者,率归依文会。"②这都反映了杨文会对近代以来佛学研究的重大影响。金陵南京也因此而成为近代佛教文化复兴的重镇。杨文会所积极从事的创办金陵刻经处、刻经讲学、培养人才等佛教文化事业,虽未能挽回传统佛教的颓势,却开了近代佛教文化复兴的先声,使面临生死存亡的中国佛教出现了新的转机。

近代佛教文化的复兴,概括起来看,主要表现在:(1)不仅佛教僧侣和居士研习佛学,而且许多有影响的思想家和革命家也都致力于佛学研究,有的甚至把佛学作为自己思想体系的重要理论来源或主要理论依据。(2)全国各地纷纷成立了刻经处或佛经流通处,使得佛学典籍的大量出版和佛经重新流通,我国第一部铅字版的佛教大藏经《频伽藏》也于1909年在上海付印。(3)各种类型的佛学院在南京、上海、武昌、厦门等地先后创办,为近代佛教事业培养了一大批僧伽和佛学研究人才。(4)"中华佛教总会""居士林""三时学会"等各种佛教组织和佛学研究团体大量涌现,一些佛教团体所办的学校、医院等社会慈善事业也有所发展。(5)《海潮音》《内学》《佛学丛报》和《佛教月报》等百余种佛教刊物如雨后春笋般地在全国各地出版,这些出版物发行的时间有长有短,但从一个侧面反映了佛教文化事业的发展。(6)汉藏佛教文化有了进一步的沟通,中外佛教文化之间的交流也相当活跃。(7)佛教文化作为中国传统思想文化的重要组成部分逐渐为学者所重视,佛学开始进入大学课堂,并在中国哲学史和中国学术思想史的研究中占据了一席之地;等等。

随着佛教复兴运动在民国时期的延续和发展,特别是北洋政府大肆复古、提倡佛教,使得佛教在江苏境内获得新的发展空间。截至1933年,江苏境内各佛教团体,包括佛教会、佛教会居士林、净业社、西方法

---

① 梁启超:《中国佛法兴衰沿革说略》,转引自《梁启超谈佛》,北京:东方出版社,2005年,第182页。

② 梁启超:《清代学术概论》,上海:上海科学技术出版社,2014年,第165页。

令、佛经流通处、莲友社、功德社等已达 104 个。① 这些佛教的团体组织,为了弘扬佛学,纷纷刊印佛教经藏,传播教义。当时的江苏地区,除著名的南京金陵刻经处外,比较有名的佛教出版机构还有扬州法藏寺江北刻经处、苏州玛瑙经房、常州天宁寺、南京支那内学院刻经处等。

　　1911 年杨文会去世后,其弟子欧阳渐(1871—1943 年,字竟无,江西宜黄人,图 11 - 2)遵师遗志,续办金陵刻经处,主持刻经事业,并于 1914 年在刻经处附设佛学研究部,1922 年又在刻经处的基础上正式创办了以佛教居士为骨干的佛学教研机构——支那内学院,从事佛学的研究和佛书的编印。欧阳渐曾立"师、悲、教、戒"四字为内学院的院训,倡导在家研习佛学,弘扬佛法。内学院以"阐扬佛学,育材利世"为宗旨,继承了居士佛教的传统,并采用新式的科学研究方法,在讲、研佛学和编刻佛经方面作出了突出的成就。欧阳渐以唯识系的思想为准主持编刻了《藏要》三辑,收佛典 50 余种,300 余卷,因其标点、校勘和篇章提示的精到而享誉海内外。他还曾计划编印《精刻大藏经》,未成而逝世。欧阳竟无病逝后,吕澂继任支那内学院院长,他对印度佛学、中国汉地及藏传佛学

图 11 - 2　欧阳渐

都有很深的研究,所著《中国佛学源流略讲》和《印度佛学源流略讲》等成为现代许多人研究佛学的重要入门书和参考书。1952 年,南京支那内学院自动停办,三十年间,先后在内学院从事佛学研究的多达 200 多人,梁启超、汤用彤、梁漱溟等近现代史上的著名学者都曾在内学院学习过,支那内学院因培养了一大批学有成就的佛学大家而对近代佛教文化的复兴产生了极大的影响。位于南京延龄巷和淮海路交叉路口的金陵刻经处,至今仍是江苏乃至中国最大的汉文佛经刻印的流

①《申报年鉴》1934 年,转引自钱文华等:《论民国年间江苏的宗教出版物》,《江苏出版史(民国时期)学术讨论会论文集》,南京:江苏人民出版社,1991 年,第 206 页。

通场所。(图 11 - 3)

图 11 - 3　金陵刻经处

在受学于杨文会的众多僧人中,对近代佛教文化复兴的贡献最突出的就是太虚。太虚(1890—1947 年,法名唯心,字太虚,号昧庵,浙江桐乡人,图 11 - 4)1908 年从杨文会学佛。他不仅在法相唯识学的研究等方面卓然成家,而且积极倡导佛教革新运动,在镇江金山寺组织佛教协进会,屡次整顿中国佛教会,创办过厦门闽南佛学院、武昌佛学院、汉藏教理院等僧众教育机构,与章太炎在上海成立觉社并发行《觉社丛书》,编辑出版过《佛教月报》《海潮音》《觉群周刊》等刊物,为近现代中国的佛教复兴作了许多值得敬重的事情。此外,受杨文会影响,民国期间在江苏专门从事佛学弘扬事业的也很多。如常熟人黄宗仰(1865—1921 年)早年出家为僧,精研佛法,1909 至 1913 年间在镇江江天寺主持刊刻了《频伽精舍校刊大藏经》。全藏入经 1 916 部、8 416 卷,分订 414 册、共 40 函,以千字文编次,经文用四号铅字排印。该书基本上以日本《弘教藏》为底本,这在

图 11 - 4　太虚

江苏乃至中国出版界都是一件大事。

无锡人丁福保于 1922 年编辑出版了《佛学大辞典》,也是一部重要的宗教出版物。

民国佛教刊物的出版,蔡迎春曾撰文将其分为四个时期:源起阶段(1911—1919 年),发展阶段(1920—1934 年),多舛阶段(1935—1945 年)和复苏阶段(1946—1949 年)。[①] 1911 年以后,佛教复兴运动兴起,著名高僧、居士云集上海,积极开展佛教文化事业,办刊立报、宣教扬理。这个时期江苏境内创办的佛教报刊有 4 种,1912 年狄楚青在上海创办的《佛教丛报》(月刊),1913 年中华佛教总会创办的《佛教月报》,1918 年上海觉社主办的《觉社丛书》(季刊)(后更名为《海潮音》)和南京华藏寺出版的《怒涛月刊》等。1919 年以后,五四新文化运动直接促使佛教复兴运动的大发展,佛学教育机构如雨后春笋般地建立,中华佛教会在各地纷纷成立支会,全国有近百种佛教刊物在这一时期相继出版,其中不乏具有较强学术性的刊物。这个时期江苏境内的佛教刊物主要有,1921 年上海佛化社创办的《佛化》(月刊),1923 年世界佛教居士林在上海创办的《世界佛教居士林报》(季刊),1924 年南京支那内学院出版的院刊《内学》,1928 年宁达蕴创办的《中国佛教》、镇江金山观音阁出版的《法海波澜》季刊(仁山主办),以及《佛学文艺》《佛学周刊》等。佛教报刊的多舛阶段,既是佛教革新运动、佛教教育改革继续发展时期,也是日本公然侵华、国内陷入战争泥潭的时期,江苏境内的佛教刊物大多被迫停办,但也有一些佛教刊物在此期间创办,如 1940 年焦山佛学院创办了《中流月刊》等。抗战胜利后,江苏地区佛教刊物的出版有所复苏。

《海潮音》 月刊,1920 年 1 月出版。其前身是《觉社丛书》(季刊)。1918 年夏,蒋雨岩、陈元白、黄葆苍等在普陀太虚大师讲学之后,至上海组织研究及宣扬佛学的团体,以自觉觉他为义,取名觉社。当时佛教界无一专属于佛教商榷学理、讨论问题之丛刊,为了全国研究佛学、宣传佛法者经精神上团结,联合融会贯通的需要,觉社于同年 10 月创办了《觉

---

① 蔡迎春:《民国时期佛教报刊出版特征与分期》,《出版发行研究》2016 年第 8 期。

社丛书》，由中华书局发行。刊物第一
期首先刊登了太虚所著的《道学论衡》
《楞严》《摄论》等。《觉社丛书》出至
1919 年第 5 期时，读者纷纷来函要求
改为旬刊或月刊，于是 1920 年 1 月
《觉社丛书》改为月刊，并更名为《海潮
音》出版，主编为释太虚。（图 11－5）
《海潮音》创刊后，太虚大师曾发表《觉
社宣言》综述一年来弘化业绩，又作
《〈海潮音〉月刊出现世间的宣言》，"海
潮音非他，就是人海思潮中的觉
音"①。刊物主要内容有建言、评议、
商论和杂记等。《海潮音》从第 2 期

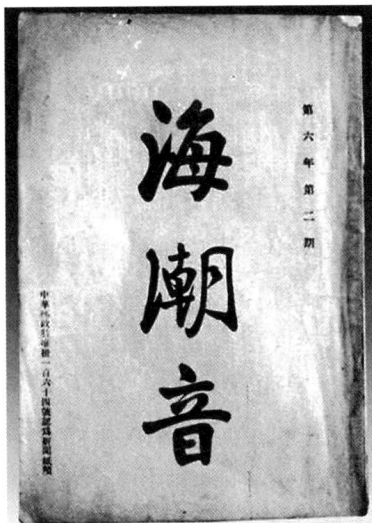

图 11－5　《海潮音》

起，先后由释善因、史一如、张化声等主编，在杭州、上海、北京、武昌等多
地编辑。1928 年，《海潮音》由上海迁至泰县，钱诚善、王诚普续编，泰
县居士林编辑出版。两年多后再迁上海，由佛学书局印刷发行。抗战
爆发后《海潮音》西迁，1946 年由成都回迁南京，1948 年年底迁往台湾
出版至今。这是一份中国近代历时最久、影响最大、学术价值最高的
佛教刊物。

　　《内学》　年刊，南京支那内学院院刊，1923 年创办，共出版 6 期。
刊物专门刊载内学院师生的佛学研究论著，内容涉及大小乘经论、中印
佛教史、佛教与外道、佛教逻辑学等。刊物先后刊登了欧阳渐的《今日之
佛法研究》《龙树法相学》《楞伽疏决》，吕澂的《显扬圣教论大意》，汤用彤
的《释迦时代之外道》，熊十力的《境相章》等佛学论著，无论从实际范围
或质量而论，都是当时其他佛教刊物所无法比拟的。这份刊物，在当时
与《海潮音》一道被佛学界与文化界认为是国内学术价值最高的佛学刊
物。内学院出版的不定期刊物《杂刊》，刊载内容与《内学》相近。

　　《中流月刊》　1940 年创办，镇江焦山佛学院院刊，主办人东初，圆

———————————
① 太虚:《海潮音》1920 年 1 月第 1 卷第 1 期。

湛、圣璞、茗山等先后任主编、编辑。镇江焦山佛学院创办于 1934 年,首任院长为定慧寺方丈智光。《中流》最初为油印本旬刊,后改为铅印本月刊。刊物主要内容有:佛教经论解释、佛学研究、国际佛学动态、外国佛学译著、佛教文物古迹介绍、国内外佛教活动报道以及诗词创作等。1946 年《中流》曾出版"全国佛教会务人员培训班"专刊等。刊物历时六年之久,为江苏境内出版时间较长的佛教刊物。

此外,江苏其他地区出版的佛教刊物还有:常熟兴福寺出版的《晨钟》月刊(1929 年)、常熟支塘出版的《法雨》月刊(1930 年),扬州出版的《大佛学报》(不定期,1930 年创办),泰兴出版的《佛化周刊》(1930 年创办),无锡出版的《佛教文摘》(月刊,1946 年创办),等等。民国时期江苏境内出版的佛教刊物,由于政局动荡、经费不足和主办者个人原因,大多昙花一现。它们出版的共同目的,正如东初所说:"民国以来,诸多大心之善知识,本自救人之精神,创办佛教刊物,唤起佛教僧徒之自觉,改革僧制,以恢复佛教僧伽之本来面目。"①

道教是中国土生土长的宗教,在理论上与道家相结合,在传播上与民间信仰相混杂,对中国社会和思想文化有着较为广泛的影响。道教在晚清已经趋于衰落,由于缺乏高道对道教理论的推进,道士多以占卜、斋醮、祈禳为谋生职业。加之清末民初两次"庙产兴学"风潮,五四运动对中国传统文化的批判,以及在"废孔学,灭道教","使中国民族为二十世纪文明之民族"②等激进思想的影响下,自身缺乏创新和生气的道教更是江河日下、命运多舛。当时的江苏境内,反道教运动不只是发表贬低、否定、批判的言论,还有实际的行动。如 1927 年 3 月,江苏吴县临时行政委员会议决:张天师业经取消,道教不能存在,道士应使各谋职业,道士观院产业应统筹训练职业之用。③ 据 1922 年《江苏政治年鉴》记载,苏州 1922 年有道士 809 人,1922 年有道士 512 人。1937 年 1 月成立道教公会时只有 400 多人。到了 1949 年,苏州还有道士 221 人,其中 119

① 释东初:《中国佛教近代史》,台北:东初出版社,1974 年,第 237 页。
② 钱玄同:《中国今后之文字问题》,《新青年》1918 年第 4 期。
③ 孔令宏:《晚清民国时期三大政治运动对佛教和道教的影响》,《武汉科技大学学报(社会科学版)》2016 年第 5 期。

人为正式道士,其余为散居道士①。由此足窥民国年间江苏道教的颓废之势。如此形势下,江苏境内的道教出版物也就可想而知了。当时江苏道教出版活动主要是以翻印道教经典为主,如南通尊经社购买道藏刻印的《阴符经》《道德经》《黄庭经》等数十部道藏经典,如皋灵威观出版的《三教精华道源录》《道教乐谱》等。也有私人刊印出版的学术著作,如丁福保的医学书局曾印行过他自著的《道藏精华录》等。而江苏境内出版的道教刊物几乎寥寥。

第二节　民国基督教、天主教的出版活动

基督新教(下简称"基督教")、天主教和东正教为基督宗教的三大派别,清末民初在中国都曾得到广泛的传播。但是,前两者传教士都很重视本教派在中国的文字宣传和出版工作,而后者则基本上没有像样的出版活动。晚清江苏的出版业中,外国传教士的出版活动占有很重要的地位。传教士虽然来自不同国家,属于不同教派,主张也不尽相同,但都特别注重"文字播道"工作,希望通过出版活动使中国"成百万的人改变头脑",因此从本质上说,他们的出版活动是为了配合其本国殖民政策的实行,但客观上却有利于中国出版业的更新。传教士首先把国外先进出版技术移植到经济发达的江苏沿海地区,并最早从事江苏地区的新式出版业,培养和训练了一大批出版人才。如李善兰、王韬曾担任过墨海书馆的编辑,而商务印书馆的创办人,不是来自字林西报馆就是来自美华书馆。传教士还参与了江苏官方的出版活动。传教士的出版活动也确实改变了部分中国人的知识和思想结构。故有人认为,中国知识界之振兴,"惟赖一广学会,若康有为,若梁启超,皆熟读广学会之书,而憬然有所觉悟于其中,遂竭力提倡变法"②。此话虽然夸张,但有一定的道理。

① 黄新华:《民国年间苏州道教考》,《中国道教》2008 年第 4 期。
② 丽海:《基督教文字播道事业谈》,见张静庐辑注:《中国近代出版史料》(二编),上海:群联出版社,1954 年,第 330 页。

辛亥革命后,中华民国《临时约法》规定了"信教自由",而后来的袁世凯政权又几乎全部继承了前清政府与西方列强签订的不平等条约,因此,基督教、天主教等教会在华势力得到迅速发展。特别是中华民国政府主席蒋介石本人也因种种原因信奉基督教,这也在一定程度上促进了西方各教派在中国的广泛传播。在江苏境内,由于上海、南京、苏州等地较早被开辟为通商口岸,因此传教士的活动也较江苏其他城市频繁。传教士为了配合其本国实现文化侵略中国的政策,也纷纷把各教的教义与中国传统的儒家思想牵强地结合起来。如广学会掌门之一、基督教传教士林乐知声称:"五伦五常,吾教与儒教同重矣,儒教君子三戒与吾教上帝十戒旨有相同者。"①诸如此类的言论宣传,从而使得基督教在江苏、在中国获得了生存的空间并迅速传播。据 1931 年江苏全省户口统计,当时全省人口,男 16 893 285 人、女 15 301 095 人;耶稣教(基督教)徒,男 12 442 人、女 7 968 人,占全省人口的 0.063%。另据国民政府内政部调查,截至 1933 年 3 月,南京的耶稣教团体 17 个,其他地区 1 个。②如此众多基督教(耶稣教)信徒和教会团体,必然会导致宣传其教义的出版物大量印行。

19 世纪末 20 世纪初,江苏境内基督教出版机构如广学会和青年协会书局,出版的绝大部分图书都是以政府官僚、学生和普通读者为对象的。民国以后,为了配合当时出现的思想解放局面和民众对基督教态度的转变,江苏境内各基督教出版机构纷纷制定了新的文字出版计划。图书出版多以基督徒和受过教育的非基督徒为对象,题材内容则更加强调基督教道德与信仰方面。

广学会,1887 年成立于上海,是中国基督教中资格最老而且规模最大的出版机构。在其 60 多年的历史中,出版的图书、期刊和小册子总数超过 1 600 多种。广学会的早期出版物成为中国了解西方文明的主要来源。辛亥革命以后的几年里,广学会的社会声望处于低潮期,加之商

---

① 顾长声:《从司礼逊到司徒雷登:来华新传教士评传》,上海:上海书店出版社,2005 年,第 296 页。

② 《申报年鉴》1934 年,转引自钱文华等《论民国年间江苏的宗教出版物》,《江苏出版史(民国时期)学术讨论会文集》,南京:江苏人民出版社,1991 年,第 207 页。

务印书馆、中华书局等民族出版机构的崛起,占据了过去由广学会出版教科书和普通图书的市场份额。于是,广学会改变出版策略,集中力量出版宗教方面的读物。"20世纪一二十年代里,一些大型的宗教参考工具书,如《圣经辞典》《基督福音辞典》以及整套的《圣经》注释书籍都编译完成了;有关《圣经》研究、神学、护教学、教会历史、宣教学等方面的书籍也开始在广学会的出版计划中占据重要地位。"①北洋政府时期,广学会在北京、南京、奉天、西安等设立专门机构,编译出版大量宗教和时论性政治书籍,其中包括《共产主义之研究》《基督教与共产主义》等反对共产主义言论的书刊。20世纪30年代,广学会广泛地与其他基督教组织开展合作,实际上成为许多基督教组织或团体共同的出版机构。"五年运动"时期出现了宗教读物需求猛增的情况,为了向外寻求稿源,其还与南京金陵神学院签订了合作出版计划,后因抗战爆发而终止。抗战胜利后,广学会回迁上海。广学会出版政策发生变化后同样反映在新出期刊的种类上,早年出版的《万国公报》《成童画报》《大同报》《中西教会报》《教会公报》等5种刊物,因缺少读者和国外教会经费的支持,1917年前均先后停刊,代之以《女铎报》、《福幼报》、《道声》杂志、《女星》杂志、《紫晶》杂志、《平民半月刊》等。早期广学会的绝大部分书刊都是免费的,1912年大幅度扩充出版计划后,因没有自己的发行网络,主要靠邮发渠道来完成发行工作。为了提高发行量,广学会也经常性地发行宣传单、征订函和目录给各地传教士和教会传道人,并在各地知名报刊上刊登新书广告。如有赞助者,广学会也会向一些学校和公立图书馆免费赠送新版图书。

　　青年协会书局,1914年成立于上海,前身为中华基督教青年会书报部。1903年,中华基督教青年会在谢洪赉等人的帮助下,成立了编辑部(后称书报部)。谢洪赉(1873—1916年),字鬯侯,别号寄尘,晚年自署庐隐,浙江绍兴人。(图11-6)早年在东吴大学学习,曾供职于商务印书馆,是清末民初知名的中国基督徒、翻译家、著述家。一生写了20多

---

① [美]何凯立:《基督教在华出版事业》,陈建明、王再兴译,成都:四川大学出版社,2004年,第78页。

图 11-6 谢洪赉

本书,而且题材广泛,从《圣经研究导读》到《肺结核病的特点与治疗方法》,不一而足。"正如青年会年报(1917 年)编辑按语中对他的评价,在中华基督教青年会创建之初的那些年代里,没有哪一位能比得上他在文字出版事工方面的卓著影响。"①1922 年,青年协会书局出版发行的晏阳初主编的《平民教育千字文》,在短短的 5 个月里,就销售了200 多万册,在当时造成极大的影响。在1902 至 1951 年共 49 年经营期间,青年协会书局出版了《学塾月报》)(英文版,1896—1916)、《青年》(1909 创刊)、《进步》(1911 年创刊)、《青年进步》(1917 年 3 月《青年》、《进步》合并而成)、《同工》(1921 年创刊)和《消息》等 6 种期刊,出版图书 550 多种,以及少量的小册子。丛书的出版是该书局的一大特色。青年协会书局出版发行的丛书多达 20 余套,最大的一套"青年图书室丛书第一套"收入图书 50 多种,最小的一套"基督教作家丛书"仅 3 种。书局所有图书都经由青年会上海中心书店发往全国各地的城市青年会和基督教学生同盟。青年协会书局是一个完全由中国基督徒开办的出版机构,在当时基督教出版界中没有第二家可与之相比。

据何凯立统计,1915 年全国共有正在发行的基督教期刊 27 种,其中有 10 种是 1912 年以后新创办的。在新创办的 10 种期刊中,比较著名的有 3 种,即广学会出版的《女铎报》(1912—1950)和《福幼报》(1915—1950),以及金陵神学院针对中国牧师出版的《金陵神学志》(1914—1950)。上述三种著名基督教期刊都将其编辑发行总部设在上海。1922 年全国基督教代表大会上,中华基督教协会曾组织制定了详细的期刊出版计划,以满足非基督徒大众、基督徒群体和基督教同工三

---

① 〔美〕何凯立:《基督教在华出版事业》,陈建明、王再兴译,成都:四川大学出版社,2004 年,第100 页。

种读者的需求,可惜这项计划后来并没有落实到实处。1923 年至 1927 年间,基督教期刊领域至少出现过 26 种新的刊物,其中《文社月刊》(1922 年创刊)、《真理与生命》(1926 年创办于北京)。1927 年以后,大批传教士由于"非基运动"从中国撤离回国,江苏境内基督教期刊的出版数量明显下降。抗战爆发以后,江苏境内基督教期刊几乎都停办了。战后的恢复工作也艰难缓慢。[①]

《女铎》 初名《女铎报》,月刊,1912 年 4 月创刊于上海。美国传教士亮乐月(Miss Laura White)主编。(图 11-7)该刊的"目的就在唤醒中国的妇女,使她们起来要求'生命'和'自由'"[②]。栏目有家政、手工、普及教育、音乐、宗教、节制、小说、传记、儿童教育等,内容主要包括宣传基督教,传授家庭知识,关注妇女问题等。《女铎》1917 年发行量约 1 000 份,1925 年增长到 1 400 份,1947 年达到最高的 3 000 份。作为近代中国妇女期刊中出版时间最长的一份刊物,由于《女

图 11-7 《女铎》

铎》内容丰富,形式活泼,主体内容非常适合具有一定文化的女性读者和一部分年轻女基督徒阅读,在当时具有相当的影响力。

《金陵神学志》 原名《神学志》,1914 年 2 月创刊,南京金陵神学院主办。该刊 1932 年 14 卷起更名为《金陵神学志》,至 1950 年 11 月终刊,前后共出版 26 卷 2 期;初为季刊,自 1925 年第 11 卷起改为月刊,1936 年第 18 卷时改作双月刊,22 卷后曾一度停刊,1947 年复刊,仍为季刊。主要内容包括神学研究、教会史研究、经解、学习动态等,为中国

---

① 参见[美]何凯立:《基督教在华出版事业》,陈建明、王再兴译,成都:四川大学出版社,2004 年,第 216—218 页。

② 季理菲夫人语,转引自赵晓兰、吴潮:《传教士中文报刊史》,上海:复旦大学出版社,2011 年,第 326 页。

第十一章 民国宗教与少数民族文字书刊的出版

基督教唯一的神学刊物。

《福幼报》 月刊，1915 年 3 月创刊于上海。英国人季理菲夫人主编。该刊是以宣传宗教为主要内容的儿童刊物。广学会在阐述创办《福幼报》的意图时，是这样表述的："盖幼稚脑海中，空洞无物，若乘此时期设法用浅显文字将诸班关于知识道德之基本观念输入极易。且孩童于此时期所得观念之善恶，亦可谓是孩童能否造就之枢纽。"①其主要内容，一是直接的宣教文章；二是宗教故事、人物和名城；三是世俗类故事和寓言。《福幼报》共存续 37 年，发行量最高时达到 1.4 万份。"《福幼报》在启迪青少年的心灵方面堪称典范，与此同时它又间接地宣传了基督教基础知识和道德原则。该刊不仅走进了基督徒的家庭，而且在非基督徒家庭中也备受欢迎。它与商务印书馆出版的《少年杂志》和中华书局出版的《小朋友》一道被公认为中国三大著名儿童刊物。"②

《青年进步》 月刊，16 开本，1917 年 3 月由《进步》（1906 年 2 月创刊于上海）和《青年》（1911 年 11 月创刊于上海）合并而成，中华基督教青年会机关刊物。主编由原《进步》主编范子美担任。该刊最初每期正文部分约 52 页，广告约 10 多页，照片约 2 页，加上版权页、目录页共计 70 页左右。《青年进步》登载的宗教内容一般并不是直接的宣经布道，而主要是围绕基督教青年会展开，刊登更多的是非宗教文章，而且内容非常丰富："内容分为十门：一曰德育门。凡论宗教道德伦理哲学，有益吾人德性修养者，皆属焉。二曰智育门。凡政治理论，教育之本原，以及科学实业，皆属焉。三曰体育门。凡公众卫生，个人卫生，与夫病理之发明，及一切运动游戏之要则，皆属焉。四曰社会服务门。凡人事交际之要端，及改良风俗，励行慈善事业，皆属焉。五曰会务门。则所以发明青年会之宗旨与其办法，干事员之练习，以及其他，是也。六曰经课门。则所以阐明基督教之经义与教旨，是也。七曰通讯门。如城市青年会消息，学校青年会消息，个人消息，欧美会务消息，均入之。八曰记载门。

---

① 《广学会三十六周年纪念册》，转引自赵晓兰、吴潮：《传教士中文报刊史》，上海：复旦大学出版社，2011 年，第 334 页。

② ［美］何凯立：《基督教在华出版事业（1912—1949）》，陈建明、王再兴译，成都：四川大学出版社，2004 年，第 251 页。

如国内大事，国外大事，并捃拾时论之可采者，均入之。九曰杂俎门。有文苑、有笔记、有故事、有小说，均入之。十曰附录门。以新书绍介、来函答问综焉。”①合刊后的《青年进步》，既保持了《青年》的宗教与启蒙基调，也充溢着《进步》的学术与科学气息。

《文社月刊》 1925 年 10 月创刊于金陵神学院，由设在苏州东吴大学中华基督教文社主办，王治心主编。(图 11－8)其办刊宗旨就是要推动基督教的本色化和基督教文字作品的本色化，并鼓励国人阅读本色化的基督教文字作品。每期 80 至 100 页，主要内容为基督教文字事工，中国教会，基督教与政治和社会，基督教思想以及文学作品。刊物力主教会自立、自养、自传，摆脱外国教会的束缚和控制，提倡爱国，同情“五卅”惨案，反对不平等条约等，因此受到外国传教士和外国教会的反对。1928 年终刊。《文社月刊》尽管在推动本色化基督教文字作品方面有许多失败，但它在中国基督教运动中还是产生过一定的影响。它不仅自身代表了而且也支持了中国基督徒使基督教中国化的部分努力。《申报》曾经称赞《文社月刊》是中国基督教运动中最具权威性的刊物之一。②

图 11－8 《文社月刊》

除了上述基督教刊物，民国时期江苏境内出版的基督教刊物还有很多。如 1940 年金陵神学院出版的不定期刊物《乡村教会》，1940 年 12 月至 1947 年 6 月共出版 9 期，1947 年 9 月至 1950 年又出版 3 期；前 9 期中，1—7 期出版于成都，8—9 期在南京出版。1930 年美国霍尔提供基金建立的金陵大学中国文化研究所出版的《金陵学报》，由李小缘主

① 皕海：《青年进步发刊词》，《青年进步》1917 年 3 月第 1 期。

② ［美］何凯立：《基督教在华出版事业(1912—1949)》，陈建明、王再兴译，成都：四川大学出版社，2004 年，第 251 页。

编,1930 年至 1940 年间共出 10 卷、每卷 2 期,在宗教界、学术界有一定影响。此外,金陵大学还曾出版过《金陵光》《金陵团契》等刊物,南京灵修学院出版过《灵光报》《灵交诗歌》等,东吴大学出版过《东吴学报》《东吴团契》《东吴年刊》等。江苏的基督教团体也出版过一些神学刊物,如教会监理公会先后创办过以培灵、布道为宗旨的《信徒运动》《教友半月刊》和以开展抗非基督教运动为目的的《教保》等。但是,这个时期江苏一般的基督教期刊,其文章要么是传教士们自己通过从别的传教士编译的词典中学到的一点汉文写成,要么就是由传教士身边的那些一般来说素质不高的中国人用听写的方法翻译而成。语体虽然一般也采用白话文,但与汉语白话文"杰作"和合本《圣经》相比,其水平就显得粗糙多了。

朱一敬曾在《一个实验的乡村教会》一文中说:"基督教发荣滋长于中国,已一百三十余年,其目的在于宣传耶稣福音,完成救世大功。惟宣传福音方法有二:一为口头宣传,二为文字宣传。基督教出版事业,实为文字宣传之具体表现。"①很明确,基督教团体所创办的刊物、开设的印刷机构、印行的典籍和宗教教科书,都是为了宣扬教义,扩大教派在华的影响。总的来说,民国江苏境内基督教出版物的影响力不如 19 世纪晚期。19 世纪关于新知识的基督教出版物是西方文明向中国传播的主要媒介,如同文书会(后称广学会)的出版物在中国士绅阶层中广为流传,人们对其出版物求之若渴的态度几乎成了戊戌维新时期的显著特征。民元以后,随着商务印书馆、中华书局等民营出版机构的崛起,江苏境内基督教出版机构的市场份额日趋衰减,只能为教会群体出版宗教读物。所以,基督教出版机构在民国时期江苏出版业中所起的作用是很有限的。

与基督教相比,天主教在中国的传教策略上有一个很大的不同之处,就是传教士更加注重在中国农村地区的传教工作,主张整个村庄集体皈依以吸收大量的信徒,并与农村的风俗习惯和组织机构紧密结合起来,在培养教会的神职人员、教育事业、慈善及文化出版事业方面力求本

---

① 《金陵神学志》,转引自黄常伦:《谈民国时期的江苏宗教出版业》,《江苏出版史(民国时期)学术讨论会文集》,南京:江苏人民出版社,1991 年,第 196 页。

土化,使天主教在 20 世纪开头的 20 年得到迅速的发展。民国时期,天主教在江苏的传播进入发展时期,无论传教士人数、修会数量还是信徒人数、教堂数量等都呈现增长态势。据统计,1931 年江苏境内天主教男信徒为 32 176 人,女信徒为 28 840 人,占当时全省人口的 0.189 5%,①远比江苏基督教的信徒要多得多。但民国期间江苏天主教的出版物在数量上却远不及基督教。究其原因主要有三:一是在中国,基督教的出版活动比天主教要早 50 多年,基督教第一份刊物《中国丛报》创刊于 1832 年,而天主教的《圣心报》则创办于 1887 年;二是基督教出版物的内容不局限于宗教题材,对当时江苏的社会、经济、文化等有不同程度的涉猎,而天主教的出版物则以宗教内容为主;三是基督教出版物文字主要是中文和英文,而天主教出版物的文字比较多样,难以在江苏境内广泛传播。据统计,1938 年全国出版的天主教 152 种刊物中,发行量超过 1 000 份的仅 31 种,其中在江苏境内发行的只有 27 种,②而且发行量也不多。

民国时期,江苏境内著名的天主教刊物有《圣心报》和《圣教杂志》。创刊于 1912 年 1 月的《圣教杂志》,由上海天主教会主办。潘谷声、张渔珊、孔明道、张百禄、杨维时等先后主编,编撰班子主要由中国的神职人员组成。刊物设有谕旨、论说、近事、辨道、考据、答问、杂著、介绍等栏目,基本上登载的都是宗教性内容,读者对象"主要已是逐渐增加的受过教会学校教育的上海和全国各地的天主教知识分子"③,因此刊物突出其研讨主旨,具有较高的学术研究价值。《圣教杂志》发行范围几乎遍及全国各天主教会,甚至远达南洋欧美,发行量一般每期 2 000 至 3 000 份。后开设的《中国圣教掌故拾零》栏目,给后人留下了天主教在中国传播的重要历史资料。

此外,还有南京石鼓路天主堂印行的《益世周报》《文藻月刊》等,圣而公教会等印刷的《中国传教士》《现代问题丛书》《学习参考资料》等。石鼓路天主堂印行的刊物名义上是潘潮英、刘宇声等人主办,实际主办者是天

① 《申报年鉴》1934 年,转引自钱文华等《论民国年间江苏的宗教出版物》,《江苏出版史(民国时期)学术讨论会文集》,南京:江苏人民出版社,1991 年,第 207 页。
② 赵广军:《晚清民国时期福建省内宗教期刊初探》,《东南传播》2007 年第 11 期。
③ 阮仁泽、高振农主编:《上海宗教史》,上海:上海人民出版社,1992 年,第 712 页。

主教南京教区主教于斌。1937年,于斌随国民政府至重庆,1938年在贵阳接办了《益世报》,抗战胜利后回到南京继任南京教区主教,并先后创办《益世周报》《益世主日报》、益世出版社等,并在上海、西安、北平等地创办了《益世报》分支机构。于斌所办刊物内容都以宣传介绍天主教为主。《中国传教士》《现代问题丛书》等刊物,实际操纵者为梵蒂冈教廷驻中国公使黎培里,刊物的内容大多以拥蒋反共为主。简而言之,当时江苏地区各宗教的出版物较为兴盛,天主教的出版物虽然为数不多,但作为其组成部分,尤其是在推动中西文化交流方面,它们的作用仍是不可忽略的。

此外,1946年意大利人甘慰乐至南京,任意大利保禄会南京分会会长,1948年与白天真在下关大马路天宝里34号创办了保禄印书馆,后迁至马台街,专门印行天主教的有关书籍,以宣扬刊布天主教经书为主。保禄印书馆1953年因甘慰乐回国而结束。

第三节　民国伊斯兰教的出版活动

鸦片战争以后,中国沦为半殖民地半封建社会,内地回族人等伊斯兰信仰者经历了坎坷的历史道路。伊斯兰传统的实用科学技术失去了昔日的特殊地位逐渐被人们遗忘了,从明代开创的伊斯兰经堂教育的文化传统也渐形衰落。近代以振兴教门、振兴民族、振兴国家为主要内容的回族新文化运动的崛起,与近代中国新文化运动同步前进,客观上与近代伊斯兰世界的改良运动也是一致的,故而,它在伊斯兰教振兴和回族文化素质的提高上成绩是显著的。民国时期,借"五四运动"澎湃发展之势,伴随着"回族新文化运动"的发展和伊斯兰教研究的深入,以回族为代表的各地伊斯兰教的社团先后兴办了百种以上的刊物。"欲为中国全体回教谋教育普及"、"阐明学理,研究学术各宗旨"、"阐发教义,提倡教育,沟通文化,传达各地回民消息为主",是这些社团和刊物的主旨,从而使以回族穆斯林为主的文化觉醒达到一个新的高度。[1] 这一时期的

---

① 高占福:《伊斯兰教在中国的和平之路》,《中国民族报》2015年2月17日7版。

江苏,特别是 1927 年南京成为国民政府首都之后,集中了大量的中外伊斯兰教徒。据 1931 年江苏全省户口统计,男性回教徒 12 445 人,女性回教徒 11 258 人,共计 23 703 人,约占全省人口的千分之一。[①] 江苏境内的伊斯兰教社团为宣扬教义,满足文化层次不高的一般信徒需要,印行了大量字义浅显、通俗易懂的本教派的普及读物。同时出版了宣扬传播伊斯兰教的刊物。

以回族刊物发展为例,民初至 20 世纪 20 年代末创办的回族刊物有 30 多种,以天津(12 种)、北平(6 种)、上海(5 种)、昆明(4 种)居多。1931 年"九·一八"事变后,特别是 1937 年抗战全面爆发后,各地回族刊物纷纷创建,积极宣传抗日救国主张。1931 年至 1945 年间,共创办 90 种左右,其中北平 13 种、南京 11 种、重庆 9 种、上海 6 种。1946 年至 949 年则是回族刊物的回迁与终结时期。[②] 这个统计数据也大致勾勒出当时回族刊物发展的三个阶段。另据马博忠《民国时期中国穆斯林报刊统计表》所载,当时全国共有 270 种穆斯林报刊,其中中文期刊 249 种(解放区期刊 5 种),阿文期刊 4 种,日伪期刊 17 种。按地区划分,期刊数量前四名分别为:北平 54 种,四川 22 种,江苏 22 种,上海 21 种。[③] 在江苏,继 1920 年马哀陆在南京创办《南方日报》(又名《江南日报》)、1921 年 6 月童仁甫在镇江创办《三山日报》(1937 年停刊)之后,伊斯兰教的刊物如雨后春笋不断出现,名称各异但无重名,且大多以"清真""回教""伊斯兰"为核心词冠名。民国时期江苏境内出版的伊斯兰教刊物中较为著名的有以下一些。

《中国回教学会月刊》 1926 年 1 月创刊于上海,中国伊斯兰教综合性学术刊物,中国回教学会主办,沙善余主编。1927 年至 1929 年 9 月停刊,1929 年 10 月复刊并更名为《中国回教学会季刊》,仅出 1 期。刊物设有教义、论说、译著、史传等栏目。刊载阐释伊斯兰教义和以翻译

①《申报年鉴》1934 年,转引自钱文华等《论民国年间江苏的宗教出版物》,《江苏出版史(民国时期)学术讨论会文集》,南京:江苏人民出版社,1991 年,第 207 页。

② 参见答振益:《辛亥革命与民国时期回族文化运动》,《中南民族学院学报(人文社会科学版)》2001 年 11 月第 6 期。

③ 马博忠:《民国时期中国穆斯林报刊统计表》,《回族研究》2008 年第 4 期。

介绍国外伊斯兰学者的论文居多,也注重发表伊斯兰学术研究及经训介绍、教义教法研讨、伊斯兰教与基督教和摩尼教之比较研究、伊斯兰哲学与欧洲哲学之比较研究等方面的文章。从 1926 年 6 月份起开始连载哈德成、伍特公和沙善余合译的汉语白话体《古兰经》前 3 卷,还连载了阿米尔·阿里著《阿拉伯简史》(又译作《大食国简史》),对近现代伊斯兰革新思潮的研究动态亦有所介绍。此外,也发表过一些伊斯兰文学作品及中国回教学会会务活动情况的报导。该刊印刷量每期 3 000 份,面向全国穆斯林发行。

《天山月刊》 1934 年 3 月创刊于南京,综合性边疆史地类刊物,艾沙、安文惠、胡达训等主编,广禄发行。原名《边铎》,为半月刊,1934 年 10 月更名为《天山》,其封面印"天山"刊名,内页印有"天山月刊"字样。1935 停刊。1946 年复刊后更改刊名为《天山月刊》,1948 年再次停刊。《天山月刊》作为中国伊斯兰教边疆史地类刊物,专门介绍民国时期新疆政治、经济、历史、地理等状况,"期以文字宣传,发生启瞶",以"唤起国人之注意与同情,促进边民之团结与内向",最终达到"固疆御侮"①和"共为建设光明灿烂之新中国的目的"②。刊物对 20 世纪中期新疆与外国交流联系的研究和报道,为国人认识新疆和研究探索解决新疆问题开辟了窗口,同时也为我们研究民族文化史、民族教育、民族关系、民族和边疆地区经济开发等保存了珍贵的原始资料。

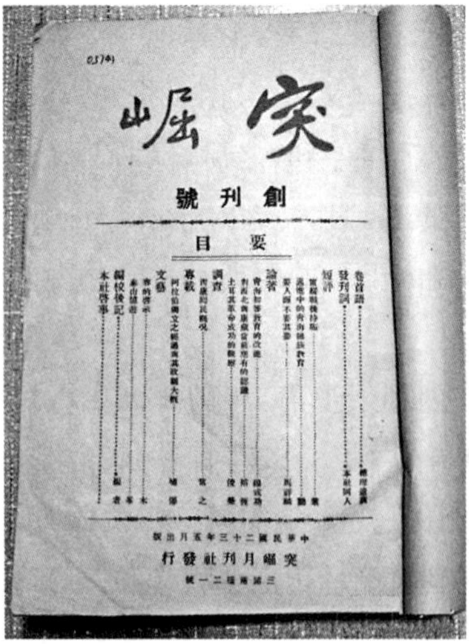

图 11 - 9 《突崛》

《突崛》 月刊,南京中央政治学校附设的蒙藏班(1933 年 7 月改国立南京蒙藏学校)回族青年学生穆建业、穆成功于 1934 年 5 月创办,马继周、马成智、马建业等人相继担任主编,由

---

① 《创刊词》,《边铎》1934 年创刊号。
② 《写在前面》,《天山月刊》1947 年第 1 期。

《突崛》月刊社发行。(图 11-9)其办刊宗旨是:唤醒中国回民,阐扬回教教义,倡导回民教育,联络回教民族。对于边疆问题,特别是甘宁青回民教育问题格外关注。开设的栏目有《论坛(评论)》《论著》《教务》《调查》《叙述》《转载》《通讯》《文艺》等。根据形势的需要,《突崛》还曾编辑出版《中国回民教育专号》《回教青年问题专号》《新疆回族专号》《战时特刊》《伊斯兰青年之呼声》等。据金式如统计,至《突崛》创刊 10 周年之际,共发表伊斯兰教义稿件 21 篇,回族等穆斯林教育类 96 篇,学术类 17 篇,回教名人事略 15 篇,回教社会问题 173 篇,国内回族社会调查类 72 篇,国外穆斯林社会运动类 41 篇,讨论国内回、汉问题稿件 11 篇,一般回族社会问题类 95 篇,回族史类 7 篇,通讯稿件 24 篇,其他 100 余篇。① 刊物以纯正的立论、坚定之立场、正义之呐喊,作为回族等穆斯林喉舌赢得了读者及社会各界的赞誉。抗战爆发后,《突崛》编辑部随校先后迁往庐山、芷江、重庆等地,刊物常因故无法按时出版,抗战胜利后回迁南京。1948 年“国立南京蒙藏学校”停办,《突崛》也随之停刊。《突崛》创刊初期,经费主要由国民党西北骨干马鸿逵、马步芳资助,每期发行 1 500 份左右,其中赠送国民政府各部门及各省市文化机关 250 份左右。

《晨熹》 回族伊斯兰教学术性刊物,1935 年 1 月创刊南京下浮桥清真寺,晨熹社主办,刘伯余、李虞宸等主编,刊物初创时为旬刊,自第 2 卷起改为月刊,出至第 3 卷第 6 期后因抗战爆发停刊。其办刊宗旨是:“唤醒回教同胞一致参加革命,并欲唤起国外回教信徒与我们作同情携手! 不但欲激发国内民众同舟共济的决心,并欲作三民主义与回教文化融成一片的媒介者。”刊发“关于党义之论著;关于边疆或学术上之专门论著;关于政治、经济、国际、文化、教育、社会问题之论文;土耳其及亚非各回教民族之各种专论;中国边疆及回教消息;关于回教教义之论著或翻译;文艺作品、诗歌、小说、游记等;名人事迹及回教建筑考证;时事、风景、边情、各地回教名建筑艺术作品等照片”②。刊物设有《评论》《著译》

---

① 金式如:《春风十度话〈突崛〉》,《突崛》1944 年第 67 期。
②《开场白》,《晨熹》1935 年创刊号。

《旬间边事》《时事日志》《要闻一束》《国内外回教要闻》《文艺》等栏目。《晨熹》内容丰富,为研究民国时期回族文化史、教育史、学术史等保存了珍贵的资料,具有鲜明的特点和价值。它是近现代中国回族伊斯兰报刊出版期数较多的刊物之一,与其他同时代回族伊斯兰报刊波动特点明显相比,其显现出的持久性与稳定性异常突出。① 该刊发行范围较广,除穆斯林个人订阅外,学校、图书馆及机关团体也多有订购。

《回教青年》 月刊,1936 年 4 月创刊于南京,石觉民、周扬阁等主编。原名《回教青年月报》,社址设在南京建康路 31 号净觉寺,曾先后刊行 16 期。刊物自称"以阐扬三民主义、宣达中央德意、沟通回汉情感、传递边地消息、发扬回教真义、灌输回民知识为宗旨"②,大力宣传抗战。刊登的文章内容比较广泛,包括边地及各地回民之消息、教义及各种常识之释疑、回教史传之介绍、回民生活之调查等。该刊辟有《论著》《教义》《教史》《调查》《时评》《译作》《各地教闻》和《文艺》等栏目。登载过白寿彝的《中国伊斯兰之发展》、杨志玖的《释阿訇》及有关西北伊斯兰教派的论著和调查。1937 年 7 月该刊迁至兰州,1938 年 8 月至 1946 年另起卷期号,1946 年 5 月回迁南京,并出版"还都号",次年 9 月停刊。

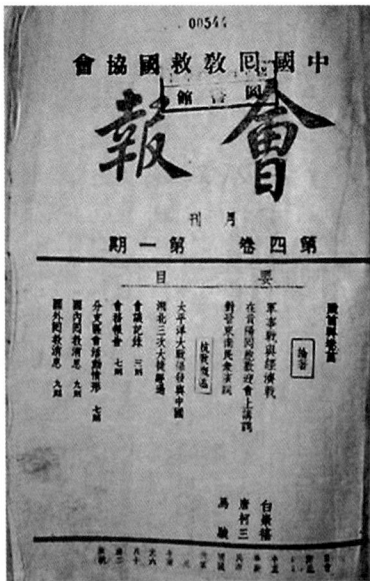

《中国回教协会会报》 中国回教协会主办的机关刊物。(图 11-10)其前身为 1938 年 1 月中国回教救国协会创办的《中国回民救国协会通告》,1939 年 7 月因中国回民救国会改组为中国回教救国会,遂更名为《中国回教救国协会会刊》,同年 10 月改名为《中国回教救国协会会报》。1943 年随着

图 11-10 《中国回教救国协会会报》

---

① 白贵、金强:《中国近现代回族报刊波动现象浅析》,《回族研究》2008 年第 4 期。

② 江苏省地方志编纂委员会:《江苏省志·出版志》,南京:江苏人民出版社,1996 年,第 280 页。

中国回教救国协会更名为中国回教协会，刊物也相应更名为《中国回教协会会报》。其办刊宗旨为：提高教胞国家与民族意识，宣传鼓动抗战，阐扬教义，推动教务，介绍有关伊斯兰教及穆民情况。内容除动员回民抗战、报道国内抗战动态及救国协会、各地分支会活动以外，还开设有古兰圣训、论著、短论、会议记录、会务报告、抗战消息、宣传资料、调查通讯、国内外消息及伊斯兰名人介绍等。社址最初社在重庆张家花园62号，抗战胜利后迁至南京太平路310号。[①]"会报"为民国时期在回族社会最有影响、发行量最广、办刊时间较长的综合性刊物之一，应抗战而生，一直坚持到1948年10月，中间虽有几次更名，但办刊宗旨始终如一，对研究20世纪三四十年代回族社会及抗战动态具有很高的史料价值。

此外，还有1921年出版的《清真月刊》（上海环球清真青年会主办，尹光宇主编），1924年创办于上海的《回光》（左东山主编），1925年出版于镇江的《清真月刊》（镇江清真寺主办），1925年创办于南京的《穆友月刊》（油印本，穆友社主办），1926年创办于上海的《中国回教学会月刊》（中国回教学会主办，沙善余、伍特公主编），1931年出版于六合的《灿烂》（常厚孝、达养吾主编），1934年创办于南京的《文化周刊》（杨松友主编，后更名为《古兰日报》），1936年南京出版的《中国回教教育促进会会刊》（不定期，王曾善、周仲仁主编）、《边疆》（半月刊）、《大路月报》（金岩奎主编）、《中国回教青年学会会报》（不定期，王曾善主编），1945年创办于南京的《西北通讯》（半月刊，马振武主编），1946年5月南京出版的《回民青年》（不定期，回民青年会主办），以及1947年出版的《武进回光》（月刊，回协江苏武进支会主办）、《回民青年》（不定期，江苏六合回民青年会主办，王作彬、常志远主编），等等。[②] 可以说，江苏民国时期出版的伊斯兰教刊物，虽然创办的时间有先后，存在的时间有长短，内容设置有差别，但都不同程度地介绍了中外伊斯兰教的历史及各地穆斯林概况，发表了不少有关回族青年教育的文章，宣扬了爱国与爱教的一致性，在开展伊斯兰文化交流、振奋民

[①] 参见丁明俊：《近代回族报刊的时代特征》，《回族研究》2017年第1期。
[②] 参见马博忠：《民国时期中国穆斯林报刊统计表》，《回族研究》2008年第4期。

族精神等方面起到了积极的作用。

当时的江苏境内,扬州中国回教经书编译所的创始人刘彬如、花汝舟对传播伊斯兰文化之功尤甚。刘彬如(1882—1970 年),阿訇,原籍江苏六合,生于扬州。幼年就读于私塾,随父亲刘思德学习伊斯兰教经典。1903年,结识哈德成阿訇,共赴镇江山巷西大寺求学。1906 年,负笈河南清化镇,师从刘玉镇。宣统末年挂幛穿衣,在六合等地担任阿訇。1913 年,任上海穿心街清真寺阿文教员。1918 年,参与成立上海协兴实业公司。1925 年,与哈德成等在上海创办中国回教学会,当选为干事。1919 年,与扬州穆斯林高间丞等合资开办清真德昌酱园。此后,致力于扬州伊斯兰文化的宣扬和改良活动。《南华文艺》和北新书局侮教案发生后,联合当地文化人士创办中国回教经书编译所,从事《古兰经》的翻译工作。1936年,响应中华回教公会的号召,发起成立中华回教公会江都支会,并被推选为筹备会主任。此后主要从事伊斯兰教社团、穆斯林教育和文化复兴活动。花汝舟(1904—1992 年),扬州人,早年积极参与扬州伊斯兰文化活动,并参与创办马监巷清真寺所属回民文化传习所。中国回教经书编译所成立后,与刘彬如等人翻译《古兰经》,主要负责穆罕默德·阿里英文本《古兰经》注释的翻译。1936 年,受中华回教公会江苏分会的委托,发起组织扬州回教支会。此后,致力于扬州穆斯林文化教育活动以及医疗教学工作。刘、花二人的《汉译古兰经》主要参照了姬觉弥的《古兰经》汉译本,前三卷(第一册)翻译完成后,1935 年 2 月由中国回教编译所刊行,向热爱伊斯兰文化的读者免费赠送,并在《月华》旬刊、《人道》月刊、《伊斯兰学生杂志》上刊登了《印赠汉译古兰经附阿里提要》的广告。后因译本错误较多,受到江都回教礼拜寺联合会暂缓发行的通告,要求译者修订后再行印刷发行。刘、花二人接受了联合会的建议,着手修订,是否重新印刷不可得知。"刘彬如、花汝舟的《汉译古兰经》是中国近代穆斯林《古兰经》翻译的重要组成部分,虽然该译本遭到外界的阻力而影响有限,但是在近代扬州伊斯兰教发展史上具有重要的文化地位。"①

民国时期,江苏伊斯兰教专门的出版机构几乎没有,为便于穆斯

---

① 马景:《被遗忘的〈汉译古兰经〉》,《中国伊斯兰》2015 年第 3 期。

林购置经书刊物，一些地方建立了极少的经书流通机构，如上海协兴实业公司（1918年）、中国回教书局（1928年）、扬州中国回教经书编译所（1934年）等，但对伊斯兰文化在江苏境内的传播起到了很大作用。

第四节　民国少数民族文字书刊的出版

我国早期的少数民族文字书刊的出版，主要集中在内蒙古、西藏、东北、新疆等几个少数民族集聚地区。1911年辛亥革命爆发，清政府解体，中华民国成立，使国内民族关系发生了新的变化，各族人民进一步加强了联系和团结。《中华民国临时约法》中明文规定："中华民国人民一律平等，无种族、阶级、宗教之区别。"在意识形态和法律上确立了"民族平等"的原则，一定程度上消除了中央集权统治时代民族歧视和民族压迫政策的影响。同时，《临时约法》也明确了"人民有言论、著作、刊行及集会、结社之自由"，对民国时期新闻出版事业给予了法律的保护，某种程度上也促进了少数民族文字出版工作的发展和繁荣。

民国以前，江苏少数民族文字的出版几乎为零。民国以后，特别是1927年南京国民政府成立之后，江苏境内才涌现出以蒙藏文为主的少数民族出版物。1928年7月，南京国民政府设立蒙藏委员会筹备处，替代原北洋政府蒙藏院的职责，1928年12月正式成立。蒙藏委员会是南京国民政府设立的专门管理蒙古、西藏、青海、西康以及新疆等边疆地区涉及少数民族事务的中央机关，隶属行政院，下设蒙事处、藏事处、编译室、调查室等10多个职能部门。会内另设蒙藏文研究会、编译委员会、学术研究会等非建制机构，还有驻北平办事处、西康通讯社、蒙藏周报社、直属蒙藏学校、边疆政教制度研究会与《边疆通讯》等直属机构。

其中，编译室是蒙藏委员会的信息收集和宣传部门，主要职责"1.编撰关于蒙藏各种文书；2.本党主义政纲适合蒙藏情事者摘要译为蒙藏文；3.选择关于蒙藏之外国文书著作译成国文或蒙藏文；4.编制蒙藏地图及其他图表;5. 审查会外各项编译文书"①。此外,为弥补会内编译力量的不足,蒙藏委员会制定了《蒙藏委员会会外编译规则》和《蒙藏委员会会外编译细则》,鼓励会外人士编译蒙藏的著作和各国书籍。会外编译的主要内容:"1. 关于蒙藏之政教风俗人情历史文化以及交通农矿工商垦牧而自为著述者。关于前项之外国文蒙藏文而译为国文者。"1933 年时,编译酬金为:甲等 5 元/千字,乙等 3 元/千字,丙等 2 元/千字。并规定译著的版权归蒙藏委员会所有。② 蒙藏委员会编译室除编译国民党的宣传品外,还编译了《水与疾病》(汉蒙藏回四种文字对照)、《肠胃病》(汉藏文对照)、《花柳病及其预防方法》(汉蒙文对照)、《疟疾的危害及其防止》(汉藏文对照)等医疗卫生方面的宣传册。

此外,非建制机构的编译委员会,其职责是传布政令和介绍学说。1928 年 5 月公布的《蒙藏委员会编译委员会规则》,委员组成:"1. 本会聘任或委派之编译员;2. 本会派充之委员或职员;3. 本会聘请之编译委员。""前条各员由委员长就具有左列各一者聘任或派充之。1. 精通蒙文及国文者;2. 精通藏文及国文者;3. 精通外国字之一种及国文者。"编译委员会下设蒙文、藏文、外国文、图书四股。1930 年 2 月,蒙藏委员会第四十七次常会会议决议与调查委员会一并撤销。③ 期间,编译委员会出版了一些蒙文或蒙汉合璧的宣传品,如《实行训政宣传大纲》《中国今后政治设施之标准及趋向》《蒙藏同胞对于司法应了解的几个要点》等。

《蒙藏旬刊》,时事综合性刊物,蒙藏委员会 1931 年 9 月创办于南京,《蒙藏旬刊》社印行。其前身为 1929 年 9 月出版的《蒙藏周报》。上翻式装订,16 开,石印本,以蒙藏汉三种文字出版,主要读者对象为广大蒙藏同胞。《蒙藏旬刊》立足于以孙中山三民主义思想向广大蒙藏同胞

---

① 《蒙藏委员会编译员室办事细则》,徐百约:《中华民国法规大全》第 1 册,上海:商务印书馆,1936 年。

② 参见谢海涛:《南京国民政府蒙藏委员会机构述略》,《北方民族大学学报(哲学社会科学版)》2012 年第 4 期。

③ 参见谢海涛:《南京国民政府蒙藏委员会机构述略》,《北方民族大学学报(哲学社会科学版)》2012 年第 4 期。

宣传中华民族当前的危机和帝国主义侵略者的本质,宣传只有实行三民主义才能救蒙藏同胞的政治主张。刊物一方面报道国内外大事和蒙藏重要消息,另一方面选载有价值的讲演论著、评论以及蒙藏地方文艺和通信,主要包括社评、言论、蒙藏时闻、国内纪要、国外纪要、一旬大事日志、党义、调查、专载、大漠等栏目和内容。其内容主要体现了国民党的政治主张,对象主要针对蒙藏王公、喇嘛等上层社会和少数文人,反映蒙藏普通牧民、平民百姓生活的文章较少,因而也就失去了广大生活在底层的少数民族读者。虽然如此,它仍然是 20 世纪 30 年代具有一定的民主思想和启蒙意义的进步刊物。1933 年 7 月至 1933 年 12 月,更名为《蒙藏半月刊》;1934 年

图 11-11 《蒙藏月报》

至 1948 年停刊,改称为《蒙藏月报》。(图 11-11)抗战期间曾迁往重庆,1945 年迁回南京。

1928 年冬,蒙古代表团获准在南京设立联合驻京办事处,出版了《蒙文报告》(周刊)。1930 年 10 月改为《蒙古周刊》。该刊为 16 开铅印,初为旬刊,后改为周刊,以蒙汉文字出版。主要栏目有:《蒙事纪要》《党义》《时事要闻》《法令》《蒙文研究》《蒙事商榷》等。由于其办刊宗旨为"改进蒙事之希望","传布国民党主义政纲及中央法令及蒙古地方","报告蒙古地方过去现在之情况于中央,内地各省;揭露各方对蒙古文蒙事之改进意见及办法,以谋求正当之解决",因而在国民党要员及蒙古族上层人士中颇有影响。①

此外,1933 年成立的南京蒙藏政治训练班,编辑出版了《蒙藏委员会蒙藏政治训练班季刊》;南京蒙藏学校创办了《蒙古前途》(蒙汉合璧)

---

① 白润生主编:《中国少数民族新闻传播史》,北京:民族出版社,2008 年,第 77 页。

月刊,后更名为《现代蒙古》。

　　民国时期,江苏境内还出现过一些从事民族文字翻译的出版机构。1921年1月,李东辉在上海创办了朝鲜文印刷厂,翻译出版了《共产党宣言》《我们无产阶级前进的方向》《劳动组合读本》等书籍,以及《曙光》《共产》《晓钟》《新世界》等刊物。1930年,特穆格图将1923年创办的蒙文书社从北平迁至南京,专门承印教育部、蒙藏委员会和蒙古各旗联合会驻京办事处的蒙藏汉文书刊、公文和教科书,1934年停业。在近十年的时间里蒙文书社共出版各类图书60多种、10万余册,在近代蒙古文化出版事业史上写了辉煌的一页。①

---

① 内蒙古社科院历史所:《蒙古族通史》(下卷),北京:民族出版社,2001年,第486页。

附录一　江苏出版史大事记(民国时期)①

1912 年(民国元年)

1 月 1 日　陆费逵、戴克敦、陈寅、沈颐等在上海创办中华书局,陆费逵任局长。

1 月 19 日　南京临时政府教育部颁行"普通教育暂行办法",改称学堂为学校,初小男女可同校,要求教科书符合民国宗旨,旧教科书和小学读经科一律废止。

1 月 29 日　南京《临时政府公报》创刊,4 月 4 日终刊,共出 57 号。

1 月 30 日　中华书局创办《中华教育界》月刊,王涛主编。

2 月 19 日　南京临时政府教育部批准上海书业商会请将旧教科书修正应用。

3 月 2 日　南京政府内务部公布《详定暂行报律》。次日,上海《申报》《新闻报》《时报》《民立报》等 11 家报馆致电孙中山表示反对,孙中山立饬内务部取消。

上海罗迦陵出资,邀请黄宗仰在爱俪园频伽精舍主持校勘《大藏经》,委托中国图书公司印行,历时 4 年竣工,共计 1 916 部、8 416 卷、440 册。

6 月　《真相画报》在上海创刊,旬刊,16 开本,高翁编辑,1913 年 3

① 大事记主要在宋原放《近现代中国出版大事年表》(宋原放:《出版纵横》,上海:上海人民出版社,1998 年,第 229—505 页)、李瑞良《中国出版编年史》(增订版)、刘则先《苏北解放区新闻出版大事记(1940 年 10 月至 1949 年 10 月)》《《江苏出版史志》1991 年第 1 期)、《江苏省志·出版志》等基础上编制而成。

月 1 日终刊,共出 17 期;上海国粹学报社开始出版邓实编辑的《古学汇刊》,至 1914 年 8 月为止,共出 12 编、24 册。

8 月 1 日　平民共济会在上海创办《生活》杂志,半月刊、月刊,主要撰稿人有康心孚、陈布雷等,共出 14 期。

《数学杂志》在南通创刊,崔朝庆主编,共出 2 期。

9 月　北京政府教育部公布《审定教科用图书规程》,全文 14 条。其中规定:各书局之小学、中学、师范学校教科书出版前,须将印本或稿本及定价,呈请教育部审定;已经审定者在《政府公报》上宣布,并可在书面载明"某年某月经教育部审定"字样。民国三年(1914)公布《修正规程》,主要增改为:送审的印本或稿本统一为样本;已审定图书,有效期为 5 年。

11 月 4 日　江南制造局决定在年年底将翻译、图书等 13 处一律裁撤。

是年,中华民国第一个《学校系统令》公布,史称壬子学制。

蔡元培、吴敬恒、汪精卫、李石曾等人在上海组织世界社,"合旅欧教育事业与国内传布事业为一团",以"促进教育之普及"。

神州国光社开始出版邓实、黄宾虹编辑的《美术丛书》,共 4 集,收历代美术论著 257 种。

商务印书馆增设博物部,制作标本模型;又设铁工制造部,制造印刷机器和理化仪器;始用电镀铜版和轮转印刷机。

申报馆始用平台双轮转印刷机。

1913 年(民国 2 年)

1 月　中华书局开始出版"新学制教科书",依照上年教育部公布的新学制,分初等小学 3 种、高等小学 6 种。这是民国成立后最早出版的新制教科书。

汪孟邹在上海创办亚东图书馆。

2 月　《孔教会杂志》在上海创刊,月刊,陈焕章主编,共出 13 期。

3 月 22 日　《不忍》月刊在上海创刊,康有为主编,广智书局印行,1914 年 11 月出至第 8 期后停刊。1917 年 12 月复刊,仅出第 9—10 期合刊一册。曾刊载康有为《大同书》部分内容。

5月1日 《中华实业丛报》在上海创办,月刊,吴敬恒等发起,汪文博编辑,次年10月停刊,共出17期。

江苏省教育会在上海创办《教育研究》,月刊、季刊,王朝阳编辑,1931年12月停刊。

6月 上海书业商会分别呈请教育部、外交部、工商部拒绝参加中美版权同盟。

12月 时事新报馆编辑出版《时事汇报》,月刊,共出6期。

是年,北京政府教育部逐步修改完善壬子学制,确立壬子——癸丑学制。

中华书局迁至东百老汇路AB29号,资本增至60万元,陆费逵赴日考察,聘范源濂为编辑长,沈志方任副局长。

商务印书馆开始用汤姆生自动铸字炉,并开始经营西书。

1914年(民国3年)

1月1日 中华书局创办《中华小说界》,月刊,沈瓶庵编辑。1916年6月停刊,共出30期。

1月6日 商务印书馆与日本金港堂签订日方退股的协议。10日登报公告,该馆"为完全国人集资营业之公司","已将外国人股份全数购回"。至此,该馆增资到180万元,各地分设机构30处,成为当时规模最大的私营出版业。

1月10日 商务印书馆总经理夏瑞芳在河南路发行所门前被暗杀身亡,由印有模(锡璋)接任总经理。

1月 北京政府临时大总统袁世凯命令各省,"如有散布或售卖该乱党(国民党)各种印刷文件",从严惩办。

北京政府教育部颁布修正审定教科用图书规程。并饬学校及各书坊,中小学修身及国文教科书采取经训,"务以孔子之言为指归"。教育部设立教科书编纂处、教科书编纂纲要审查会及教授要目编纂会。

4月 北京政府颁布"报纸条例"。条例规定内容包括日报、不定期刊、周刊、旬刊、月刊和年刊。次年7月10日,又加修改。1916年7月,黎元洪下令废止。

5月25日 国华书局在上海创办《小说丛刊》,月刊,吴双热、徐枕亚编辑,共出 44 期。

6月6日　中华图书馆在上海创办《礼拜六》,文艺周刊,钝根(王晦)、剑秋(孙炯)编辑。该刊以消闲、游戏为宗旨。1916年4月出至第100期后停刊。1921年3月19日复刊,周瘦鹃、钝根编辑,共出200期。

7月20日　商务印书馆创办《学生杂志》,后更名《学生月刊》,朱元善编辑,1921年至1926年由杨贤江编辑。

10月　上海经世文社编辑出版《民国经世文编》,共40期,石印。

新华书社在上海创办《眉语》,月刊,高剑华编辑,1916年停刊,共出18期。

12月5日　北京政府颁布《出版法》,共23条。其中规定:凡用机械或印版及其他化学材料印刷之文书图画出售或散布者,均为出版。出版物发行时,应事先禀报和送交警察官署,并向内务部备案;出版物不得淆乱政体,妨害治安、败坏风俗,煽动包庇罪人,揭载军事、外交等机密,攻讦他人阴私、损害名誉等,以及违反以上规定的各种处罚。1926年1月29日,经社会各界强烈要求,段祺瑞下令废止此法。

是年,上海总商会议董印有模,向全国商会联合会提议,请求呈转司法部通令各省严办翻版,得到司法部的批转。

新闻报馆始用美制"巴德式"双层轮转印刷机。

商务印书馆始创制教学幻灯片。

1915 年(民国 4 年)

1月20日　中华书局创办《大中华》月刊,梁启超主撰并作发刊词。

中华书局创办《中华妇女界》月刊、《中华学生界》月刊。

中国图书公司和记创刊《小说海》,月刊,黄山民主编,共出36期。

3月　《国学杂志》在上海创刊,月刊,倪羲抱主编,国学昌明社发行,共出8期。

4月　有正书局创办《滑稽时报》,月刊,时报馆编辑。

5月5日　商务印书馆创办《妇女杂志》,月刊,王莼农主编。

6月8日　北京政府内务部命令查禁《救国急进会宣言》、《救亡根本谈》、《纪念碑小说》以及《中国白话报》等报刊、小册子。

8月1日　文明书局创办《小说大观》,季刊。包天笑主编,1921年

6月停刊,共出 15 期。

9月15日 《青年杂志》在上海创刊,月刊,陈独秀主编,上海群益书社出版。次年9月第二卷起改名《新青年》,迁北京出版。

10月 商务印书馆出版《辞源》,陆尔奎、高凤谦、方毅主编,收词10万条,是中国新式辞书的开端。

11月7日 北洋政府颁布《著作权法》,分5章45条,其中规定:文书、乐谱、图片及其他文学艺术美术等著作物,依本法注册专有重制之利益者,为著作权;著作权归著作人终身享有,死亡后,其继承人享有30年;著作权经注册后,遇有他人翻印仿制假冒时,得提起诉讼,侵害者应赔偿损失等。

12月 中华书局出版《中华大字典》,徐元浩、欧阳溥存、汪长禄主编,收字4.8万,400万言。

是年,赵南公在上海创办泰东图书局。

中华书局改组为股份有限公司,增资100万元,文明书局及所属进步书局并入;徐元浩开始主持编纂《辞海》。

徐枕亚、徐天啸在上海创办清华书局,出版《玉梨魂》等书。

商务印书馆聘请陶子麟创制仿古活字,数年后刻成1号、3号各一副;始用彩色胶印机,聘请美国技师指导;始办函授学社。

1916 年(民国 5 年)

1月 中华书局开始出版《新式教科书》,新制、新编两套小学教科书订正发行。

4月 北洋政府教育部颁布《修正审查教科书规程》。

5月 广仓学窘出版《学术丛编》,月刊,王国维主编,共24册,后来编印为"广仓学窘丛书"甲类,又称"学术丛书"。同时出版《艺术丛编》,双月刊,邹景叔主编,共24册,后来编印为"广仓学窘丛书"乙类,又称"艺术丛书"。

6月 中华书局静安寺路哈同路总厂建成,占地40多亩,设总办事处及编辑所。

7月 北洋政府内务部通知先前查禁的上海《民国日报》《中华新报》《爱国报》《救亡报》《中国白话报》《时事新报》等报刊予以解禁。

9月 中华书局出版梁启超手定《饮冰室全集》,共 48 册。

商务印书馆开始出版孙毓修辑印的《涵芬楼秘籍》第 1 辑,共 10 辑、51 种、80 册,1921 年 4 月出齐。

中华书局棋盘街总店建成,增资 200 万元,分局增至 40 处,职工 2 000 多人。

12月 商务印书馆出版徐珂编纂的《清稗类钞》,共 3 500 多条,300 多万字。

是年,吕子泉、王幼堂等人在上海创办大东书局,以出版中小学教科书、法律、国学、社会科学、文艺图书和儿童读物为主。

商务印书馆编印《小学实用教科书》,印行通俗教育画。

上海医学书局出版丁福保编辑的《全汉三国晋南北朝诗》,54 卷、20 册,共收作者 700 多人。

文明书局创办《小说画报》,月刊,包天笑主编。

朱芝轩始编图画书出版。

1917 年(民国 6 年)

3月1日 《太平洋》在上海创刊,月刊,李剑农、杨端六先后主编,泰东图书局发行。第 2 卷起改双月刊,由商务印书馆发行。1924 年 3 月迁至北京出版。

3月24日 商务印书馆印刷、排字工人 200 多人反对无理解雇工人,为争取结社、集会自由举行罢工。三天后,中华书局工人参加,共计 700 多人参加罢工。

6月1日 中华书局创办《小说画报》,月刊,包天笑编辑,钱病鹤作画,沈志方发行 1920 年出至 23 期后停刊。

11月15日 中华职业教育社在上海创办《教育与职业》,双月刊,第 17 期起改为月刊,32 开本,后改为 16 开本,蒋梦麟、邹韬奋先后主编,1925 年 11 月 30 日停刊,共出 70 期。

是年,商务印书馆出版《植物大辞典》,杜亚泉主编,蔡元培作序,为我国第一部专科辞典。

沈知方离开中华书局,以广文书局为基础,创办世界书局。

丁辅之、丁善之兄弟创制聚珍仿宋活字。

1918 年（民国 7 年）

1 月　上海灵学会刊行《灵学丛书》，俞复任编辑主任，陆费逵、丁福保协助，曾发表严复《论灵学的信》，1920 年 9 月停刊，共出 18 期。

3 月 4 日　《时事新报》创办《学灯》副刊，宗白华、俞颂华、李石岑、郑振铎先后主编。周刊、三日刊、二日刊、日刊。1926 年 9 月 16 日起，增辟《文学旬刊》《社会主义研究旬刊》，1925 年 12 月停刊。

3 月 20 日　梁冰弦在上海创办大同书局。

8 月中旬　上海生生美术公司出版《世界画报》，孙雪泥、丁悚先后编辑，1927 年出至 53 期后停刊。

商务印书馆出版徐宝璜编著的《新闻学》，蔡元培作序，是中国第一部新闻学著作。

10 月　上海交通图书馆出版周剑云编辑的戏剧刊物《鞠部丛刊》。

11 月 23 日　北洋政府教育部公布《注音字母表》，为近代以来官方颁布的第一个文字改革方案。

是年，北洋政府教育部第一次公布重新审定之教科书，将前所审定之教科书重新发表。

南京农业学校中华农学会创办《中华农学会丛刊》，1928 年更名《中华农学会会报》，1948 年停刊，共出 190 期。

南京商务印书馆编印尹昌衡撰《止园丛书》第 1 集。

商务印书馆设活动影戏部，1918 年至 1926 年间拍摄戏曲片、教育片、新闻片数十部。

柳蓉春在上海创办博古斋，影印《百川学海》《津逮秘书》《士礼居丛书》等丛书。

陈琰在上海创办古书流通处，影印《知不知足斋丛书》《章氏丛书》等，1927 年歇业，存书售于中国书店。

孙毓修撰成《中国雕版源流考》，分 10 篇，内容以雕版印刷为主，兼及活字、造纸、装订等，记述雕版印刷源流和历代官刻坊刻、家刻情况，是近现代第一部版本学专著。

1919 年（民国 8 年）

2 月　新教育共进社在上海创办《新教育》，月刊，蒋梦麟等人编辑。

1921年12月起,由中华教育改进会主办。1925年10月停刊,共出11卷52期。

4月20日　教育部国语统一会成立,张一麐任会长,吴稚晖、袁希涛任副会长。

5月　北洋政府通令查禁《进化》《民声丛刊》《工人宝鉴》《太平洋》等书刊。

中华书局译印《日本人之支那问题》,与商务印书馆涉讼于法庭。这是民国初年上海两大书局之间的版权纠纷。

6月8日　沈玄庐、戴季陶、邵力子主编的《星期评论》在上海创刊,周刊,1920年6月6日停刊,共出54期。

7月15日　少年中国学会创办《少年中国》,月刊,王光祈、李大钊、康白情等人先后编辑,亚东图书馆出版。1921年后有左舜生主编,改由中华书局出版,1924年5月停刊。

8月1日　孙中山在上海创办《建设杂志》,月刊,胡汉民、廖仲恺、戴季陶等人编辑,亚东图书馆印行,1920年7月停刊。12月复刊,仅出1期。

9月2日　北洋政府内务部电令各省查禁《工人宝鉴》《官场揭秘》《政府秘密大观》《新知识》《民国正义》等书。

10月25日　北洋政府颁布管理印刷营业规则。

12月　黄兰孙在上海创办医药学杂志社,创刊《医药学》月刊。

是年,《上海法租界发行、印刷、出版品定章》正式公布,共7条。规定各种出版物"未奉法领事允许,不能在法租界内开设",已批准的出版物"非预将底稿一份送法捕房及法总领事署,不能在外发行",所"刊行文字内,有违反公众与道德者",其"经理人、著作人和印刷人,一并送会审公堂追究,按法惩办"等。

商务印书馆由张元济主持编印《四部丛刊》,1922年全部印成,共影印古籍323部、8548卷(内4种无卷数),线装2100册。《四部丛刊》的出版,标志着中国古籍整理出版达到了新的水平,影响很大。孙毓修编《四部丛刊书录》,对所收之书著录其书名、卷数、撰者及版本、收藏图记等,可供参考。

商务印书馆舒震东创制华文打字机；创制汉字与注音符号结合的铜模；始用米力印刷机印刷；始用机器刻字模。

1920 年（民国 9 年）

1 月 1 日　少年中国学会创办《少年世界》，月刊，由南京会员编辑，销行 5000 份，共出 12 期。

2 月 2 日　北洋政府教育部通令全国各校采用新式标点符号。

3 月　北洋政府教育部通告国民学校文体教科书分期作废，逐渐改为语体文。

亚东图书馆出版胡适的《尝试集》，为中国第一部白话诗集。

4 月　陈望道翻译的中国第一个中文全译本《共产党宣言》，在上海社会主义研究社出版。

6 月 9 日　时报馆始用铜锌版编印《图画周刊》，戈公振编辑，后更名《图画时报》，为中国现代画报之始。

8 月 15 日　上海共产主义小组创办《劳动界》，周刊，共出 23 期。

亚东图书馆出版由汪原放加新式标点符号和分段的古典名著《水浒》。此后相继出版了同一形式的《儒林外史》《红楼梦》《西游记》《三国演义》等 10 多种古典名著，开风气之先，时称"亚东版"。

9 月 1 日　新青年社在上海成立。自 8 卷 1 号起《新青年》自行创办发行，发行所设在法大马路 297 号，编辑部设在环龙路渔阳里 2 号。主编陈独秀，经理苏新甫。

10 月 10 日　《伙友》创刊，周刊，上海工商友谊会主办，陈独秀作发刊词。

11 月 7 日　上海创办《共产党》月刊，李达主编，共出 6 期。

12 月 8 日　上海书业公会呈请拒绝参加国际版权同盟。

商务印书馆开始出版《世界丛书》，翻译介绍欧美日本学术著作，蔡元培、蒋梦麟、陶孟和主编；编印《新法教科书》，采用语体文和新式标点符号，生字加注注音符号。

是年，受商务印书馆出版《四部丛刊》的影响，中华书局开始由陆费逵主持编印大型古籍丛书《四部备要》。

苏州交通图书馆编刊郑文焯撰《大鹤山房全书》。

中华书局创办国语专修学校。

商务印书馆始用彩色石印机。

上海印刷工会成立，会员 1 200 多人。

1921 年（民国 10 年）

2 月 11 日　上海新青年社被查封。

5 月 10 日　文学研究会在上海创办《文学旬刊》，郑振铎主编，作为《时事新报》的副刊。

7 月　沈知方在上海创建世界书局，设有印刷厂。与商务印书馆、中华书局、大东书局为新中国成立前的四大民营书局。

8 月 3 日　《民国日报》创办《妇女评论》副刊，陈望道主编，1923 年 8 月 15 日停刊，共出 104 期。

8 月 20 日　中国劳动组合书记部在上海创办《劳动周刊》，张国焘、李启汉主编，1922 年 6 月 9 日被禁，共出 18 期。

9 月 1 日　中国共产党根据"一大"的决定，在上海创办人民出版社，由党的宣传主任李达负责，分别在上海、广州编印书刊，主要出版马克思、列宁的著作和其他理论书籍。到 1922 年 9 月为此，共出书 16 种。

10 月　国民党在上海设立民智书局，林焕廷主持，黄泳台、郑树南先后任经理。

12 月　亚东图书馆出版《胡适文存》初集。

是年，中华书局购进丁辅之、丁善之兄弟创办的聚珍仿宋印书局，开始用聚珍仿宋字排印《四部备要》，字体秀美；开始发行中华国音留声机片。

周瘦鹃、赵泽林在上海编辑《游戏世界》，月刊，大东书局出版，共出 24 期。

南京高等师范学校史地研究会编辑的《史地学报》出版，季刊。

1922 年（民国 11 年）

1 月 7 日　商务印书馆创办《儿童世界》，周刊，郑振铎主编，中国第一份儿童期刊。1937 年 8 月停刊。同时创办《儿童画报》。

吴宓、胡先骕在南京创办《学衡》杂志，吴宓任总编辑兼干事。月刊。1928 年 1 月改双月刊，由中华书局印行。1933 年终刊，共出 79 期。

2月　中华书局创办《国语月刊》,国语研究会主编。

上海青年协会书局刊行晏阳初主编的《平民千字课》,分4册。

4月　商务印书馆决定增资500万元,成为中国最大的出版机构。

中华书局创办《小朋友》杂志,周刊,黎锦晖、吴翰云、陈伯吹等先后任主编。

5月1日　泰东图书局出版创造社的《创造》季刊,郭沫若、郁达夫、成仿吾主编,1924年2月停刊,共出6期。

5月10日　教育部公布《增定注音字母四声点法》。

商务印书馆开始出版《文学研究会丛书》,包括瞿秋白的《新俄国游记》、叶绍钧的《隔膜》、朱自清等的《雪朝》诗集、许地山的《空山灵雨》等。

6月　严独鹤、施济群编辑的《红杂志》在上海创刊,周刊,世界书局出版。

9月13日　中共中央在上海创办《向导》周刊,蔡和森、瞿秋白、彭述之先后任主编,1927年8月停刊,共出201期。

10月1日　旅宁沪江西进步青年创办《新江西》,半月刊,南京编辑,上海发行,共出11期。

12月　亚东图书馆出版《独秀文存》。

是年,商务印书馆王云五改组编译所,按学科设部。新聘朱经农、唐钺、竺可桢、段育华主持新设各部;另聘胡明复、胡刚复、杨杏佛、秉志为馆外特约编辑;续聘任鸿隽、周甦生、陶孟和主持理化部、法制经济部。创办《出版周刊》。灌制国语留声机片8张,由赵元任主持。

屠思聪在上海创办世界舆地学社,是出版新式地图的专业出版机构。先后出版《最新中华形势一览图》《中华分省袖珍地图》等。

中华书局开始出版《少年中国学会丛书》。

江宁邓邦述辑刊《双砚斋丛书》。

苏州晓光社出版《晓光》,季刊。

苏州范烟桥等创办《星》杂志,周刊。

上海书业公所成立"书业正心团",销毁淫书版片36副、淫书46 300多册。

1923 年（民国 12 年）

1 月 15 日　商务印书馆创办《小说世界》，月刊，叶劲风主编，发表鸳鸯蝴蝶派文学作品。1928 年出至第 17 卷第 1 期起改季刊，胡怀琛主编，1929 年 12 月停刊。

2 月　商务印书馆出版汤姆生主编的《科学大纲》中译本。

3 月 15 日　上海古今图书局出版弥洒社编辑的《弥洒缪斯》，文艺月刊，主要发表胡山源、钱江春、赵祖康等的作品，共出 6 期。

3 月 25 日　泰东图书局发行浅草社主办的《浅草》，季刊，林如稷、陈炜谟编辑，1925 年 2 月停刊，共出 9 期。

东南大学国学研究会在上海创办《国学丛刊》，顾实编辑。

郑振铎、周予同、胡愈之、沈雁冰、叶圣陶等 10 人在上海集资创办朴社，出版有俞平伯主编的《霜枫丛书》等。

4 月　侯绍裘、高尔松等创办《松江评论》，周刊，11 月起改为月刊，1924 年 4 月改为旬刊，同年 8 月停刊。

5 月 13 日　创造社主办的《创造周刊》在上海创刊，郭沫若、郁达夫、成仿吾主编，泰东图书局出版。1924 年 5 月停刊，共出 52 期。

应修人、楼适夷、谢旦如等在上海创办上海通信图书馆，出版《通图月刊》，1928 年 5 月被查封。

6 月　世界书局创刊《侦探世界》，半月刊，严独鹤、陆澹庵、程小青编辑，共出 24 期。

10 月 14 日　柳亚子、邵力子、叶楚伧等在上海发起成立新南社，曾编印《新南社社刊》，1924 年 10 月 10 日停止活动。

10 月 20 日　中国社会主义青年团在上海《中国青年》，周刊，恽代英主编。1927 年 11 月，更名为《无产青年》。1928 年 10 月再更名为《列宁青年》，后被迫停刊。

11 月 1 日　中共中央在上海创办上海书店，由毛泽民、徐白民负责。在成立三年内先后出版瞿秋白的《社会科学讲义》、恽代英的《反帝国主义运动》，以及《马克思主义浅说》等 30 多种书籍。1926 年 2 月被军阀孙传芳下令封闭。

11 月 20 日　《新建设》在上海创刊，月刊，恽代英主编，共出 6 期。

是年,商务印书馆影印《正统道藏》;出版《英汉双解韦氏大学字典》;设影写版部,改进雕刻铜版技术。

樊春林在上海创办新文化书社。

世界书局出版李涵秋等编辑的《快活》旬刊。

无锡许氏简素堂始刊许同莘辑的《新安许氏先集》。

1924 年(民国 13 年)

1 月　上海书店出版瞿秋白主编的《社会科学讲义》,包括《现代社会学》《社会哲学概论》《社会思想史》《社会运动史》和《现代经济学》等。

泰东图书局出版田汉主编的《南国》半月刊,发表《南国宣言》,共出 6 期。

2 月 14 日　上海书业商会等四团体发表宣言,反对上海公共租界工部局的"印刷附律"。

商务印书馆出版《中国年鉴》(第一回),阮湘等编;译印《少年百科全书》,共 9 卷、20 册。

3 月　商务印书馆东方图书馆新馆落成,编译所迁入办公。

4 月　《词学季刊》在上海创刊,龙榆生编辑,民智书店发行。自 2 卷起改由开明书店发行,1936 年 9 月停刊。

5 月 1 日　南京平民教育促进会创办《平民旬刊》。

6 月 19 日　北洋政府通令邮局禁止寄递《自治旬刊》《陈独秀演讲录》《上海工会报告》《劳动旬刊》《劳工周刊》《中国青年》《新建设》等书刊。

7 月　世界书局出版《红玫瑰》周刊,后改旬刊,严独鹤、赵苕狂编辑。

10 月　中国劳动组合书记部在创办《中国工人》月刊,1927 年 7 月停刊,1928 年 12 月在上海复刊。

11 月 1 日　中国共产主义青年团在上海出版《少年共产国际》。

12 月　民智书局出版孙文著《三民主义》。

是年,中国天文学会在南京出版《中国天文学会会报》,年刊,1932 年出至 9 号停刊。

苏州文学山房木活字印行江杏溪辑《江氏聚珍版丛书》、[清]谢家福辑《望炊楼丛书》。

商务印书馆创办上海国语师范学校,聘吴稚晖为校长;建议影印文渊阁《四库全书》,未果。

1925 年(民国 14 年)

2 月 17 日,教育部裁撤图书审定处,改设编审处。

3 月　上海平民书局创办《影戏春秋》周刊,程步高等编辑。

4 月 4 日　上海书业公所、书业公会等四团体集会,决定电呈北洋政府要求废止出版法。8 日,上海总商会也电呈北洋政府要求废止《出版法》。

4 月 13 日　上海书业公所、书业公会等四团体发表抗议上海公共租界的《印刷品附律》的宣言。

4 月 25 日　中华图书馆协会在上海成立,梁启超任董事部部长,袁同礼任书记。梁启超在演说中提出建设中国图书馆学。

6 月 1 日　商务印书馆职工组成"五卅"事件后援会,议定本日起按日捐出部分薪金,日捐洋 350 元;张元济、高梦旦、王云五各捐 100 元;馆方另捐 1 万元。

6 月 21 日　商务印书馆职工召开工会成立大会,选出执行委员 23 人,廖陈云(陈云)任委员长。

伍联德在上海创办良友图书印刷公司。除编辑部外,自设中型规模的印刷厂和门市部。初为印刷机构,次年 2 月创办《良友画报》,并陆续出版多种画册,成为创办初期的特色。

国华印刷所建立。这是中共在上海最早的秘密印刷机构,隶属中央宣传部。印刷《向导》《中国青年》《平民课本》及其他马列主义书籍和全国总工会的宣传品等。

9 月 1 日　张静庐、沈松泉等在上海创办光华书局。主要出版新文艺书刊,如创造社编的《洪水》半月刊,潘汉年、叶灵凤合编的《幻洲》半月刊,高长虹编的《狂飙》周刊等。

《东方杂志》因 6 月出版《"五卅"事件临时增刊》,被上海租界工部局起诉,罚款 200 元。

10 月 11 日　中华职业教育社在上海创办《生活》周刊,王志莘主编。次年 10 月自 2 卷起,由邹韬奋主编,徐伯昕任发行。

11 月 1 日　大东书局出版周瘦鹃编辑的《紫罗兰》半月刊。1936 年停刊。

是年,中华书局藏书楼改为图书馆。

武进张惟骧始刊印《小双寂庵丛书》。

上海英商英美烟公司印刷厂始用彩色影写机。

1926 年(民国 15 年)

1 月 1 日　上海妇女问题研究会主办的《新女性》创刊,月刊,章锡琛主编,发行人吴觉农,新女性社发行。

教育部所属编译馆改为图书审定委员会。

商务印书馆创办《自然界》,周建人主编。

2 月 4 日　上海警察厅查封上海书店。

2 月 15 日　上海良友图书印刷公司创办《良友》大型画报,伍联德、周瘦鹃、梁得所等先后主编,是当时印刷精美、销行最广的画刊。

3 月　中华图书馆协会创办《图书馆季刊》,1937 年停刊。

4 月 1 日　创造社出版部在上海闸北三德里成立。出版《洪水》半月刊,创办《创造月刊》,还出版《创造社丛书》《世界名家小说》等。

5 月 3 日　为了纪念商务印书馆创业 30 周年,商务印书馆主办的东方图书馆举行开馆仪式,1927 年正式对外开放。王云五兼任馆长。馆址在上海宝山路商务印书馆总厂对面。

6 月　国民党政府颁布《查禁反动刊物令》《取缔销售共产书籍办法》和《取缔销售共产书籍法令》。

王云五的《四角号码检字法》一书出版,并在商务印书馆出版的辞书中试用。

7 月　上海北新书局创办《北新》周刊,后改为半月刊,孙福熙、潘梓年等先后编辑。

8 月　章锡琛、章锡珊兄弟在上海创办开明书店。确定以具有中等文化程度的青少年为主要读者对象,出版了大批文学书籍和青少年读物,如《开明文史丛书》《开明青少年丛书》《开明活页文选》等,并创办叶圣陶主编的《中学生》杂志等,深受读者欢迎。

10月　光华书局出版《幻州》半月刊,46开本,叶灵凤、潘汉年编辑。

12月　戴望舒在上海创办《璎珞》旬刊。

冬,郑佩刚在上海出版合作社,出版文艺和社科类图书。

是年,商务印书馆出版鲁迅著《阿Q正传》英译本。

中华书局创办函授学校,舒新城兼任校长。

商务印书馆铁工制造部改组为华东机器制造厂,活动影戏部改组为国光影片公司,均独立经营。

1927年(民国16年)

1月　中国旅行社在上海创办《旅行杂志》,唐渭滨主持,孙思霖主编,潘泰封、章元凤等编辑。该社还出版《旅行丛书》等。

2月16日　李石岑、胡愈之、叶圣陶、郑振铎、丁晓先、周予同、丰子恺等发起组织上海著作人公会,并发表宣言,以维护著作人权益为宗旨。

3月27日　《向导》《新青年》《中国青年》上海总发行所成立,地址在宝山路宝昌路口。4月10日,改名为上海长江书店,设分店于南市中华路。同月28日被查封。

《幼稚教育》在上海创刊,陈鹤琴主编。

夏采曦在嘉定黄渡建立黄渡淞社,创办《怒潮》月刊,谭正璧主编。大革命失败后停刊,改出《黄花》月刊、半月刊,共出7期。

5月　梁实秋、徐志摩等在上海开办新月书店,出版新文艺书刊。

朱永邦在上海创办自由书店。

6月15日　国民党中央宣传部在南京创办《中央半月刊》,吴稚晖主编。

7月16日　现代书局在上海创办,洪雪帆任总经理,张静庐为经理,出版新文艺书刊。

7月30日　胡适、陈西滢主编的《现代评论》由北京移至上海出版。

8月23日　上海总工会秘密恢复活动,并创办《上海工人》双月刊,秘密发行。

10月24日　中共中央在上海创办《布尔什维克》,周刊、半月刊、月刊,秘密发行,瞿秋白为编委会主任。

王子澄在上海创办光明书局,出版社科类和新文艺图书。

11 月 1 日　曾朴、曾虚白父子在上海创办真善美书店,出版《真善美》半月刊,后改为月刊、季刊,还出版法国文学作品多种。

12 月 17 日　《语丝》周刊自第 4 卷起在上海复刊,鲁迅主编,由北新书局发行。

南京国民政府大学院公布《教科图书审查条例》,废止前广东国民政府教育行政委员会公布的有关规程。接着又公布《新出图书呈缴条例》。

是年,国民党改组派的文学旬刊《贡献》在上海出版,孙福熙主编,嘤嘤书屋出版发行。

《萍》杂志在上海创刊,陈白尘主编。

平襟亚在上海创办中央书店,以出版通俗小说、法律、医书为主。

陈邦祯在上海创立新亚书店,出版教育挂图、工具书等。

1928 年(民国 17 年)

2 月 1 日　国民党中央机关刊物《中央日报》在上海创刊,潘宜之任总经理,彭学霈任总编辑。三个月后迁至南京。

2 月 18 日　大学院通令废止春秋祀孔旧典。

大学院译名统一委员会成立,王云五为主任委员。

4 月 23 日　大学院通令切实查禁淫书贩卖。

《建国周刊》在上海创刊,邵元冲主编,后改月刊。1931 年 2 月迁至南京出版,1937 年 12 月停刊。

5 月 14 日　国民政府司法院公布《中华民国著作权法》,共 5 章,40条。同时公布《著作权法施行细则》。

6 月 9 日　国立中央研究院正式成立,为国民政府成立的最高学术机构。其任务是从事科学研究并指导、联络、奖励学术研究。院长蔡元培。该院编辑出版了《中央研究院历史语言研究所集刊》等一批学术性刊物。

12 月 1 日　国民政府训令内政部、交通部,取缔匿名出版物。

是年,国民党在南京创办独立出版社,后迁至上海。这是一个官办出版机构,以出版时事政治读物为主,也出版一些社会科学和文艺书籍。初期出版了《时时综合丛书》《建国丛书》等。

国民党官办出版机构军用图书社在南京开业。

无锡杨寿枏编印《云在山房丛书》。

太仓俞庆恩世德堂始编印《太昆先哲遗书》。

1929 年（民国 18 年）

1 月 10 日　国民党中央执行委员会常务会议议决《宣传品审查条例》。

教育部公布《审查军用图书细则》。

4 月 22 日　国民政府密令查禁伪装封面的书刊。

6 月 4 日　国民政府训令查禁"反动"刊物令。

6 月 22 日　国民政府公布《取缔销售共产书籍办法》。其中规定："令各地党部宣传部,随时审查该区域内书店销售之书籍,如发现有共产书籍时,会同该地政府予以严厉之处分,并随时呈报上级党部";"各印刷所及印刷工人,如私印共产书籍及宣传品,经发觉即予以严厉之处分"等。

8 月　国民党中央常务会议通过《全国重要都市邮件检查办法》,对书刊邮寄进行检查扣发。

国民党中央政治会议修正通过《出版条例原则》。

是年,国民党中宣部发布《宣传品审查条例》,规定："宣传共产主义及阶级斗争"的宣传品为"反动宣传品",审查后"查禁、查封或究办之";"各发行所、各书局、各杂志社所出宣传品,经审查后令饬修正或停止出版发行而抗不遵办者,加重其处分"等。

南京国学图书馆编辑影印《元明杂剧》。

1930 年（民国 18 年）

2 月 19 日　国民政府行政院通令禁售《清史稿》。

6 月　国民政府教育部编印《注音符号传习》,制定各省市县推行注音符号办法。

7 月　南京流露社创办《流露月刊》,左漱心主编,仅出 1 期。

南京线路社创办《橄榄月刊》,共出 39 期,并出版《线路丛书》多种。

8 月 8 日　开展文艺社在南京创办文艺月刊《开展》,社长潘子农,王独清曾任主编。创刊词诬称普罗文学是"荒诞的梦呓的文学"。该社还创办了《开展周刊》《青年文艺》等,鼓吹民族主义文艺。

8 月 15 日　南京中国文艺社创办《文艺月刊》,左恭编辑,1937 年 9

月停刊。该社还创办了《文艺新地》月刊、《中国文艺》月刊、《文艺周刊》等。

12月15日　国民政府公布《中华民国出版法》，共6章44条。

是年，拔提书店在南京创办。

杨家骆在南京创办中国图书大辞典馆。

南通翰墨林印书局编辑铅印徐昂《音学四种》。

扬州陈恒和书林始辑刊《扬州丛刻》。

1931年（民国20年）

1月30日　国民政府颁布《危害民国紧急治罪法》。

3月4日　江苏高等法院第二分院查封北新、群众、乐群、江南等书店。

教育部通令各省市教育厅转饬各书坊："将孙中山总理格言及先哲嘉言之不违背三民主义精神者，编入各级学校有关党义、国文及社会科学等教科用书，以树立青年中心思想。"

8月　教育部公布《水陆地图审查条例》。

10月7日　国民政府内政部公布《出版法实施细则》。

10月10日　陈立夫在南京创办正中书局。

据统计，1929年至1931年间，国民党查禁书刊531种。

是年，南京钟山书局在四牌楼创办。

国立中央研究院历史语言研究所出版赵万里辑的《校辑宋金元人词》。

1932年（民国21年）

1月中旬　吴梅编辑的《奢摩他室曲丛》由商务印书馆印行。

2月　教育部公布《审查儿童文学课外读物标准》。

4月　商务、中华、湖风、昆仑、南强、开明、生活周刊社等69家出版单位联名向国民党第四届第一次代表大会提出废除《出版法》及《出版法施行细则》的请愿书。

5月7日　教育部公布《国音常用字汇》，根据《国音字典》修订。

6月14日　国立编译馆在南京成立，馆长辛树帜。该馆设有出版委员会、图书评论社等。

教育部撤销编审处和编译处。

7月　苏州珊瑚月刊社出版范烟桥编辑的《珊瑚》半月刊。

8月　南京钟山书局出版柳诒徵的《中国文化史》。

9月1日　南京图书评论社创办《图书评论》月刊,刘英士编辑,1934年8月1日停刊,共出2卷24期。

9月27日　国民政府密令检获书刊不得翻印。

11月5日　南京中华自然科学社编辑出版《科学世界》月刊,钟山书局发行。抗战期间改为双月刊,1946年仍改月刊。

11月24日　内政部修正公布《内政部编审委员会章程》。同时,国民党中央宣传委员会公布《宣传品审查标准》,禁止宣传共产主义和批评国民政府的宣传品出版发行。

是年,金陵大学中国文化研究所编辑出版商承祚《福氏所藏甲骨文》《殷契佚存》。

1933年(民国22年)

1月1日　《中国与苏联》月刊在南京创刊。

1月21日　教育部在南京筹建国立中央图书馆,委派蒋复聪为筹备委员。同年4月8日任命为筹备处主任,正式办公。

同日,镇江《江声日报》经理兼编辑刘煜生被江苏省主席以"危害民国"罪判死刑,报馆被查封。2月1日,中国民权保障同盟为此事发表宣言。6日,该同盟要求当局立即废止《危害民国紧急治罪法》。

3月12日　中山文化教育馆在南京召开成立大会,选举孙科为理事长,蔡元培、戴传贤等8人为理事。馆址初设上海,1935年迁至南京。下设研究部、出版部,创办《中山文化教育馆季刊》,编辑出版《中山文库》等。王昆仑、钟天心、左恭先后主持该馆工作。

8月9日　国民党中央执行委员会常务会议核准备案《检查新闻办法大纲》。是月,国民政府行政院通令公布。

8月10日　中山文化教育馆创办《时事类编》旬刊,后改为半月刊,钟天心、梅汝璈先后主编,1937年8月停刊。

10月30日　教育部颁布《查禁普罗文艺密令》。宣称:"此辈普罗作家,能本无产阶级之情绪,运用新写实派之技术","煽动无产阶级斗争,非难现在经济制度,攻击本党主义","煽动力甚强,危险性甚大","其为祸之烈,不可言喻",对普罗书刊,必须"严密查扣,禁止流布","毋使漏网",等等。

是年,内政部、侨务委员会共同公布《华侨发行新闻纸杂志申请登记办法》。内政部还公布"修正审查军用图书规则"。

南京中国图书大辞典馆编辑馆印行杨家骆主编的《四库大辞典》。

1934 年(民国 23 年)

1 月　南京流露社创办《中国文学》,陆印全、庄心在编辑,同年 8 月停刊。

3 月　上海中华书局出版易君左的《闲话扬州》,因诋毁扬州市政建设和扬州市民,引起扬州民众公愤,向省法院起诉要求严惩作者和出版者。后经调解,作者登报道歉,中华书局停售此书。

6 月 1 日　国民党中央宣传委员会公布《图书杂志审查办法》,共 14 条。据统计,从 1929 年至 1936 年,查禁文艺书籍 458 种,其中包括普罗文艺书籍 149 种。1936 年,国民政府通令查禁文艺以外的社会科学书刊 676 种。据中央图书杂志审查委员会 1941 年印发的《取缔书刊一览》,1938 年 10 月至 1941 年 6 月,查禁书刊 961 种。

7 月　内政部公布《取缔发售业经查禁出版品办法》。

10 月　中国文化建设协会在南京创办《文化建设》杂志。初由文化建设协会发行,自第 3 卷第 8 期起由正中书局发行。1937 年 7 月 10 日,出至第 3 卷第 10 期后停刊。该会理事长为陈立夫。

11 月 9 日　国民党当局查禁书刊 167 种。

是年,昆山赵诒琛、太仓王保諲发起编刊《甲戌丛编》。

1935 年(民国 24 年)

1 月 10 日　王新命、何炳松、吴垶幹、孙寒冰、黄文山、陶希圣、章益、陈高佣、樊仲云、萨孟武等十教授在《文化建设》第 1 卷第 4 期发表《中国本位的文化建设宣言》。

2 月　蔡元培、吴敬恒、朱自清、胡愈之等文化界、学术界 168 人、24 个单位,在《太白》、《新小说》等期刊上发表《推行手头字缘起及第一期三百个字汇》,提倡使用手头字(简化字)。

4 月 1 日　《中国新论》在南京创刊,雷震、徐逸樵、罗鸿诏主编。

6月7日　因《新生》杂志发表《闲话皇帝》一文,日本驻沪总领事竟以"侮辱天皇,妨碍邦交"为口实,提出"严重抗议"。7月9日,江苏高等法院判决《新生》周刊停刊,主编杜重远获刑1年零2个月。

8月21日　教育部公布第一批简体字表,共324个。同时公布推行简体字办法,规定小学、民众学校课本,儿童及民众读物均应采用部颁简体字。

9月3日　教育部公布促进注音汉字推行办法,规定自1936年1月起,凡编辑儿童及民众读物者,一律须用注音汉字印刷。

9月16日　苏州国学讲习所出版《制言》半月刊,章太炎主编。

11月　教育部修正公布《教科图书审查规程》。

是年,南京中央图书馆筹备处汇辑《四库全书珍本初集》丛书,商务印书馆影印出版,共232种,1960册。

1936年(民国25年)

1—2月间,国民党中央宣传部查禁《海燕》《大众生活》《生活知识》《读书生活》《漫画和生活》等23种杂志。

3月　中山文化教育馆与王云五及商务印书馆签约,资助王云五编纂《中山大辞典》(40册、5 000万字),稿成后由商务印书馆出版。

5月　南京中苏文化协会编辑出版《中苏文化》月刊、半月刊,1937年迁汉口、重庆出版,1946年10月迁返南京,1949年9月停刊。

7月10日　教育部成立教科用书编辑委员会,聘杨振声、雷震、顾树声、陈礼江、辛树帜为编委,杨振声为主任委员。

是年,1—3月,国民党共查禁进步刊物24种。

1937年(民国26年)

2月　南京《时事类编》第5卷第3期,刊载马克思恩格斯著《社会意识形态概说》(《德意志意识形态》第一卷摘译),荃麟译。

3月11日　国民政府下令禁售《新认识》《读书生活》《文季月刊》等12种刊物。

5月　扬州平民中学写作与阅读社创办《写作与阅读》月刊,江上青等编辑,自第2卷第1期起由上海杂志公司出版。

7月　国民政府先后公布《出版法》和《出版法施行细则》,8月公布

《新闻检查标准》。

是年,南京沦陷后,日军在杀戮30万平民的同时,有计划地进行"文献扫荡",大肆劫掠中国图书。据统计,原中央研究院、国学图书馆、国立中央博物院、中山文化教育馆等70多处被日军劫掠的中文藏书共达88万册左右。日本《赤旗报》1986年8月17日载文称,当时日本派出特工人员和士兵近700人,雇用劳工800多人,共动用卡车310辆次,花费月余时间将这些图书劫运至日本。

唐圭璋编辑完成《全宋词》,共300卷,收入词人1 100余家,词作1.8万多首。

1938 年(民国 27 年)

1月　中共江苏省委工委在上海创办《劳动》杂志,8月改名为《朋友》,1939年又更名为《生活通讯》。

3月　国民政府规定,报纸杂志的原稿必须经中央图书杂志审查委员会(1941年改名图书杂志审查处)检查通过后,才能发排。

7月21日　国民政府发布并施行《战时图书杂志原稿审查办法》和《修正抗战期间图书杂志审查标准》。

1939 年(民国 28 年)

5月26日　国民党军事委员会拟定《战时新闻检查办法》。6月1日,国民政府行政院训令通行。

7月1日　中共苏南东路特委在常熟成立江南社,创办《江南》半月刊,社长冯二郎,编辑部主任吴宝康。

是年,中共邳睢铜灵地委成立,在军训同时,开始编辑出版图书。

1940 年(民国 29 年)

1月　《江淮》杂志在苏北解放区创刊。

9月6日　国民政府公布《战时图书杂志原稿审查办法》,共19条。

10月,苏北抗日根据地大众书店在黄桥成立,并在黄桥、海安、东台等地设立分店。11月迁至盐城。

11月13日　南京汪伪政权颁布《著作权法》。

12月,江淮印刷厂随《江淮日报》建立。《江淮杂志》创刊。

是年,苏皖北区创办《医务生活》杂志,同时还出版中级医学书籍。

中共淮北地委《团结报》社编辑出版毛泽东《新民主主义论》、张闻天《论待人接物》。

1941 年（民国 30 年）

1 月 24 日　南京汪伪政权颁布《出版法》。次日，又公布《出版法施行细则》，对日军占领区实施出版管控。

中共中央中原局（后为华中局）主办的党内刊物《真理》创刊。

2 月　江淮出版社在华中解放区盐城成立，出版了《论共产党》等书籍。

4 月中旬　《江淮文化》创刊，月刊，为华中解放区的综合性刊物。

4 月 30 日　苏北木刻协会编印出版《木刻漫画选集》，推动了苏北业余美术创作活动。

6 月 15 日　苏北文化协会创办《实践》杂志。

11 月 21 日　新安旅行团创办《儿童生活》，月刊，8 开 4 版套色石印，发行至 25 期改为 32 开半月刊小型杂志。

是年，国民党中央图书杂志审查委员会印发《取缔书刊一览》，查禁 961 种书刊。

1942 年（民国 31 年）

3 月　国民政府公布《审查处理已出版书刊细则》。

4 月　国民政府公布《统一书刊审查办法》；国民党中央图书杂志审查委员会颁布《图书送审须知》《杂志送审须知》。

5 月 5 日　国民政府行政院公布《书店、印刷厂管理规则》。垄断教科书出版业务，由正中书局为首组织商务印书馆等出版机构成立教科书联合发行处。

6 月 21 日　延安《解放日报》刊载《苏北文化教育掠影》一文称，苏北解放区出版的报纸有《江淮日报》等 24 种，杂志有《江淮文化》《实践》《敌后文化》《苏北记者》《江淮杂志》《新文艺》《江淮文艺》《文艺周报》《新诗歌》《江海文化》等。

11 月 12 日　《新文化》杂志在阜宁创刊。

是年，教育部将中小学教科用书编审委员会划归国立编译馆。

根据地盐阜行署颁布《盐阜区文教政策》，其中明确规定"鼓励并保障人民出版抗战书籍杂志及抗战言论、学术研究等自由"，还要求开办造纸厂、印刷所等。

1943 年（民国 32 年）

4 月 15 日　国民政府行政院公布《非常时期报社、通讯社、杂志社登记管制暂行办法》。

是年，国民政府公布《书店印刷店管理规则》（修正），共 25 条。

4 月 29 日　《盐阜报》社出版《文选》两册。一册有《解放日报》社论等，另一册有《新文艺的动向》等文章。

10 月 2 日　《新知识》杂志在盐城创刊发行，创刊号为一、二期合刊。

11 月　新四军三师政治部编辑出版了《党的文艺政策》，主要是《解放日报》10 月 19 日公开发表的毛泽东《在延安文艺座谈会上的讲话》。

是年，盐阜出版社开始编辑出版《大众戏剧丛书》。

1944 年（民国 33 年）

4 月 27 日　国民政府颁布《修正著作权法》。

6 月 20 日　国民政府公布《战时出版品审查办法及禁载标准》。

9 月 5 日　国民政府修正颁布《著作权实施法细则》。

10 月 25 日　《盐阜报》社、《新知识》社、《苏北画报》社、湖海艺文社、新安旅行团等单位发起成立盐阜区文化界追悼邹韬奋先生筹备处。

是年，国民党中央宣传部中央图书杂志审查委员会公布《图书杂志剧本送审须知》，共 30 条。

苏中出版社创办《苏中画报》（涂克主编）、《生活》杂志（蔡迪主编）等。

1945 年（民国 34 年）

5 月 20 日　《盐阜大众》社编辑出版《生产故事集》《民兵故事集》和《诗歌集》。

8 月 9 日　苏北新闻记者联合会筹备会成立。

10 月 1 日　国民党中央宣传部被迫宣布废止《战时出版品审查办法》《战时书刊审查规则》。

11 月　华中新华书店总管理处在淮阴成立，经理华应申，副经理华青禾，附设印刷厂，出版《博古译丛》《江淮文化》《生活》等书刊。1947 年

2月,北迁山东。

是年,明理书店与黄桥大众书店在如皋合并成立韬奋书店。

重庆正风出版社东迁,在南京成立编辑部。

1946年（民国35年）

1月28日 国民党国防最高委员会被迫废止《管理收复区报纸、通讯社、杂志电影、广播事业暂行办法》。

苏皖边区政府临时行政委员会公布《施政纲领》,其中提到要扶助出版事业。

2月9日 华中新闻专科学校在淮阴清江正式成立。

5月1日 淮阴创刊《少年画报》《华中少年》。

5月28日 国民政府公布《出版发行主义事项》,实施出版特别许可制。

6月10日 《华中少年》创刊,李一氓为刊物题词。

7月 华中新华书店创办华中文化协会主编的《江淮文化》月刊,创刊号为"华中宣教大会特刊"。

8月 苏皖边区政府至本月,全边区出版报纸30多种,刊物也很多。有新华书店50多处。

12月28日 南京14家民营报馆印刷工人罢工,要求改善生活,全市各报刊停刊2天。

1947年（民国36年）

3月26日 国民政府内政部通令查禁《职工青年》《群众半月刊》《新文化》《中国学术》《现代生活》《经济月刊》《中国农村》等。

5月 《淮海报》出版增刊《淮海画报》,单独出刊。

9月 中共十一地委宣传部编辑、黄海书店出版了《戏剧杂耍丛刊》。

10月 国民政府国务会议通过经过修正的《出版法》。

是年,国立中央图书馆影印郑振铎辑《玄览堂丛书续集》。

苏中韬奋书店和苏北新华书店合并。

1948年（民国37年）

4月9日 内政部下令查封《世界知识》《国讯》《时与文》等刊物,并禁止《国讯》香港版在国统区发行。

7月8日　南京《新民报》被国民党当局勒令永远停刊。

9月　《报学杂志》由南京《中央日报》出版发行,半月刊,马星野主编。为中国综合性新闻学刊物,1949年1月停刊,共出11期。

12月　中共中央发出"关于新区出版事业的政策指示"。

华中新闻专科学校由淮阴迁至淮安板闸镇。

是年,华中新华书店重建,总店设于射阳。

1949年(民国38年)

2月　扬州新华书店国庆路门市部正式营业。

4月25日　苏南新华书店总店在无锡公园路31号成立。1950年元旦更名为新华书店苏南分店。

5月12日　南京新华书店正式成立。中山东路门市部同时开业。

5月17日　苏北新华书店总店在泰州成立,12月下旬迁至扬州。1950年更名为新华书店苏北分店。

8月1日　苏南新华书店印刷厂正式成立。

南通翰墨林印书局等5家印刷机构重印毛泽东著作(单行本)10多种,10万多册。

苏南新华书店总店组织苏州、无锡、常州私营印刷机构重印毛泽东著作(单行本)10多种,10万多册。

附录二　主要参考文献

一、史料类

1. 张静庐辑注:《中国近代出版史料》(初编),北京:上杂出版社,1953年。
2. 张静庐辑注:《中国近代出版史料》(二编),北京:群联出版社,1954年。
3. 张静庐辑注:《中国现代出版史料》(甲编),北京:中华书局,1954年。
4. 张静庐辑注:《中国现代出版史料》(乙编),北京:中华书局,1955年。
5. 张静庐辑注:《中国现代出版史料》(丙编),北京:中华书局,1956年。
6. 张静庐辑注:《中国出版史料》(补编),北京:中华书局,1957年。
7. 张静庐辑注:《中国现代出版史料》(丁编),北京:中华书局,1959年。
8. 宋原放主编,汪家熔辑注:《中国出版史料》(近代部分),山东教育出版社、湖北教育出版社,2004年。
9. 宋原放主编,陈江辑注:《中国出版史料》(现代部分,第一卷),山东教育出版社、湖北教育出版社,2004年。
10. 宋原放主编,吴道弘辑注:《中国出版史料》(现代部分,第二卷),山东教育出版社、湖北教育出版社,2004年。
11. 江苏省地方志编纂委员会:《江苏省志.出版志》,南京:江苏人民出版社,1996年。
12. 叶楚伧、柳诒徵主编:《首都志》,南京:南京出版社,2013年。
13. 《上海出版志》编纂委员会:《上海出版志》,上海:上海社会科学院出版社,2001年。
14. 《中华民国史档案资料汇编》(第五辑　第一编　文化〔一〕),南京:江苏古籍出版社,1994年。
15. 《中华民国重要史料初编》编辑委员会:《中华民国重要史料初编:对日抗战时期》,台北:"中央"文物供应社,1981年。
16. 中国第二历史档案馆编:《五四爱国运动档案汇编》,北京:中国社会科学出版社,1980年。
17. 刘哲民编:《近现代出版新闻法规汇编》,上海:学林出版社,1992年。

18. 周林、李明山主编：《中国版权史研究文献》，北京：中国方正出版社，1999 年。

19. 《民国时期总书目(1911—1949)》，北京：书目文献出版社，1986—1994 年。

20. 上海图书馆编：《中国近代现代丛书目录》，上海：上海图书馆编印，1979 年。

21. 上海图书馆编：《中国近代期刊篇目汇录》，上海：上海人民出版社，1980 年。

22. 全国第一中心图书馆委员会全国图书联合目录编辑组编：《全国中文期刊联合目录(1833—1949)》，北京：北京图书馆，1961 年。

23. 平心编：《(生活)全国总书目》，上海：生活书店，1935 年。

24. 中国人民大学图书馆编：《抗日战争时期、第三次国内革命革命战争时期解放区、根据地图书目录(1937.7—1949.10)》，北京：中国人民大学出版社，1989 年。

25. 李希泌、张树华编：《中国古代藏书与近代图书馆史料》，北京：中华书局，1982 年。

26. 江苏省出版史志编辑部编：《江苏出版史(民国时期)学术讨论会文集》，南京：江苏人民出版社，1991 年。

27. 周奇编：《传播视野与中国研究》，上海：上海人民出版社，2014 年。

28. 叶再生主编：《出版史研究》，北京：中国书籍出版社，1993—1998 年。

29. 朱联保编撰：《近现代上海出版业印象记》，上海：学林出版社，1993 年。

30. 汪耀华编：《上海书业名录(1906—2010)》，上海：上海书店，2011 年。

31. 上海图书馆编：《汪康年师友书札》，上海：上海古籍出版社，1986 年。

32. 上海黄浦区档案局编：《福州路文化街》，上海：文汇出版社，2001 年。

33. 上海工商局机器工业史料组编：《上海民族机器工业》，北京：中华书局，1979 年。

34. 上海社会科学院编：《上海近代社会经济发展概况：1882—1931》，上海：上海社会科学院 1985 年。

35. 上海社会科学经济研究所编：《荣家企业史料》，上海：上海人民出版社，1962 年。

36. 《上海近代社会经济发展概况——海关十年报告》，上海：上海社会科学院出版社，1985 年。

二、著作类

37. 宋原放、李坚白：《中国出版史》，北京：中国书籍出版社，1991 年。

38. 王余光、吴永贵：《中国出版通史·民国卷》，北京：中国书籍出版社，2008 年。

39. 吴永贵：《民国出版史》，福州：福建人民出版社，2011 年。

40. 叶再生：《中国近现代出版通史》，北京：华文出版社，2002 年。

41. 元青主编：《中国近代出版史稿》，天津：南开大学出版社，2011 年。

42. 黄镇伟：《中国编辑出版史》，苏州：苏州大学出版社，2003 年。

43. 高信成：《中国图书发行史》，上海：复旦大学出版社，2005 年。

44. 高斯、洪帆主编：《图书编辑学概论》，南京：江苏教育出版社，1989 年。

45. 张秀民：《中国印刷史》，上海：上海人民出版社，1989 年。

46. 钱存训：《中国的纸和印刷文化史》，桂林：广西师范大学出版社，2004 年。

47. 张树栋、庞多益、郑如斯：《中华印刷通史》，北京：印刷工业出版社，1999 年。

48. 曾虚白：《中国新闻史》，台北：三民书局，1984年。

49. 许焕隆：《中国现代新闻史简编》，郑州：河南人民出版社，1988年。

50. 方汉奇编著：《中国近代报刊史》，太原：山西教育出版社，1981年。

51. 赖光临：《七十年中国报业史》，台北："中央日报"社，1981年。

52. 李明山主编：《中国近代版权史》，开封：河南大学出版社，2003年。

53. 李致忠：《历代刻书考述》，成都：巴蜀书社，1990年。

54. 张宪文等：《中华民国史》，南京：南京大学出版社，2005年。

55. [美]费正清等编，杨品泉等译：《剑桥中华民国史》，北京：中国社会科学出版社，1993年。

56. 潘玉田、陈永刚：《中西文化交流史》，北京：北京图书馆1999年。

57. 张宪文、穆纬铭主编：《江苏民国时期出版史》，南京：江苏人民出版社，1993年。

58. 俞洪帆、穆纬铭主编：《江苏出版人物志》，南京：江苏人民出版社，1995年。

59. 方庆秋、曹必宏、郭必强编著：《民国党派社团出版史丛》，南京：江苏人民出版社，1996年。

60. 周天泽、周岩、王仁编著：《华中解放区出版事业简史》，南京：江苏人民出版社，1995年。

61. 钱承军：《建国前中国共产党报刊研究》，北京：中国文联出版史，2009年。

62. 汪家熔：《近代出版人的文化追求》，南宁：广西教育出版社，2003年。

63. 汪家熔：《商务印书馆史及其他——汪家熔出版史研究文集》，北京：中国书籍出版社，1998年。

64. 汪家熔：《大变动时代的建设者》，成都：四川人民出版社1985年。

65. 王建辉：《出版与近代文明》，开封：河南大学出版社，2006年。

66. 徐雁：《中国旧书业百年》，北京：科学出版社，2005年。

67. 李雪梅：《中国近代藏书文化》，北京：现代出版社，1999年。

68. 汪耀华：《上海书业同业公会史料与研究》，上海：上海交通大学，2010年。

69. 叶圣陶：《叶圣陶出版文集》，北京：中国书籍出版社，1996年。

70. 宋原放：《出版纵横》，上海：上海人民出版社，1998年。

71. 李瑞良编著：《中国出版编年史》（增订版），福州：福建人民出版社，2005年。

72. 邹振环：《20世纪上海翻译出版与文化变迁》，南宁：广西教育出版社，2000年。

73. 熊月之、张敏：《上海通史·晚清文化》（第六卷），上海：上海人民出版社，1999年。

74. 许敏：《上海通史·民国文化》（第十卷），上海：上海人民出版社，1999年。

75. 方汉奇编著：《中国近代报刊史》，太原：山西教育出版社，1981年。

76. 钱基博：《中国现代文学史》，上海：上海书店，2003年。

77. 许卫平：《中国近代方志学》，南京：江苏古籍出版社，2002年。

78. 《商务印书馆九十周年》，北京：商务印书馆，1992年。

79. 《商务印书馆九十五周年》，北京：商务印书馆，1992年。

80. 《回忆中华书局》,北京:中华书局,1987年。

81. 范军、何国梅:《商务印书馆企业制度研究(1897—1949)》,武汉:华中师范大学出版社,2014年。

82. 李家驹:《商务印书馆与近代知识文化的传播》,北京:商务印书馆,2005年。

83. 钱炳寰编:《中华书局大事纪要(1912—1954)》,北京:中华书局,2002年。

84. 汪原放:《回忆亚东图书馆》,上海:学林出版社,1983年。

85. 汪原放:《亚东图书馆与陈独秀》,上海:学林出版社,2006年。

86. 张静庐著:《在出版界二十年》,上海:上海书店影印,1984年。

87. 刘纳:《创造社与泰东图书局》,南宁:广西教育出版社,1999年。

88. 黎锦熙:《黎锦熙语文教育论著选》,北京:人民教育出版社,1996年。

89. 胡愈之:《胡愈之文集》,北京:三联书店1996年。

90. 唐弢:《晦庵书话》,北京:三联书店,1980年。

91. 叶昌炽:《藏书纪事诗》,上海:上海古籍出版社,1999年。

92. 包天笑:《钏影楼回忆录》,上海:龙文出版社,1990年。

93. 谢菊曾:《十里洋场的侧影》,广州:花城出版社,1983年。

94. 胡根喜:《老上海》,成都:四川人民出版社,1998年。

95. 尹奇岭:《民国南京旧体诗人雅集与结社研究》,北京:中国社会科学出版社,2011年。

96. 刘正伟:《督抚与士绅——江苏教育近代化研究》,石家庄:河北教育出版社,2001年。

97. 王建军:《中国近代教科书发展研究》,广州:广东教育出版社,1996年。

98. 张蓉:《中国现代民众教育思潮研究》,北京:中国文史出版社,2005年。

99. 朱煜:《民众教育馆与基层社会现代改造:(1928—1937)以江苏为中心》,北京:社会科学文献出版社,2012年。

100. 熊月之:《西学东渐与晚清社会》,上海:上海人民出版社,1994年。

101. 陈平原:《二十世纪中国小说史·第一卷(1897—1916)》,北京:北京大学出版社,1989年。

102. 陈平原:《文学的周边》,北京:新世界出版社,2004年。

103. 张仲民:《出版与文化政治:晚清的"卫生"书籍研究》,上海:上海书店,2009年。

104. 朱晓进:《政治文化与中国二十世纪三十年代文学》,北京:人民出版社,2006年。

105. 陈明远:《文化人的经济生活》,西安:陕西人民出版社,2005年。

106. 李立新:《探寻设计艺术的真相》,北京:中国电力出版社,2008年。

107. 孙艳、童翠萍编著:《书衣翩翩》,北京:三联书店,2008年。

108. 释东初:《中国佛教近代史》,台北:东初出版社,1974年。

109. 顾长声:《从司礼逊到司徒雷登:来华新传教士评传》,上海:上海书店2005年。

110. [美]何凯立著,陈建明、王再兴译:《基督教在华出版事业》,成都:四川大学出版社,2004年。

111. 赵晓兰、吴潮:《传教士中文报刊史》,上海:复旦大学出版社,2011年。

112. 杨怀忠、余振贵主编:《伊斯兰与中国文化》,银川:宁夏人民出版社,1995年。

113. 白润生主编:《中国少数民族新闻传播史》,北京:民族出版社,2008年。

114. 内蒙古社科院历史所:《蒙古族通史》(下卷),北京:民族出版社,2001年。

后　记

　　2016 年 6 月,应江苏人民出版社之邀,笔者承担了《江苏出版史·民国卷》的撰写任务。民国历史虽然距今未远,时间也很短暂,但由于政权交替,时局动荡,许多出版史料未有保存,撰写起来较为不易。好在 20 世纪八九十年代,江苏省组织编纂了《江苏省志·出版志》,创办了《江苏出版史志》,出版了"出版史志丛书"等,开启了包括民国时期在内的江苏出版史研究之端绪,并为今人研究江苏近现代出版史积累了大量的史料性文字。尤其是"民国时期江苏出版史学术讨论会"(1990 年)、"华中解放区出版事业简史座谈会"(1992 年)的召开,以及张宪文、穆纬铭主编的《江苏民国时期出版史》(1993 年)等的出版,理清了民国时期江苏出版业的发展脉络,奠定了江苏民国出版史研究的基本方向和方法。

　　根据《江苏出版史》编委会的要求,在编写体例上采用《中国出版通史》的编写方法,即以时间纵线为"纲",以专题横线为"目",纵线和横线相结合的编写体例,梳理江苏出版史的脉络。故本书借鉴了王余光、吴永贵编著的《中国出版通史·民国卷》基本架构,钩沉史料,客观叙述江苏民国时期出版业的发展历程。本书得以完稿,得益于前人和今人所做的大量史料积累工作,如张静庐辑录的《中国近现代出版史料》、宋原放主编的《中国出版史料》《江苏省志·出版志》《江苏出版史志》等。同样也得益于专家学者的研究成果,如汪家熔的《商务印书馆史及其他》、李明山主编的《中国近代版权史》、王建辉的《出版与近代文明》等。同时,大量征引了出版研究者发表在相关期刊上的最新科研成果。这里一并表示诚挚的感谢。

　　本书在编撰过程中,得到过许多专家学者的关心、支持和帮助,北京大学王余光教授,南京大学徐雁教授、张志强教授等在编写体例和内容上给予了悉心指导。南京师范大学副研究馆员朱茗女士在民国文献数据库资料的搜集上给予了极大的帮助。在此也表示衷心的感谢。